U0090076

民國歷史與文化研究

十一編

第1冊

《十一編》總目

編輯部 編

南京國民政府東北政務委員會研究
——訓政時期國民黨政權整合失敗的制度因素（上）

佟德元 著

花木蘭文化事業有限公司

國家圖書館出版品預行編目資料

南京國民政府東北政務委員會研究——訓政時期國民黨政權整合失敗的制度因素（上）／佟德元 著 -- 初版 -- 新北市：花木蘭文化事業有限公司，2020〔民 109〕
目 6+256 面；19×26 公分
（民國歷史與文化研究 十一編；第 1 冊）
ISBN 978-986-518-106-2（精裝）
1. 南京國民政府 2. 民國史
628.08 109010080

ISBN-978-986-518-106-2

9 789865 181062

民國歷史與文化研究
十一編 第 一 冊 ISBN：978-986-518-106-2

南京國民政府東北政務委員會研究
——訓政時期國民黨政權整合失敗的制度因素（上）

作　　者 佟德元
總 編 輯 杜潔祥
副總編輯 楊嘉樂
編　　輯 許郁翎、張雅淋　美術編輯 陳逸婷
出　　版 花木蘭文化事業有限公司
發 行 人 高小娟
聯絡地址 235 新北市中和區中安街七二號十三樓
電話：02-2923-1455／傳真：02-2923-1452
網　　址 http://www.huamulan.tw 信箱 hml 810518@gmail.com
印　　刷 普羅文化出版廣告事業
初　　版 2020 年 9 月
全書字數 405456 字
定　　價 十一編 11 冊（精裝）台幣 28,000 元

《十一編》總目

編輯部 編

《民國歷史與文化研究》十一編　書目

民族史研究專輯

《民國歷史與文化研究》十一編
各書作者簡介・提要・目次

第一、二冊　南京國民政府東北政務委員會研究——訓政時期國民黨政權整合失敗的制度因素

作者簡介

佟德元，遼寧瀋陽人，歷史學博士，贛南師範大學歷史文化旅遊學院、中央蘇區研究中心副教授。主持國家社科基金項目 1 項，省級項目 4 項，研究成果榮獲江西省第十七次社科優秀成果獎三等獎。

提　要

政務委員會制度是訓政時期南京國民政府在中央與地方之間所實行的一種特殊政治制度，而東北政務委員會則是政務委員會制度的典型個案。其典型性有兩點：第一，從國民黨政治制度自身演變與發展視角來看，它是南京國民政府宣布進入訓政，且國民黨裁撤各地政治分會後，所建立的第一個承繼了政治分會權限的政務委員會；第二，從國民黨形式上統一中國視角來看，它是國民黨在北伐完成後為實現國家統一，而對地方實力派進行妥協，所建立的第一個擁有高度自治權的政務委員會。之後相繼建立的北平、西南和冀察等各政務委員會，無不是以東北政務委員會為藍本。

所以政務委員會制度的施行，不可避免地會造成地方割據，對試圖集權的蔣介石而言，該制實屬「割據弊政」。不過在地方實力派把持地方政權的現實情況下，南京國民政府政務委員會制度在國民黨訓政時期，還是產生了一

定的作用與影響。這主要體現在兩個方面：一是該制度在國民黨和地方實力派系之間充當了潤滑劑的角色，維持了國民黨及民國形式統一的局面，如東北政務委員會和西南政務委員會；二是該制度在國民黨和日本之間充當了緩衝區的角色，成為應對日本侵略危機的應急辦法，一定程度上延緩了華北危機，如北平政務委員會和冀察政務委員會。

目　次

上　冊

下　冊

第三冊　張彭春與《世界人權宣言》

作者簡介

化國宇，男，1987 年生，山東臨沂人。中國人民公安大學副教授，碩士研究生導師。中國人民大學法學博士（碩博連讀），中法歐洲法項目公派訪問學者（2012～2013）。曾任《人大法律評論》主編，兼任北京市法理學研究會理事、副秘書長，中國法學會警察法學研究會警察行政執法專業委員會委員，中國警察法學青年論壇秘書長等。研究興趣為法理學、人權法學和警察法學。公開發表期刊論文 30 餘篇，主持教育部、北京市等各類課題 7 項，著有《國際人權事業的中國貢獻：張彭春與〈世界人權宣言〉》一書。獲「全國青少年普法教育先進個人」「首都法學優秀成果三等獎」「孫國華法學理論優秀青年成果一等獎」等獎，2018 年入選北京市「百名法學英才」。

提　要

人們往往把《世界人權宣言》這個世界範圍內第一份真正的世界性人權文件與西方人權觀聯繫起來， 而忽略其中的其他思想資源要素。其實， 這一普遍性人權共識的達成是世界範圍內多種文明思想溝通的結果。在西方人權理念資源之外，中國儒家思想也做出了重大貢獻。通過研究《世界人權宣言》起草和通過的歷史，可以發現中國代表張彭春在其中發揮了關鍵作用。作為人權委員會和起草委員會的副主席，他曾借聯合國這一平臺，將中國的儒家思想精華傳播給世界其他國家。他通過對儒家思想的成功運用，推動了《宣言》順利起草和通過，並將儒家思想融入到了《宣言》條款之中，使其成為二戰後國際人權新理論的重要組成部分，豐富了現代「人權」理論的內涵。張彭春在聯合國的人權實踐表明，各國在各自文化之內尋求對人權的共識並非不可能。張彭春的貢獻在於運用自己的智慧和儒家哲學，一方面在多樣化的文明觀念中尋找普遍的人權共識，實現一種基於不同文化概念和理解的普遍認同，另一方面，對於不同文化中衝突的人權觀念，通過溝通、交流，在不違背最基本的人權理念的情況下實現最大限度的理解和包容，使各國之人權能在互相理解和借鑒中發展。這在西方人權神話被打破、人權理論體系作為一個面向全世界開放的系統的今天尤為重要。

目　次

第四、五冊　20世紀前半期兩湖地區的土地關係及農家經濟

作者簡介

林源西，1980年生，浙江玉環人，2016年畢業於武漢大學，獲歷史學博士學位，現為浙江麗水學院講師，主要從事中國近代農村社會經濟史、華僑經濟與社會等方面的研究，曾在《中國經濟史研究》、《人文論叢》等期刊上發表論文數篇。

提　要

20 世紀前半期，湘鄂兩省的地權分配特點是截然相反的，作為湖北省的核心農業區，江漢平原的地權分散，在全國都是較為罕見的例子。20 世紀以後，兩湖地區地權總體上呈分散趨勢，土地流轉加快，特別是民國中後期，土地流轉異常頻繁，這主要是由苛捐雜稅、農家負債、土地革命以及社會不良風氣等因素造成，並不全部是市場作用下的結果。由於農業勞動力充足，政局也較為穩定，在 20 世紀二三十年代，兩湖地區的農業生產力達到近代的最高水平，但兩湖地區人地矛盾依然較為尖銳。在農民的作物選擇上，隨著商品經濟的發展，農戶在種植作物的選擇上也越加考慮利潤，經濟作物增長迅速，兩湖都不乏在一些地區經濟作物占作物主要部分的例子，這些說明兩湖地區的農戶具有「經濟理性」。兩湖地區農民的收入中，經濟作物占較大比

重，湖南省雖然總體上經濟作物不如湖北省發達，但在耕地缺乏且副業不發達的地區，經濟作物占重要地位。在支出結構方面，食物的支出佔了主要部分，恩格爾系數較高，中農的食物結構也較為單調，肉食缺乏，農民的生活是普遍貧困的，這是土地革命發展的主要原因。但農民不具有先驅性，因此，革命爆發的原因並非農民的貧困，而是外在政治力量介入的結果。

目　次

上　冊

下　冊

第六冊　創榛闢莽：上海商品檢驗局研究（1929～1937）

作者簡介

高忠芳，女，漢族，出生於1979年，安徽省馬鞍山市人，現任蘇州科技大學講師，主要從事中國近現代史研究，在《廣西師範大學學報》《陰山學刊》《社科縱橫》《北京教育》等學術期刊發表學術論文多篇，獨立主持完成江蘇省高校哲學社會科學基金重點項目 1 項，參與完成江蘇省哲學社會科學基金等科研項目多項。

提　要

上海商品檢驗局成立於1929年3月，它是中國歷史上第一個由國家設置的官方商品檢驗機構，在中國商品檢驗史上佔有重要的歷史地位。它的成立，標誌著近代中國商檢事業的開端，具有極為重要的歷史意義和現實意義。第一，上海商品檢驗局的建立，打破了外國人創辦和控制中國商品檢驗機構的局面，初步建立了中國商檢事業的基本體系和制度；第二，上海商品檢驗局的商檢工作一定程度上提高了中國商品出口能力，維護了中國對外貿易中的合法權益，增強了我國商品在國際市場的競爭力；第三，上海商品檢驗局的建立在制度上初步實現了中國檢驗檢疫事業與國際接軌，為中國商檢事業的起步奠定了基礎；第四，上海商品檢驗局的建立為新中國商檢事業的發展提供了經驗和教訓。因而，研究上海商品檢驗局具有重要的學術與社會意義。

本書綜合運用歷史學、經濟學、商品檢驗學等多學科的視角重建了上海商品檢驗局在初創階段（1929～1937 年）的發展史，闡述了上海商品檢驗局的成立過程、建立初期的檢政建設，對上海商品檢驗局初創時期的人才建設、技術探索、制度創建情況都有著詳細的論述和分析。而且，本著作還詳細論述了上海商品檢驗局進出口商品檢驗業務工作開展情況，還以出口茶葉檢驗為中心重點考察與評估了商品檢驗在對外貿易中的重要作用。簡言之，本著作對於上海商品檢驗局的建立過程、制度建設、人才培養、技術探索等方面進行了全方位的研究，深化了學界關於這一問題的研究。相信本書的出版，一定會對相關問題的研究提供助力。

本書分為上編和下編。上編是有關上海商品檢驗局（1929～1937）的研究，全面研究了上海商品檢驗局初建的歷程與檢驗業務的全面展開情況，並且對相關問題也有一定的研究。下編是有關上海商品檢驗局（1929～1937）的重要研究資料的簡編，主要以收錄當時上海商品檢驗局編纂的檢驗檢疫法規或業務資料為主。

目　次

第七冊　民國時期國立大學招生研究

作者簡介

李濤，聊城大學教育科學學院教育學系副教授。曾先後獲得河北經貿大學經濟學學士，西南大學教育學碩士，西南大學教育學博士學位。研究領域為近代中國高等教育史，特別是近代中國大學招生考試，近年關注民國「黃金十年」大學單獨招生，精英階層與山東高等教育近代化研究。

提　要

本書梳理了國立大學招生發展的過程，對國立大學招生的組織主體、選拔途徑、招生考試、錄取、照顧政策、對招生考試問題的爭鳴等重要方面進行了深入探究。民國時期國立大學招生的歷程分為三個時期：大學自由招生階段（1912～1932）；政府嚴格控制招生階段（1933～1940）；政府宏觀調控招生階段（1941～1949）。民國時期大學招生的組織主體經歷了從大學到政府，再到二者分擔的發展過程。選拔途徑以考試為主導方式，推薦、保送等是重要的補充形式。考試科目分合變遷，考試內容科學化，考試方式多樣化，單獨考試是主流，考試舞弊叢生。通過分析國立大學在校生的區域分布、階層分布，發現國立大學招生有本地化傾向，東西部省份入學機會差異極大，各階層入學機會極端不平等。民國時期大學招生的照顧政策基本形成了四大體系：僑生升學照顧體系，邊疆少數民族升學照顧體系，國民黨員、軍人升學照顧體系，教職員子弟及公務員（包括官員）子弟升學照顧體系。民國時期國立大學招生中存在嚴重的「市場失靈」問題，政府對其進行了「宏觀調控」。民國時期發生了三次大規模的有關大學招生考試的論爭：「廢考運動」；

「新法考試運動」;「大學入學考試改進運動」。在此基礎上，總結了經驗教訓及啟示。

目　次

第八冊　抗戰研究十五講

作者簡介

李常寶，安徽懷寧人。四川大學歷史學博士。現供職於山西師範大學歷史文化學院，副教授，碩士生導師。中國會黨史研究會理事，四川大學中國西南文獻中心兼職研究員。在《近代史研究》、《史學月刊》、《抗日戰爭研究》和韓國《亞洲研究》、《中國史研究》等中外學術期刊發表學術論文 20 多篇；出版學術專著《抗戰時期正面戰場的榮譽軍人研究》一部、合著三部；主持參加省部級以上社科項目 5 項。博士學位論文榮獲「2013 年四川省優秀博士學位論文」。

提　要

本書是作者研究抗戰問題的有關思考，分為十五個專題。因求學與工作關係，本人在西南和華北之間奔走，因而對於抗戰時期大後方歷史檔案和共產黨在山西的檔案頗多涉獵，因而習慣於從比較的視野看待抗戰期間的有關問題。按照研究範圍，本書主要分為兩大門類：（一）國民黨方面，主要內容有：（1）1935 年華北危機之際南京國民政府對華北事變應對；（2）1936 年 5 月西北「剿匪」副總李生達被暗殺，從長遠的歷史角度考察，此事成為日後國共兩黨政治命運的拐點。（3）抗戰爆發之前國人對於蟲媒傳染病瘧疾的認知演變及其不足，以及該種疾病對於中國抗戰的危害；（4）南京國民政府兵役管區制度與國民兵身份證制度述論；（5）抗戰時期國軍傷殘收治機制的形成；（6）從國軍官兵傷殘狀況反觀國軍的戰力軍力；（7）1938 年 11 月長沙大火的責任認定；（8）重新審視國民黨中條山敵後游擊根據地的淪陷。（二）共產黨方面：（1）中共太行根據地的小學教育及其功效；（2）抗戰時期中共在教育事業當中對知識分子的形塑；（3）華北敵後根據地政權對一貫道等民間信仰的處置；（4）1942 年華北旱災期間中共的災荒賑濟及其效能與影響；（5）中共在內蒙大青山地區抗戰的起落與檢討等。

目 次

第九冊　抗戰時期陪都重慶警政改革研究

作者簡介

李秉祥，1982 年 7 月生，河南信陽人，法學博士，西南政法大學法律史專業中國法制史方向，助理研究員，現就職於重慶師範大學，曾在《河南社會科學》、《河北法學》等期刊發表數篇論文。

提　要

本文論述的基本邏輯架構為：從縱向角度，回溯了我國近代警政制度的引入，及其通過本土立法活動逐步移植，據此創建了我國早期的警察組織和警務制度。歷經清末、北京政府時期的調整和適應，至南京國民政府前期近代化的警政體制基本形成。

繼而從橫向角度，對抗戰爆發後為適應戰爭形勢需要，而進行的陪都重慶警察常規職能改革的內容，戰時特殊警務職能的延伸，以及戰時警察主體身份的擴展作深入探討。最後進行綜合評析。

要之，本文研究主要取得的學術成果，一是釐清了我國近代意義上的警政制度的源與流：從國外移植進入後，歷經清末肇始、民國初期發展，直至南京國民政府前期趨於完善的歷史進程。二是探討了來自異域的近代警政制度在我國的調整和適應過程及其命運和生存狀態。三是論述了近代警政制度體系初步形成於國民政府前期。四是論證了抗戰爆發後為適應戰時之需，對陪都重慶警察常規職能採取的一系列改革措施；並根據戰爭形勢的發展賦予陪都重慶警察以特殊職能，諸如防止應對敵機空襲、肅清漢奸等。五是討論了陪都警察教育制度的改革，賦予戰時警察「亦軍亦警」的身份，實現了戰時陪都警察主體身份的擴展。六是在戰爭形勢下探索並創立了戰時義勇警察制度等。

目　次

第十、十一冊　近代回族文化運動

作者簡介

丁明俊，寧夏涇源人，北方民族大學民族學學院教授（二級）、編審、博士、博士生導師，兼任北方民族大學回族學研究院院長。2013 年獲寧夏回族自治區人民政府特殊津貼，2016 年獲國務院政府特殊津貼。中國民族學會回族學分會副會長、寧夏回族研究會副會長。長期從事回族歷史文化研究工作，曾在國內外學術期刊發表學術論文 60 餘篇，著有《馬福祥傳》（寧夏人民出版社，2001）、《回族學研究文集》（民族出版社，2003）、《中國邊緣穆斯林族群的人類學考察》（寧夏人民出版社，2006）、《西北伊斯蘭教社會組織形態研究》（中國社會科學出版社，2013）。曾主持完成國家社會科學基金項目 3 項，此書為本人主持並結項 2013 年國家社會科學基金一般項目《近代回族新文化運動研究》（項目編號：13BMZ017）的最終成果。現主持 2019 年國家社科基金一般項目《民國回族史研究》（項目編號：19BMZ014）。

提　要

本書是一部研究近代回族文化運動的專著。全書共分 14 章，從不同視角對這場運動進行探討。20 世紀上半葉，隨著中國社會的轉型，由回族知識界、宗教界、軍政界精英發起旨在開啟民智、改良宗教、發展回族新式教育、派遣回族青年到國外留學、動員回族全面參與抗戰等為內容的近代回族文化運動。

民國時期回族創辦的報刊 200 種以上，其中出現象《月華》《清真鐸報》《中國回教救國協會會刊、會報》《突崛》等辦刊質量高、時間長、社會影響大的回族報刊。發表大量有價值的資料或研究成果，為我們研究民國回族社會提供了豐富的資料。民國時期組建回族社團近百個，其中辛亥革命之後王寬在北京發起成立的「中國回教俱進會」、抗戰爆發以後組建的「中國回教救國協會」影響最大。由於國民政府不承認回族是一個民族實體，當時學術界以「回教文化」表述，而這裡的「回教文化」表面看似乎等同於伊斯蘭文化，實際上其更多的是民族文化的內容。民國時期也出現「回族」一詞，但其內涵與範圍，不同人有不同理解。

縱觀近代回族文化運動，有以下幾個特點：一是持續時間長，前後長達半個世紀；二是社會各界參與程度高，上至回族軍、政界高級官員，中間階層包括回族文化界、宗教界、政界一般官員，下至一般基層回族民眾都不同程度參與到這場運動之中；三是內容豐富，具體包括創社團、辦報刊、發展回族新式教育。特別是一批漢族或其他民族文化名流如顧頡剛、老舍對回族文化運動以道義支持，並撰寫一系列文章，使這場運動意義影響深遠，達到啟迪民智、溝通回、漢民族感情，增強了回族對國家、中華傳統文化認同的效果，也喚醒了回族民族意識以及參與國家建設的積極性。

目　次

上　冊

南京國民政府東北政務委員會研究

——訓政時期國民黨政權整合失敗的制度因素（上）

佟德元 著

作者簡介

佟德元，遼寧瀋陽人，歷史學博士，贛南師範大學歷史文化旅遊學院、中央蘇區研究中心副教授。主持國家社科基金項目 1 項，省級項目 4 項，研究成果榮獲江西省第十七次社科優秀成果獎三等獎。

提　　要

政務委員會制度是訓政時期南京國民政府在中央與地方之間所實行的一種特殊政治制度，而東北政務委員會則是政務委員會制度的典型個案。其典型性有兩點：第一，從國民黨政治制度自身演變與發展視角來看，它是南京國民政府宣布進入訓政，且國民黨裁撤各地政治分會後，所建立的第一個承繼了政治分會權限的政務委員會；第二，從國民黨形式上統一中國視角來看，它是國民黨在北伐完成後為實現國家統一，而對地方實力派進行妥協，所建立的第一個擁有高度自治權的政務委員會。之後相繼建立的北平、西南和冀察等各政務委員會，無不是以東北政務委員會為藍本。

所以政務委員會制度的施行，不可避免地會造成地方割據，對試圖集權的蔣介石而言，該制實屬「割據弊政」。不過在地方實力派把持地方政權的現實情況下，南京國民政府政務委員會制度在國民黨訓政時期，還是產生了一定的作用與影響。這主要體現在兩個方面：一是該制度在國民黨和地方實力派系之間充當了潤滑劑的角色，維持了國民黨及民國形式統一的局面，如東北政務委員會和西南政務委員會；二是該制度在國民黨和日本之間充當了緩衝區的角色，成為應對日本侵略危機的應急辦法，一定程度上延緩了華北危機，如北平政務委員會和冀察政務委員會。

目次

上冊

下　冊

表次

圖次

緒　論

一、研究現狀與研究意義

東北政務委員會醞釀於東北易幟談判期間，成立於國民黨訓政開始之際。它是國民黨與東北集團相互妥協與合作的產物，從南京國民政府制度發展角度看它實際是政治分會制度的延續，而從東北集團演變發展角度看它又是東北集團控制地盤的載體與工具。就目前相關研究成果來說，無論在民國政治制度史研究領域，還是東北地方區域史研究領域，對於以東北政務委員會為代表的政務委員會制度的研究都很薄弱。

在南京國民政府政治制度研究方面，研究成果頗豐。目前民國政治制度史通論性著述就有多部，代表性成果有錢端升等著《民國政制史》（上海：上海人民出版社，2008 年）。錢著初版於 1939 年，修訂再版於 1944 年，近年來又多次再版發行。該著成書於民國時期，史料詳實，對南京臨時政府、北洋政府和南京國民政府等各時期的中央到地方的政治制度都有論述，其考察範圍之廣，引用文獻之豐富，在今天民國政治制度史領域仍是研究者的重要參考文獻。不過該著在中央與省之間的政治制度論述中，僅對西南政務委員會和冀察政務委員會作了簡要敘述，而對於東北政務委員會卻未有涉及。建國後出版的代表性成果有袁繼成等主編《中華民國政治制度史》（武漢：湖北人民出版社，1991 年），徐矛著《中華民國政治制度史》（上海：上海人民出版社，1992 年），孔慶泰著《國民黨政府政治制度史》（合肥：安徽教育出版社，1998 年）等。這些著述對於南京國民政府主要政治制度均有詳細論述，不過對於政務委員會制度少有涉及。

有關南京國民政府中央政治制度的研究，學界多關注於國民黨的訓政制度和黨國體制等內容。近年代表性成果有陳紅民等著《南京國民政府五院制度研究》（杭州：浙江人民出版社，2016 年），王兆剛著《國民黨訓政體制研究》（北京：中國社會科學出版社，2004 年），田湘波著《中國國民黨黨政體制剖析（1927～1937）》（長沙：湖南人民出版社，2006 年），劉大禹著《蔣介石與中國集權政治研究（1931～1937）》（杭州：浙江大學出版社，2012 年）。陳著在對孫中山五權憲法思想深入探討基礎上，對國民黨訓政時期五院制度的形成、制度設計、組織職權、人事更迭和制度運行成效等詳加論述，揭示出五院制度是國民黨訓政體制的核心制度創設，保障了國民黨對訓政時期國家政權的掌控。王著系統分析了國民黨訓政體制的理論基礎、政治構架和運行實態，指出訓政體制內涵包括以黨治國、五院制和地方自治等方面，訓政體制在結構上的特徵是集權化，有著鮮明的專制和人治色彩。田著重點論述了國民黨黨國體制下的黨政關係，指出了國民黨政體的一黨專制獨裁本質以及國民黨組織建設的缺陷，揭示了國民黨地方黨政矛盾和黨群關係惡化的根源。劉著則以 1931 年至 1937 年蔣介石及南京國民政府面對日本侵略危機時的制度應對為切入點，重點探討了國民黨訓政體制的集權化趨向，指出蔣介石個人集權有著國民黨內力量支持和集權政治文化傳播等內外部因素影響。

有關地方政治制度的研究，學界多關注於南京國民政府的省制、行政督察專員制、縣制和地方自治等方面。代表性成果有陳明著《南京國民政府十年省制構建研究（1927～1937）》（北京：中國社會科學出版社，2017 年），翁有為等著《行政督察專員區公署制研究》（北京：社會科學文獻出版社，2012 年），魏光奇著《官治與自治——20 世紀上半期的中國縣制》（北京：商務印書館，2004 年），張俊顯著《新縣制之研究》（臺北：正中書局，1988 年），方新德著《國民政府時期浙江縣政研究》（杭州：浙江大學出版社，2012 年），李曄曄著《國家治理視閾下南京國民政府地方自治研究》（北京：人民出版社，2018 年）。

陳著主要討論南京國民政府在 1927 年至 1937 年間對省制進行構建的過程，及其背後國民黨內各派政治力量圍繞集權與分治、自治與統一等問題所展開的角力。翁著系統梳理了民國時期行政督察專員區公署制的制度創設、發展、演變的歷史脈絡，深入探討了專員區公署制的內部組織機構、日常運作、行政層級間相互關係，研究專員區公署制與地方行政理論與觀念之間的互動關係，並揭示出地方政府制度變革和轉型規律和特點，進而總結近現代地方政府改革和現代化轉型過程中的經驗和教訓。魏著是民國史研究中對縣制進行專題研究的代表作，該書以大量檔案文獻為基礎，全面論述了從清末到南京國民政府不同歷史時期內縣制的演變與發展。張著對 1939 年南京國民政府所實行的新縣制產生之原因、過程、內容和實施情況進行了梳理，並對其特點和不足均作了評述。方著以南京國民政府時期浙江縣政為研究對象，將其研究內容分為兩大類，一為縣制包括縣長、縣政府、黨團組織、民意機構等，二為縣具體施政內容包括民政、財政、教育、建設等。通過對浙江縣政的全方位論述，該書指出浙江縣政是南京國民政府縣政是一個縮影，雖與其他省份相比浙江縣政堪稱先鋒模範，但考之實際離國民黨所規劃的願景相差甚遠。李著詳細敘述了孫中山地方自治思想、南京國民政府地方自治實踐與孫中山思想的偏離情況以及南京國民政府對孫中山地方自治思想的不斷修正過程與原因，力圖完整再現南京國民政府地方治理的過程。該書指出南京國民政府推行地方自治過程中，雖不斷進行修正，但卻與中國傳統保甲制度逐漸糅合而違背了民主自治本質，這表明國民黨統治集團並不代表中國人民的根本利益，無力也不願順應時代變化來對孫中山地方自治思想進行更新只能以保甲制來維繫自身的利益。

對於處在中央與地方之間的政務委員會制度，學界目前關注較少，尚未形成系統研究。最早對東北政務委員會撰文探討的是日本學者康越，不過他的文章僅就東北政務委員會的成立和組織作了梗概性的論述，誠如他在文章中所言：對張學良「政權中心的『東北政務委員會』的研究幾乎是空白」，「本書恰是從研究領域的這一現狀出發，試圖作為填補研究史空白基礎工作的第一步」，「初步探討其組織構成的特點和其所起的作用」。〔註 1〕此後國內亦有學者開始拓展東北政務委員會的研究，比如有學者撰文探討東北政務委員會的組織結構、運作機制及其合法性等問題。〔註 2〕對於東北政務委員會之後相繼成立的各政務委員會的研究，主要集中在冀察政務委員會，尤其是隨著日

〔註 1〕〔日〕康越：《對「東北政務委員會」的初探——以組織問題為中心》，張德良，周毅主編：《東北易幟暨東北新建設國際學術研討會論文集》，香港：香港同澤出版社，1998 年，第 510～527 頁。

〔註 2〕佟德元：《東北政務委員會的內部結構及運作機制考察》，《東北大學學報》（社科版），2010 年第 1 期；佟德元：《東北政務委員會合法性探究》，《東北大學學報》（社科版），2011 年第 1 期。

本侵略華北危機不斷加深背景下，南京國民政府、冀察政務委員會如何應對華北危局，更是學者討論關注的焦點。〔註3〕另外也有個別學者對政務委員會制度做整體考量，比如日本學者西村成雄撰文以中國民族國家形成的宏觀視角，來考察政務委員會制度的歷史意義，〔註4〕但對該制度的形成、發展與演變及政務委員會的自身運作等內容則較少論及。

在奉系軍閥研究方面，目前研究成果同樣豐富，主要集中在兩個方面。一方面是以張氏父子為代表的奉系主要人物的研究不斷深入，比如有關張作霖研究的代表性成果有陳崇橋、胡玉海等編著的《從草莽英雄到大元帥：張作霖》（瀋陽：遼寧人民出版社，1991 年）；加文．麥柯馬克著《張作霖在東北》（畢萬聞譯，長春：吉林文史出版社，1988 年）。陳著對張作霖的評價較為客觀，既批判他政治上的反動，也肯定他在東北建設上的貢獻。英國學者麥柯馬克的著述以張作霖的帝國夢為主線，詳細論述了他為之努力的經過與挫折及其間與北洋各派系的關係和對中國政局的影響，同時以奉系與日本的矛盾為副線，將奉系不同發展時期與日本的關係做了論述，雖為張作霖個人研究之作，卻可從中看出奉系成長、發展與影響及其衰落的因素。

有關張學良研究的代表性成果有張魁堂著《張學良傳》（北京：東方出版社，1991 年），王海晨、胡玉海著《世紀情懷：張學良全傳》（廣州：廣東人民出版社，2001 年），畢萬聞著《英雄本色：張學良口述歷史解密》（北京：中國文史出版社，2002 年）；西村成雄著《張學良》（史桂芳等譯，北京：中國社會科學出版社，1999 年）。國內學者的這些著述雖利用資料不同，或以當事人回憶錄為主，或以檔案資料為主，或以口述資料為主，但對張學良的評價卻是基本一致的，即對張學良基本持肯定態度，以一個偉大愛國者和民族主義者的姿態對張學良的一生進行了評述。而日本學者西村成雄的著述則以近代中國東北對於日本的重要意義為考察點，以此來闡明和強調東北地域所

〔註3〕包巍：《冀察政務委員會述論》，吉林大學博士學位論文，2017 年；常凱、蔡德金：《試論冀察政務委員會》，《近代史研究》，1985 年第 4 期；張皓：《從軍事委員會北平分會到冀察政務委員會——國民政府對華北危局的應付》，《長春工業大學學報》（社科版），2008 年第 1 期；汪澎瀾：《論冀察政務委員會的對日交涉》，《史學集刊》，2003 年第 3 期；陳群元：《日本外務省與 1933 年中的華北危局——以應對黃郛北上為中心》，《近代史研究》，2006 年第 3 期。

〔註4〕參見〔日〕西村成雄：《論 1930 年代前半期中央與地方關係——「政務委員會」模型》，《中華民國史專題論文集第五屆討論會（抽印本）》，臺北：「國史館」，2000 年。

處的地位和角色，並將張學良的生平主要事蹟均以民族主義的視角加以解讀，認為他集中體現了 20 世紀中國社會「救國」與「救亡」的民族主義二重性。

另一方面則是奉系專題性和通論性研究不斷拓展。對張作霖主政東北時期進行系統研究的代表性成果有胡玉海主編的六卷本《奉系軍閥全書》（瀋陽：遼海出版社出版，2001 年）。全書共分為《奉系縱橫》、《奉系人物》、《奉系經濟》、《奉系軍事》、《奉系教育》和《奉系對外關係》等六卷。全書雖然對奉系軍閥的形成與發展、重要人物、軍事以及內政外交等諸多內容進行了詳細論述，但由於該書編者以東北易幟為奉系軍閥解體時間，因此使得全書的論述內容大都止於 1928 年末，而對於張學良時期的東北各方面情況論述不詳。

對張學良主政東北時期進行專題研究的代表性成果有陳進金著《地方實力派與中原大戰》（臺北：「國史館」，2002 年），易顯石等著《九一八事變史》（瀋陽：遼寧人民出版社，1981 年），張德良、周毅主編《東北軍史》（瀋陽：遼寧大學出版社，1987 年）；水野明著《東北軍閥政權研究——張作霖、張學良之抗外與協助統一國內的軌跡》（鄭樑生譯，臺北：國立編譯館，1998 年）。陳著是目前海峽兩岸專門研究中原大戰的最有代表性的一部學術專著，該書對中原大戰前各派力量的消長及政局演變、蔣派反蔣派與東北集團的相互關係、西南地方實力派對中原大戰的態度、蔣派與反蔣派雙方財政經費問題等各方面內容均作了詳細的論述，並透過中原大戰對民國以來中央與地方的關係進行了檢討。易著為 80 年代後大陸第一部專門研究九一八事變的專著，對九一八事變的過程和中日兩國當時的形勢和政策均有詳細論述。張著對東北軍的發展沿革和參與的歷次戰役，均有較為詳細的論述，是研究東北軍發展、演變直至滅亡的重要參考文獻。水野明的著述則同樣採用了日本學者在研究中國史尤其是中國東北地方史時常用的研究方法，即以民族主義的視角來考察東北和奉系，因此以大量篇幅來討論東北地方政權的對蘇和對日外交，同時對奉系促進中國統一進行了簡要論述，並認為東北地方政權具有抗禦日本侵略和促進中國統一的雙重功能，進而對東北地方政權的地位和歷史作用給予了高度評價。水野著重在討論東北地方政權的功能和作用，而對於從張作霖到張學良不同時期東北地方政權的延續與演變等諸多問題則言語不詳。

既往相關研究多以張氏父子的研究為依託，以人物和事件為主，即便是已經問世的專題性和通論性著述的研究，也並不全面，比如對東北地方政權及其治下的東北社會的研究就比較薄弱。近年來學界對奉系的研究出現了一些新變化。一是現代化視角的引入，探討奉系主要成員對東北現代化建設採取的諸多措施，及對近現代東北產生的深刻影響，代表性成果有王鳳傑著《王永江與奉天省早期現代化研究（1916～1926）》（東北師範大學博士學位論文，2009 年）；美國學者薛龍著《張作霖和王永江：北洋軍閥時代的奉天政府》（徐有威、楊軍譯，北京：中央編譯出版社，2012 年）。二是隨著上世紀 90 年代張學良恢復自由及其口述史料的陸續公開，使得學界出現了一股張學良口述歷史的研究熱潮，代表性成果有王海晨著《孤獨百年：張學良的思想人生》（北京：當代中國出版社，2016 年），唐德剛訪錄、王書君著述《張學良世紀傳奇》（濟南：山東友誼出版社，2002 年）。儘管如此，目前相關研究仍多侷限在奉系和東北內部，雖在不斷深化對奉系和東北社會的認識，但研究視野不夠開闊，沒有突破奉系軍閥史或東北地方史的範疇。

綜上所述，在上述相關研究領域裏，對以東北政務委員會為代表的政務委員會制度加以關注並進行專題研究的成果，還非常少見。

因此加強對東北政務委員會及政務委員會制度的研究，將對拓展東北地方史和深化中華民國史研究具有重要意義。在南京國民政府訓政時期，政務委員會制度一直作用於南京國民政府與地方實力派之間，對調整二者的關係產生了重要作用。東北政務委員會作為該制度實踐的第一個地方政權的組織形式，具有典型性與特殊性，而以東北政務委員會作為切入點，考察它的制度起源、演變發展、組織運作、體制改革、內外政策，對於探究政務委員會制度的歷史功用，揭示訓政時期國民黨整合全國政權不利的制度因素，均具有重要意義。另外通過對東北政務委員會的系統研究，探究國民黨與地方實力派之間關係，能夠讓我們更加認清國民黨政權運作中的寡頭專制統治。而這與東北政務委員會同時期的中共領導的蘇區所實行的人民民主政治形成了鮮明對比，進而揭示出中共在蘇區局部執政乃至後來在全國執政的歷史必然性。

二、研究思路與方法、重點內容

（一）研究思路與方法

第一，研究的基本思路：在易幟前後，爭奪東北的政治力量主要有三股。一是實際控制著東北各省的東北集團；二是試圖在東北推行黨治體制的國民黨；三是已在東北擁有巨大權益的以日蘇兩國為代表的列強勢力。因此在易幟後的東北，實際形成了「國民黨——東北集團——日蘇」這樣一個中央與地方、中國與外國的三方關係。在這樣的分析框架下，本著以國民黨由軍政時期到訓政時期的體制轉型為背景，以東北政務委員會的制度演進為經線，以東北政務委員會治下的東北黨務、內政、經濟、外交等為緯線，從中央與地方關係的視角，對東北政務委員會的制度起源、組織運作、黨治體制實施、權力構建、內外政策等加以探究，並揭示以東北政務委員會為代表的政務委員會制度對民國歷史發展產生的巨大影響。

第二，研究方法。本著以實證研究為基礎，通過梳理和分析大量檔案資料、期刊報紙等多種文獻，以東北政務委員會為典型個案，在充分探討東北政務委員會來龍去脈的同時，闡釋南京國民政府時期政務委員會制度的影響。此外，本著的研究還借鑒了政治學、經濟學和統計學等其他各學科的概念和研究方法。

（二）重點內容

本著研究的重點有如下幾方面：

第一，東北政務委員會的制度起源。其制度起源有二，即國民黨軍政時期所實行的政治分會和早期政務委員會。東北政務委員會的權限承繼於政治分會，其名稱承繼於早期政務委員會。

第二，東北政務委員會的成立經過與組織運作。東北政務委員會的成立，既是國民黨政治制度不斷演變與發展的產物，也是蔣介石與張學良在東北易幟談判時相互妥協的結果。該委員會內部組織龐大，二級管理與垂直領導並行，下轄行政、司法、交通等機關，不僅管轄東北各省政府，還操控著東北地區的人事和財政稅收等權力。

第三，國民黨黨治體制在東北的建立與困境。東北易幟後，東北集團高層加入了國民黨，但黨治國在東北的推行卻陷入困境。一方面，因東北集團謀求東北黨務領導權，導致它與國民黨發生黨權之爭，致使東北黨部遲遲不能建立。另一方面，黨治體制下的東北政治體制改革也因諸多因素而沒有完全遵照南京國民政府的制度與法律行事，導致在東北國民黨黨治僅存在於符號與儀式的國民黨政治文化意義上。

第四，黨治體制背景下東北政務委員會權力體系的構建。國民黨黨治體制在東北流於形式的同時，東北政務委員會在東北範圍內構建起了自上而下的權力體系。這些權力體系主要有：行政管理體系、財政與金融管理體系、司法管理體系、外交管理體系、鐵路交通管理體系。

第五，東北政務委員會的內外政策。東北政務委員會的對內政策遵循兩個原則，即多渠道擴充財源和低成本粉刷政治，據此該會推行了經濟改革與社會改革兩大政策。東北政務委員會的對外政策：一方面對日蘇兩國在東北的僑民和機構及其經濟和政治等活動採取監視、防範與抵制的措施；另一方面對日蘇兩強採取兩個極端的外交政策，即對蘇奉行強力外交，不惜發動中東路事件；而對日則極力迴避地方交涉，採用「拖」字訣，藉故延宕。

第六，政務委員會制度的承繼與功用。該制度雖被蔣介石斥之為「割據弊政」，不過縱觀政務委員會制度的演變與發展，我們可以看出在國民黨訓政時期政務委員會制度還是起到了一定的作用與影響。這主要體現在以下兩個方面：一是該制度在國民黨和地方實力派系之間充當了潤滑劑的角色，維持了國民黨及民國形式統一的局面；二是該制度在國民黨和日本之間充當了緩衝區的角色，成為應對日本侵略危機的應急辦法，一定程度上延緩了華北危機。

第一章　東北政務委員會的制度起源

東北政務委員會主要源自於國民黨軍政時期所實行的政治分會制度和早期臨時性政務委員會制度。政治分會，即國民黨中央政治會議分會，是北伐期間國民黨在戰地設置的最高政治決策機關。北伐時期國民黨在戰地各省建立的臨時性政務委員會，是以組織正式省政府為使命的一省或數省臨時性的最高行政機關。

第一節　國民黨中央政治會議分會制度

一、中央政治會議制度概述

國民黨實行黨國體制，以黨治國，所以黨和黨政關係的組織與制度設置，是國民黨黨國體制的根本。國民黨的組織與制度在其總章〔註 1〕中有詳細說明。國民黨的黨部分為中央、省、縣、區和區分部，共五級。在中央，國民黨的最高領袖為總理，後改為總裁，並設全國代表大會、中央執行委員會及常務委員會。從 1924 年國民黨改組，到 1929 年初完成統一中國，國民黨中央組織與制度在不斷完善與發展，黨的最高權力機關、執行機關、監察機關等，形成了一整套在軍政時期行之有效組織運作方式。但隨著北伐的完成，國民黨由軍政逐漸步入訓政階段，如何調整黨政關係，加強以黨治國，又避

〔註 1〕國民黨總章於 1924 年 1 月國民黨「一大」通過，後歷次全國代表大會有過多次修訂，可詳見榮孟源主編：《中國國民黨歷次代表大會及中央全會資料》（上），北京：光明日報出版社，1985 年，第 22～33、154～167、662～676 頁。

免黨政不分，就成為擺在國民黨面前的頭等大事。而在軍政時期為國民黨處置重大政治事務頗具成效的中央政治會議制度就成為國民黨以黨治國的優選方案。

政治會議或稱政治委員會。中央政治委員會最初於 1924 年 7 月成立，其制度原型最初是仿自俄共中央政治局，1926 年 7 月改為政治會議。寧漢對峙時，漢方設有政治委員會，寧方設有政治會議，中央特別委員會時期，雙方皆取消。到國民黨二屆四中全會通過恢復時，仍稱政治會議。1935 年 11 月國民黨「五大」後，又改為政治委員會。〔註 2〕

1924 年國共兩黨合作後，國民革命運動逐漸興起；與此同時北方軍閥奉系和皖系與國民黨展開合作，結成三角聯盟，醞釀反對直系軍閥。為了應對複雜的軍事和政治形勢，孫中山認為「軍政黨務須分工辦理，故政治委員會先成立，而軍事委員會繼之成立」。〔註 3〕1924 年 7 月 11 日，國民黨政治委員會舉行第一次會議，孫中山指定胡漢民、汪精衛、廖仲愷、孫科、蔣介石等 12 人為政治委員，協助他處理國民革命期間發生的重大黨政事宜。〔註 4〕

最初建立的政治委員會，其委員由孫中山指定，在組織關係上實際隸屬於國民黨的領袖。而這種制度設置，顯然與國民黨中央執行委員會這一由全國代表大會所選出的最高執行機關的職權相重疊和矛盾。所以為了理順政治委員會與中央執行委員會及總理的關係，7 月 14 日，國民黨中央執行委員會第 43 次會議對政治委員會的權限及與中央執行委員會和總理的關係進行了明確規定：對於黨事，政治委員會「對中央執行委員會負責，按照性質由事前報告或事後請求追認」；而對於政治及外交問題，政治委員會則對孫中山負責，「由總理及大元帥決定辦理」。〔註 5〕經此決議後，在黨政權限方面政治委員會與中央執行委員會及總理的關係理順了，同時在組織關係上對政治委員會的角色定位也漸漸明晰，即在國民黨領袖制體系下，政治委員會實際是孫

〔註 2〕錢端升等著：《民國政制史》上冊，上海：上海人民出版社，2008 年，第 205 頁。

〔註 3〕《政治報告》，國民黨中央執行委員會秘書處編：《中國國民黨第三次全國代表大會會議記錄》，（無出版者），1929 年，第 59 頁。

〔註 4〕《政治報告》，國民黨中央執行委員會秘書處編：《中國國民黨第三次全國代表大會會議記錄》，（無出版者），1929 年，第 59 頁。

〔註 5〕《政治報告》，國民黨中央執行委員會秘書處編：《中國國民黨第三次全國代表大會會議記錄》，（無出版者），1929 年，第 59 頁；袁繼成等：《中華民國政治制度史》，武漢：湖北人民出版社，1991 年，第 117 頁。

中山黨內決策的諮詢機關。

1925 年孫中山逝世後，國民黨的領袖制實際取消，對於政治委員會這一兼管黨政要務而又游離於國民黨組織體系外的特殊機構，國民黨中央自然要將其納入組織體系內。1925 年 6 月 14 日，就在孫中山去世三個月後，所召開的第 14 次政治委員會會議上，在決議建立廣州國民政府的同時，又對政治委員會作出了兩項重要決議：第一，將政治委員會納入國民黨組織體系，「在中國國民黨中央執行委員會內設政治委員會」，即政治委員會對國民黨中央執行委員會負責，並有權「指導國民革命之進行」；第二，對政治委員會與廣州國民政府的關係進行明確，「關於政治之方針由政治委員會決定，以政府名義執行之」，即政治委員會擁有政治決策權，而國民政府則為黨的意志的執行機關。〔註 6〕國民黨中央的這一規定，既明確了政治委員會與中央執行委員會的關係，又賦予了其指導國民革命和政治決策之權限，使政治委員會由原來孫中山的決策諮詢機關演變成為國民黨政治指導機關。〔註 7〕

中央政治會議由委員組織而成，其委員最初由國民黨總理孫中山指定，孫中山逝世後，國民黨中央規定該會議委員「由中央執行委員會推定之」。〔註 8〕委員之數額初無定數，隨時由國民黨中常會議決補加，所以委員人數漸增，此外還有候補委員和列席委員。按照 1926 年 1 月國民黨第二屆中央執行委員會第一次全會決議通過的《政治委員會組織條例》之規定，政治委員會「設委員若干人，候補委員若干人，政治委員有缺席時，由出席之候補委員依次遞補」，候補委員僅遞補時才有臨時表決權，列席之候補委員則只有發言權；中央執行委員會還可以聘任政治委員會顧問，不過顧問在政治委員會只有發言權。〔註 9〕1927 年 3 月統一黨的領導機關案第七條規定，國民政府各部部長，「雖非政治委員會委員，亦得列席政治委員會會議，但無表決權」。〔註 10〕

〔註 6〕《政治報告》，國民黨中央執行委員會秘書處編：《中國國民黨第三次全國代表大會會議記錄》，（無出版者），1929 年，第 59～60 頁；袁繼成等：《中華民國政治制度史》，武漢：湖北人民出版社，1991 年，第 117 頁。

〔註 7〕《政治報告》，國民黨中央執行委員會秘書處編：《中國國民黨第三次全國代表大會會議記錄》，（無出版者），1929 年，第 59～60 頁。

〔註 8〕《中央政治會議暫行條例》，《江蘇省政府公報》，1927 年第 31 期。

〔註 9〕榮孟源主編：《中國國民黨歷次代表大會及中央全會資料》（上），北京：光明日報出版社，1985 年，第 226 頁。

〔註 10〕錢端升等著：《民國政制史》上冊，上海：上海人民出版社，2008 年，第 170 頁。

同月該委員會組織條例規定政治分會委員也可列席會議，同樣無表決權；1928年9月國民黨中常會又決議，候補中央委員亦可列席政治會議。〔註11〕

1928年10月政治會議暫行條例再次對委員進行了更詳細的規定，委員分以下兩種：第一種，中央執行委員會委員、中央監察委員會委員和國民政府委員均為政治會議當然委員；第二種，由中央執行委員會所推選出的其他政治會議委員，推選資格則必須滿足下列條件之一：即「為黨服務十年以上，富有政治經驗者」，或者「負黨國之重任，其地位在特任官以上者」，〔註12〕同時規定此類由中執會推選之委員人數不得超過中央執監委員之當然委員名額之半數。當時地方實力派勢力強大，地方大員加入國民黨中央者不在少數，所以中央政治會議委員中非為中央委員者，亦屢見不鮮。1929年4月政治會議條例再次修訂，將該會委員範圍又縮小在中央執監委員之內，以防止國民黨中央權力被地方實力派干擾。此次該條例規定，政治會議委員由中央執行委員會從中央執行委員和中央監察委員中推選產生，而委員名額則不得超過中央執監委員總數之半數；非政治會議委員之中央執行委員、中央監察委員，得列席政治會議；政治會議因國民政府政務人員之請求，亦得隨時許可其列席政治會議進行報告。〔註13〕1930年3月修訂後之政治會議條例還規定，「政治會議得設候補委員，但其名額不得超過委員名額三分之一」。〔註14〕

1927年中央政治會議暫行條例規定，中央政治會議由委員互相推舉主席一人，該會下「設秘書長一人，秘書辦事員書記若干人，由主席任命並指揮之」，〔註15〕在必要時還可聘任顧問，設置專門委員會。1929年和1930年政治會議條例，在中央政治會議下設政治報告組、經濟組、外交組、財政組及其他專組，各設委員若干人，分別擔任審查與設計事宜。〔註16〕1935年12月政治會議改名為政治委員會，其組織條例對該會組織再次進行重大更改：一是增設副主席，明確規定委員人數：中央執行委員會從中央委員中推舉政治

〔註11〕錢端升等著：《民國政制史》上冊，上海：上海人民出版社，2008年，第170頁。

〔註12〕《中央執行委員會政治會議暫行條例》，《中央週刊》，1928年第25期。

〔註13〕《中央執行委員會政治會議條例》，《中央週刊》，1929年第48期。

〔註14〕《中央執行委員會政治會議條例》，《中央週刊》，1930年第92期。

〔註15〕《中央政治會議暫行條例》，《江蘇省政府公報》，1927年第31期。

〔註16〕參見《中央執行委員會政治會議條例》，《中央週刊》，1929年第48期；《中央週刊》，1930年第92期。

委員會主席 1 人、副主席 1 人、委員 19 人至 25 人。二是將政治會議原設各組擴充為各專門委員會，共計設置法制、內政、外交、國防、財政、經濟、教育、土地、交通等九個專門委員會。各專門委員會各設主任委員 1 人，副主任委員 1 人，委員 9 至 15 人，以中央委員及對各該委員會主管事項有專門研究之黨員充任之，並可聘請專家為各專門委員會之顧問，分別擔任設計與審查事宜。三是國民黨中常會及國民政府主要長官均可出席政治委員會：政治委員會開會時，中央常務委員會主席、副主席，國民政府主席、五院院長、副院長，軍事委員會委員長、副委員長，應出席該會所屬各專門委員會。主任委員及國民政府各部會長官於必要時得通知列席。四是設立秘書處：政治委員會設秘書處，置秘書長 1 人，副秘書長 1 人，由中央執行委員會任命。秘書若干人，辦事員若干人。〔註 17〕

中央政治會議的職權，在孫中山在世時主要有前述兩項，即「黨事」和「政治及外交問題」。而當時政治委員會議決案關於黨務者甚少，關於政治及外交事項，議決後還需總理最終決定，所以初期政治委員會大體上為孫中山的諮議機關。孫中山逝世後，政治委員會被納入中央執行委員會內，關於政治方針，政治委員會決議後，交由國民政府施行，所以中央政治會議成為黨政重要機關。此後，國民黨中央對於政治會議的權限不斷擴張，軍政時期明確規定「中央政治會議為中央執行委員會特設之政治指導機關」，負責「一切法律問題」和「重要政務」；〔註 18〕統一後進入訓政時期又規定「政治會議為全國實行訓政之最高指導機關」，其議決事項為：「甲、建國綱領；乙、立法原則；丙、施政方針；丁、軍事大計；戊、財政計劃；己、國民政府主席及委員，各院正副院長及委員，及特任特派官吏之人選」。〔註 19〕政治會議被定位為政治指導機關，所以為了調整黨政關係，避免黨政不分與矛盾，政治會議條例還明確規定：政治會議不直接發布命令及處理政務，政治會議之決議，直接交由國民政府執行；政治會議之決議，有提交國民政府及各院各軍事最高機關討論決定執行者，由各該長官負責辦理。〔註 20〕

對於政治委員會的作用，胡漢民在訓政綱領提案中明確說道：「政治會議

〔註 17〕《中央執行委員會政治委員會組織條例》，《北平市市政公報》，1936 年第 334 期。

〔註 18〕《中央政治會議暫行條例》，《江蘇省政府公報》，1927 年第 31 期。

〔註 19〕《中央執行委員會政治會議條例》，《中央週刊》，1930 年第 92 期。

〔註 20〕《中央執行委員會政治會議條例》，《中央週刊》，1930 年第 92 期。

或政治委員會，對於國民黨為其隸屬機關，但非處理黨務之機關，對於政府為其根本大計與政策所發源之機關，但非政府本身機關之一。換言之，政治委員會實際上總握訓政時期一切根本方針之決擇權，為黨與政府唯一之連鎖，國民黨於政府建國大計及對內對外政策有所發動，必須經此連鎖而達於政府，始能期其必行。如是，國民黨一方面，一切政治的思想及主張，自有其醞釀迴翔之餘地；迨其成熟結晶，為具體的政綱與政策，然後由政治委員會之發動，正式輸之於政府，置之於實施。在政府一方面，則凡所接受之政策與方案，皆有負責執行之義務。有政必施，有令必行，兩方之權能分工，黨國之體系有別，其間連鎖之重任，亦復釐然有序，不致不可捉摸。簡括言之，政治委員會在發動政治根本方案上對黨負責，而非在黨以外也。國民政府在執行政治方案上對政治委員會負責，但在法律上仍為國家最高機關，而非隸屬於政治委員會之下也。」〔註 21〕

國民黨中央執行委員會的下設機關頗多，而中央政治會議作為諸多下級機關之一，其權限雖然被侷限在國民黨領導軍政與訓政的諸多方面之一的政治方面，但其實際權力非常大。它很好地承擔了國民黨與國民政府之間「連鎖」與「橋樑」的作用，為國民黨推進以黨治國，建立黨國體制的提供了組織與制度保障。而中央政治會議在各地設置的政治分會，更是在軍政時期的軍閥割據與戰亂局面下，起到了羈縻地方派系巨頭和穩固自己的作用，對國民黨平定京津，統一中國產生了重要影響。

二、政治分會設置概況與原因

1926 年 1 月，國民黨「二大」對國民黨地方組織體系進行了變革，一方面將此前國民革命早期在全國各地設立的國民黨執行部進行裁撤，而地方各省區市黨部則改由國民黨中央直接管理；另一方面則規定除國民政府所在地設置政治委員會之外，其他要地於必要時，經國民黨中央執行委員會常務委員會核准，可以分設政治指導機關。而所謂的政治指導機關，於國民黨而言就是指政治委員會，所以在重要地點「分設」一語即表明國民黨意欲在地方設置政治委員會之分會。因此該年 1 月 23 日國民黨二屆一中全會通過了政治委員會組織條例，就明確規定：「政治委員會認為必要時，得推任同志在某地

〔註 21〕錢端升等著：《民國政制史》上冊，上海：上海人民出版社，2008 年，第 207 頁。

方組織分會，其權限由政治委員會定之」。〔註22〕政治委員會分會之設置，意味著國民黨中央將領導革命和政治指導的權力觸角伸入到了地方層面，其最初目的是想利用政治委員會這一組織形式加強對各地革命的領導，推動國民革命進行。

自此之後，隨著國民革命尤其北伐進展，國民黨中央先後在各重要地點設立了近十個政治分會。縱觀其發展，政治分會之設立可以劃分為三個階段：第一個階段為政治分會初創時期，是從 1926 年 1 月國民黨「二大」到 1927 年初國民黨中央黨部和廣州國民政府北遷鄂贛之爭。在這一時期，國民黨中央分別在北京和廣州兩地設置了政治分會，這是在國共兩黨尚在合作期間並未分裂的局面下，按照國民黨「二大」的決議進行設置的。1926 年 1 月國民黨「二大」為了推進北方革命形勢發展，就曾作出決議在北京設置政治分會，名為政治委員會北京分會，這是「最早之政治分會」，於該年 3 月 1 日成立。但由於此時的北京正處於奉系軍閥控制時期，對革命力量鎮壓甚為嚴厲，以致於「北京政治分會此時不能行使職權」，於是 1927 年 6 月 8 日南京政治會議第 103 次會議議決「暫在山西設政治會議太原臨時分會」，以取代「舊北京分會」。〔註23〕

1926 年 10 月後，國民革命軍攻克武漢，國民黨中央黨部和廣州國民政府北遷，為了穩固兩廣後方，國民黨中央決議在廣州設置政治分會。1927 年 9 月間南京中央特別委員會雖議決取消政治會議及各地分會，但「該會因廣州政務重要，反動勢力緊張，一時未即取消」；此後 1928 年初國民黨二屆四中全會決議設廣州政治分會，並規定廣東廣西兩省為其政治指導區域。〔註 24〕與最早設置而空有其名的北京政治分會相比，廣州政治分會則在國民黨北伐期間起了重要的作用，一方面廣州政治分會不僅指導兩廣政治之進行，另一方面還兼具指導兩廣黨務進行之權限，起到了為國民黨北伐創造穩固後方的作用。〔註25〕

〔註22〕榮孟源主編：《中國國民黨歷次代表大會及中央全會資料》（上），北京：光明日報出版社，1985 年，第 116、226 頁。

〔註23〕《政治報告》，國民黨中央執行委員會秘書處編：《中國國民黨第三次全國代表大會會議記錄》，（無出版者），1929 年，第 61 頁。

〔註24〕《政治報告》，國民黨中央執行委員會秘書處編：《中國國民黨第三次全國代表大會會議記錄》，（無出版者），1929 年，第 61 頁。

〔註25〕可詳見《中央政治會議廣州分會十六年份月刊合編》（編者與出版者不詳，1928 年），所刊載的該分會政務處置情形。

第二個階段為政治分會設立的擴張與混亂時期，從 1927 年 3 月到 1928 年 2 月國民黨二屆四中全會。由於 1927 年 4 月和 7 月國民黨相繼發生清黨分共事件，加之寧漢兩政權對峙，以及寧漢兩方為了爭取北方馮玉祥和閻錫山兩大軍系力量，導致這一時期政治分會數量激增，一定程度上淪為了地方實力派控制地盤的工具。比如武漢國民黨中央曾議決組織武漢分會、開封分會、西安分會；南京方面曾議決組織上海分會、浙江分會、太原分會、福建分會。1926 年 9 月，國民黨中央為了推進北伐決定設置武漢政治分會，但由於北伐進軍頗為順利，加之廣州國民政府已決定北遷武漢，所以該會暫停成立，1927 年寧漢對峙期間，武漢國民政府曾決定再次設置武漢政治分會，以謀求與南京國民黨中央爭奪正統地位，但隨著南京方面西征兩湖，武漢政治分會解散。1928 年初南京國民黨二屆四中全會上，蔣介石為了平衡國民黨內各派系力量再次設置四大政治分會，期中就有武漢政治分會，並決定以兩湖地區作為該會之管轄區域。〔註 26〕

1927 年 3 月，汪精衛所領導的武漢國民黨中央決議設立西安政治分會。1927 年 6 月，武漢國民黨中央為了拉攏馮玉祥，決定設立開封政治分會，並負責河南、陝西和甘肅三省的政治事務，同時決定將原設置的北京及西安政治分會裁撤；1928 年初蔣介石也為了拉攏馮玉祥，在國民黨二屆四中全會上也決定設置開封政治分會，並同樣以河南、陝西和甘肅三省為其政治指導區域。〔註 27〕國民政府和國民黨中央黨部在南昌臨時辦公期間，國民黨中央為了推動江浙地區北伐進展，曾決定設立上海臨時政治委員會，1927 年 4 月蔣介石定都南京建立南京國民政府後，雖決定改組該分會，但因隨後蔣介石發動了四一二反革命政變，國民黨厲行分共之反革命政策，以致該分會之籌建胎死腹中。〔註 28〕

南京國民政府時期，國民黨中央政治會議在蔣介石的操縱下，為了拉攏江浙財閥，還曾決定在財閥勢力強大的浙江省設置政治分會，但隨著寧漢對峙尤其蔣介石下野而致使浙江政治分會在國民黨中央特別委員會時期被裁

〔註 26〕《政治報告》，國民黨中央執行委員會秘書處編：《中國國民黨第三次全國代表大會會議記錄》，（無出版者），1929 年，第 61 頁。

〔註 27〕《政治報告》，國民黨中央執行委員會秘書處編：《中國國民黨第三次全國代表大會會議記錄》，（無出版者），1929 年，第 61 頁。

〔註 28〕《政治報告》，國民黨中央執行委員會秘書處編：《中國國民黨第三次全國代表大會會議記錄》，（無出版者），1929 年，第 61～62 頁。

撤；蔣介石為了拉攏閻錫山，南京政治會議第 103 次會議曾決定設立太原臨時政治分會，但閻錫山並未組建該分會，1928 年國民黨二屆四中全會時再次決定設立太原政治分會，並以山西、綏遠和察哈爾三省為其政治指導區域。〔註29〕在政治分會發展第二階段的一年時間裏，由於國民黨內部分裂嚴重，寧漢兩方激烈衝突，內鬥爭權不止，使得諸如馮玉祥和閻錫山等地方實力派成為寧漢兩方極力拉攏和收買的對象，而能否設置政治分會和賦予更大的權力，就成為寧漢兩方拉攏地方軍系和財閥的重要籌碼；當然對於加入了國民黨的馮閻等地方軍系而言，政治分會的設置既是將地方軍系割據和控制北方各省地盤合法化，又是對其既得利益的默認。

第三個階段是政治分會的裁撤期，從 1928 年 3 月到 1929 年 3 月國民黨中央決議裁撤政治分會。1927 年下半年，隨著國民黨內寧漢兩方合流，國民黨開始籌劃二次北伐。基於國民黨內的派系力量對比以及新加入國民黨的馮玉祥和閻錫山兩大軍系的實際情況，在保障國民黨中央威信的前提下，國民黨中央決定在設立四大政治分會，以維持各派系平衡，推進二次北伐。為此，1928 年初國民黨二屆四中全會決定各地政治分會，暫時「可仍存在」，並由 1929 年初國民黨第三次全國代表大會對政治分會作出最後裁決。此次會議決定設立的四大政治分會，其所管轄區域分別為：廣州政治分會統轄粵桂兩省，武漢政治分會統轄湘鄂兩省，開封政治分會統轄豫陝甘三省，太原政治分會則統轄晉綏察三省，四大政治分會所轄區域竟然達到十省；並規定「各分會應專理政治，不兼管黨務」，而「不屬於以上四區分會者，概由中央政治會議處理之」。〔註30〕此後隨著國民黨二次北伐完成，「北京克復後，中央常務委員會議決設立北平臨時政治分會，以河北省、熱河及北平、天津兩特別市為其政治指導區域」，〔註31〕該分會於 1928 年 7 月初成立。1928 年 8 月，在國民黨二屆五中全會上通過了蔣介石的「政治分會存廢案」，決定「各地政治分會，限於本年年底一律取消」，〔註32〕並不得以分會名義對外發布命令和任免

〔註29〕《政治報告》，國民黨中央執行委員會秘書處編：《中國國民黨第三次全國代表大會會議記錄》，（無出版者），1929 年，第 61～62 頁。

〔註30〕榮孟源主編：《中國國民黨歷次代表大會及中央全會資料》（上），北京：光明日報出版社，1985 年，第 521 頁。

〔註31〕《政治報告》，國民黨中央執行委員會秘書處編：《中國國民黨第三次全國代表大會會議記錄》，（無出版者），1929 年，第 61～62 頁。

〔註32〕中國第二歷史檔案館等編：《中國國民黨歷次全國代表大會暨中央全會文獻彙編》（第 4 冊），北京：九州出版社，2012 年，第 194 頁。

官員，即剝奪了政治分會的權限，政治分會已進入裁撤程序。

從 1926 年 3 月北平政治分會成立起，到 1929 年 3 月開封政治分會報告裁撤為止，政治分會先後設立者，計有北京（及後來設置的北平臨時政治分會）、廣州、武漢、開封、西安、上海、浙江、太原和福建等處。〔註 33〕這些政治分會是在不同階段設置的，作出決議設立分會者亦有不同，分會組織建設與運作亦大相徑庭，有的僅決議設立而並未真正組建，有的則組織完備指導地方政治得力。所以這些政治分會的設立，有著諸多不同的原因：

第一，在最初階段，指導地方政治，為配合國民革命。無論是最早決議建立的北京政治分會還是北伐開始後建立的廣州政治分會，其目的都是為了分擔國民黨中央和國民政府的部分工作，以便集中精力推進國民革命，完成北伐。北京政治分會，完全建立在北洋勢力的核心地帶，其目的不言而喻，就是為了配合即將到來的北伐，或是為國民黨收集北洋方面的情報，或是秘密組織力量瓦解北洋勢力。只不過其工作難度實在太大，導致北京政治分會的工作並未達到預期而已。廣州政治分會則建立於廣東這一國民革命的大後方，國民黨中央黨部及國民政府北遷而在廣州設置政治分會，自然是要穩固廣東局面，避免因中央機構北遷而致後方混亂。而廣州政治分會自建立後，組織發展完備，工作富有成效，指導地方政治與黨務的進行頗為順利，使得國民黨可以放心北伐，為國民革命的順利開展提供了保障。〔註 34〕

第二，國民黨內派系鬥爭，爭奪權力，以及相互妥協的結果。隨著北伐的勝利進軍，國民革命軍的不斷擴充，國民黨控制的地域逐漸增加，國民黨內的矛盾與分歧開始逐步暴露，並最終引發國民黨的分裂。1927 年國民革命軍進佔武漢三鎮和南京後，國民黨與國民政府開始分裂，寧漢對峙，寧方和漢方分別建立各自的國民黨中央政治會議和國民政府。而為了吸引和拉攏地方實力派及地方財閥加入己方陣營，許以政治分會，擴大地方派系的政治影響力並保證地方派系對地方黨政軍等諸多權益的控制，就成為寧漢雙方共同的選擇。這也是這一時期政治分會泛濫，甚至有名無實的原因。甚至在歷經首次下野後重新上臺的蔣介石，雖有心裁撤政治分會，但也不得不虛與委蛇

〔註 33〕錢端升等著：《民國政制史》上冊，上海：上海人民出版社，2008 年，第 171 頁。

〔註 34〕廣州政治分會建立後，在指導地方政治和指導黨務等方面做了大量工作。其工作詳情可參見《中央政治會議廣州分會十六年份月刊合編》，（編者與出版者不詳），1928 年。

地重新組建政治分會，也就有了粵、桂、馮、晉四大實力派的政治分會之設立。四大分會也只有廣州分會和武漢分會名實相副，盡到了指導地方政治的職責，而開封和太原分會實際上並未開展實際工作，更大的仍是政治象徵意義。

第三，為了促成東北易幟，早日完成統一。1928 年 2 月國民黨二屆四中全會決定設立四大政治分會後，在國民革命軍平定京津時，蔣介石曾主張在北平設立政治分會。該會於 1928 年 7 月 6 日成立，而蔣介石親至北平主持對奉易幟談判的時間是 7 月 3 日，並於 10 日正式會見奉方代表，主持國府對奉談判。而國民政府已經確定的對奉方針是以政治方式解決，並「由蔣總司令主持辦理」。〔註 35〕而所謂政治方式，對奉方來說，即是要服從三民主義，改旗易幟；對國民政府一方來說，則是同意在奉天建立東北政治分會。而就在一個月後的國民黨二屆五中全會上，蔣介石卻主導通過了「政治分會存廢案」，要求該年底前裁撤各地政治分會。一個月前尚且主張建立北平、東北政治分會，一個月後卻力主裁撤，反差之大，可謂雲泥之別。顯然蔣介石是想借暫存政治分會之際，以北平政治分會為成例，以東北政治分會為餌，誘奉方盡早改旗易幟，以盡統一全功。只不過人算不如天算，蔣介石在國民黨即將步入訓政的最後時間節點內，沒有取得成功，最後不得不採取變通方式，取政治分會之實，採政務委員會之名，以為妥協，統一方告完成。

三、政治分會組織與職權

與統轄兩廣的廣州政治分會同一時期，國民黨中央還曾設置過湖北臨時政治會議。國民革命軍進佔漢口、漢陽後，「特仿中央政治委員會之例，先組織湖北省臨時政治會議，以為處理湖北軍事政治財政之一最高機關。一俟省政府正式成立，即行宣告取消。中央執行委員會發出任命，特派唐生智、鄧演達、陳公博、劉佐龍、李宗仁、陳可鈺、詹大悲、劉文島、陳銘樞、胡宗鐸、夏斗寅等 13 人為湖北省臨時政治會議委員。」〔註 36〕蔣介石為湖北臨時政治會議主席，並特派唐生智代理湖北省臨時政治會議主席。

依據國民黨中央頒布的《湖北省臨時政治會議條例》之規定，該會組織

〔註 35〕《關外問題一切由蔣主持辦理》，季嘯風、沈友益主編：《中華民國史史料外編：前日本末次研究所情報資料（中文部分）》（以下簡稱《中華民國史史料外編》）第 31 冊，桂林：廣西師範大學出版社，1996 年，第 239 頁。

〔註 36〕《革命軍到漢後之新設施》，《申報》，1926 年 9 月 24 日，第 6 版。

與職權為:「一、湖北省臨時政治會議,由中央黨部政治會議主席命令組織之。二、湖北省政府未成立以前,本會承中央黨部政治會議之命,有得以會議方式決定湖北省一切軍事、政治、財政之權,全省軍事、政治、財政各機關,須承受本會決議,處理一切軍事、政務、財政。三、湖北省政府成立日,本會即宣告取消。四、本會設主席一人,委員十三人,於必要時得添設之。五、本會主席由中央黨部政治會議主席兼任之。主席因事缺席時,得另派委員一人代理之。本會委員由中央黨部政治會議主席任命之。六、本會每週開會一次,必要時由主席臨時召集之。七、本會會議須有過半數委員出席,方得正式成立議決案。八、每次會議,須於開會後三日內,將開會情形及議決案,呈報中央黨部政治會議,及國民革命軍總司令,如有特別重要問題,須經中央黨部政治會議核准施行。」〔註 37〕湖北臨時政治會議,雖名政治會議,但實際主管一省,仍屬政治分會範疇,不過其權限甚大,掌管湖北軍事、政務、財政大權。這與蔣介石欲另立中央掌握更大權力是有密切關係的。

國民革命運動期間,國民黨所設置的政治分會普遍採用委員制這一形式,雖然名義上規定政治分會委員之人選,均由中央政治會議決定,且委員並無定額,凡中央政治會議委員,皆可出席政治分會,但實際上政治分會之委員很難由國民黨中央決定和指定。因為北伐期間,國民黨中央所建立的大部分政治分會都具有拉攏地方實力派和地方財閥之目的,既如此這些實力軍系和財閥之代表又怎能排除在地方政治分會委員之外呢,甚至為了拉攏諸如馮閻等大軍閥,蔣介石連開封太原兩政治分會之主席位置都許給了馮玉祥和閻錫山,因此政治分會委員之人選實際是地方實力派提名而國民黨中央委任或補加少數人選後任命之結果。當然為了對地方實力派進行約束,還規定在政治分會委員中兼職者,僅限於各政治分會所統轄區域內的黨政軍等最高級機關,並且兼職該分會所轄區域內最高級行政機關長官職務者不得超過該政治分會委員總數量之一半。政治分會設主席一人,由國民黨中央政治會議特派任命,分會內設秘書處,設秘書長一人,協助主席及委員辦理各該分會日常各項事宜,秘書處另設若干秘書,負責文書、庶務等各事項,同時為了處置各重要事務還聘請專門委員設立各專門委員會以推進各項政務發展。〔註 38〕政

〔註 37〕《革命軍到漢後之新設施》,《申報》,1926 年 9 月 24 日,第 6 版。
〔註 38〕錢端升等著:《民國政制史》上冊,上海:上海人民出版社,2008 年,第 171 頁。

治分會有關政治事宜的所有議決案，最初統交由該分會所轄區域內的最高級地方政府執行；後來國民黨二屆五中全會「政治分會存廢案」修訂了政治會議分會暫行條例第四條，在政治分會決議案均「交該特定地域內最高級地方政府執行之」之後又補加了一句：「但不得以分會名義對外發布命令，並不得以分會名義任免該特定地域內之人員」。〔註 39〕這一補充修訂顯然是對政治分會權限的限制，同時還要求政治分會在每次會議之後都應迅速將會議情形及議決案上報中央政治會議備案核查。

政治分會，是國民黨中央政治會議為適應革命需要，建議中央執行委員會設立的。「中央執行委員會得於特定地域，設立政治分會」，「各分會之管轄區域，由中央政治會議，隨時指定之」，〔註 40〕所以政治分會對中央執行委員會負責。政治分會最初的管轄範圍極大，負責地方一省或數省的黨政兩方面事務，這極容易造成政治分會與地方黨部的權力重疊與矛盾，而且也與中央政治會議的權限範圍相左。所以為了理順中央與地方關係、地方黨政關係，國民黨二屆四中全會決議通過的「政治委員會改組案」中規定：各政治分會應專管政治事務，不再兼管地方黨部和黨務事宜，並經中央政治會議決議對廣州、武漢、開封、太原四處政治分會的管轄區域重新做了指定，只有不屬於以上四區分會的地域，才由中央政治會議負責處理。〔註 41〕加上 1928 年設立的北平臨時政治分會，這一時期全國一共有 12 個省外加 2 個特別市的行政區域歸地方政治分會管轄。而南京國民政府時期，除了蒙古和西藏外，全國共有 27 個省和 8 個特別市，而由地方政治分會掌管的省份竟然接近 50%。這說明全國近一半的區域雖然掛著青天白日旗，卻不再受中央政治會議及南京國民政府的直接管轄。尤其是 1928 年下半年，國民黨與奉系談判東北易幟時，還曾決議在東三省仿傚關內建立政治分會的成例，要在奉天建立東北政治分會。如果成行，全國超過半數的地域不受中央政治會議指導，那麼國民黨中央及國民政府的權威顯然就會成為笑談，這就不怪國民黨中央要做出取消地方政治分會的決定了。

政治分會職權，依據 1927 年和 1928 年制定的政治分會條例之規定，有

〔註 39〕榮孟源主編：《中國國民黨歷次代表大會及中央全會資料》（上），北京：光明日報出版社，1985 年，第 546 頁。

〔註 40〕《政治會議分會暫行條例》，《廣東省政府週報》，1928 年第 34～36 期合刊。

〔註 41〕榮孟源主編：《中國國民黨歷次代表大會及中央全會資料》（上），北京：光明日報出版社，1985 年，第 521 頁。

下列幾項：第一，地方行政指導權：依照中央政治會議之決定，於其特定區域內，政治分會有指導並監督最高級地方政府之權。第二，因地制宜之權：在不牴觸國民黨中央各項法規法令範圍內，對於國民黨中央政治會議未經明白或詳細決定之各項事宜，政治分會有因地制宜之處分權。第三，緊急處分之權：在地方遇到非常事變時，依據三分之二以上委員之決議，政治分會擁有緊急處分之權。不過政治分會因地制宜和緊急處分各事宜，要在事後立即呈報國民黨中央政治會議備案追認。〔註 42〕第四，關於黨務問題：政治會議以掌管政治為主，向來不甚管黨務，尤其在孫中山逝世後，政治會議被納入中央執行委員會組織結構內後，更是不再兼涉黨務事項。所以 1927 年的政治分會條例規定，「原則上不掌黨務，但中央執行委員會認為有必要時，可委託政治分會處理其特定地區內之黨務」。到 1928 年國民黨二屆四中全會時，則議決規定分會專理政治，不再兼管黨務。第五，關於地方黨政爭議裁決問題：1927 年的政治分會條例規定，最高級地方黨部與最高級地方政府之間有爭議時，由政治分會裁決。後來國民黨中央明確規定分會不再兼管黨務，1928 年的分會條例便刪除了此條，地方黨政的爭議問題則依照國民黨二屆五中全會通過的各級黨部與同級政府關係臨時辦法案處置：「凡各級黨部對於同級政府之舉措，有認為不合時，得報告上級黨部，由上級黨部請政府依法查辦；各級政府對於同級黨部之舉措，有認為不滿意時，亦得報告上級政府，轉諮其上級黨部處理」。〔註 43〕

從以上論述可知，隨著政治分會的不斷演變，國民黨中央與地方之間已經呈現出較為明顯的矛盾，即一個政治分會附屬於一個地方實力派之下，地方政治分會分割國民黨中央權力的現象越來越多，而國民黨中央也愈加想要限制和約束政治分會的權限，否則蔣介石的中央也僅能在他的第一集團軍內發號施令了，也就成了名義上的中央。面對這樣的現狀，國民黨和南京國民政府該怎樣調整中央與地方各實力派系的關係，既能鞏固國民黨中央權威，同時又能更好地整合地方政權，並且南京國民政府又該如何結束軍政階段而開始訓政階段，並在訓政階段國民黨又該確立何種指導思想，是實行蔣介石主張的專制集權，還是採納李石曾等國民黨元老主張的分治合作，便成為此

〔註 42〕《政治會議分會暫行條例》，《廣東省政府週報》，1928 年第 34～36 期合刊。

〔註 43〕榮孟源主編：《中國國民黨歷次代表大會及中央全會資料》（上），北京：光明日報出版社，1985 年，第 545 頁。

後一段時間裏國民黨內爭論的焦點。

表 1：1928 年各地政治分會委員名單

政治分會名稱	委　員
廣州政治分會	主席李濟深，委員戴季陶、陳銘樞、李文範、馮祝萬、黃紹竑、林雲陔、朱家驊、陳可鈺
武漢政治分會	主席李宗仁，委員程潛、白崇禧、張知本、張華輔、嚴重、劉岳峙、陳紹寬、李隆建、胡宗鐸
開封政治分會	主席馮玉祥，委員郭春濤、鄧哲熙、凌勉之、李興中、張吉墉、何其鞏、劉郁芬、宋哲元、
太原政治分會	主席閻錫山，委員趙戴文、南桂馨、賈景德、商震、馬駿、溫壽泉、田桐、方本仁、張勵生、祁志厚
北平臨時政治分會	主席李石曾，委員馮玉祥、閻錫山、張繼、劉守中、王法勤、鹿鍾麟、趙戴文、蔣作賓、白崇禧、馬福祥、陳調元、李宗仁、商震、劉鎮華

資料來源：《大公報》，1928 年 3 月 21 日第 3 版、3 月 30 日第 2 版、4 月 5 日第 3 版、4 月 12 日第 2 版、4 月 19 日第 2 版、6 月 26 日第 2 版、8 月 25 日第 2 版；《政治會議廣州分會委員一覽表》，《中央政治會議廣州分會十六年份月刊合編》下冊，（編者與出版者不詳），1928 年，「附錄」。

四、「分治合作」之爭與裁撤政治分會

分治合作政治思想最早是由國民黨元老李石曾提出的，他曾「提『分治合作』口號」，〔註 44〕並連續發表數文闡釋該思想。李石曾提出分治合作思想是以反對「專政集權」為目標，並對分治合作進行了如下分析：一，分乃「分立分工之自由」；二，治乃「修明地方之民治」；三，合乃「合成群體之互助」；四，作乃「致力民生之工作」。〔註 45〕因反對專政集權，李石曾主張保存政治分會制度。李石曾提出分治合作思想後，影響頗大，獲得了國民黨內一大批人的支持。主張分治合作論的國民黨內大老們，堅持認為分治合作思想是對孫中山均權制度思想的繼承與發展，是順應當時世界政治思想發展主流的，

〔註 44〕蔣永敬：《胡漢民先生年譜》，臺北：中國國民黨中央委員會黨史委員會，1978 年，第 410 頁。

〔註 45〕李石曾：《「分治合作」「專政集權」二者之分析與比較》，中國國民黨中央委員會黨史委員會：《李石曾先生文集》上冊，臺北：中央文物供應社，1980 年，第 253～254 頁。

是以反對君主專制和軍閥專制在內各種專政集權為目標的，並與民初所謂的聯邦制和聯省自治思想是根本不同的。不過李石曾等人的這一主張，能否獲得國民黨全黨認可，並成為訓政時期的政治指導思想，關鍵還是要看該思想到底與孫中山的遺教是否真的相符。

為此，李石曾對分治合作思想與孫中山均權思想的關係進行了闡述。李石曾認為分治合作不但與孫中山的均權制度性質相同，「惟名稱不同而已」，實際上兩者是演進互補關係。李石曾稱政治制度可以分為三大類：「曰集，曰分，曰均」。孫中山的「均權制度」與李石曾主張的「分治合作」，「皆在集分兩制之間者」，「分治合作」可稱之為是「均權」的注釋。李石曾進一步解釋道：對孫中山「均權制度」加以引申，就是既不是中央集權，亦不是地方分權，而是中央與地方之間均權，屬全國事務者歸由中央管理，屬地方事務者歸由地方管理，並在地方以縣為單位實行自治，以省為單位來聯繫中央與各縣；而對「分治合作」加以引申，則就是既不是中央集權，也不是地方分權，而是在中央與地方之間實行分治合作，分治以一省或數省為區域，實行分治合作後之中央即為「合體之代表」，所以「均權制度」與「分治合作」二者的性質「相類也」。因此李石曾認為在「軍政時期或訓政未終之時期」，是可以採用「分治合作」制度作為「均權制度之預備」的，即在孫中山所主張之縣地方自治尚未完成的情況下，可以暫時以省為小單位，由各省指導縣自治，而以政治分會為大單位，由政治分會來指導各省政務之施行，並以政治分會來聯繫中央與各省，這是是符合孫中山遺教精髓的，因為「既有習慣法」，政治分會已施行數年，又「有半成文之規定」，孫中山均權制度之相關論述，可見分治合作制度「當可存在」。〔註46〕

國民黨內不贊成分治合作思想和要求裁撤政治分會之人，大致可以劃分為兩大派：第一派主張中央集權，他們認為只有中央政府掌握了一切大權，才能結束自清末民初以來的割據與分裂，國家才能真正走向統一。持有這一思想者在反對分治合作論者中佔據多數，也是當時國民黨內的主流思想之一。例如周憲民和馬濬的主張即為代表，周憲民認為當時中國由於教育落後，普通民眾知識文化水平低，對於政治並沒有「相當認識」，更沒有受到過政治之訓練，甚至普通民眾頭腦中還殘存著封建「割據思想」，所以國民黨應當暫

〔註46〕李石曾：《集權與均權》，李石曾、于右任等著，畢修勺編：《分治合作問題討論集》，革命週報社，1929年，第79～83頁。

時「採用中央集權制」，將一切權力集中於中央來領導訓政之進行，而當訓政結束，教育普及，民眾的封建割據思想清除，且其政治覺悟和認識都提高的時候，於憲政階段再來實行孫中山所主張之均權制，這才是「按部就班的辦法」。〔註 47〕馬濬認為：「權」只有集中起來才能「使政治入於正軌，開始建設」，況且國民黨的「集權」，並非集中於某一個人，而是集中於國民黨所領導的南京國民政府。〔註 48〕

第二派為地方均權派，他們是孫中山遺教的堅定信仰者和支持者，認為孫中山均權制度更為優越，更適合在國民黨訓政時期實施，根本無須捨均權制度而另覓分治合作制度。例如，國民黨元老于右任稱孫中山已經制訂建國大綱，並將建設之程序「分為軍政、訓政、憲政三個時期」，「在憲政開始前，必須經過軍政、訓政兩個時期」，絕不能跳躍任何一個階段，更不能「另覓途徑」，所以此時採用「分治合作，則必毀壞本黨建設程序」。〔註 49〕周憲民認為孫中山的均權制是實行於中央與省之間，是中央與省之權限的均權，根本無需「要設一個贅瘤似的政治分會」，均權制度「與政治分會沒有絲毫關係」。〔註 50〕李則綱指出在孫中山遺教中從未有政治分會或分治合作之說，「對於建設統一和平」，孫中山之「所闡發者更為精審」，〔註 51〕在建國大綱和「本黨政綱對內政策」中，孫中山所論述之均權制已非常詳明：即均權制度是指「凡事務有全國一致之性質者」，全部劃歸於中央之權限，而「有因地制宜之性質者」，則全部劃歸於地方權限，如此既不偏向於中央集權，也不偏向於地方分權，並「以縣為自治單位，省立於中央與縣之間，以收聯絡之效」。〔註 52〕張敬安則對李石曾所謂的分治合作制度與孫中山主張的均權制度「性質相等」一說進行了反駁，他反駁到既然二者只是「惟名詞不同罷了」，那麼現在已經有了孫中山闡釋詳明的均權制度，又何必再「另立門戶」，「創一分治合作的

〔註 47〕周憲民：《政治分會存廢問題》，《大公報》，1928 年 8 月 11 日，第 9 版。

〔註 48〕馬濬：《「集權」與「均權」？》，李石曾、于右任等著，畢修勺編：《分治合作問題討論集》，革命週報社，1929 年，第 72 頁。

〔註 49〕于右任：《分治合作質疑》，李石曾、于右任等著，畢修勺編：《分治合作問題討論集》，革命週報社，1929 年，第 36～41 頁。

〔註 50〕周憲民：《政治分會存廢問題》，《大公報》，1928 年 8 月 11 日，第 9 版。

〔註 51〕李則綱：《與李石曾先生論政治分會書》，《革命評論》，1928 年 8 月 19 日第 16 期。

〔註 52〕李則綱：《與李石曾先生論政治分會書》，《革命評論》，1928 年 8 月 19 日第 16 期。

名詞」，而「徒招他人口實」呢。〔註53〕

可見國民黨內對於孫中山遺教信仰程度之高，已經達到近乎迷信之地步，孫中山遺教已成為國民黨人思想行為的最高評判標準。對於孫中山遺教的迷信與照本宣科的行為準則，實際上摺射出此時的國民黨指導思想的發展非常滯後，雖然胡漢民等人對孫中山遺教進行了諸多闡釋與解說，但並未青出於藍，更未與時俱進。此後國民黨指導思想發展也從未超脫出孫中山遺教的樊籠，這也是南京國民政府訓政時期未能妥善處理各種社會矛盾，最後在與中共的政爭中敗下陣來的重要原因之一。

國民黨元老李石曾、張靜江、張繼等人，汪精衛集團的部分人以及地方實力派桂系、晉系、李濟深、馮玉祥等都主張分治合作，維持政治分會；而國民黨元老胡漢民、于右任等人，蔣介石集團，汪精衛集團部分成員和一些地方黨部均主張取消政治分會，反對分治合作。〔註 54〕無論是主張保留政治分會，實行分治合作的一方；還是主張中央集權或地方均權的另一方，由於其中牽涉到是否遵照孫中山遺教的最高準則，尤其對孫中山遺教的解釋權，導致雙方思想從根本上難以調和。但由於當時國民黨中央權威衰落和地方割據的現實情況多與政治分會的存在有著密切關係，所以導致李石曾等分治合作論者的任何解說都無法讓人信服。就猶如章乃器對分治合作論者的一篇答文中所述，主張分治合作論的漢南稱：不管是什麼制度，「都由當時之需要而生」，並非隨便一兩句「空言可以反對得了」，比如「均權制度如此，分治合作制如此」，「政治分會制亦如此」，漢南希圖以此來論證分治合作與政治分會存在之理由；然而章乃器則抓住政治分會之流弊繼而類比道：果如漢南所言，那麼袁世凱及張勳之復辟帝制如此，曹錕吳佩孚以及張作霖之流的割據豈不是也如此。〔註 55〕章乃器這一反駁實際上直指政治分會及分治合作思想所無法解決的割據之弊。經過這場訓政時期國民黨指導思想的大討論，國民黨內的思想逐漸統一，越來越多的人認清了政治分會之割據弊端而選擇站到孫中

〔註53〕張敬安：《我對於分治合作的懷疑》，李石曾、于右任等著，畢修勺編：《分治合作問題討論集》，革命週報社，1929 年，第 119 頁；張敬安：《關於分治合作問題的討論》，《革命週報》，1928 年第 7 冊合訂本第 61～70 期。

〔註54〕張皓：《分會之設置與存廢之爭》，《首都師範大學學報（社會科學版）》，2011 年第 4 期。

〔註55〕乃器：《為分治合作問題答革命週報漢南先生》，李石曾、于右任等著，畢修勺編：《分治合作問題討論集》，革命週報社，1929 年，第 149 頁。

山均權制度一方，而國民黨內關於政治分會問題的爭論也就逐漸消弭，最終政治分會難以逃脫被裁撤之命運。

1927 年 11 月到 1929 年 3 月是國民黨由軍政階段到訓政階段的重要轉折時期，在此期間國民黨內因將裁撤政治分會而引發的歷時近一年半之久的有關分治合作思想的大論戰，對於南京國民政府在訓政時期所實行之政治體制產生了非常大的影響。1928 年北伐完成，國民黨頒布了訓政綱領和各項制度規章，中央層面南京國民政府採用五院制，中央與地方之間採取均權制，地方政治制度則採用省縣兩級制，在縣以下推行地方自治。由此可見經過分治合作制度的這場大論戰，國民黨內高層已經達成的共識，即在訓政時期實行孫中山均權制度。除此之外，這場大論戰還對諸如奉系等地方軍系的存續產生了重要影響。有如李則綱駁斥李石曾言論時所說：取消政治分會就是「武力統一」一說，「於先生尤為失言」，因為此時全國範圍內只有東北尚未統一，日本不准國民革命軍進入東北，張學良還在東北易幟談判中討價還價並以「保安相搪抵」，李石曾此說豈不是「助彼輩張目乎」。〔註 56〕李石曾主觀上自然不會為奉系張學良「張目」，但是在客觀上李石曾所主張的分治合作思想確為張學良「張目」了。在分治合作論爭期間，署名「李則綱」的文章實際上均是蔣介石授意的，主要體現了蔣介石的主張，只不過蔣也未曾預料到他反駁李石曾之言後來卻一語成讖。在國民黨與奉系張學良進行東北易幟談判時，張學良雖表示贊成南北統一，但也多次提到所謂南北統一就是東北與南京國民政府之間的「分治合作」，即以在奉天所建立的東北政治分會來實行分治，而在張學良不肯讓步的情況下其最終之結果是蔣介石被迫同意以東北政務委員會來取代東北政治分會。

在 1928 年 7 月後東北易幟談判早期，蔣介石並未主張裁撤政治分會，而是主張建立。如早在 6 月 25 日，國民黨中央政治會議臨時會議就已議決，任命李石曾等 13 人為北平臨時政治分會委員，李為主席，未到任前由閻錫山代理，7 月 6 日蔣在平期間該會正式成立。同時，蔣介石與奉方談判時，也提出可以在東北建立政治分會。〔註 57〕

〔註 56〕李則綱：《與李石曾先生論政治分會書》，《革命評論》，1928 年 8 月 19 日第 16 期。

〔註 57〕佟德元：《東北易幟談判研究——以東北政治分會為中心》，《歷史教學》，2014 年第 10 期。

但這不過是蔣介石的一記煙霧彈而已，實際對於政治分會問題，蔣介石早在 1928 年 1 月重新上臺時就意圖取消，不過鑒於國民黨內的分裂和地方派系的強大，同時為了能盡快推進二期北伐，蔣不得不採取緩和舉措。首先是削減政治分會權力，提出政治分會存留問題。〔註 58〕2 月國民黨二屆四中全通過的「政治委員會改組案」便是蔣意圖裁撤政治分會的開始。此次會議借寧漢合流時期設置中央特別委員會而取消政治會議及分會之機，雖主張各地方政治分會「可仍存在」，但同時也決議將分會命運交由國民黨第三次全國代表大會裁決，並將縮小政治分會之權限作為裁撤的第一步，即明確規定此後各地政治分會只能「專理政治」相關的各項政務，而不能再如廣州政治分會那般「兼管黨務」了。〔註 59〕各地政治分會雖還「存在」，但權力就此被縮小。其次是繼續削弱政治分會權力，並限期裁撤。8 月國民黨二屆五中全會通過蔣提出的「政治分會存廢案」，決定「將各地政治分會限於本年底一律撤銷」，並再次削減政治分會權力：不得以分會名義發布命令、任免官員。〔註 60〕此舉無疑是宣告政治分會名存實亡，其權力與地位實際上已淪落為其指導區域的最高行政機關了。

從四中全會到五中全會，蔣介石裁撤政治分會以集權的意圖是明顯而連續的。在國民黨二屆五中全會分組審查大會提案時，曾發生過這樣一個小插曲：1928 年 8 月 9 日，國民黨二屆五中全會分組審查會在審查政治分會存廢案時發生較大分歧與爭執，其原因是蔣介石在未事先徵求黨內高層意見的情況就提出了裁撤政治分會，進而導致支持政治分會制度的國民黨元老張靜江和李石曾兩人不滿而離寧赴滬，雖然隨後蔣介石降低姿態親赴上海勸說張靜江和李石曾兩位老回南京繼續參加二屆五中全會，但仍被這兩人拒絕。〔註 61〕張靜江和李石曾兩人都是國民黨內曾追隨過孫中山革命的元老級人物，在蔣介石清黨分共時也都是積極支持蔣的國民黨內主要力量。而與蔣介石關係如

〔註 58〕佟德元：《東北易幟談判研究——以東北政治分會為中心》，《歷史教學》，2014 年第 10 期。

〔註 59〕榮孟源主編：《中國國民黨歷次代表大會及中央全會資料》（上），北京：光明日報出版社，1985 年，第 521 頁。

〔註 60〕中華民國史事紀要編輯委員會：《中華民國史事紀要（初稿）》1928 年 7 月至 12 月，臺北：中華民國史料研究中心，1982 年，第 292 頁。

〔註 61〕《東方雜誌》，第 25 卷第 19 期，第 132 頁；韓信夫、姜克夫主編：《中華民國大事記》第二冊（1923～1929），北京：中國文史出版社，1997 年，第 863 頁。

此密切的兩人，竟然都在政治分會問題上與蔣介石發生爭執，足以說明當時的各地政治分會已然在事實上威脅到了蔣介石所控制的國民黨中央的權威，蔣介石決心裁撤政治分會已不可逆轉。〔註 62〕

五中全會雖然做出了裁撤政治分會的決定，但 1928 年底並未真正裁撤，而是延期了。12 月 10 日，北平政治分會主席張繼〔註 63〕電請中央暫不裁撤政治分會：「繼（即張繼——筆者注）承分會主席，當愧無可建樹，上報中央，下慰民眾。惟親見地方疾苦，匪徒猖狂，共黨亦到處潛伏，蠢然思動，稍一不慎，大亂隨之。而各省市政府又束於權限，不相統屬，安定社會之策，分別施行，恒苦未周，是非有政治分會代中央指導而監督之，使散漫者整齊、個別者一致（不可），（否則）將失政治上運用之靈活。惟五中全會決議，分會應於本年底裁撤，距今僅 20 餘日，而一切規劃中之地方治安與人民救濟問題，將陷於中斷，無可收效也。統察五中，所以決議年底裁撤之意，似為同時決議 18 年 1 月 1 日，開三次全國代表大會，自有補救之方。今則代表大會既延期，而分會若依然裁撤，則一旦使中央與地方失此承上啟下之連鎖機關，在政治全盤上打算，恐滯礙難行之處不少，應請援代表大會延期之例，由常會決議暫不裁撤分會，留待第三次大會之決定。繼以職責所在，感覺較為親切，不敢不提出中政會，敬請公決。」〔註 64〕張電中，對於不可裁撤政治分會理由的解釋，大部分是對國民黨政治的粉飾，實際原因就是一點：「援代表大會延期之例」。三全大會延期之因，其實就是政治分會延期裁撤之由，也就是國民黨內派系間的權力鬥爭，而張繼顯然有意迴避此點。

12 月 27 日，國民黨第 189 次中常會通過政治分會案，決議：各政治分會依二屆五中全會決議，「應於本年度裁撤。現在第三次全國代表大會已延期舉行，國軍編遣事宜，方在進行，為各省政務之指導及經過一切事件之結束計，應予以結束之時期。茲定決定各該分會展期至（1929 年）3 月 15 日以前裁撤，並申令各該分會須確守分會暫行條例之規定，不可逾越權限，以期行政系統，

〔註 62〕佟德元：《東北易幟談判研究——以東北政治分會為中心》，《歷史教學》，2014 年第 10 期。

〔註 63〕8 月 22 日，李石曾辭北平臨時政治分會主席職，張繼繼任。參見韓信夫、姜克夫主編：《中華民國大事記》第二冊（1923～1929），北京：中國文史出版社，1997 年，第 868 頁。

〔註 64〕中華民國史事紀要編輯委員會：《中華民國史事紀要（初稿）》1928 年 7 月至 12 月，臺北：中華民國史料研究中心，1982 年，第 1158 頁。

日就整飭。」〔註 65〕在國民黨 189 次中常會中，對於延期的解釋就比較現實了：「國軍編遣事宜，方在進行」。此時，國民黨內各實力派的注意力正集中於軍隊編遣的博弈與較量上，三全大會都已延期，裁撤分會也就更不可能如期進行了。〔註 66〕

蔣介石意圖裁撤政治分會，整合政權，集權中央，而地方實力派則力主維持政治分會，主張分治合作。雙方談不攏的結果，就只能是按照李石曾曾言到的取消「政治分會」則為「武力統一」了。蔣桂首先爆發戰爭，隨後參與方逐漸增多，戰事也逐步升級，到了 1930 年最終演變為中原大戰。不過隨著蔣的決心已下，儘管戰爭不可避免，但他裁撤政治分會的目的最終還是達到了。

第二節　國民黨早期政務委員會制度

一、北伐初期的政務委員會

民國時期，委員制在各級組織機構中逐漸普及，尤其是黨政部門內的最高權力機關和議事機關，採用這一組織形式更為普遍。比如國民黨中央的全國代表大會、中央執行委員會、中央監察委員會，國會、參議院、國民會議，等等。代表、議員等雖然名稱不同，但也是委員的性質。由一定數量的委員組成專門的委員會，各委員身份平等，都具有發言權和決議權，一般情況下議決事項時多採取少數服從多數的決議方法等，這些便是民國時期委員制在形式上所普遍採用的運作原則。

政務委員會便是伴隨著民國初期委員制的盛行而產生的。負責政治事務的委員會，名之為政務委員會，負責財政、外交、軍事等方面事務的委員會，則名之為相應的財政、外交或軍事委員會。這種組織方式並非國民黨首創，民國時期北京政府就曾採用。最初的政務委員會僅是一種臨時性的議事機構而已，其目的是為集思廣益，解決分歧，商討大政方針。比如 1919 年《順天時報》報導：「大總統以外交、財政兩委員會成立後，成效卓著，特擬再組設

〔註 65〕中華民國史事紀要編輯委員會：《中華民國史事紀要（初稿）》1928 年 7 月至 12 月，臺北：中華民國史料研究中心，1982 年，第 1322 頁。

〔註 66〕佟德元：《東北易幟談判研究——以東北政治分會為中心》，《歷史教學》，2014 年第 10 期。

政務委員會，專事討論政治緊要問題，將來成立後之委員長以趙爾巽擔任。」「政府以政務紛繁，百端待舉，而南北分歧未議一致，故國務院擬設立政務委員會，羅致南北要人及在野政客商決國家大政。」〔註 67〕

將政務委員會組織方式發揚光大，並作為一種臨時性、過渡性制度加以採用的，則是國民黨。在軍政時期，國民革命戰爭爆發之處，凡是被國民革命軍佔領之地區，為了組建正式省政府，所建立的臨時性過渡機構，就是政務委員會。此後政務委員會就成為一種軍事狀態下為重組或改組省政府而使用的臨時性政治制度。比如，早在國民黨北伐期間，隨著北伐軍的進展，為了便於在戰地開展工作，國民黨在國民革命軍到達之省份大都建立過政務委員會，作為省政府〔註 68〕成立前的過渡組織：湖北省政務委員會、安徽省政務委員會、江蘇省政務委員會和浙江省政務委員會等。〔註 69〕

1926 年 9 月漢口和漢陽為國民黨佔領後，建立了湖北臨時政治會議，在湖北省政府正式成立以前，決定全省軍事、政治和財政大權。同時成立了湖北政務委員會，負責執行與處理湖北臨時政治會議作出的有關政務方面的決議。「國民革命軍底定湖北，百廢待舉，而湖北省政府急待組織，故總司令蔣中正日前特委鄧演達為湖北政務委員會主任，陳公博為湖北財政委員會主任，並派定鄂人中之贊成於黨者蔣作賓、劉佐龍等十三人為政務委員會委員，以為組織正式政府之預備。」〔註 70〕

10 月公布《修正湖北政務委員會條例》，規定了在省政府成立前作為過渡性臨時省政權的組織形式：湖北省政府成立以前，所有湖北政務由湖北政務委員會處理。政務委員會設主任委員一人，委員十三人，均由國民革命軍總司令任命。超過半數委員出席，政務委員會才能召開會議，過半數委員通過，才能形成決議，但主任委員對決議有最後決定權。遇有財政問題，須與財政

〔註 67〕《公府有設政務委員會消息》，《順天時報》，1919 年 1 月 29 日第 5411 期，第 2 版；《政府將設政務委員會》，《順天時報》，1919 年 11 月 27 日第 5699 期，第 2 版。

〔註 68〕廣州國民政府曾於 1925 年 7 月和 1926 年 11 月兩次頒布省政府組織法，內容均較簡略，南京國民政府成立後對省政府組織法的修改基本以此為基礎，該兩次組織法參見袁繼成等主編：《中華民國政治制度史》，武漢：湖北人民出版社，1991 年，第 124、166 頁。

〔註 69〕劉壽林等編：《民國職官年表》，北京：中華書局，1995 年，第 685、698、714、740 頁；洪喜美編：《國民政府委員會會議記錄彙編》(一)，臺北：「國史館」，1999 年，第 2、7、31 頁。

〔註 70〕《革命軍到漢後之新設施》，《申報》，1926 年 9 月 24 日，第 6 版。

委員會開聯席會議。政務委員會下設一處三科：秘書處、民政科、教育科、建設科，並對各處科職員和職權做了詳細規定。該會秘書長麥朝樞，民政科長劉賡藻，建設科長詹大悲，教育科長郭沫若。〔註 71〕湖北省政府正式成立之日，湖北政務委員會即行撤銷。之後，隨著國民革命軍的進軍，1927 年 3 月於安慶成立了安徽省政務委員會，南京國民政府成立後又相繼成立了江蘇省政務委員會和浙江省政務委員會。並在各該省軍事結束後，均改組為正式的省政府，比如 1927 年 7 月中央政治會議諮南京國民政府，「經議決浙江省軍事早經結束，原設立浙江省政務委員會，應即改組為浙江省政府」。〔註 72〕

有此可知，北伐時期，在戰地各省建立政務委員會已是常態，凡在正式省政府成立前均要設立。不過這種常態化是以軍事時期為限，一旦軍事結束，該組織便要裁撤，這又說明政務委員會僅是國民黨所實行的針對特殊時期而採取的一種臨時性、過渡性的政治制度。各省政務委員會由國民革命軍總司令任命和指揮，權限範圍為一省，職權等同於省政府，負責處理全省政務，同時負有籌建正式省政府的職責，軍事結束政務委員會便改組為正式省政府。

二、戰地政務委員會

與此時各省政務委員會作用與性質相同的，還有國民黨二次北伐後在山東和北京成立的戰地政務委員會。1928 年 3 月國民政府公布《戰地政務委員會組織條例》，4 月又對該條例進行了修正，共計九條，主要內容為：第一條，國民政府為企圖野戰軍之作戰便利起見，特設戰地政務委員會，受國民革命軍總司令之指揮，處理戰地民政、財政、外交、司法、交通、工商、農礦、教育、建設各政務。第二條，戰地政務委員會由國民政府特派主席委員一人，內政、外交、財政、司法、交通、工商、農礦等部及大學院、建設委員會各選派能代表該部院會負責之委員一人組織之。第三條，戰地政務委員會設民政、財政、外交、司法、交通、工商、農礦、教育、建設等處，每處設主任一人，辦事員若干人，其人員均由各該部院會調用，但事務繁要時，主席得臨時加派必要人員加入辦理。第四條，戰地政務委員會主席承國民革命軍總

〔註 71〕袁繼成等主編：《中華民國政治制度史》，武漢：湖北人民出版社，1991 年，第 165 頁。

〔註 72〕洪喜美編：《國民政府委員會會議記錄彙編》（一），臺北：「國史館」，1999 年，第 244 頁。

司令之指揮，掌管全會事務，並指揮各處主任處理處務，隨時與各主管部院會聯絡。第五條，戰地政務委員會秘書長一人，秘書若干人，承主席之命，辦理機要事務。第六條，戰地各政務統由本會主持辦理，若作戰逐次進展，所轄區域內之各部認為已脫離軍事範圍時，即劃歸主管機關管理之。第七條，戰地政務委員會之組織及職掌等，由委員會依據本條例擬定細則，呈請國民革命軍總司令核定施行。〔註 73〕

戰地政務委員會組織條例對該會權限之規定較為簡略，「處理戰地民政、財政、外交、司法、交通、工商、農礦、教育、建設各政務」，「各政務」具體所指則在該會組織規則中進行了詳細規定，如農礦處所掌管事務：關於農礦官吏之任免及獎懲事項，關於農礦機關之設置廢止及管理事項，關於農礦事業之調查保護及獎進事項，關於農礦團體之監督指導及訓練事項，關於佃夫地主間之糾紛事項，關於礦警及礦工待遇事項。工商處掌管事務：關於民營工商業之保護監督及獎勵事項，關於公營工商業之保管事項，關於工商團體之監督指導及組建事項，關於商品及製品之陳列檢查及試驗事項，關於商埠事項，關於商稅及工商業金融事項，關於調節物價及出產銷場事項，關於商埠及其他工商業之重要工程事項，關於工廠之監督檢查事項，關於工人之保護救濟事項，關於勞資糾紛事項，關於工商機關專員之任免獎懲事項。教育處掌管事項：關於各級學校事項，關於教育機關之管理督察事項，關於教育機關主管人員任免獎懲事項，關於學校教員檢定事項，關於學校教科圖書檢查事項，關於古蹟古物保存事項，關於圖書館博物館及其他文化事項，關於其他教育行政事項。〔註 74〕

6 月 12 日，國民黨順直特委會委員蕭瑜對「行將結束之順直特委會，與戰地政務委員會及急待產生之北京政治分會」，分三步驟作出如下解釋：「第一，即在敵人勢力下之區域，而軍事尚未達到之前，其工作機關即為順直特委會；第二，為既非如同前所述之情形，其軍事亦復達到相當地點，在此期間，負責工作者，即為戰地政委會；現在關於二項之工作，均成過去，亟應收束，於是第三步驟則應時而生，即所謂北京政治分會。總之，將來該項分

〔註 73〕《戰地政務委員會組織條例》，《國民政府公報》，1928 年 3 月第 39 期；《修正戰地政務委員會組織條例》，《國民政府公報》，1928 年 4 月第 52 期。

〔註 74〕《戰委會修正組織規則》，《順天時報》，1928 年 6 月 21 日第 8673 期，第 3 版。

會之應如何組織，必須根據順委與戰委兩會過去歷史為原則也。」〔註 75〕6 月 13 日，由山東轉赴北京，接管北京直隸一切政務的戰地政務委員會主席蔣作賓對記者談話：「戰地政務委員會設立之意義，係謀戰鬥時期之軍事政治分而為二。蓋軍事、民政本為二權，盡分之後，既可令軍閥餘威下之民間疾苦立時服蘇，又可使前伐武裝同志專心殺敵。」〔註 76〕

戰地政務委員會於 6 月 13 日轉移到北京，借用交通部機關開始辦公後，從 6 月 15 日起開始陸續接收在京各機關。戰地政務委員會此次接收，不僅接收北京地方政府各機關，重點是接收北京中央政府各部門。屬地方政府機關者，由戰地政委會直接派員接收、改組，屬北京中央政府機關者，戰地政委會分類進行接收，其重在調查北京各機關案卷對象，並按民政、教育、軍事、司法、交通、財政等分別委派人員負責相關事宜，同時電報南京國民政府，侯國民政府各部接收專員抵達後會同接收。如司法機關接收：「戰委會司法主任林者仁，前日奉主席蔣作賓命令後，即於昨早會同參議曹敏等，先行接收大理院等處，並將地方審判廳改為地方法院，檢察廳歸併於法院之內。復因地方訴訟，不可一時中斷，即於昨早組織成立，惟因新院長暫時不能就職，即以新派之首席檢察官兼代。至原設之大理院、高審高檢等暫時業已接收，仍須聽候中央辦理。司法部方面，該會亦派人前往，俟南京法部特派員到後，再行正式移交。又司法儲才館方面，林者仁於昨午派曹敏持函到館接洽，當有演說，報告最近改良司法情形，並希望儲才館學員分任直境各法院法官，為改良司法之工作。」教育機關接收：「日內政委會教育處王科長將來部接洽一切。中央特派員即日可到，俟該特派員到後，再會同接收。該部所轄各附屬機關因之亦未移管。」民政機關接收：「民政各機關，業已由該會分別派員接收京兆尹公署及附屬各機關，市政公所及所屬各機關，內務部。」交通機關接收：「南京部派劉同仁等二人昨已來京，昨視察一遍，今日辦理一切接收事宜。」海陸軍機關接收：「戰委會接收海陸軍相關駐所，並改為『國民革命軍戰地政務委員會接收陸海及航空辦事處』，自即日起開始接收。」財政機關接收：「關於接收財政機關人員，昨日當可派定，今日可以進行。各機關有已

〔註 75〕《戰委順委兩會今晨正式會商》(1928 年 6 月)，季嘯風、沈友益主編：《中華民國史史料外編》第 31 冊，桂林：廣西師範大學出版社，1996 年，第 362 頁。

〔註 76〕《蔣作賓對記者談話》(1928 年 6 月)，季嘯風、沈友益主編：《中華民國史史料外編》第 31 冊，桂林：廣西師範大學出版社，1996 年，第 364 頁。

接收，有未接收者，戰委會已成立接收委員會，各委員業已派定，等中央政府所派專員到京時，即會同前往各部院辦理一切。」〔註77〕

由上述論述可見，雖然戰地政務委員會與前述各省政務委員會性質與作用相同，均是「處理軍事克復後地區之一切行政事宜」，但戰地政務委員會組織條例對該會職權及與國民政府和總司令關係規定的更為詳細，可以「彌補以往戰爭克復地區無人承繼該地行政之缺點」。〔註78〕此外，與前述各省政務委員會以省命名，軍事發展到一地就建立一省政務委員會，且委員多為本省人不同，戰地政務委員會主席及委員相對固定，不以一省命名，同時隨著軍事的發展由一地轉移到另一地，以一套人馬暫時維持戰地的各行政機關和政務不致中斷，並在南京國民政府正式委派接收專員後移交相關機關和政務〔註79〕，同時隨著北平政治分會、河北省政府和北平市政府的相繼建立，該會任務隨之結束。

三、湘鄂臨時政務委員會

無論是前述各省政務委員會還是戰地政務委員會，均是某一省省政府正式成立前的臨時性過渡組織，在軍事結束後省政府正式成立時，其使命便宣告結束。這雖然與東北政委會掌管東北四省行政不同，但都具有最高行政機關的性質，而北伐時期在兩湖成立的湘鄂臨時政務委員會則無論在形式還是在職權上均與東北政務委員會極具相似性。〔註80〕

湘鄂臨時政務委員會是1927年桂系控制國民黨中央特別委員會時期，對

〔註77〕《戰地政務委員會昨接收各機關情況》,《順天時報》,1928年6月17日第8669期，第三版。《順天時報》自6月14日後每天都有關於戰地政務委員會接收各機關的相關報導，該會其他接收情況還可詳見：《戰地政委會昨接收故宮》,《順天時報》,1928年6月20日第8672期，第7版。《戰地政務委員會擬接收教部學務局》,《順天時報》1928年6月16日第8668期，第7版。《戰地政委會移入交部後昨已開始辦公》,《順天時報》,1928年6月15日第8667期，第2版。

〔註78〕佟德元：《易幟後的東北政制轉型及其困境——以東北政務委員會為中心的探究》,《民國研究》,2014年總第26期；中華民國史事紀要編輯委員會：《中華民國史事紀要（初稿）》1928年1月至6月，臺北：中華民國史料研究中心，1978年，第1185頁。

〔註79〕《寧派接收委員昨日全體到京》,《戰委會所委各機關人員係臨時性質》,《順天時報》,1928年6月26日第8677期，第2版。

〔註80〕佟德元：《易幟後的東北政制轉型及其困境——以東北政務委員會為中心的探究》,《民國研究》,2014年總第26期。

唐生智控制的兩湖進行西征後於兩湖建立的最高行政機關。國民黨中央特委會時期，曾決議取消中央政治會議和各地政治分會。但唐生智和汪精衛等人不承認中央特委會的合法性，成立武漢政治分會進行公開對抗，同時進兵安慶威逼南京。〔註81〕在這種情況下，桂系控制的南京國民政府決定進行西征，討伐唐生智。11 月中旬，武漢被南京國民政府軍隊佔領，武漢政治分會隨即取消，為了肅清共產黨對湖南、湖北兩省影響，南京政府還取消了該兩省政府。12 月初，國民黨決定在兩湖地區改設湘鄂臨時政務委員會，負責肅清共產黨，改組和重建兩省政府，該會主席程潛，委員張知本、趙世瑄、甘介侯、白志鯤，秘書長李隆建。〔註82〕

12 月初，國民政府頒布《湘鄂臨時政務委員會組織條例》，規定：「湘鄂兩省在戰爭時期內設湘鄂臨時政務委員會，秉承國民政府及該管部，處理兩省民政、外交、財政、交通等事務」；「臨時政務委員會由國民政府任命作戰軍隊總指揮及民政、外交、財政、交通主任人員各一人為委員組織之，以總指揮為主席」；「臨時政務委員會得委任人員代理兩省民政、外交、財政、交通各行政機關官吏，但薦任以上官吏仍呈請國民政府任命」；「臨時政務委員會處理政務以時機緊迫、須急切處理者為限，但仍隨時呈報國民政府及該管部」；「湖北省政府或湖南省政府成立時，臨時政務委員會即行裁撤」。〔註83〕之後，湘鄂臨時政務委員會據此制定了組織大綱，對具體組織和職權做了詳細規定：「本會遵照中央政府頒發條例，處理湘鄂兩省在戰事狀態下之一切政務，俟省市政府及中央直屬機關自身組織後，分別解除職權」；本會設下列各處：秘書處、民政處、財政處、交通處、外交處、武漢臨時財政整理委員會受本會之監督指導，並規定各處職權；「本會行政方針及因必要而有重大之設施時，由委員會開會討論議決施行」，「每星期二五開會，但遇緊急事件時，得由主席臨時召集之」。〔註84〕

由此可見，在國民黨北伐時期，政治分會與政務委員會曾同時存在，並

〔註81〕佟德元：《易幟後的東北政制轉型及其困境——以東北政務委員會為中心的探究》，《民國研究》，2014 年總第 26 期。

〔註82〕《湘鄂臨時政委會成立詳紀》，《大公報》，1927 年 12 月 13 日，第三版。

〔註83〕《湘鄂臨時政務委員會組織條例》，中國第二歷史檔案館編：《國民黨政府政治制度檔案史料選編》下冊，合肥：安徽教育出版社，1994 年，第 284～285 頁。

〔註84〕《國民政府湘鄂臨時政務委員會組織大綱》，《大公報》，1927 年 12 月 13 日，第三版。

行不悖地雙軌運作，也曾在政治分會裁撤後由政務委員會臨時性地接管其政治指導功能。而隨著國民黨北伐的勝利，政治分會走向消亡的愈發臨近，並在東北易幟這一關係到國民黨能否實現統一中國的問題上，政務委員會作為臨時性替代者的作用再次凸顯，因此也就有了由東北政治分會到東北政務委員會的名稱轉變。〔註 85〕

到東北易幟，蔣醞釀裁撤各地政治分會已將近一年，雖然最後再次延期至 1929 年 3 月 15 日前，但由於已入訓政時期，裁撤分會已不可避免。關於東北政治分會問題，蔣最終滿足了奉系對「過渡辦法」的要求，改設東北政務委員會。實際上，作為東北最高行政機關的東北政委會與兩次被削減權力的政治分會相比，其權力已經相差無幾。所以東北政務委員會的成立，對於奉系來說，只是政治分會變換一個名稱而已。

但對於國民黨和南京國民政府來說，卻是對中央與地方關係在制度層面上的一次大調整，由軍政時期的政治分會與政務委員會雙軌制，過渡到訓政時期的政務委員會單一制。此後，南京中央但凡在欲要調整與地方關係時，便會建立各種政務委員會。比如九一八事變後，東北三省淪陷，東北集團大部軍政力量都轉移到華北，東北集團在呈請南京國民政府核准後建立了北平政務委員會。與此同時，國民黨內部再次發生分裂，蔣介石與西南派系因胡漢民被囚禁而產生激烈衝突，西南派系因而欲鬧獨立，另立中央，蔣介石被迫同意在廣州建立西南政務委員會。1935 年華北事變發生，在日方的壓迫下，蔣介石被迫在京津冀撤走東北軍，裁撤北平政務整理委員會，另行組建由宗哲元為主席的冀察政務委員會。可見，政務委員會制度在南京國民政府時期，對南京中央與地方關係的調整改善，維持國民黨的形式統一，穩定國內政局，起到了重要作用。但同時該制度也是一把雙刃劍，在維持統一的同時，也意味著地方割據勢力的持續做大做強，國民黨的分裂不斷加深，這對於南京國民政府初期十年積蓄對抗日本的力量，顯然是極為不利。最終也因為國民黨內各派力量的分裂，被日本得到可乘之機，這不能不說是這一制度的最大負面影響。

〔註 85〕佟德元：《易幟後的東北政制轉型及其困境——以東北政務委員會為中心的探究》，《民國研究》，2014 年總第 26 期。

第二章　東北政務委員會的成立與組織運作

東北政務委員會的成立，既是國民黨政治制度不斷發展的產物，也是蔣介石與張學良在東北易幟談判時相互妥協的結果。由於國民黨中央意圖整合和統一全國政權，決議裁撤各地政治分會，於是蔣張兩人最終決定以東北政務委員會名義取代原本易幟談判時商定的東北政治分會。東北政務委員會實行委員制，其委員選取標準是現任實力派加社會賢達；委員排名原則是實權人物在前，文士賢達在後，實權人物中，軍職在前，文職在後；而決定排序的因素除了實力和資歷威望外，是否東北籍貫也是主要因素。該委員會以張學良為主席，內部組織龐大，二級管理與垂直領導並行，內設各處，下轄行政、司法、交通等各機關，不僅管轄東北各省政府，還實際上操控著東北地區的人事和財政稅收等權力。

第一節　東北易幟與東北政務委員會的成立

一、國民黨二次北伐與北京政府覆滅

1924 年國民黨改組，領導國民革命，1926 年夏，國民革命軍誓師北伐。1927 年寧漢分裂，互爭正統，武漢國民政府曾舉起「二次北伐」的旗幟，但僅至黃河南岸便無功而返。直到 1928 年初，重新統一後的國民黨才再次決定北伐。3 月，復出後的蔣介石曾向日本記者言到，「我黨為撲滅最後之軍閥計，

業已決定斷行第二次之北伐」。〔註 1〕此後，但凡談及「二次北伐」，大多是指1928 年 2 月國民黨二屆四中全會後至 6 月北伐軍平定京津的諸多戰事。

1927 年 12 月 3 日，國民黨中央執行委員監察委員在上海蔣介石寓所召開國民黨二屆四中全會預備會議。預備會議一致決議，由會議主席于右任備函，促請蔣介石「為解除黨內紛爭之癥結，與完成北伐之全功，繼續執行國民革命軍總司令職權」，並授權蔣介石負責籌備國民黨二屆四中全會之召開。1928 年 1 月 2 日，南京國民政府電催蔣介石，應即返寧復職，繼續領導北伐，完成國民革命。3 日，國民政府明令國民革命軍總司令蔣介石，及各集團軍總司令馮玉祥、閻錫山和楊樹莊等，督率所部，完成北伐。4 日，蔣介石返寧正式復總司令職，隨後相繼向黨政軍各界發出通電，表示要「團結內部，完成北伐」。〔註 2〕蔣介石的復職是在國民黨內各派共同呼籲下實現的，同時也是在國民黨的妥協下完成的。復出後的蔣介石不僅重新擔任國民革命軍總司令，領導北伐，還被賦予了籌備國民黨二屆四中全會的職責。一個月後召開的國民黨二屆四中全會基本是在蔣介石的主導下召開的，各項決議案內容也多體現了蔣介石試圖改造國民黨，和增加他在國民黨內權力和影響力的意圖。

2 月 2 日，國民黨二屆四中全會在南京正式開幕，7 日閉會。經過近一周時間緊鑼密鼓地開會，全會通過了 25 項決議案，涉及黨務、政治、軍事諸多方面。其中黨務者，最主要的一項決議案是「各委員依次遞補案」，核心是「因隸共產黨而開除黨籍」致使中央委員出缺，需要遞補。國民黨中央執行委員原有 36 人，其中「中央執行委員因隸共產黨而開除黨籍者」6 人：譚平山、林祖涵、于樹德、吳玉章、楊匏安、惲代英，以「附逆有據」名義開除黨籍者彭澤民，已故者朱季恂、李大釗，停止職權者徐謙。出缺 10 人。候補中央執行委員原 24 人，「因隸共產黨而開除黨籍者」7 人：毛澤東、許蘇魂、夏曦、韓麟符、董用威、屈武、鄧穎超，以「附逆有據」名義開除黨籍者鄧演達，已故者路友于，停止職權者陳其瑗。由候補委員中補為中央執行委員的是白雲梯、周啟剛、黃實、王樂平、陳嘉祐、朱霽青、丁超五、何應欽、陳樹人、褚民誼。中央監察委員原有 12 人，「因隸共產黨而開除黨籍者」高語罕，候

〔註 1〕張憲文、張玉法主編：《中華民國專題史》第 4 卷，南京：南京大學出版社，2015 年，第 282 頁。

〔註 2〕中華民國史事紀要編輯委員會：《中華民國史事紀要（初稿）》1928 年 1 至 6 月，臺北：中華民國史料研究中心，1978 年，第 7～51 頁。

補中央監察委員「因隸共產黨而開除黨籍者」江浩，停止職權者鄧懋修、謝晉，候補監察委員應遞補者是黃紹竑。〔註3〕至此，經 1927 年國民黨分共後，國民黨內的中共影響徹底被清除。

除了對國民黨中央委員進行遞補外，國民黨中央政治會議和國民政府委員也進行了改選，而這其中獲益最大的就是重新復出的蔣介石。這次全會通過的涉及軍事的重要決議案有《國民政府軍事委員會組織大綱》，《國民革命軍總司令部組織大綱》。後者規定「國民革命軍總司令對中國國民黨中央執行委員會及國民政府在軍事上負其責任」，「凡屬國民革命軍之陸海空各軍，均歸其節制指揮」，「國民革命軍總司令得兼任軍事委員會主席」，前者則規定「軍事委員會為國民政府軍政最高機關，掌全國海陸空三軍，負編制、教育、經理、衛生及充實國防之責」，「各省區行政機關執行與軍事有關之事務時，軍事委員會有指揮監督之權」。軍事時期，國民革命軍總司令的職權已然超出軍事範圍，還兼具了部分行政權限，尤其是戰地各省行政由總司令任命的戰地政務委員會負責辦理。蔣介石除了復任國民革命軍總司令並兼任軍事委員會主席外，全會通過的多項人事任免案中，蔣介石還被推選為中央執行委員會常務委員和國民政府委員。〔註 4〕中執會常務委員自然是中央政治會議委員，3 月國民黨中央政治會議又推舉蔣介石為中央政治會議主席。因蔣介石意圖控制黨內權力而造成國民黨分裂和北伐中斷，蔣所付出的代價不過是下野四月有餘而已，而蔣的重新復職和此次全會對其重新賦予的權力，一方面表明在軍事時期蔣介石對國民黨的不可或缺，另一方面則反映出國民黨對蔣介石集權的縱容與妥協。此後蔣介石挾軍權以控制黨權和政權就更加變本加厲，到了抗戰時期蔣藉抗戰之名，以國防最高委員會取代政權，以總裁控制黨權，蔣介石走向了權力頂峰。

國民黨二屆四中全會實際上是國民黨內權力的重新分配，蔣介石如願地獲得了他想要得到的權力。此次會議之時，北伐已經中斷日久，所以復職總司令的蔣介石首要任務自然是繼續北伐。所以這次會議通過了于右任提出的「集中革命力量限期完成北伐案」，決議：「交國民政府責成軍事委員會北伐

〔註 3〕中國第二歷史檔案館等編：《中國國民黨歷次全國代表大會暨中央全會文獻彙編》第 3 冊，北京：九州出版社，2012 年，第 238～240 頁。

〔註 4〕中國第二歷史檔案館等編：《中國國民黨歷次全國代表大會暨中央全會文獻彙編》第 3 冊，北京：九州出版社，2012 年，第 266～271 頁。

軍總司令，統籌全局，從速辦理。」〔註5〕整個國民黨二屆四中全會 25 項議決案，涉及黨務問題者最多，與軍事有關的雖然有那麼幾項，但直接與北伐有關的決議案，卻僅此一項。說明包括蔣介石在內的整個國民黨都沒有將北伐問題作為此次全會的重點內容，正如這次全會宣言所說：1928 年「北伐完成，不過時日問題」而已。〔註6〕

1 月，蔣介石復任總司令職後，即開始建立總司令部，籌劃北伐兵力，編組戰鬥序列。原第一路軍各軍編為「國民革命軍第一集團軍」，集團軍總司令由蔣介石自兼，下轄 18 個軍、2 個獨立師及特種兵團和鐵甲車隊，約 29 萬人。馮玉祥西北軍仍沿用「國民革命軍第二集團軍」番號，下轄 35 個軍，約 31 萬人，閻錫山晉軍則改編為「國民革命軍第三集團軍」，下轄 11 個軍，約 15 萬人。5 月，軍事委員會將兩湖地區桂系西征部隊和唐生智殘部改編為第四集團軍，李宗仁為總司令，白崇禧為前敵總指揮，下轄 16 個軍和 9 個獨立師，約 24 萬人。四個集團軍百萬之眾，而未列入北伐戰鬥序列的各部，則由國民政府軍事委員會直接指揮，亦有數十萬軍隊。

北伐百萬大軍，分屬不同派系，其團結北伐，主要建立在面對共同敵人的基礎上。蔣介石認為「煥章雖包藏禍心，百川雖意在割據」，「然在目前之趨勢，余必能使彼輩樂從我命也」，〔註7〕點出了在北伐問題上團結一致的同時，閻馮兩系並未放棄獨立與割據。其實不僅他們，即便是後來編入北伐戰鬥序列的桂系所部，也同樣懷揣鞏固兩湖延宕北伐之私心。〔註8〕最後基於「事實上固仍各殊自主，而形式上不妨隨從統一」的原則，二次北伐前諸如指揮權以及西北軍、晉綏軍的統一等問題，才勉強取得一致。即便如此，南京國民政府在總司令部下設置的戰地政務委員會，仍無法阻止各集團軍在各自佔領區自行委任官吏、強提稅款、強攬稅收，或盤踞機關拒不移交。閻錫山曾言：「我軍克復之地方，則由我方委任；第二集團軍克復之地方，則由第二集

〔註5〕中國第二歷史檔案館等編：《中國國民黨歷次全國代表大會暨中央全會文獻彙編》第 3 冊，北京：九州出版社，2012 年，第 266 頁。

〔註6〕中國第二歷史檔案館等編：《中國國民黨歷次全國代表大會暨中央全會文獻彙編》第 4 冊，北京：九州出版社，2012 年，第 173 頁。

〔註7〕周美華：《蔣中正總統檔案：事略稿本》第 3 冊，臺北：「國史館」，2007 年，第 234 頁。

〔註8〕張憲文、張玉法主編：《中華民國專題史》第 4 卷，南京：南京大學出版社，2015 年，第 306 頁。

團軍委任。」〔註9〕

經過 1928 年初期的整頓與改編，國民革命軍南北各部已形成相互呼應與聯合之勢。而此時北洋軍系已經三去其二，吳佩孚所部已完全崩潰，孫傳芳部則僅剩殘軍並已依附於張作霖。但在華北北洋勢力所控制的地盤內，張作霖所能動員的軍隊還有 60 餘萬人，其戰力與數量仍大於國民黨在南方所能動員北伐軍隊。為了對抗國民革命軍，張作霖從幕後走向前臺，直接掌控起北京政權。1924 年第二次直奉戰爭後，張作霖入關，曾扶植段祺瑞為臨時執政，於幕後操縱北京政府。1926 年北伐戰爭興起，北方北洋各系逐漸也走向聯合，11 月 29 日，孫傳芳、張宗昌等人以直、魯、豫、蘇、皖等 15 省區共同擁戴為名，推舉張作霖為安國軍總司令。12 月 1 日，張作霖在天津正式就職，27 日入主北京。1927 年 6 月中旬，張作霖在北京組織安國軍政府，在東北蟄伏多年且多次縱橫關內的張作霖終於當上了軍政府之大元帥，〔註 10〕實現了他多年來企圖掌控民國北京政權的夙願。作為陸海軍大元帥的張作霖權力極大，以軍統政實行軍事獨裁，在軍政時期代表中華民國行使統治權，同時統率中華民國陸海軍。〔註 11〕該軍政府雖然設有國務總理，但實屬無權狀態，國務員僅輔佐大元帥執行政務，副署大元帥簽發之命令，但任免國務員卻不在此列，說明張作霖有權隨意撤換內閣閣員。顯然張作霖已經將總統和總理之職權都集於了一身，張作霖也成為民國北京政府時期的最後一任國家元首。

張作霖建立安國軍政府後，以孫傳芳、張宗昌、張學良、楊宇霆、張作相、吳俊升、褚玉璞七人，分任安國軍第一至第七方面軍軍團長，每軍團下轄 3 至 5 個軍，每軍下轄 3 至 4 個師，總兵力號稱百萬，實際能夠動員對抗國民革命軍者，約 60 萬人。在總兵力對比上，安國軍處於劣勢，兵力不敷分配。但奉軍尤其張學良、楊宇霆所轄之奉軍主力，裝備優良，無論步兵之機槍數量還是炮兵數量，抑或空軍實力，都遠較國民革命軍為大。所以面對東起江蘇，西至山西，綿延兩千多里的國民革命軍戰線，安國軍試圖對國民革命軍採取各個擊破的策略。1928 年 1 月至 2 月間，安國軍高級將領多次召開軍事會議，決定張宗昌、孫傳芳兩部在山東憑險固守，奉軍在防守北京周邊

〔註 9〕張憲文、張玉法主編：《中華民國專題史》第 4 卷，南京：南京大學出版社，2015 年，第 307～308 頁。

〔註 10〕張憲文：《中華民國史》第二卷，南京：南京大學出版社，2005 年，第 15～16 頁。

〔註 11〕《中華民國軍政府組織令》，《政府公報》，1927 年 6 月 19 日第 4008 期。

地區同時，以主力向河南進攻，採取攻勢防禦，西威脅山西，東威脅江蘇、安徽，試圖突破國民革命軍的聯合包圍。〔註 12〕

3 月，蔣介石經與馮玉祥、閻錫山等磋商取得一致後，下發國民革命軍北伐總方略。二次北伐「以消滅奉魯軍閥，先行肅清直、魯、熱、察、綏境內反動軍隊」為目的，決定「第一、第二、第三集團軍參戰各部，於四月某日（日期臨時電商決定）開始攻擊。」此次總攻作戰分前後兩期，「前期須進展至膠濟路，亙高唐、清河、南宮、石家莊之線。後期須進展至山海關、承德、多倫之線」。前期作戰部屬第一步，第一集團軍和第二集團軍一部合攻山東，佔領濟寧、日照、臨沂、兗州一線。第二步，第二集團軍和第三集團軍主力合攻河北，進取石家莊；第一集團軍主力則肅清膠濟路以南之敵，進佔濟南。後期作戰部署則是第一集團軍沿津浦路兩側地區急進，第二集團軍沿京漢路及其東南地區急進，第三集團軍進出京西一帶及京綏路會師京津。〔註 13〕

經過數月籌劃和兵力集結，4 月 5 日國民黨中央執行委員會發布北伐宣言，7 日蔣介石以國民革命軍總司令名義發布誓詞，命令三個集團軍各參戰部隊發起總攻。二次北伐開始後，國民革命軍一路勢如破竹，第一集團軍於 5 月 1 日佔領濟南，第二集團軍主力向河北進發，該集團軍鹿鍾麟部守彰德、劉鎮華部堅守大名，與奉軍張學良楊宇霆部和直魯軍褚玉璞部在彰德、大名一線相持。奉軍於是另沿京綏路向山西進攻，使第三集團軍陷入困境。閻錫山的第三集團軍一度退守山西各關隘，苦撐待變，至 5 月初才轉守為攻。〔註 14〕

5 月 3 日，濟南事變爆發，戰地政務委員會外交處主任蔡公時及職員兵夫等 17 人遇難，〔註 15〕震驚全國。日本為表達重視華北和尤其東北地區的強硬態度，第三次出兵山東，隨後向南北政府同時遞交覺書，聲明「目下戰亂情形，將波及京津地方，而滿洲方面亦將有蒙其影響之虞。緣以滿洲治安之維

〔註 12〕張梓生：《國民革命軍北伐戰爭之經過》，《東方雜誌》，1928 年第 25 卷第 15 期。

〔註 13〕《蔣介石頒發國民革命軍北伐總方略致馮閻密電稿》，中國第二歷史檔案館編：《中華民國史檔案資料彙編》第 5 輯第 1 編軍事（一），南京：鳳凰出版社，2010 年，第 438 頁。

〔註 14〕張梓生：《國民革命軍北伐戰爭之經過》，《東方雜誌》，1928 年第 25 卷第 15 期。

〔註 15〕中華民國史事紀要編輯委員會：《中華民國史事紀要（初稿）》1928 年 1 至 6 月，臺北：中華民國史料研究中心，1978 年，第 871 頁。

持，在我國最為重要」，「故戰事進展至京津地方，其禍亂或及於滿洲之時」，日本政府「為維持滿洲治安起見，或將不得已有採取適當而且有效之措置」，「極力阻止之」。〔註 16〕同時日方作出三點聲明：「第一，張作霖如果不戰退出山海關，准其退出，但不准國民革命軍追出關外；第二，張作霖如果戰而敗，不准其出關；第三，張作霖如果不戰而退出關外，日後再圖入關擾亂，日本當禁止之。」〔註 17〕日本實際想法是想讓蔣介石和張作霖南北分治，所以製造濟南慘案，加以震懾，而其底線則是要把東北地區與中國分離，成為日本勢力範圍，不容國民黨染指。

對於國民黨而言，國民革命軍如果向東三省進軍，必將與日本產生軍事衝突，如果進兵華北，則可能招致日本干涉。加之日軍已佔領濟南，切斷了津浦路，國民革命軍原定由第一集團軍沿津浦路北進京津地區的戰略已無法實施。所以南京國民政府調整了二次北伐戰略方針，5 月 13 日蔣介石作出如下軍事部署：第一集團軍一部留駐魯東，監視日軍，另一部則策應第二第三兩個集團軍進取德州；第二集團軍以主力沿京漢路東部北上，進攻河間、保定，直搗京津；第三集團軍則以主力由京漢路西北部活動，與第二集團軍呼應，威脅敵之側背，會取北京。〔註 18〕由於日本阻撓，蔣介石的第一集團軍僅至山東德州、兗州一帶便告終止，蔣放棄了親自進軍京津的可能，也就放棄了對華北的控制。由於缺少第一集團軍的支持，國民革命軍第二、第三集團軍越發形單影隻。所以蔣介石決定令兩湖的桂系第四集團軍兼程北上參加北伐，協同前述兩大集團軍作戰。5 月 21 日後，白崇禧在鄭州、新鄉和石家莊分別與蔣介石、馮玉祥和閻錫山會商後，議定第四集團軍沿京漢路北上，與第二、第三集團軍採取聯絡，共同攻打京津。〔註 19〕至此，二次北伐的總體戰略方針就轉變為第二、第三、第四集團軍合力攻打京津。至 5 月 28 日，因濟南慘案而被迫調整後的二次北伐戰略新部署已經完成，並次第展開。隨著蔣介石下達總攻命令，國民革命軍很快就攻克保定、高陽等地，不日即可

〔註 16〕中華民國史事紀要編輯委員會：《中華民國史事紀要（初稿）》1928 年 1 至 6 月，臺北：中華民國史料研究中心，1978 年，第 880 頁。

〔註 17〕張憲文、張玉法主編：《中華民國專題史》第 4 卷，南京：南京大學出版社，2015 年，第 319 頁。

〔註 18〕秦孝儀主編：《總統蔣公大事長編初稿》第 1 卷，（無出版社），1978 年，第 224 頁。

〔註 19〕韓信夫、姜克夫主編：《中華民國史大事記》第 5 卷，北京：中華書局，2011 年，第 3057～3059 頁。

攻至京津。

安國軍大勢已去，張作霖於 6 月 2 日下令總退卻，並通電宣布退出北京，3 日張作霖乘火車回奉天，北京安國軍政府結束。4 日，張作霖專列行至皇姑屯，被日本關東軍炸成重傷，隨即不治而卒。奉天當局秘不發喪，冷靜應對，半月後隨著張學良返回奉天，接任奉天督辦和東三省保安總司令等職，東北局勢漸趨穩定。隨後東北何去何從，東北是就此走向分裂，還是改旗易幟促成南北統一，就成為備受各方矚目的焦點。

二、東北問題解決方針與東北政治分會的提出

早在濟南事變發生之時，日本就嚴重警告過南京國民政府，不准國民革命軍進入山海關之外。同時日本政府還通過駐華公使和總領事向奉系施壓，企圖充分利用張作霖控制北京政府的最後時間裏，將滿蒙五路問題徹底解決，並規勸張作霖退出關外，實行自治。面對日本咄咄逼人的威脅，無論奉方還是南京國民政府皆不敢掉以輕心。奉軍雖然軍事失利，失去了對北京政府的控制，但其主力尚存，東北三省根基未失，仍有 30 餘萬軍隊，尚可扼守山海關與南京國民政府分庭抗禮。奉方因不甘日本欺壓，還曾在濟南慘案發生後不久，通電全國呼籲南北停戰，息內爭禦外侮。〔註 20〕而南京也不敢對日本威脅置若罔聞，不敢對關外用兵。甚至在攻佔京津時，為避免日方干涉，國民革命軍還事先聲明不進兵至京津 20 里以內，但要求奉軍亦不得停留。〔註 21〕在此背景之下，以政治方式解決東三省問題，就逐漸成為南京國民政府和奉系的共識。

在濟南慘案發生後，張作霖除了發出通電呼籲南北息爭外，還婉言拒絕了日方勸其趁未敗而返回奉天的要求〔註 22〕，並反駁日方覺書，表示斷難承認日本覺書所稱之「戰事如向京津發展，而波及滿洲，則日本擬採適當有效方法，以應付時局」，並聲明「東三省與京津為中國領土及主權所在，不容漠視，保護外僑乃中國政府之責」，盼日本「勿再有不合國際慣例之措置」，並

〔註 20〕中華民國史事紀要編輯委員會：《中華民國史事紀要（初稿）》1928 年 1 至 6 月，臺北：中華民國史料研究中心，1978 年，第 755 頁。

〔註 21〕張梓生：《國民革命軍北伐戰爭之經過》，《東方雜誌》，1928 年第 25 卷第 15 期。

〔註 22〕中華民國史事紀要編輯委員會：《中華民國史事紀要（初稿）》1928 年 1 至 6 月，臺北：中華民國史料研究中心，1978 年，第 880～881 頁。

發表宣言指責日本此舉「違背華盛頓會議所訂之原則」。〔註 23〕5 月末，保定失守，張作霖召集高級將領會議，決定撤軍返回奉天。

6 月初皇姑屯事件後，張作霖斃命，張學良繼任奉天督辦和東三省保安總司令，成為奉系新的領袖。而此時的奉系早已分為新舊兩派，舊派是以張作霖、張作相、湯玉麟、吳俊升、張景惠等為代表，大多是當年追隨張作霖左右的結拜兄弟和部下。張作霖和吳俊升返奉途經皇姑屯被炸斃命後，舊派備受打擊。新派是軍校畢業的奉系中青代精英，日本陸軍士官學校畢業的奉系將領被稱為洋派；中國本土陸軍大學或講武堂畢業的奉系將領被稱為土派。楊宇霆是日本士官派的領袖人物，張學良則是本土陸大、講武堂一系的領袖人物。三系人馬在南北妥協與易幟問題上，分歧頗大。老派人物由於常年追隨張作霖剿殺革命力量，與南方革命派積怨最深，多主張保境安民，三省自治。新派人物對日蘇脅迫認識深刻，深知東北無獨立對抗日蘇的實力，必須聯合全國力量才能保全東北，所以多主張南北妥協與合作。不過在具體與國民黨哪一系合作時，新派卻也有分歧。張學良一系主張與蔣介石的南京中央合作，走中央路線；楊宇霆一系則主張與桂系李宗仁、白崇禧合作，走地方路線。

在這種背景下，奉系當務之急是穩固內部，統一思想。隨著以張作相為首的老派人物逐漸支持張學良後，奉系內部張學良一系力量最為強大。由於政局未定，為了保境安民，更為了與國民黨平等談判，爭取最大利益，奉系積極組建自治政權，7 月 16 日，東三省省議會聯合會表決通過《東北各省區臨時保安公約》12 條。該公約規定：「本公約於政局統一時候即廢止之」，即說明了奉系自治政權的臨時性。從內容看，該公約肯定了主權在民原則，依據「三權分立」思想確立了保安制度，即明確規定以「東三省省議會聯合會為最高立法機關」，「設立東北臨時保安會」為最高行政機關，「處理各省區一切重要政務」，「軍政由保安總司令及保安司令處理之」，〔註 24〕並成立了東北最高法院。

東北臨時保安委員會於 7 月 19 日開成立大會，該保安會的成立乃是援引

〔註 23〕中華民國史事紀要編輯委員會：《中華民國史事紀要（初稿）》1928 年 1 至 6 月，臺北：中華民國史料研究中心，1978 年，第 935 頁。

〔註 24〕《東北臨時保安委員會公布東北各省區臨時保安公約》（1928 年 7 月），遼寧省檔案館編：《奉系軍閥檔案史料彙編》⑦，南京：江蘇古籍出版社，1990 年，第 328～330 頁。

舊例。「早者辛亥政變，我東三省曾設保安會以策權宜，其時軍民和衷，中外諒解，顧全大局」，「此成規式」。「因師前事，另定大綱於全國大局未經解決以前，組織東北臨時保安委員會，並依綱要推定委員 17 人，公推張學良為委員長，袁金鎧為副委員長，張作相、萬福麟、湯玉麟、劉尚清、誠允、沈鴻烈、張景惠、王樹翰、劉哲、常蔭槐、莫德惠、翟文選、袁慶恩、凌升、齊默特色木丕勒為委員。凡東北各省區所有內政外交重大問題悉由保安會合議公開，以符民治之原則」。〔註 25〕

在奉系處理皇姑屯事件善後事宜並整合內部穩定東北局勢的過程中，國民黨與南京國民政府則不斷釋放和談信號，意圖開啟南北談判，商討國家統一問題。6 月 12 日，國民政府發表《對內宣言》，宣布「結束軍事，開始訓政」〔註 26〕時，首先提出了東北政治分會問題。國民政府向奉系提出和平條件是：「東三省須服從國民政府命令；奉軍需全體出關；奉吉黑各省，應改懸青天白日旗，並依法組織黨部及政治分會等。」〔註 27〕此時南京國民政府工作重心是接收京津機關，並且國民黨內對奉方針也剛剛漸趨統一，所以僅提出了統一的基本原則，雙方還派出代表進行接洽，如於珍、邢士廉奔走於京奉之間聯絡。

上述條件要求東北易幟，服從中央，公開黨部，建立政治分會等，都是原則性條件，雙方迴旋餘地較大。唯獨讓奉軍全體出關一條，實難讓奉方接受。奉軍全體退出山海關，是讓奉系放棄熱河及與奉天毗鄰的河北東北部數個縣的關內地盤。山海關自古以來就是東北與華北之間最重要的交通樞紐與關隘，民國時期京奉鐵路這一連接東北與華北的最重要交通線也是貫通山海關。掌控山海關及其毗鄰與側翼地區，退可守，進可攻，無論奉系是否想要再次染指京津，都會掌握戰略主動權。而失去山海關毗鄰與側翼地區，山海關則成為一座危城，奉軍無論固守還是進攻，難度都會大大增加，所以奉系絕不會同意南京方面這一條件。

〔註 25〕《東北臨時保安委員會為公推張學良為委員長袁金鎧為副委員長張作相等為委員的通電》(1928 年 7 月)，遼寧省檔案館編：《奉系軍閥檔案史料彙編》⑦，南京：江蘇古籍出版社，1990 年，第 322 頁。

〔註 26〕萬仁元、方慶秋主編：《中華民國史史料長編》第 26 冊，南京大學出版社 1993 年，第 206 頁。

〔註 27〕《國府對奉不用武力？》(1928 年 6 月)，季嘯風、沈友益主編：《中華民國史史料外編》第 31 冊，桂林：廣西師範大學出版社，1996 年，第 159 頁。

對於南京國民政府所提出的各項條件，奉系並未在第一時間直接回應，而是決定：「第一步，先行撤兵關外，設法融合（奉系）新舊兩系，以期一致對外」，即先穩固東北局勢、建立新政權。所以，6月19日，張學良就任奉天督辦時，只宣布「停止軍事，休養生息」〔註28〕，而絕口不提易幟之事。第二步，待奉系自治政權初步建起後，再向南京國民政府提出議和條件，其內容：「大體對設立政治分會，服從國府命令，改懸青天白日旗三項均可容納」。對於國家統一，奉系是贊成的。但奉方也提出了進一步的要求：「政治分會中之委員，奉派至少須占半數。奉、吉、黑三省，亦仍由原有軍隊駐防」〔註29〕。對於東北三省最高行政權，奉系要求由其主導；而對於軍隊和關內地盤問題，奉系並未回應，顯然持拒絕態度。

南京國民政府接收京津後，統一已成大勢所趨，軍政即將結束，訓政即將開始。國民黨這段時期公開討論和協商解決的問題，主要集中在財政和裁兵方面，這事關訓政時期南京國民政府能否掌控全國政權，而對於東北問題則交由蔣介石全權負責處理。財政問題的討論，集中在6月末到7月初，相繼召開了全國經濟會議和全國財政會議。6月28日，全國經濟會議舉行第三次大會，通過提請政府裁兵、統一財政、改革稅收、保護關稅、整理交通及公債等案。6月30日，全國經濟會議發出請從速統一全國財政之通電，要求統一財政，實行裁兵。7月10日，全國財政會議閉幕。會議通過三個月內實行裁釐、統一全國財政、明年1月起實行關稅自主等議案。〔註30〕

裁兵問題的討論，集中在蔣介石7月初北上北平期間。蔣介石北上主要負有七項使命：「（一）奉命祭總理遺靈；（二）對奉方針；（三）天津附近直魯軍改編方法，及其給養防地；（四）北伐完成後裁兵方案；（五）四個集團軍今後的防地；（六）國都問題；（七）北京政治分會和直隸省府的組織及主席人選。」〔註31〕為了協商解決各項問題，蔣邀馮玉祥、閻錫山、李宗仁、白崇禧等各巨頭共同赴平。裁兵問題因涉及各派系的切身利益而複雜的多。

〔註28〕《東方雜誌》，第25卷第16期，第133頁。

〔註29〕《奉天實況之最近報告》(1928年6月)，季嘯風、沈友益主編：《中華民國史史料外編》第31冊，桂林：廣西師範大學出版社，1996年，第165頁。

〔註30〕韓信夫、姜克夫主編：《中華民國大事記》第二冊（1923～1929），北京：中國文史出版社，1997年，第839、840、845頁。

〔註31〕《蔣來京負有七項使命》(1928年6月)，季嘯風、沈友益主編：《中華民國史史料外編》第31冊，桂林：廣西師範大學出版社，1996年，第409頁。

7月3日，蔣在碧雲寺對記者談話，說中國目下第一重要問題，對內為裁兵與財政統一，對外為解決中國之束縛，改訂一切不平等條約。〔註32〕7月5日，蔣電馮玉祥、閻錫山、李宗仁，主張裁兵救國：「今日非裁兵無以救國，非厲行軍政、財政之統一無以裁兵」〔註33〕，要求與中央切實合作裁兵。7月11日，蔣、馮、閻、李四巨頭在北平湯山舉行「善後會議」，會議進行了四天，對於裁兵問題，最後決定成立編遣會議解決。〔註34〕對奉方針，蔣最後說服各巨頭，尤其是向來主張武力解決東三省問題的馮玉祥，同意「關外事業由蔣總司令主持辦理」，「惟中央命令是從」〔註35〕。關於「對奉辦法」，蔣介石曾言：「東三省為我重要國防疆地，乃日本勢力侵入已久，吾處置方法非慎重周詳不可，否則東亞戰禍之導火線如一開發，將不可收拾矣。總理所謂和平統一，吾必以至誠，力促奉方將領覺悟，欣然而來歸也。」〔註36〕「漢卿似屬誠意，東省和平統一，可無問題，但日本對之，必更忘惡。漢卿為人，未經急難，意志薄弱，恐不能當大任、持危局耳，然余必力為扶植之也。」〔註37〕

國奉雙方雖然沒有在6月份進行正式談判，但雙方提出的條件和要求為7月份的正式談判奠定了基調。南京國民政府要求從軍隊、政權等方面，全面解決東北問題；而奉系則明確表示軍隊及地盤為非談品，只有政治分會問題可談。雙方分歧較大，談判難於短期內完成，所以可以預見7月雙方談判的艱難和僵持。〔註38〕

7月2日，張學良正式委派王樹翰、邢士廉、米春霖、徐祖貽四人為易幟

〔註32〕韓信夫、姜克夫主編：《中華民國大事記》第二冊（1923～1929），北京：中國文史出版社，1997年，第841頁。

〔註33〕韓信夫、姜克夫主編：《中華民國大事記》第二冊（1923～1929），北京：中國文史出版社，1997年，第842頁。

〔註34〕張憲文：《中華民國史》第二卷，南京：南京大學出版社，2005年，第54頁。

〔註35〕《關外問題一切由蔣主持辦理》(1928年7月)，季嘯風、沈友益主編：《中華民國史史料外編》第31冊，桂林：廣西師範大學出版社，1996年，第239頁。

〔註36〕周美華：《蔣中正總統檔案：事略稿本》第3冊，臺北：「國史館」，2007年，第645～646頁。

〔註37〕呂芳上主編：《蔣中正先生年譜長編》第2冊，臺北：「國史館」，2014年，第292頁。

〔註38〕佟德元：《東北易幟談判研究——以東北政治分會為中心》，《歷史教學》，2014年第10期。

談判代表，8 日王樹翰等四代表抵達天津，10 日抵達北平。南京國民政府方面則派出蔣作賓、何成濬、王乃昌、吳忠信、張群、孔繁蔚等為接洽專員，雙方正式談判開始。

綜合此後數月談判過程與內容，南京國民政府與奉系的談判大致可以 8 月份國民黨二屆五中全會為界劃分為兩個階段，前一階段以東北政治分會問題為談判核心，後一階段以東北政治分會替代者問題為談判核心。談判焦點集中於東北地方政權的權力如何分配的同時，談判內容還涉及到東北黨務問題、熱河問題、歸還關內火車問題、對日外交問題等等。

奉系與南京國民政府在統一問題上是高度一致的，奉方認同南京方面提出的改旗易幟和服從中央的要求。對於南京方面提出的這些基本原則，奉系方面在多次會談或披露談判條件時都予以認可。如 7 月 9 日，王樹翰在天津向記者披露奉方條件時指出「東三省通電服從國民政府，並改換旗幟」，〔註 39〕與南京方面正式談判時，奉方代表表示「對國民政府表示服從，允設東三省政治分會」，〔註 40〕7 月 14 日，南京國民政府代表劉光、張同禮抵達奉天，在與張學良會商東北易幟問題時提出：「一、東三省歸國民政府節制；二、奉行三民主義；三、改懸青天白日旗」，「張學良對易幟、裁兵及服從主義，均可辦到」。〔註 41〕

雙方易幟談判中激辯最多最主要的問題，是東北地方政權的權力分配。南京國民政府要求東三省服從中央，自然要求擁有對東三省最高行政長官的任免權，國民黨意圖將勢力滲入東北。而奉系方面則不同意，在談判中多次提出己方訴求。對於政治分會問題，奉系最初提出「政治分會中之委員，奉派至少須占半數」，7 月正式談判時奉方代表則提出「允設東三省政治分會，唯委員人選，要求由奉系完全組織，他派暫勿加入」，〔註 42〕「東三省改組委員制，成立政治分會；張學良為政治分會主席；楊宇霆為奉天省政府主席；

〔註 39〕韓信夫、姜克夫主編：《中華民國大事記》第二冊（1923～1929），北京：中國文史出版社，1997 年，第 845 頁。

〔註 40〕《對奉意見尚未一致》（1928 年 7 月），季嘯風、沈友益主編：《中華民國史史料外編》第 31 冊，桂林：廣西師範大學出版社，1996 年，第 237 頁。

〔註 41〕韓信夫、姜克夫主編：《中華民國大事記》第二冊（1923～1929），北京：中國文史出版社，1997 年，第 848 頁。

〔註 42〕《對奉意見尚未一致》（1928 年 7 月），季嘯風、沈友益主編：《中華民國史史料外編》第 31 冊，桂林：廣西師範大學出版社，1996 年，第 237 頁。

張作相為吉林省政府主席；萬福麟為黑龍江省政府主席」，〔註 43〕「政治分會問題，望明覆一電，言明由其組織請委，不加干涉」。〔註 44〕

在正式談判開始後，針對政治分會問題，奉系不斷提高要求，從「奉派至少須占半數」到「由奉系完全組織，他派暫勿加入」，再到「明覆一電，言明由其組織請委」，南京中央「不加干涉」。奉系所提條件實際上是要求由奉方完全控制東北地方政權，國民黨勢力不能進入東北，國民黨所能得到的僅是東北改旗易幟，名義上服從中央而已。這與北京政府時期，東北之於北京政府是同樣地位。

奉系之所以於此時提高要求，既是因為日本對奉系的「警告」，也是因為奉系充分利用了日本的阻撓。日本憂慮東北一旦易幟，國民黨力量進入東北，其既得利益就可能受損。所以日本由駐奉總領事林久治郎出面，於 6 月末警告張學良不得與南京國民政府妥協。〔註 45〕7 月 10 日，奉天代表邢士廉對記者談，「此行係遵照張學良東電〔註 46〕商洽統一辦法」，「東北地位在外交上有特殊情形，故先派代表來商辦法，從長考慮，以期妥恰和平統一事業安然成功。」〔註 47〕「從長考慮」，對日而言，就是奉系顧及日本警告不敢輕易妥協；對南京而言，則是暗示國民政府不答應奉系要求，短時間內統一是不可能的。7 月 14 日，張學良電國府代表祁暄，表示「弟對介公決心合作，至目下立即改幟一事」，「唯對外確有為難」，「望介公迅速設法，使弟有可藉口轉圜之地，或他方設法疏通」。〔註 48〕既將不能迅即易幟的原因歸於日本阻撓，又將棘手的對日外交問題甩給南京中央。奉系雖受日本「警告」不假，但其打日本牌抬高談判價碼的策略還是顯露無遺的。

〔註 43〕韓信夫、姜克夫主編：《中華民國大事記》第二冊（1923～1929），北京：中國文史出版社，1997 年，第 845 頁。

〔註 44〕韓信夫、姜克夫主編：《中華民國大事記》第二冊（1923～1929），北京：中國文史出版社，1997 年，第 848 頁。

〔註 45〕韓信夫、姜克夫主編：《中華民國大事記》第二冊（1923～1929），北京：中國文史出版社，1997 年，第 838 頁。

〔註 46〕1928 年 7 月 1 日，張學良發表通電，表示「學良當以民意為依歸」「決無妨害統一之意」，要求南京國民政府「速開國民會議，解決目前一切重要問題」。畢萬聞主編：《張學良文集》第 1 冊，北京：新華出版社，1992 年，第 98～99 頁。

〔註 47〕韓信夫、姜克夫主編：《中華民國大事記》第二冊（1923～1929），北京：中國文史出版社，1997 年，第 845 頁。

〔註 48〕畢萬聞主編：《張學良文集》第 1 冊，北京：新華出版社，1992 年，第 99 頁。

蔣介石於 7 月初親抵北平，主持對奉談判。為了打破僵局，促使奉系盡快易幟，蔣介石在一面「積極肅清關內」，加強武力威懾的同時，另一面「仍採用政治目標」，〔註 49〕希望通過政治施壓，說服張學良早日易幟。7 月 13 日，蔣在北平召開記者會。關於東三省問題，蔣說：「國府不恃武力統一國家，乃以主義統一國家。」「和平統一」，「此乃中央固定方略，余等係秉承原方略辦理」，「所謂主義即係救國救民之良藥」。「東三省之服從中央，係服從主義，與個人無關。」蔣還提到南京對奉有兩前提：「第一，不積極促其掛國旗。因主義為救國救民之物，東三省既已瞭解主義，易幟不成問題。」「第二，不勉強勸其來歸。東三省如對主義統一國家，十分之明瞭，認為有統一之必要，自必服從中央，所謂精神的團結也。倘稍出於勉強，恐有落空之虞。天下事須名實相符，積極與勉強，結果僅有一種形式上表現，與精神團結之旨相違背，且形式上雖統一，而事實不統一，則果何取義？預料東三省不乏賢明之士，自能徹底瞭解主義，誠悅服從中央，亦毋須積極並勉強也。」〔註 50〕

蔣介石明確表示要以三民主義和平統一中國，旨在向世人表明國民黨的民族大義，同時也表示對奉不勉強、不強求，期望奉系認識到統一必要性。蔣以退為進，向世人表明國府對奉「本無條件」〔註 51〕，這種表態，在掩蓋談判中利益鬥爭的同時，還會給奉系帶來巨大的政治和輿論壓力。在蔣的政治裹挾下，7 月 16 日奉天代表王樹翰等會見李宗仁，告以東北易幟「一星期內可實現」〔註 52〕。奉系勉強同意熱河先於 7 月 19 日易幟，東三省再於 20 日易幟〔註 53〕。但 19 日湯玉麟宣布熱河改旗易幟後，東三省並沒有如約在 20 日易幟。因為在 19 日，日本駐奉領事林久治郎再次警告張學良不能易幟。為了不讓辛苦付之東流，蔣介石及其代表從 7 月 21 日到 23 日頻繁地致電張學良或會見張學良代表王樹翰等人，要求張學良「以民意主張為依舊」，「不

〔註 49〕《國府對奉決策擬分兩期進行》（1928 年 7 月），季嘯風、沈友益主編：《中華民國史史料外編》第 31 冊，桂林：廣西師範大學出版社，1996 年，第 233 頁。

〔註 50〕中華民國史事紀要編輯委員會：《中華民國史事紀要（初稿）》1928 年 7 月至 12 月，臺北：中華民國史料研究中心，1982 年，第 115～116 頁。

〔註 51〕《圓滿與準備》（1928 年 7 月），季嘯風、沈友益主編：《中華民國史史料外編》第 31 冊，桂林：廣西師範大學出版社，1996 年，第 240 頁。

〔註 52〕韓信夫、姜克夫主編：《中華民國大事記》第二冊（1923～1929），北京：中國文史出版社，1997 年，第 849 頁。

〔註 53〕在 7 月，奉系先後答應 20 日、22 日、24 日易幟。參見曾業英：《論一九二八年的東北易幟》，《歷史研究》，2003 年第 2 期，第 91 頁。

可為倭奴恐嚇所屈服」,「當機立斷」「毅然斷行」易幟,「以救東北救中國」。〔註 54〕然而無論蔣介石此時如何勸告,奉系最終還是放棄了 7 月易幟的計劃。7 月 24 日,張學良電蔣介石陳述不能立即易幟之苦衷:「東省易幟,不能立時實行」,「或有疑日方警告係弟故弄手段」,實則不然,「數日前探知田中意旨,如我方不聽勸告,即用武力,確非空言恫嚇。」〔註 55〕

奉系放棄 7 月易幟的消息傳出後,國人對此甚為不滿。7 月 31 日,某報批評:「近在咫尺之東三省問題,雖屢稱絕無問題,不成問題。而事至今日,接洽者之真正成功之證據,尚未能予民眾以共見。故此問題不失為尚待研究之問題也。」〔註 56〕同時,國內外輿論還傳出奉系對日借鉅款 5000 萬元以「充實兵備」等語,並「盛傳於世」〔註 57〕。對此,張學良向記者聲明決無其事,並於 7 月 25 日,致電閻錫山:統一問題因「東省情形特異,不能不稽事遲徊。而尤所疾心者,則外間蜚語」。〔註 58〕同時奉系還認為「東三省於事實上、精神上早已服從中央,」「所差者不過懸旗之一形式問題耳」〔註 59〕,不必急於一時。輿論的壓力沒能促使奉系斷然易幟,就是蔣所急求的形式統一,奉系也沒有滿足。

蔣介石於 7 月 25 日返寧後,命方本仁為代表赴奉,繼續與張學良商洽易幟。8 月 4 日,張學良見方本仁,提出東省統一的三步驟:「第一步,停止熱河、關內軍事行動,所有軍隊由國府收編給餉;第二步,三省政治分會人選,由三省人員充任;第三步,黨務指導委員會須三省政府同意後始

〔註 54〕詳見秦孝儀主編:《中華民國重要史料初編——對日抗戰時期》緒編(一),臺北:中國國民黨中央黨史委員會,1981 年,第 217～220 頁。韓信夫、姜克夫主編:《中華民國大事記》第二冊(1923～1929),北京:中國文史出版社,1997 年,第 850～853 頁。

〔註 55〕秦孝儀主編:《中華民國重要史料初編——對日抗戰時期》緒編(一),臺北:中國國民黨中央黨史委員會,1981 年,第 219 頁。

〔註 56〕季嘯風、沈友益主編:《中華民國史史料外編》第 32 冊,桂林:廣西師範大學出版社,1996 年,第 9 頁。

〔註 57〕《奉派對日借款係實行統一東省幣制》(1928 年 8 月),季嘯風、沈友益主編:《中華民國史史料外編》第 32 冊,桂林:廣西師範大學出版社,1996 年,第 35 頁。

〔註 58〕《張致閻電原文》(1928 年 7 月),季嘯風、沈友益主編:《中華民國史史料外編》第 32 冊,桂林:廣西師範大學出版社,1996 年,第 9 頁。

〔註 59〕中華民國史事紀要編輯委員會:《中華民國史事紀要(初稿)》1928 年 7 月至 12 月,臺北:中華民國史料研究中心,1982 年,第 319 頁。

成立，然後易幟。」〔註 60〕然而南京方面質疑者則認為，東北「組織政治分會，人選不能限於東三省籍人」〔註 61〕，顯然，國奉對於政治分會問題仍暫難妥協。

三、東北易幟談判與東北政務委員會問題

1928 年 8 月 8 日，國民黨二屆五中全會在南京召開，蔣介石在會上力圖通過「削藩策」來削弱地方實力派，加強「統一」。他要通過裁兵案，來剝奪地方實力派的兵權；通過取消各地方政治分會，使地方實力派失去在各自割據地盤上的憑藉。〔註 62〕蔣還力圖通過裁釐，行統特稅，統一財權，剝奪地方實力派的財權。

五中全會後，國奉準備在南京召開雙方代表會議，繼續談判。為了在談判中維護己方利益，東三省將領於 8 月 14 日發表聲明，稱「與南方妥協，須不墮權利」:「至於妥協問題，關係三省前途甚巨」,「只要張學良能俯從眾意，且能維護三省權利，各將領自無不樂從。倘不幸而發生意外波折，即各將領亦願赤臂效忠，即肝腦塗地，均所不惜。」〔註 63〕三省將領發表此聲明，一方面表示三省內部團結〔註 64〕，另一方面提出須「維護三省權利」，這就增加了國奉談判的難度。

8 月初，日本特使林權助赴東北以弔祭張作霖為名阻止東北易幟，甚至揚言敢冒干涉內政之大不韙，奉系被迫延期三個月以應對。〔註 65〕所以五中全會後蔣改變了談判策略，將關內與關外問題分開，企圖各個擊破。他不在急於讓東三省易幟，而是首先解決關內問題，如關內的直魯軍殘部、熱河歸

〔註 60〕韓信夫、姜克夫主編：《中華民國大事記》第二冊（1923～1929），北京：中國文史出版社，1997 年，第 859 頁。

〔註 61〕《有誠意的三個保證條件》(1928 年 7 月)，季嘯風、沈友益主編：《中華民國史史料外編》第 32 冊，桂林：廣西師範大學出版社，1996 年，第 10 頁。

〔註 62〕張憲文：《中華民國史》第二卷，南京：南京大學出版社，2005 年，第 34 頁。

〔註 63〕《三省將領發出聲明》(1928 年 8 月)，季嘯風、沈友益主編：《中華民國史史料外編》第 32 冊，桂林：廣西師範大學出版社，1996 年，第 43 頁。

〔註 64〕因為此時楊宇霆一派還暗中與桂系聯繫南北妥協之事，有奉系內部存裂隙之疑，當時輿論多有關注，可參見《國奉妥協停頓原因》(1928 年 8 月)，《楊宇霆在奉勢力愈增》(1928 年 8 月)，季嘯風、沈友益主編：《中華民國史史料外編》第 32 冊，桂林：廣西師範大學出版社，1996 年，第 43、59 頁。

〔註 65〕參見中華民國史事紀要編輯委員會：《中華民國史事紀要（初稿)》1928 年 7 月至 12 月，臺北：中華民國史料研究中心，1982 年，第 268、279 頁。

屬和關內鐵路車輛歸還等問題，這些成為五中全會後國奉談判的主要內容。〔註 66〕

對於直魯軍殘部，南京國民政府早有肅清想法。比如 7 月 18 日馮玉祥會見奉天代表時曾言：「從前誤會完全由於主張不同，現既同隸青天白日之下，自當開載布公，相與提攜，為國效勞。至漢卿目下有亟應辦之事一，即解決直魯軍殘部是也。」〔註 67〕7 月 25 日，蔣介石電張學良：「平奉通車，極盼早日實行。惟現在唐山一帶尚有張（宗昌）、褚（玉璞）殘部，最好先由兩方將此殘部解決，以免障礙。」〔註 68〕奉系最初提出和平解決方針，但最終被張宗昌拒絕。不得已的情況下，9 月中旬國奉合作以武力肅清了直魯殘部。這是蔣採用分別處理、各個擊破策略所取得的唯一成果。

鑒於南京方面與奉系關係漸趨密切，蔣介石適時地提出了雙十節易幟計劃。為此，蔣還特地提名任命張學良為國民政府委員，並催促張盡快「更換旗幟，宣誓就職」〔註 69〕。然而張學良雖表示接受國府委員職銜，卻沒有立即響應易幟。10 月 10 日，張致蔣一電，申明理由：「（一）東省易幟，早具決心在前，實因某方之壓迫，致生障礙。當時敝處與之面約以三個月為限，屆期即行易幟」。「（二）政治分會，五次會議雖主取消，惟東省情形特別，此種過渡辦法，絕不能少，擬請中央將東北政治分會及奉、吉、黑、熱各省省政府主席分別任命，使易幟就任之事同時舉行，庶可一新耳目。」（三）關於軍隊服裝，「擬求將前項服裝圖樣及公文程序手續已經頒布者，每種各備數份，派員交下，以資仿傚，而歸一律。」〔註 70〕該電中，張學良再次提出東三省易幟的關鍵要求，必須成立政治分會，奉系必須控制東北政權。

政治分會問題，國民黨二屆五中全會已經決議裁撤。並且如胡漢民所指出：「政治分會產生於軍事時代，所謂過渡辦法是也。現今已入訓政時代，自

〔註 66〕佟德元：《東北易幟談判研究——以東北政治分會為中心》，《歷史教學》，2014 年第 10 期。

〔註 67〕中國第二歷史檔案館編：《馮玉祥日記》第 2 冊，南京：江蘇古籍出版社，1992 年，第 493 頁。

〔註 68〕呂芳上主編：《蔣中正先生年譜長編》第 2 冊，臺北：「國史館」，2014 年，第 295 頁。

〔註 69〕秦孝儀主編：《中華民國重要史料初編——對日抗戰時期》緒編（一），臺北：中國國民黨中央黨史委員會，1981 年，第 231 頁。

〔註 70〕畢萬聞主編：《張學良文集》第 1 冊，北京：新華出版社，1992 年，第 130～131 頁。

然無存續必要。」〔註71〕所以張學良電報中所言「過渡辦法」就很值得玩味。表面看，它是指胡漢民所言從軍政時期到訓政時期的「過渡辦法」，即政治分會，實則是指奉系政權到國民黨政權的「過渡辦法」，即政治分會的替代者。因為國民黨中央既已做出裁撤政治分會的決議，就絕不會因為奉系反對而隨意更改，奉系再要求成立政治分會已無實際意義。〔註72〕所以張學良在電報中所說「此種過渡辦法」，是指必須成立類似政治分會的組織，以保證奉系對東北政權的控制。

對於關內問題，蔣介石雖想把它們與關外東北易幟分開來解決，但奉系卻把關內問題與關外問題捆綁起來，要一併解決，也就是關內問題成為關外易幟的條件和籌碼，以實現易幟後奉系政治利益的最大化。例如，關於熱河問題，國府要求「罷免湯玉麟，後任須以國府任命者為熱河總司令」，而奉系則認為「湯之更迭，因奉天內部關係，難急遽實行」〔註73〕，並要求熱河「歸奉天政治分會指導監督」〔註74〕。「就熱河與奉省之地勢言，熱河實為奉省之屏藩，故若劃歸國軍統治，則在軍事上，足使奉省頗感不安」，所以對地盤問題，奉系「堅持到底，決不讓步」〔註75〕。對此，被派到東北接洽車輛問題的桂系代表葉琪就有深刻認識：奉系「惟對東三省及熱河地盤仍圖掌握」〔註76〕。而對於熱河，早在7月國民黨中央執行委員會就做出議決：熱河為北平政治分會政治指導區域之一〔註77〕，即熱河劃歸國府為其既定方針。顯然，沒有一方的妥協讓步，熱河問題就無法解決，關外易幟也更無從談起。

關內車輛問題，實則對全國交通乃至經濟都影響甚大，因為奉系所扣關

〔註71〕中華民國史事紀要編輯委員會：《中華民國史事紀要（初稿）》1928年7月至12月，臺北：中華民國史料研究中心，1982年，第356頁。

〔註72〕佟德元：《東北易幟談判研究——以東北政治分會為中心》，《歷史教學》，2014年第10期。

〔註73〕《國奉雙方提出相對的要求》，季嘯風、沈友益主編：《中華民國史史料外編》第32冊，桂林：廣西師範大學出版社，1996年，第370頁。

〔註74〕《東方雜誌》第25卷第24期，第121頁。

〔註75〕《熱事不易解決，張學良處境兩難》，《堅持保留熱河地盤》，季嘯風、沈友益主編：《中華民國史史料外編》第32冊，桂林：廣西師範大學出版社，1996年，第379、393頁。

〔註76〕韓信夫、姜克夫主編：《中華民國大事記》第二冊（1923～1929），北京：中國文史出版社，1997年，第901頁。

〔註77〕參見《平政分會申明職權》，季嘯風、沈友益主編：《中華民國史史料外編》第30冊，桂林：廣西師範大學出版社，1996年，第21頁。

內機車 400 輛，車皮達 5000 餘輛，共占全國火車車輛的 4/5。〔註 78〕為了緩解關內鐵路交通問題，南京國民政府多次派員商洽，而奉方則採取「擠牙膏」的方式，每每在南京方面提出要求時，便放行一小部分車輛。如 10 月 1 日，南京國民政府提出：「請在協議未臻妥協前，盡先放還一半，以供幹線運輸之需」。〔註 79〕而奉系則提出了放行車輛四項條件，除明言車輛「僅可撥還一半」外，還提出「交還車輛須經雙方代表互換意見，圓滿後由雙方最高軍政當局簽字，始開能放還車輛」，「撥還車輛須由外交團擔保盡充商事運載之用，不得移作軍用」，「所有撥還及留用之扣留車輛於雙方意見互換後，由雙方派員擇其堪於使用者及不堪使用者，平均分撥之，以免向隅而資應用」。〔註 80〕無論「互換意見」，還是「外交團擔保」，顯然都不是短時間可以解決的。後來國府不得不讓步，提出「奉方扣留之車輛中，須即交還 1000 輛」，以便先行恢復交通和經濟，然而奉系則僅同意「第一次交還 500 輛」。〔註 81〕

奉系所扣關內火車，造成關內鐵路運力不足，已影響關內時局。以平奉路為例，「平奉鐵路經戰事後，損壞甚巨，經濟枯窘，車輛奇缺，致商貨堆積，無法清運」，於是為了整理路務，平奉路局「加收臨時整理費」，而此舉惹來商民的強烈反對。〔註 82〕所以關內車輛實際是奉系在國奉談判中所掌握的最大籌碼。因此，奉系才會小題大做，要求「由外交團擔保」。12 月份，鐵道部次長王徵兩次出關與張學良磋商車輛歸還問題，第一次磋商「張以關內各軍

〔註 78〕參見韓信夫、姜克夫主編：《中華民國大事記》第二冊（1923～1929），北京：中國文史出版社，1997 年，第 904 頁。關於奉系所扣車輛及其所佔全國比例，《東方雜誌》（第 26 卷第 4 期，第 133 頁）載：「奉方所扣平奉平漢平綏津浦四路車輛共達 5400 輛」；另《中華民國大事記》第二冊（第 883、900、913 頁）載，白崇禧稱：「奉軍之平漢平綏津浦隴海等線客貨車 2000 輛，車頭百餘個」，「奉方扣車輛占全國 3/5」，孫科稱：「榆關以東，存車數千，機車亦有 600」；《中華民國大事記》第三冊第 127 頁載：孫科稱：「關內原存車 9000 輛，前年關外開去 4000 輛」。雖然數量及比例有出入，但足以說明奉系所扣關內車輛之多，這對關內交通和經濟的破壞是顯而易見的。

〔註 79〕韓信夫、姜克夫主編：《中華民國大事記》第二冊（1923～1929），北京：中國文史出版社，1997 年，第 887 頁。

〔註 80〕《咄咄奉方退還車輛有條件》，季嘯風、沈友益主編：《中華民國史史料外編》第 30 冊，桂林：廣西師範大學出版社，1996 年，第 76 頁。

〔註 81〕《國奉雙方提出相對的要求》，季嘯風、沈友益主編：《中華民國史史料外編》第 32 冊，桂林：廣西師範大學出版社，1996 年，第 370 頁。

〔註 82〕中國第二歷史檔案館編：《中華民國史檔案資料彙編》第五輯第一編：財政經濟（九），南京：江蘇古籍出版社，1994 年，第 69～70 頁。

扣車」實乃軍用而非商用為藉口，未有結果；第二次磋商張表示：「放還車輛，本奉方應辦之事，但手續上須俟政治問題解決之後，目前尚難談及」，仍未有結果。〔註 83〕可見，「奉方將利用車輛問題，使與國府妥協交涉趨於有利」〔註 84〕的時評並非空穴來風。然而東北易幟後，「政治問題」已解決，但車輛問題並沒有因而迎刃而解。1929 年 1 月 13 日，北平政治分會以「楊常」已死、障礙已除為由，命河北省政府電詢張學良關內撤兵、灤東五縣交還和放回車輛三問題如何解決，鐵道部長孫科也電張催還所扣車輛，然奉系答應放還者僅數十輛。〔註 85〕而到了 1929 年 4 月份，東北易幟已 4 個月有餘，鐵道部次長王徵竟還用「擠牙膏」的方式向張學良索要車輛：請張學良預備完好機車 4 輛，列車 2 列，專為北寧、津浦兩路會同組織京遼直達通車之用；又向張暫借機車 3 輛，列車 2 列，以籌足總理奉安用車。〔註 86〕可見奉系根本就不願歸還車輛。易幟談判期間，奉系以車輛問題為籌碼，目的是要換取政治利益的最大化；而易幟後，奉系仍不歸還車輛，致使交通和經濟不能迅速恢復，其目的顯然是基於鐵路巨大的經濟和軍事價值的考慮，誠如王徵所言：此問題「實為政治與軍事問題」〔註 87〕也。

關內問題懸而不決，關外問題亦是僵持不下。蔣介石雙十節易幟計劃，被張拒絕後，10 月 12 日，蔣電張：「易幟之事，全屬我國內政，彼方本不能公然干涉」，「關於政治分會，五中全會既決議本年內取消，實不便再有設置，東省果有特別情形，可另籌妥善辦法，各省政府主席及委員人選請先電保，不久當即發表」，「中正深信彼決不敢有所舉動，務希毅然主持，三省同日宣布，愈速愈妙」。〔註 88〕即便蔣心情急切、態度誠懇，然而張卻始終顧慮日本

〔註 83〕張友坤等：《張學良年譜》（修訂版），北京：社會科學文獻出版社，2009 年，第 231 頁；《東方雜誌》，第 26 卷第 3 期，第 139 頁。

〔註 84〕《奉天方面將利用平奉車輛問題》（1928 年 10 月），季嘯風、沈友益主編：《中華民國史史料外編》第 32 冊，桂林：廣西師範大學出版社，1996 年，第 84 頁。

〔註 85〕《東方雜誌》，第 26 卷第 5 期，第 127 頁；韓信夫、姜克夫主編：《中華民國大事記》第二冊（1923～1929），北京：中國文史出版社，1997 年，第 943 頁。

〔註 86〕張友坤等：《張學良年譜》（修訂版），北京：社會科學文獻出版社，2009 年，第 259～260 頁。

〔註 87〕中國第二歷史檔案館編：《中華民國史檔案資料彙編》第五輯第一編：財政經濟（九），南京：江蘇古籍出版社，1994 年，第 74 頁。

〔註 88〕秦孝儀主編：《中華民國重要史料初編——對日抗戰時期》緒編（一），臺北：中國國民黨中央黨史委員會，1981 年，第 233 頁；韓信夫、姜克夫主編：《中華民國大事記》第二冊（1923～1929），北京：中國文史出版社，1997 年，第 893 頁。

干涉，並以之為藉口拖延易幟。為了消除奉系繼續以外交問題為藉口拖延易幟，10 月 16 日，蔣電張明確表明東北外交由中央統一辦理：「田中特派要員來京談商租權問題，弟已口頭允其由中央直接商決，不使兄為難，兄也以此復彼，萬不可再與其局部交涉，以中其分拆之計也。」〔註 89〕然而奉系仍拖延易幟，於是國府於 10 月 26 日質問奉方：「刻下三省外交，既歸國府負責辦理，是三省外交障礙已除，奉方依然藉口外交關係，而屢次遷延，不果易幟，難免不懷疑奉天無具誠意。」〔註 90〕而奉方則「陳述奉天內部尚有問題，堅求諒解」，堅持延遲易幟。從外交問題到內部問題，雖也是實際情況，但奉系所為不免給人藉故延遲的印象。此時奉系之所以屢次延遲，其實是因為南京國民政府始終沒有滿足奉系對「過渡辦法」的要求，雖然蔣表示「可另籌妥善辦法」，但他始終未曾拿出這種辦法。〔註 91〕

面對僵持局面，蔣為求得於 1928 年內完成統一，最終做出全面讓步。12 月 6 日，邢士廉、王樹翰攜蔣介石致張學良親筆密函離滬返奉。在密函中，蔣允「對外問題由中央負責辦理，東北內政仍由現職各員維持，概不更動，東省應即易幟，以貫徹統一精神。」〔註 92〕12 月末，邢士廉、王樹翰再次來寧謁蔣接洽，決定：「一、東北設邊防司令正副長官，以張學良為正長官，張作相、萬福麟為副長官；二、設東北政務委員會，委員人選，須商得中央同意；三、東三省及熱河各省委員等項人選，由張學良推薦，中央明令任命；四、易幟之期，不必待至明年（1929 年）元旦，應提前數日行之。」〔註 93〕最終，國府以「明覆一電」的方式，滿足了奉系對「過渡辦法」的要求。奉系也實現了易幟後政治利益的最大化：熱河劃歸奉系成為東三省屏障，東北成立由奉系控制的政務委員會和邊防軍司令長官公署軍政兩機關，奉系實際掌握了東北地方政權。〔註 94〕

〔註 89〕曾業英：《論一九二八年的東北易幟》，《歷史研究》，2003 年第 2 期。

〔註 90〕《國府為易幟事再電張學良質問》，季嘯風、沈友益主編：《中華民國史史料外編》第 32 冊，桂林：廣西師範大學出版社，1996 年，第 393 頁。

〔註 91〕佟德元：《東北易幟談判研究——以東北政治分會為中心》，《歷史教學》，2014 年第 10 期。

〔註 92〕韓信夫、姜克夫主編：《中華民國大事記》第二冊（1923～1929），北京：中國文史出版社，1997 年，第 924 頁。

〔註 93〕《實現易幟之經過》，季嘯風、沈友益主編：《中華民國史史料外編》第 32 冊，桂林：廣西師範大學出版社，1996 年，第 474 頁。

〔註 94〕佟德元：《東北易幟談判研究——以東北政治分會為中心》，《歷史教學》，2014 年第 10 期。

四、人事布局與張學良時代的開始

1928 年 6 月初皇姑屯事件後，因張作霖斃命而導致東北局勢動盪，雖然奉天當局妥籌辦法盡力穩定局面，但奉系乃至東北的格局仍然在發生不可逆轉的變化。這一變化突出體現在奉系和東北政權的人事大變動，經過精心布局，張學良一系人馬掌握了奉系的大部分軍事力量，在行政和財政上，張學良掌握了奉天和黑龍江兩省政權和財政權。張學良成為奉系公推的領袖，東北進入了張學良時代。

皇姑屯事件發生後，吳俊升和張作霖先後斃命，吳俊升時任黑龍江督辦兼省長，張作霖為奉系領袖兼奉天督辦，東北的人事大變動就是從這兩省的督辦職位開始的。為了穩定東北局勢，奉天當局除電催張學良迅速返回奉天外，還在第一時間，以鎮威上將軍公署名義委任吳泰來暫代黑龍江督辦，委任齊恩銘、陳奉璋為奉天省城戒嚴正副司令。6 月 8 日，臧式毅、劉尚清等以上將軍公署名義發出任命，「現因吳督辦俊生在奉養疴，一時未能回任，所有職務著師長泰來暫行護理」。〔註 95〕吳泰來是吳俊升的侄子，他時任東北陸軍第 18 師師長，在皇姑屯事件發生後，得知吳俊升斃命後，就圖謀黑龍江督辦，並自己宣布代行黑省督辦。所以為了使「東省大局後顧可以無憂」，防止「邊防之危急，宵小之蠢動」，奉天方面才不得不決定暫時讓吳泰來「護理」黑龍江督辦，以避免奉系內部的分裂。實際上讓吳泰來「暫行護理」黑龍江督辦，根本不是「奉令繼任」，僅僅是讓其「暫維一時」而已，可見奉天方面在張學良尚未返奉的情況下，也不敢貿然在東北最高級軍事長官任免問題作出決定。

6 月 9 日，奉天省長公署轉發鎮威上將軍公署委任齊恩銘和陳奉璋為奉天省城戒嚴正副司令的訓令：「現在時局不靖，地方治安關係重要，奉天為省會首善之區，外僑聚集之地，亟應加意保衛，以免疏虞而維治安。自本日起宣布戒嚴令，茲特委齊憲兵司令恩銘為奉天省城戒嚴司令，陳警務處長奉璋為戒嚴副司令。」〔註 96〕

齊恩銘和陳奉璋都是張作霖任命憲兵司令和警務處長，自然是張作霖心腹，而吳泰來是吳俊升侄子，是吳俊升黑龍江軍嫡系，而他還妄想私自接替

〔註 95〕《關於吳泰來暫行護理黑龍江督辦的文電》，遼寧省檔案館編：《奉系軍閥檔案史料彙編》⑦，南京：江蘇古籍出版社，1990 年，第 219 頁。

〔註 96〕《奉天省長公署轉發鎮威上將軍公署委任齊恩銘陳奉璋為奉天省城戒嚴正副司令的訓令》，遼寧省檔案館編：《奉系軍閥檔案史料彙編》⑦，南京：江蘇古籍出版社，1990 年，第 235 頁。

黑省督辦。所以奉天當局以上將軍公署名義發布委任命令，一個是「特任」，一個是「暫行護理」，其中的差別自然甚大。

張學良返回奉天後，即以其父張作霖名義發布命令，由自己代理奉天督辦。6 月 16 日，鎮威上將軍公署致電奉天省長：「本上將軍現在病中，所有督辦奉天軍務一職，不能兼顧，著派張學良代理，仰即知照，並轉飭所屬一體知照。」〔註 97〕張學良於 6 月 19 日就職，代行奉天督辦。7 月初，張學良被推舉為東北保安總司令，完全繼承了張作霖在東北的位置，東北及奉系進入了張學良時代。

第一，調整黑龍江軍政最高長官。初步掌握奉天及東北權力的張學良，立即對東北人事進行調整，第一個被調整的位置是黑龍江督辦。6 月 22 日，「鎮威上將軍公署電，護理黑龍江軍務督辦吳泰來調任為三四方面軍騎兵集團軍軍長，所有黑龍江軍務督辦一職派萬福麟代理」，30 日萬福麟正式接任視事。〔註 98〕吉林督辦是張作相，張學良獲得他的支持才得以繼承張作霖成為奉系領袖，所以吉林省軍政仍由張作相負責，軍政兩方面職務自然沒有調整空間。而黑龍江督辦和省長原均為吳俊升，吳氏死後其侄子吳泰來與張學良沒有多少交集，所以張學良要委任一位既能為黑龍江方面接受，又能服從自己命令的人接管黑龍江軍務。而在張學良的部下中，原為吳俊升部下，現為張學良三四方面軍第八軍軍長的萬福麟，就是適合人選。萬福麟在軍中資歷淺，1926 年才累積軍功升為東北軍第八軍軍長，1927 年至 1928 年在與南方革命軍對抗過程中，萬福麟部被編入張學良和楊宇霆所屬的奉軍三四方面軍。這兩個方面軍的前身是奉軍第三四集團軍，是奉軍主力，戰鬥力最強。此時的萬福麟任第三方面軍第八軍軍長，是張學良的部下。萬福麟長期在軍中服役，在政界無背景，而當時僅三四方面軍就有 10 個軍長，比萬福麟資歷深的奉軍將領大有人在。張學良選萬福麟代理黑龍江督辦，自然是因為他資歷淺，易於掌控，張學良同時控制奉天和黑龍江兩省，加之張作相的全力支持，那麼張學良在東北的地位將更加鞏固。萬福麟接替吳泰來代理黑龍江督辦後，吳泰來被張學良「調任為三四方面軍騎兵集團軍軍長」，8 月該騎兵軍改稱為東北陸

〔註 97〕《關於張學良代理督辦奉天軍務的文件》，遼寧省檔案館編：《奉系軍閥檔案史料彙編》⑦，南京：江蘇古籍出版社，1990 年，第 246 頁。

〔註 98〕《督辦黑龍江軍務善後事宜公署為萬福麟接替吳泰來代理督辦給奉天省長公署諮》，遼寧省檔案館編：《奉系軍閥檔案史料彙編》⑦，南京：江蘇古籍出版社，1990 年，第 278 頁。

軍騎兵集團軍，吳泰來仍為該集團軍軍長，11 月吳泰來舊部東北陸軍第十八師番號亦被撤銷。〔註 99〕三四方面軍是張學良嫡系部隊，全軍主要將領均為張學良舊部，而吳泰來非張學良部下，他從一位掌握實權的師長到一位名義上的集團軍軍長，顯然是被明升暗降，剝奪了軍權。

張學良在調整黑龍江督辦同時，還重新委任了黑龍江省長。原黑龍江省長由吳俊升兼任，吳赴關內期間，由於駟興代理。在萬福麟取代吳泰來接任黑龍江督辦後，在黑龍江省長人選問題上，黑龍江省議會、省農會、省教育會、省律師公會等各法團普遍希望援照「吉奉省長均係本省人」之例，由黑龍江省籍人選擔任，並「公同選定省議會議長李維周為黑龍江省長」。〔註 100〕但對於黑龍江各法團的訴求，張學良選擇了拒絕，並委任常蔭槐接替於駟興任黑龍江省長，常蔭槐於 8 月 1 日到黑龍江正式接任視事。〔註 101〕至此，黑龍江省軍政兩界最高長官人選調整暫告一段落。

第二，調整奉天省政府各機關最高長官。7 月初張學良就任東北保安總司令，9 日湯玉麟就任熱河保安司令，10 日萬福麟就任黑龍江保安司令，13 日張作相就任吉林保安司令。奉系內部權力格局重新劃分，東北四省權力亦完成重新分配。東北軍內穩定後，張學良開始著手整頓奉天省內政治，奉天省內人事亦隨之發生變動。先是奉天省長人選變動，奉天原省長是劉尚清，張作霖的北京軍政府於 1927 年 10 月任命他為奉天省長，在皇姑屯事件期間劉尚清與臧式毅和王樹翰等留奉要員沉著冷靜應對，為穩定奉天局勢立下了功勞。張學良回到奉天就任奉天督辦後，劉尚清隨即辭去了省長職務。7 月 26 日翟文選被委任為奉天省長，並接任視事。〔註 102〕

〔註 99〕《奉天市政公所轉發任命吳泰來為陸軍騎兵集團軍軍長的訓令》，遼寧省檔案館編：《奉系軍閥檔案史料彙編》⑦，南京：江蘇古籍出版社，1990 年，第 489 頁。《奉天省長公署刊發黑龍江保安司令部取消所屬騎兵第十七師陸軍第十八師隊號的通令》，遼寧省檔案館編：《奉系軍閥檔案史料彙編》⑦，南京：江蘇古籍出版社，1990 年，第 695 頁。

〔註 100〕《黑龍江省議會等為選定議長李維周為黑龍江省長事致鎮威上將軍公署等電》，遼寧省檔案館編：《奉系軍閥檔案史料彙編》⑦，南京：江蘇古籍出版社，1990 年，第 267 頁。

〔註 101〕《關於常蔭槐接替於駟興任黑龍江省長的文電》，遼寧省檔案館編：《奉系軍閥檔案史料彙編》⑦，南京：江蘇古籍出版社，1990 年，第 338 頁。

〔註 102〕《奉天省長公署為東北臨時保安委員會委託翟文選任奉天省長的訓令》，遼寧省檔案館編：《奉系軍閥檔案史料彙編》⑦，南京：江蘇古籍出版社，1990 年，第 326 頁。

隨著翟文選的接任，奉天省內政界人事變動的大幕開啟，之後張學良相繼在奉天財政廳長、教育廳長、奉天警務處長、清鄉總局督辦、東北憲兵司令、奉天省會警察廳長、東三省交涉總署署長等涉及奉天財政、治安和外交等各方面進行了人事調整。7 月 26 日，原教育廳長祁彥樹調任代理奉天財政廳廳長，兼奉天印花稅處處長，並接任視事；〔註 103〕27 日，王毓桂代理奉天教育廳長，到廳接印視事，兩年後王毓桂因病出缺，吳家象接任遼寧省教育廳長；31 日奉天市政公所轉發奉天省長公署訓令：「奉天省會警察廳長張樂山辦事不力，應即停職，聽候查辦，遺缺以白銘鎮接充」；〔註 104〕8 月 1 日，白銘鎮到任視事，同日陳奉璋任奉天清鄉督辦，接任視事，陳興亞任東北憲兵司令，到任視事；〔註 105〕8 月 16 日，因祁彥樹調任他職，遺缺奉天財政廳長由張振鷺代理，並接任視事；劉尚清一併辭去東北大學校長職務，8 月 16 日張學良自兼東北大學校長，劉風竹為副校長；〔註 106〕8 月 17 日，劉鶴齡任代理奉天實業廳長，接任視事；8 月 25 日，王鏡寰任東三省交涉總署署長，接印視事；11 月 7 日，高紀毅任奉天全省警務處處長兼保甲總辦，接任視事；11 月 14 日，東省特區行政長官張煥相辭職，遺缺以張景惠繼任；〔註 107〕11

〔註 103〕《奉天財政廳為祁彥樹代理廳長接印視事給各縣知事訓令》，《奉天印花稅處為祁彥樹代理財政廳長給各縣知事訓令》，遼寧省檔案館編：《奉系軍閥檔案史料彙編》⑦，南京：江蘇古籍出版社，1990 年，第 330～331 頁。

〔註 104〕《奉天教育廳為王毓桂代理教育廳長給各縣知事訓令》，《奉天市政公所轉發省長公署為將奉天省會警察廳長張樂山停職遺缺以白銘鎮接充的訓令》，遼寧省檔案館編：《奉系軍閥檔案史料彙編》⑦，南京：江蘇古籍出版社，1990 年，第 332～333 頁。《東北政委會為國民政府任命吳家象為遼寧省教育廳長金毓黻為省政府秘書長的訓令》，遼寧省檔案館編：《奉系軍閥檔案史料彙編》⑨，南京：江蘇古籍出版社，1990 年，第 653 頁。

〔註 105〕《奉天市政公所轉發白銘鎮任奉天省會警察廳長到任視事的訓令》，《奉天全省清鄉總局為陳奉璋兼任督辦致奉天省城商務總會函》，《東北憲兵司令部為陳興亞就任東北憲兵司令及戒嚴司令致奉天總商會函》，遼寧省檔案館編：《奉系軍閥檔案史料彙編》⑦，南京：江蘇古籍出版社，1990 年，第 340～343、355 頁。

〔註 106〕《奉天財政廳為張振鷺代理財政廳長接任視事致奉天總商會函》，《東北大學為張學良就任校長劉風竹任副校長致奉天省長公署函》，遼寧省檔案館編：《奉系軍閥檔案史料彙編》⑦，南京：江蘇古籍出版社，1990 年，第 374、487 頁。

〔註 107〕《奉天實業廳為劉鶴齡任代理廳長致奉天總商會函》，《東三省交涉總署為王鏡寰接任署長給各縣知事訓令》，《奉天市政公所轉發高紀毅接替陳奉章任奉天警務處處長兼保甲總辦的訓令》，《東北臨時保安委員會為東特區行政長官以張景惠繼任致東北各官署電》，遼寧省檔案館編：《奉系軍閥檔案史料彙編》⑦，南京：江蘇古籍出版社，1990 年，第 487、497、667、671 頁。

月 21 日，孔昭炎就職最高法院東北分院院長；12 月 17 日，委任魯穆庭為東三省官銀號總辦。〔註 108〕隨著張學良將己方人員安排到奉天省內財政、稅收、治安、教育和外交等各要職，奉天省已徹底為張學良所掌握。

第三，縮編東北軍並調整高級軍事長官。10 月 15 日，張學良召集韓麟春、楊宇霆、于學忠等東北軍高級將領召開軍縮會議，議定軍隊縮編方案及善後辦法：「（一）將現有之步四十餘師旅縮成十五個旅，騎兵六個師縮成兩旅，炮兵三旅又兩團縮成八個團，工兵縮六個營，輜重取消，另設輜重幹部教導隊。（二）裁減官兵數目，總計步、騎、炮、工、輜各種官兵約四十餘萬，除留編約十五萬外，共裁減官兵約廿餘萬。（三）被裁官兵之安插辦法，官兵被裁後准各該員等聲明志願分別遣送：甲、入講武堂求學，乙、入軍官隊候差，丙、歸地方警甲服務，丁、屯墾公署服務，戊、分別諮遣。（四）撤銷軍團部及軍部師部，於十月感日取消軍團部，十一月剛日取消各軍部師部。（五）節省軍費概述計每月可省減二百餘萬，以上各條現均逐一實行。」〔註 109〕

該軍縮方案實際上僅僅是張學良所掌控的奉省軍隊的縮編方案，此次縮編後的 15 個旅除部分駐山海關及灤東一帶外，大部分均駐守奉天西部一帶，扼守錦州至山海關一線。各旅駐地防區具體為：「步兵第一旅、騎兵訓練監部、炮兵教導團駐奉天，步兵第二十旅駐洮南、開通、突泉、安廣、瞻榆、鎮東、洮安等縣，步兵第十九旅（欠一團）、騎兵第一旅仍駐灤平一帶原防不動，步兵第二十五旅駐平泉、凌源一帶，步兵第二十四旅及工兵一營駐義縣，步兵第三旅駐朝陽、北票，步兵第十二旅駐彰武、通遼、打通線附近各處，步兵第二旅駐黑山、打虎山、溝幫子、營口、盤山、田莊臺等處，步兵第十六旅、炮兵兩團駐錦縣，工兵訓練監部及工兵一營駐大凌河，炮兵訓練監部及炮兵四個團駐北鎮，輜重訓練監部及輜重教導隊、炮兵一團駐新民，步兵第五旅駐高橋、連山、錦西一帶，步兵第四旅駐興城、綏中，步兵第二十三旅、炮兵一團、工兵一營駐山海關，步兵第十四旅駐撫寧留守營，步兵第二十七旅駐盧龍，步兵第六旅駐昌黎，騎兵第三旅駐遷安，騎兵訓練監部之衛隊營駐

〔註 108〕《孔昭炎為就職最高法院東北分院院長致奉天政務廳長陳文學代電》，《奉天省長公署委魯穆庭為東三省官銀號總辦的委任令》，遼寧省檔案館編：《奉系軍閥檔案史料彙編》⑦，南京：江蘇古籍出版社，1990 年，第 683、717 頁。

〔註 109〕《張學良韓麟春楊宇霆為召開軍縮會議結果致蔣介石馮玉祥等電》，遼寧省檔案館編：《奉系軍閥檔案史料彙編》⑦，南京：江蘇古籍出版社，1990 年，第 627 頁。

遼源，在北戴河、巨流河各駐工兵一營。」〔註 110〕為了確保對灤東地區的有效控制，張學良任命于學忠為臨綏駐軍司令，在山海關組建臨綏駐軍司令部，統轄步兵第六旅、第十四旅、第二十三旅、第二十七旅和騎兵第三旅。〔註 111〕各旅長官基本來自張學良所轄的原三四方面軍，即撤回奉天的奉軍主力得以保留。

10 月 23 日至 24 日，東三省保安總司令部召開軍政會議，張學良主持會議，張作相、萬福麟、楊宇霆、湯玉麟、汲金純等東北各軍軍長、師長、各廳廳長、各處處長皆列席，議決重要問題：「（一）各隊改編汰弱留強，約裁減十數萬人。（二）被裁軍隊移邊墾殖。（三）軍隊教育以養成國家的軍隊為目的。（四）規定官佐軍士任免規則。（五）裁併駢技機關以省軍費。（六）軍費不得超過預算。（七）注意軍紀風紀嚴定獎懲辦法。（八）提倡兵工。（九）軍隊務求與民眾接近。以上各項均有具體計劃，會議結束即逐項施行。」〔註 112〕

無論是前次奉天軍縮會議，還是此次的東北軍政會議，均議決要縮編軍隊，其裁兵原則是「汰弱留強」，部分老弱病殘士兵裁汰，部分軍事素質一般的士兵屯墾戍邊，而被裁軍官的安置辦法是，或進東北講武堂學習，或進入軍官教導隊等候遺缺，或進入地方警甲系統服務，或進入興安屯墾公署任職去屯墾戍邊等。「汰弱」數量很多，不管是十數萬人還是二十餘萬人，都是龐大的裁汰工程。而「留強」就值得讓人玩味了，對於絕大部分普通士兵而言，身強體壯、軍事素質高就是「強」，而對於各級軍官而言，裁汰誰，保留誰，就不只是單純的從軍事指揮與作戰能力一個方面去考慮了。對此我們可以參考 1930 年 10 月 2 日于學忠為調整所屬各旅幹部一事致張學良函：

查第廿七旅幹部尚強，團結精神與戰鬥力亦好，惟劉旅長乃昌年歲較高精力衰弱，忠厚有餘才具不足。首領懈怠，部隊因之稍欠振作，故進步稍慢，深恐將來誤事，擬請將劉旅長乃昌位置一不關重要之處，得一溫飽足矣。遺缺擬以該旅第廿七團團長杜繼武升充，該員隨忠多年，老成幹練，對下亦具

〔註 110〕《奉天省長公署為轉發東三省保安總司令部新發表各旅團駐紮地點給各縣訓令》（1928 年 12 月），遼寧省檔案館編：《奉系軍閥檔案史料彙編》⑦，南京：江蘇古籍出版社，1990 年，第 714 頁。

〔註 111〕《張學良為委任于學忠為臨綏駐軍司令致各駐軍電》（1928 年 11 月），遼寧省檔案館編：《奉系軍閥檔案史料彙編》⑦，南京：江蘇古籍出版社，1990 年，第 681 頁。

〔註 112〕《東三省保安總司令部召開軍政會議概況》，遼寧省檔案館編：《奉系軍閥檔案史料彙編》⑦，南京：江蘇古籍出版社，1990 年，第 632 頁。

有統率能力。遺團長缺擬以職部衛隊營中校營長周光烈升充，遺營長缺以第廿七旅四十八團第一營營長孟憲周升充。至該旅遷調，統擬於第六旅接防保定後行之。第廿三旅旅長自軍長兼代以來，精神為之稍振，久則恐兼顧不到，致生懈馳，必須專員整理方好。查職部陳參謀長貫群跟隨軍長多年，做事謹慎可靠，鈞座知之甚祥，職擬保其充任廿三旅旅長（廿三旅長事，擬三個月以後發表，擬先令其代拆代行），以專責成。此軍長所擬整理部隊之拙見，是否可行統乞鈞裁。〔註 113〕

從中我們能夠看出，能力突出僅是前提，還必須要「隨忠多年」、「跟隨軍長多年」、「鈞座知之甚祥」才可。這也是民國時期各派系人事安排和維繫紐帶關係的基本規則，不是自己一系的人，有才幹也可能受到排擠，是自己一系的人，才幹平平也可能獲得升遷。張學良任命萬福麟為黑龍江督辦，調整奉天省各機關長官，縮編軍隊調整軍官，皆是此種規則的體現。

12 月 4 日，張學良委派鮑文越接替張厚琬任東北講武堂教育長，是日到堂接任視事；〔註 114〕12 月 13 日，張學良派員組織東三省保安總司令部財務稽核處，並委任魯穆庭任處長、張振鷺任副處長；〔註 115〕1929 年 1 月 12 日，張學良委任臧式毅為東三省兵工廠督辦，並增設會辦一員，以周濂兼充，於是日就職視事。〔註 116〕東北保安司令部各廳處人員銜名：軍事廳，中將廳長，榮臻，少將副廳長，陳欽若；副官處，處長，楊正治，副處長，李汝舟；軍衡處，處長，王守中，上校副處長，湯國楨；軍務處，處長，周濂，副處長，馬兆琦；軍法處，處長，顏文海，副處長，常作藩；軍需處，處長，蘇全斌，副處長，王享之，科長，荊有岩；軍醫處，處長，劉榮紱，副處長，任作楫；航警處，處長，宋式善。軍令廳，中將廳長，王樹常，少將副廳長，劉維勇；

〔註 113〕《于學忠為調整所屬各旅幹部事致張學良函》（1930 年 10 月），遼寧省檔案館編：《奉系軍閥檔案史料彙編》⑦，南京：江蘇古籍出版社，1990 年，第 611 頁。

〔註 114〕《東北講武堂奉天本校為鮑文越接任教育長致省長公署函》（1928 年 12 月），遼寧省檔案館編：《奉系軍閥檔案史料彙編》⑦，南京：江蘇古籍出版社，1990 年，第 721 頁。

〔註 115〕《東三省保安總司令部財務稽核處為魯穆庭任處長張振鷺任副處長事致政務廳函》，遼寧省檔案館編：《奉系軍閥檔案史料彙編》⑦，南京：江蘇古籍出版社，1990 年，第 721 頁。

〔註 116〕《東三省兵工廠為臧式毅任督辦及周濂兼會辦致奉天省公署函》，遼寧省檔案館編：《奉系軍閥檔案史料彙編》⑧，南京：江蘇古籍出版社，1990 年，第 126 頁。

第一處，處長，胡頤齡；第二處，處長，劉忠幹；第三處，處長，周亞衛；副處長，徐祖詒；第四處，處長，吳蔭棠；第五處，處長，高殷周；第六處，處長，王烈。〔註117〕這些也是上述這種人事關係的體現。

第四，重視人才儲備。在《奉系軍閥檔案史料彙編》中有兩份東三省保安總司令部秘書廳職員履歷表，像前述劉鶴齡、劉風竹、王毓桂、吳家象、湯國楨等人都曾任該部秘書，而在奉天等各機關曾擔任要職的朱光沐、王家楨、鄒尚友、陳文學、史靖寰等人，也同樣曾任該部秘書。從中我們可以一窺張學良的用人之法。根據這兩份履歷表所載，1928 年時秘書廳秘書總計有 50 多人，秘書廳長為鄭謙，秘書 26 人，秘書上辦事 24 人。就年齡而言，50 歲以上者 8 人，40 至 49 歲者 6 人，30 至 39 歲者 28 人，29 歲以下者 9 人，可見除了少數人年紀偏大外，大部分人正是年富力強之時；就籍貫而言，有 21 人是關內各省籍貫，其中浙江籍者 5 人，江蘇籍和廣東籍者各 3 人，其他則為四川、山東、安徽、廣西、福建等省籍，剩餘 30 人為東三省籍貫，且以奉天籍居多有 21 人；就出身而言，有 5 人為前清舉人進士等科舉出身，剩餘大都接受過新式教育，且從國內外各大學或專門學校畢業，其中留學日本者 12 人，留學美英法三國者 7 人，國內各大學或專門學校畢業者 25 人。〔註118〕

表 2：東三省保安總司令部秘書廳職員表

職階	姓名	年齡	籍貫	出身	簡明履歷
廳長	鄭謙	53	江蘇溧水	日本法政學校	江蘇省長
秘書	談國恒	57	廣東	舉人	安國軍總司令部總務廳長，鎮威上將軍公署政務處長
	朱光沐	32	浙江紹縣	國立北京大學	三四方面軍團司令部軍法處長
	劉鶴齡	29	奉天海城	東北陸軍講武堂第五期	三四方面軍團部秘書處處長，京兆實業廳廳長

〔註117〕《東北保安司令部各廳處人員銜名清摺》，遼寧省檔案館編：《奉系軍閥檔案史料彙編》⑧，南京：江蘇古籍出版社，1990 年，第 53 頁。

〔註118〕詳見《東三省保安總司令部為各軍事機關按春秋兩季造報履歷給秘書廳訓令》，遼寧省檔案館編：《奉系軍閥檔案史料彙編》⑦，南京：江蘇古籍出版社，1990 年，第 366 頁；《東三省保安總司令部秘書廳機要處職員履歷表》，遼寧省檔案館編：《奉系軍閥檔案史料彙編》⑧，南京：江蘇古籍出版社，1990 年，第 247～275 頁。

韓麟生	30	奉天瀋陽	英國政治經濟碩士	奉天省城商埠局總辦
湯國楨	28	江蘇上海	上海聖約翰大學學士	三四方面軍團部秘書
王家楨	31	吉林雙城	日本慶應大學經濟學士	外交部情報局科長，三四方面軍團部參議兼外交秘書
蔡元	34	浙江崇德	法國巴黎大學文學碩士	清華大學法文教授，鎮威上將軍公署秘書，江蘇督辦公署外交課課長
李應超	33	廣東新寧	美國經濟學士	三四方面軍團部秘書
沈能毅	35	浙江嘉興	上海南洋公學	財政部秘書廳幫辦，陸軍部高等顧問，陸軍少將
張國忱	32	奉天遼中	哈爾濱俄國高等商業學校	察哈爾交涉員，京師稅務監督
鄒尚友	32	奉天遼陽	哈爾濱俄國高等商業學校	東北大學俄文教授，駐海參崴總領事，兼東三省交涉總署顧問
陶尚銘	40	浙江紹興	日本早稻田大學	外交部幫辦秘書，安國軍總司令部外交處主任
劉風竹	36	吉林德惠	美國密西根大學博士	北京教育部司長
王毓桂	36	奉天遼陽	美國哥倫比亞商學碩士	東北大學教授，軍團部秘書
梁志文	60	廣東南海	進士	前清吏部員外郎，總司令部秘書兼三四方面軍團部參議
陳文學	45	江蘇江寧	附生	營口縣知事，京師左右翼稅務總辦，口北蒙鹽局長
趙雨時	31	奉天興城	國立北京大學法學士	北京新民大學教授，鎮威上將軍公署諮議，三四方面軍團部機要秘書
葉弼亮	29	奉天綏中	北京鹽務大學	鹽務署科員，三四方面軍團部機要秘書，秘書處總務科長
吳家象	38	奉天義縣	北京大學理學士	東北大學總務長代理校長，三四方面軍團部參議
劉效琨	42	奉天遼陽	奉天法政專門學校	營口警察廳長，察哈爾實業廳長，三四方面軍團司令部參議

	汪兆藩	38	奉天復縣	美國密西根大學文學碩士	國立瀋陽高等師範教授，東北大學文法科學長
	李維楨	54	奉天北鎮	進士	直隸知縣，吉林巡撫公署頭等秘書官，奉天督軍兼省長公署秘書
	王葆曾	33	吉林榆樹	日本早稻田大學法律科	吉林省立法政專門學校教務主任，東北陸軍炮兵軍法處長
	王韜	50	山東福山	前清候選道	京兆密雲縣知事，直隸口北道尹
	姚鋐	53	山東應城	日本速成法政學校	全國官產公署會辦
	高健國	37	奉天開原	日本東京明治大學	東省特區市政管理局教育科長，奉天全省警務處秘書
秘書上辦事	金永恩	37	奉天瀋陽	奉天師範學校畢業	奉天軍省兩署監印兼秘書處辦事員
	鄭世芬	36	四川富順		全國煙酒事務署主事，全國水利局秘書，三四方面軍團部秘書
	朱賁	36	安徽太湖	北京國立工業專門學校	代理山東禹城縣知事，三四方面軍團司令部少校秘書
	梁岩	29	黑龍江拜泉	津南開大學文學士	三四方面軍團少校秘書
	齊繩周	28	奉天北鎮	國立北京大學	黑龍江綏蘭道尹公署秘書，三四方面軍團秘書
	張雲責	33	吉林榆樹	北京國立高等師範學校	毓文中學校長，三四方面軍團部總務科科長
	霍戰一	34	吉林長春	北京法政大學	長春大東報經理，三四方面軍團司令部諮議，天津益世報總編輯
	王捷俠	29	奉天昌圖	南開大學	奉天教育廳科長，樂亭縣知事，綏遠教育廳廳長
	宋介	34	奉天新民	美國政治經濟碩士	法政大學教授，財政部秘書，國立京大法科政治主任
	陳東升	26	奉天遼陽	日本東京高等師範學校	駐日同澤俱樂部總務委員
	洪長恩	33	奉天瀋陽	北京民國大學法科	總司令部秘書上辦事

	朱同善	50	浙江諸暨	貢生，法律講習所畢業	秘書上辦事
	史靖寰	40	奉天瀋陽	日本明治大學法學士	直隸口北道尹，外交部特派綏遠交涉員，奉天省長公署秘書
	羅廷棟	39	廣西平樂	法律學堂畢業	嫩江縣知事，吉林督軍署秘書電務處長，鎮威上將軍公署秘書
	王肅堂	35	吉林農安	北京中國大學政治經濟本科	吉林省議會議員，東三省省議會聯合會代表
	陳慶雲	40	奉天盤山	日本國立東京高等商業學校	總司令部秘書上辦事
	張宣	49	湖南南縣	日本陸軍士官學校	德縣兵工廠總辦，交通部電政司長
	李郁馥	37	吉林榆樹	吉林省立優級師範學校	司令部秘書上辦事
	沈祖同	27	福建閩侯	法國杜魯斯大學化學	總司令部秘書上辦事
	王明辰	38	吉林雙城	日本東京高等師範	秘書上辦事
	胡俊	30	京兆密雲	日本東京慶應大學經濟	秘書上辦事
	寧向南	24	奉天復縣	上海中國大學經濟學士	秘書上辦事
	鄧芷苓	53	四川		司令長官公署秘書上辦事
	賈成章	35	安徽合肥	國立北京農科大學	總司令部秘書上辦事

資料來源：《東三省保安總司令部為各軍事機關按春秋兩季造報履歷給秘書廳訓令》（1928年8月），遼寧省檔案館編：《奉系軍閥檔案史料彙編》⑦，南京：江蘇古籍出版社，1990年，第366頁；《東三省保安總司令部秘書廳機要處職員履歷表》，遼寧省檔案館編：《奉系軍閥檔案史料彙編》⑧，南京：江蘇古籍出版社，1990年，第247～275頁。

從上表各員簡歷等情況，我們可以看出張學良非常注重儲備人才，張學良司令部的秘書和秘書上辦事者有50多人，這還沒有包括秘書廳的顧問秘書上辦事、諮議秘書上辦事和辦事員10多人。顯然這些人並非真的都是張學良的秘書，很多人都是張學良網羅和儲備的人才，因暫無實缺而暫時掛在司令部秘書廳名下。無論是以後再次入關，還是東北人事革新，張學良未雨綢繆提前儲備各方面人才都是很有必要的。比如中原大戰後，奉系重新獲得冀察京津等省市地盤，王韜和姚鉉等就被張學良派至河北任職；史靖寰和王家楨等都被張學良委以外交方面要職，負責對日蘇等交涉，王家楨甚至官至南京外交部次長。而劉鶴齡、陳文學、吳家象等人都曾被張學良委以奉天或遼寧省政府委員、廳長等要職。可見司令部秘書廳成為張學良的人才儲備庫，只要願意歸附張學良，而又確有才幹者，張學良都會網羅到自己麾下。文官秘書和武官參謀都屬於幕僚，成為了張學良的秘書，就是張學良一系的人馬，何況這個秘書職還是東北軍司令部秘書，一般只有軍人才能擔任。如此一來張學良與這些人又形成部屬關係，他們都是張學良的部下，這對於軍人而言更便於控制。

五、易幟實現與東北政務委員會的成立

東北易幟既是國民黨與奉系相互妥協的結果，同時也是日本脅迫與施壓造成國內民族主義情緒高漲而導致的結果。張作霖斃命後，到底「對東北新政府應當採取什麼態度」，日本國內是有過商議和研判的，如日本駐奉天總領事林久治郎所說：對於東北新政府日本應採取的態度，「我同村岡司令官之間，早在保安會成立之前即曾進行過商談」。究竟是支持「公子學良？還是老張時代的實權人物楊宇霆，抑或是吉林督軍張作相？軍部意見是：張作相是敷設吉會鐵路最頑固的反對者，歷來在日本人中間沒有威望，應予除外；把張學良與楊宇霆比較看，兩人都受新派人物的影響甚深，且有與南方國民政府合作的危險。然而，時勢所趨，如果必須從這兩人中間選擇其一，那麼去年以來作為張作霖的總參議頑固反對我國鐵道政策的楊宇霆是不妥當的，還是支持迄今依然是一張白紙的張學良較為適宜。特別是楊宇霆為人狡詐，頗難駕馭，還是年輕的張學良容易擺佈。我對張作相的人品毫無瞭解，其餘兩人雖有與南方合作的可能，但我認為無論何人恐怕都要根據自己的利益行事，或則標榜親日，或則提倡排日，為求適時順勢而已。楊宇霆從前雖有排日的罪過，但也不能說張學良就一定不會排日；特別是從他青年時代所受的教育來看，他對我國也未必真能保持友好。不論他們兩個誰做東三省的主人，只要我們有堅強的信念和確定不移的方針，推行起來均無大難。」「不管他們誰來主政，我們必須極力阻止其與南方合作，並且不能容許他們在東三省推行『革命外交』。至於如何阻止他們與南方合作，或者直接加以武力干涉；或者在他們不聽我方勸告時，為了確保我國權益向其提出嚴重警告，然後視其

行動如何再做決定。」〔註 119〕

日本方面顯然是傾向支持奉系內的新派，尤其是張學良一派來主導東北政治，但無論誰主政，日本阻撓南北妥協、東北易幟的方針是一貫秉持的。對於日本阻撓和干涉東北易幟，國民黨曾與日本政府非正式會商，努力勸其勿加干涉，只不過收效甚微。1928 年 9 月，南京國民政府委派張群到日本見首相田中，勸其「勿干涉奉天易幟事」，只有「必使中國統一」，中日尤其日本在東北的所謂各項懸案「乃可開始解決」。〔註 120〕10 月，日本派員到南京接洽商租權問題時，蔣介石「已口頭允其由中央直接商決」，奉天方面「萬不可再與其局部交涉」，〔註 121〕乃至東三省外交皆「歸國府負責辦理，是三省外交障礙已除」。〔註 122〕

日本的干涉與警告在國內產生了巨大反響，尤其 8 月初日本派出特使林權助嚴厲警告張學良，最終東北易幟被迫延期三個月一事，東北各界民眾群情激憤，民族主義情緒高漲，紛紛表示要維護國權，贊成統一。8 月 8 日，奉天總商會致電張學良，請求「忍辱求全，促成和議，南北共籌國是」：民國以來，「南北紛爭幾無寧日」，「我總司令業經視事，首以東電表示和平，因屬繼承先志要，亦鑒於民意之不可違」。「溯自軍興以來，以人民膏血供無謂之犧牲，大好河山作內爭之戰壘，致使民生凋敝商業蕭條。值此外侮頻乘日趨險惡，勵精圖治猶恐不遑，倘再一味興戎，國將不國矣。今幸天心厭亂，有此轉機，尚乞忍辱求全，促成和議，俾南北一家，共籌國是。時乎不再惟公，圖亡在我，東三省本居全國特殊地位，物產豐亨，民情剛毅，致富強尚望。我總司令對於國權民利，力加保全，無論任何方面之要求，務請嚴厲拒絕。倘使有所損失，我總司令不特無以對我國家，亦無以對我三省人民，而我三省人民對於取求之？亦誓必不共戴天也」。〔註 123〕張學良對此回應「對南議和

〔註 119〕〔日〕林久治郎著，王也平譯：《「九一八」事變：奉天總領事林久治郎遺稿》，瀋陽：遼寧教育出版社，1987，第 33～34 頁。

〔註 120〕《蔣總司令致張群指示到日後與田中首相約明勿干涉奉天易幟電》，秦孝儀主編：《中華民國重要史料初編：對日抗戰時期》緒編（一），臺北：中國國民黨中央委員會黨史委員會，1981 年，第 230 頁。

〔註 121〕曾業英：《論一九二八年的東北易幟》，《歷史研究》，2003 年第 2 期。

〔註 122〕《國府為易幟事再電張學良質問》，季嘯風、沈友益主編：《中華民國史史料外編》第 32 冊，桂林：廣西師範大學出版社，1996 年，第 393 頁。

〔註 123〕《奉天總商會為乞忍辱求全促成和議南北共籌國是致張學良代電》，遼寧省檔案館編：《奉系軍閥檔案史料彙編》⑦，南京：江蘇古籍出版社，1990 年，第 359 頁。

當竭力保全權利」:「促成統一，保全權利，均為當今要圖，學良才疏識淺而愛國之念，未敢後人，此次對南議和無事不惟誠相與，苟可求全，不惜忍辱，且南北一體亦何辱之有可言，至三省權利乃三省人民所公有，學良既屬公民，何敢不敬恭桑梓，竭力保全」。〔註 124〕

8 日，東三省商會聯合會同時致電張學良，請「修成內政，早謀統一，並慎重外交，以保全三省權利」:「敬陳三事:(一) 修明三省內政，其設施須本諸民意，其詢謀須合乎眾心，以不失民國主義為要旨，不得逾越範圍。(二) 既本大元帥佳電所宣言，須於最短時期內促成南北統一之局，以奠邦家。(三) 對於外交須力謀親善，所有三省土地以及林礦實業等一切權利，無一非國之疆，國民之膏脂，我總司令應極力保全，以為我三省人民資富國強之基礎，勿使稍有喪失。此三者即為我三省同胞……之真正民意。」張學良則回應「為促成南北統一，力謀外交親善，以保三省主權」:「學良年幼才疏……所幸邦人君子不我遐棄，時以整軍敷政與夫親仁善鄰之道來相啟迪，學良不敏亦當勉竭駑鈍貫徹初衷設施，以民意為重，期政治之修明息爭，惟先志是承促統一之早現，至外交方面所關尤重，更必持堅忍慎重之態度，以保主權土地之安全，惟是萬端紛擾，當局或迷，三省安危盡人有責，仍望時加匡誨，共濟艱難，不勝翹盼之至。」〔註 125〕

奉天省城教職員聯席會為請「力排艱阻促成全國統一」致電張學良:「我總司令英明大略，心痛呼名，我委員諸公元老壯猷，志殷救國，……伏望我總司令及委員諸公力排艱阻，機當立斷，旗揚青天白日，政遵三民五權，明頒中外全國一家。奉天省城教職員聯席會議李象庚、孫佩蒼、高健國、徐箴、楊化民、周天民、王卓然、周守一」。〔註 126〕

奉天商界、教育界等紛紛致電張學良，盼其迅速促成統一，妥善處理外交，保全東北權利。這既是各界民意的反映，表達民眾的政治訴求；同時更像是一種聲援，展現國民外交的威力。因為商會、教育會等民眾團體的領袖，

〔註 124〕《張學良為對南議和當竭力保全權利覆奉天總商會代電》，遼寧省檔案館編:《奉系軍閥檔案史料彙編》⑦，南京:江蘇古籍出版社，1990 年，第 488 頁。

〔註 125〕《東三省商會聯合會抄轉張學良為促成南北統一力謀外交親善以保三省主權的電文》(1928 年 8 月)，遼寧省檔案館編:《奉系軍閥檔案史料彙編》⑦，南京:江蘇古籍出版社，1990 年，第 495 頁。

〔註 126〕《奉天省城教職員聯席會為請力排艱阻促成全國統一致張學良代電》(1928 年 8 月)，遼寧省檔案館編:《奉系軍閥檔案史料彙編》⑦，南京:江蘇古籍出版社，1990 年，第 496 頁。

如張志良、杜重遠、王化一、李象庚等多與張學良親近，關係密切，他們的通電所表達的「民意」，不免「摻雜」些許美化張學良新派的措辭，更有誓做後盾堅決反對日方干涉的決心。借助輿論，藉重民意，統一可成。

1928 年 12 月 24 日，張學良將於 29 日東三省同時改旗易幟的決定密電各省，並規定了旗幟樣式及尺寸，命各省提前做好準備。「茲經決定於本月 29 日改懸青天白日旗，東三省同時舉行。所以旗式尺寸如下：（一）黨旗圈覆之橫度與縱度均定為三與十之比，（二）白日圓心在黨旗縱橫平分線交點上，（三）白日體直徑與黨旗縱長為三與八之比，（四）白日光芒頂角間之長與黨旗縱長為一與四之比，白日四周芒角與黨旗橫長為二與四之比，（五）白日線外之青圈寬度等於白日體直徑之十五分之一，（六）光芒共有十二個，每個光芒頂角應洽為三十度，十二角合之恰為一圓，（七）光芒自定角平分線至白日體緣其長等於白日體直徑之長二分之一，即等於白日體半徑之長，（八）國旗中之黨徽應在右上方即角旗杆之上方處占全旗四分之一，不得過大或過小，黨徽橫度等於國旗橫度二分之一，黨徽縱度等於國旗縱度二分之一。希即查照製備，屆時懸掛，惟事前應持秘密，勿稍漏泄惹起他方注意為要」。〔註 127〕東三省在短短幾天之內大規模地準備青天白日旗的舉動，豈能瞞得過日軍諜報部門，只能說在當時的日本暫時放棄了進一步干涉中國統一而已。

易幟談判期間，奉系委派代表南下，南京國民政府亦派遣代表北上，雙方商議接洽，溝通交流，這些代表勞心勞力，為東北易幟的順利實現做出了不小的貢獻。但同時雙方為款待對方代表所花費的資財數目也頗為可觀。一方面是政治談判、唇槍舌戰，另一方面卻是花天酒地、勞民傷財，很是值得玩味，也許這就是東北易幟所要付出的另一種成本吧。以奉系招待南方代表葉琪等人為例，1928 年 11 月 1 日，奉天總商會「將東三省各法團公宴招待南方代表軍長葉琪分攤款項」致電奉吉黑各省議會、教育會及商會：「查 10 月 18 日，在敝會公同宴會葉軍長等，所有酒席暨零星花費，計現大洋 235 元 5 角，奉小洋 2007 元 4 角。按七份均攤，每份現大洋 33 元 6 角 5 分，奉小洋 286 元 8 角」。「招待葉軍長花項開列於左：明湖春席，洋 193 元；萃升源酒，洋 21 元；利盛永擦銅工料，洋 15 元 5 毛；純厚堂刷牆工料，洋 6 元；

〔註 127〕《張學良決定於本月 29 日東三省同時易幟並規定旗式尺寸致奉省各道尹密電》（1928 年 12 月 24 日），《奉天省長公署為轉發張學良決定易幟密電致特派交涉員代電》（1928 年 12 月），遼寧省檔案館編：《奉系軍閥檔案史料彙編》⑦，南京：江蘇古籍出版社，1990 年，第 724～726 頁。

以上項計現洋 235 元 5 毛；同義合煙，洋 132 元；租花三十盆，洋 50 元；文寶官紙局七票，共洋 127 元 4 毛；關東印書館四票，共洋 78 元；中和福茶，洋 48 元；賞差伞飯，洋 1548 元；車費，洋 24 元。以上七項共奉小洋 2007 元 4 毛」。〔註 128〕1928 年 11 月，現大洋與奉小洋平均兌換率為 1：27，〔註 129〕奉小洋 2007 元約合現大洋 74.3 元。僅僅招待葉琪一行人一次，就花費了現大洋約 310 元。按照當時文官薪俸標準，省政府委員每月俸給平均為 400～500 元，〔註 130〕而東北財政緊張官員薪俸一般按七成發放，所以奉方招待葉琪一行人一次就花去一名奉天省政府委員一月的薪俸。而從 1928 年 7 月至 1929 年 1 月，南京方面包括蔣介石和李宗仁等委派的代表，至少有七八人之多，在長達半年的時間裏，奉方招待南京方面代表的開銷之大就可想而知了。

1928 年 12 月 29 日，張學良等東北要員通電南京，表示服從國民政府，改易青天白日旗，內曰「自應仰承先大元帥遺志，力謀統一，貫徹和平」。蔣介石則覆電稱：「諸兄匡扶黨國，表示精神，無任佩慰。此後修內對外，建設萬端，匡濟艱難，納民軌物，願與諸公共策之。」〔註 131〕東北易幟實現，國家統一告成，原屬北洋軍閥專制下的東北地方政權，將轉變為國民黨黨治體制下的地方政權，東北各省自然也就被納入到南京國民政府的管理範圍之內。而此前 28 日，南京國民政府會議已擬准東北政務委員會委員名單，並批准了奉、吉、黑、熱四省政府委員名單。〔註 132〕31 日，南京國民政府特任張學良為東北邊防軍司令長官，張作相、萬福麟為副司令長官，並任命奉、吉、黑、熱四省政府主席及各廳廳長。〔註 133〕至此，國民黨政權組織體系即將在東北建立起來。

〔註 128〕《關於東三省各法團公宴招待南方代表軍長葉琪分攤款項的文件》，遼寧省檔案館編：《奉系軍閥檔案史料彙編》⑦，南京：江蘇古籍出版社，1990 年，第 638 頁。

〔註 129〕《最近四年奉小洋對國幣行市變動統計》，《東三省官銀號經濟月刊》，1929 年第 1 卷第 2 期。

〔註 130〕《文官俸給表》，《建設委員會公報》，1930 年第 4 期。

〔註 131〕呂芳上主編：《蔣中正先生年譜長編》第 2 冊，臺北：「國史館」，2014 年，第 356 頁。

〔註 132〕張友坤等：《張學良年譜》（修訂版），北京：社會科學文獻出版社，2009 年，第 234 頁。

〔註 133〕韓信夫、姜克夫主編：《中華民國大事記》第二冊（1923～1929），北京：中國文史出版社，1997 年，第 937 頁。

1929 年 1 月 12 日，東北政務委員會、東北邊防軍司令長官公署及奉天省政府正式成立，新體系形成，也由此正式開始了新舊的交替與轉變。奉天省政府於 1 月 12 日成立，省政府主席翟文選、委員陳文學等「先行就職」〔註134〕，17 日，省政府召開第一次委員會議，開始正式處理省務。同日，奉天省政府要求所有下屬各機關、縣知事，於本日始，「所有呈報省公署文件一律改稱省政府」。〔註135〕於是，從 17 日開始，奉天省長公署關防便告結束，奉天省政府關防正式啟用，省長公署向省政府的轉變完成。東北臨時保安委員會「根據《東北各省區臨時保安公約》第四條組織成立，處理各省區一切重要政務在案。現在南北統一既已完成，關於公約第十二條規定本會自無繼續存在之必要，爰經議決另行改組，所有本會一切事項均截至十八年一月九日為止，結束完竣」，〔註136〕隨後東北臨時保安委員會改組為東北政務委員會。東北政委會於 1 月 12 日成立後，15 日召開「首次會議，議決警務處改名等三案，三省保安委［員］會即消滅」，〔註137〕該保安會改組東北政委會完成。東北政務委員會及東北邊防軍司令長官公署的成立，宣告了東北從北洋軍閥舊政權體系正式向國民黨新政權體系轉變。當舊體系完成向新體系的轉變後，東北地方政權就將轉變為國民黨黨治體制下地方政權。

最高立法權是國家主權的主要象徵，所以東北政務委員會成立後，東北集團立即取消了東北最高立法機關。東北政委會議決停止省議會，「所有文卷全交省政府保存」，「省議會基址改為省黨部」。〔註138〕省議會裁撤，那麼由省議會會員組成的東三省省議會聯合會也就自然宣告結束。

〔註134〕《奉天市政公所為本月十二日翟文選就任奉天省政府主席，陳文學等分任各廳長給所屬訓令》，遼寧省檔案館編：《奉系軍閥檔案史料彙編》⑧，南京：江蘇古籍出版社，1990 年，第 104 頁。

〔註135〕《奉天省政府為所有呈報省公署文件一律改稱省政府致各機關、縣知事電》，遼寧省檔案館編：《奉系軍閥檔案史料彙編》⑧，南京：江蘇古籍出版社，1990 年，第 101 頁。

〔註136〕《熱河省政府為轉發東三省議會聯合會另行改組的訓令》，遼寧省檔案館編：《奉系軍閥檔案史料彙編》⑧，南京：江蘇古籍出版社，1990 年，第 118 頁。

〔註137〕《東北政務會前日開首次會議》，季嘯風、沈友益主編：《中華民國史史料外編》第 32 冊，桂林：廣西師範大學出版社，1996 年，第 489 頁。

〔註138〕《東北政委會議決各機關改組事項及奉天省長公署的通令》，遼寧省檔案館編：《奉系軍閥檔案史料彙編》⑧，南京：江蘇古籍出版社，1990 年，第 107 頁。

同時東北集團實行軍、政分立，將原由保安總司令部掌管的部分行政權也移交東北政務委員會，使其成為名副其實的東北最高行政機關。東北政委會成立後，「於秘書廳下分設總務、機要、行政、財務、蒙旗等處」，並將東北邊防軍司令長官公署由保安總司令部承繼「之政務處、財務稽查處、蒙旗處議定分別併入本會行政處、財政處、蒙旗處，一切事宜由本會督飭進行」。〔註 139〕同時，東北政務委員會還將原隸屬於東三省保安總司令部管轄且掌控東北某一領域最高管理權的東三省交通委員會和東三省交涉總署等機關改隸東北政委會，使東北政務委員會成為了真正意義上的東北最高行政機關。而由東三省保安總司令部改組的東北邊防軍司令長官公署，則成為單純的東北最高軍事機關〔註 140〕，不在以軍干政。另外，東北還保留了最高法院東北分院，其司法行政歸東北政務委員會管轄。

經過上述機構統轄關係變更和權力移交完成，東北地方政權核心由原來的東三省保安總司令部轉變為了東北政務委員會。東北政務委員會成為東北集團新政權的象徵和標誌，也成為東北易幟後國民黨黨治體制在東北建立的開端。

第二節　東北政務委員會的組織運作

一、東北政務委員會的委員構成與排序政治

按照《東北政委會暫行組織條例》第三條、第四條之規定：「本會設委員十三人，以東北各省區資深望重富有政治經驗者充之，本會設主席一人，由

〔註 139〕《奉天省政府刊發東北邊防軍司令長官公署將政務等處併入東北政務委員會各處的訓令》，遼寧省檔案館編：《奉系軍閥檔案史料彙編》⑧，南京：江蘇古籍出版社，1990 年，第 171 頁。

〔註 140〕東北邊防軍司令長官公署設四廳 19 處兩個委員會，即軍事廳及所屬參謀處、副官處、軍務處、軍需處、軍醫處、軍衡處、軍法處、航警處，軍令廳及所屬第一至六處，秘書廳及所屬機要處、電務處、政務處、秘書處，參議廳，事務處，購置委員會和軍事工程委員會。軍事廳廳長榮臻、軍令廳廳長王樹常、秘書廳廳長鄭謙後為王樹翰、參議廳首席參議何豐林、事務處處長欒貴田、購置委員會委員長張振鷺、軍事工程委員會主任高維岳。另外，吉林黑龍江兩省還有東北邊防軍駐吉副司令長官公署和駐江副司令長官公署。上述各公署編制及主官詳見東北文化社年鑒編印處：《東北年鑒》，瀋陽：東北印刷局，1931 年，第 253～254 頁。

委員互選之」〔註 141〕。所以東北政委會成立之初有委員 13 人：主席委員張學良，委員有張作相、萬福麟、湯玉麟、方本仁、張景惠、翟文選、王樹翰、莫德惠、袁金鎧、劉尚清、劉哲、沈鴻烈。〔註 142〕但方本仁並未就任東北政委會委員一職，1929 年 11 月，蔣介石任命方本仁為代理北平行營主任，方「奉此遵即就職視事」。〔註 143〕1930 年 1 月，翟文選因病辭遼寧省政府主席，臧式毅繼任，後臧氏被增補為東北政委會委員。〔註 144〕中原大戰後，劉尚清升任南京國民政府內務部長，辭去東北政委會委員職〔註 145〕，東北政委會委員降至 12 人。東北政委會成立之初雖有委員 13 人，但並不是每次會議都由全體委員出席，因為有的委員並不常駐瀋陽，如張作相為吉林省政府主席常駐吉林，萬福麟為黑龍江省政府主席常駐龍江，湯玉麟為熱河省政府主席常駐承德，張景惠為東省特區行政長官常駐哈爾濱，沈鴻烈為東北海軍江防艦隊司令兼東北航務局董事長也常駐哈爾濱，所以常駐瀋陽並能經常參加東北政委會會議的只有張學良、翟文選、王樹翰、莫德惠、袁金鎧、劉尚清、劉哲、臧式毅。〔註 146〕

東北政委會成立時，對內通過訓令方式將該會委員名單通報省縣各機關知照，對外則通過交涉署將該會委員名單告之外國領事。不過對內對外發布的兩份名單委員排序卻略有差異。對內名單為：張學良、張作相、萬福麟、湯玉麟、方本仁、張景惠、翟文選、王樹翰、莫德惠、袁金鎧、劉尚清、劉哲、沈鴻烈。〔註 147〕對外名單為：主席張學良，委員張作相、張景惠、萬福

〔註 141〕東北文化社年鑒編印處：《東北年鑒》，瀋陽：東北印刷局，1931 年，第 179 頁。

〔註 142〕《奉天市政公所轉發張學良張作相萬福麟等於本月 12 日就職東北政務委員會委員的訓令》，遼寧省檔案館編：《奉系軍閥檔案史料彙編》⑧，南京：江蘇古籍出版社，1990 年，第 97 頁。

〔註 143〕《方本仁為受任代理北平行營主任的通電》，遼寧省檔案館編：《奉系軍閥檔案史料彙編》⑨，南京：江蘇古籍出版社，1990 年，第 274 頁。

〔註 144〕《臧式毅兼充東北政委》，季嘯風、沈友益主編：《中華民國史史料外編》第 30 冊，桂林：廣西師範大學出版社，1996 年，第 429 頁。

〔註 145〕《東北政委會第一九九次通常會議事日程》，遼寧省檔案館藏東北政務委員會會議案，全宗號：JC1-91

〔註 146〕佟德元：《東北政務委員會的內部結構及運作機制考察》，《東北大學學報（社會科學版）》，2010 年第 1 期。

〔註 147〕《奉天市政公所轉發張學良張作相萬福麟等於本月 12 日就職東北政務委員會委員的訓令》，遼寧省檔案館編：《奉系軍閥檔案史料彙編》⑧，南京：江蘇古籍出版社，1990 年，第 97 頁。

麟、湯玉麟、方本仁、翟文選、王樹翰、劉尚清、劉哲、莫德惠、袁金鎧、沈鴻烈。〔註 148〕方本仁為南京國民政府指定的東北政委會委員人選，其位置靠前主要也是基於國府代表的身份。其餘 12 人均為奉方人物，張學良為奉系首領；張作相、萬福麟、湯玉麟三人為分管吉、黑、熱三省軍政大權的封疆大吏，邊防副司令兼省府主席〔註 149〕；張景惠為東省特區行政長官，相當於省政府主席，翟文選奉天省省政府主席；王樹翰為東北政委會秘書廳廳長；莫德惠、袁金鎧、劉尚清、劉哲四人為東北社會賢達人士，在東北甚至北京政府都曾歷任要職〔註 150〕；沈鴻烈為東北海軍副司令兼東北航務局董事長。

通過對比，我們發現對外名單有兩處變化：一是張景惠的排序位置由對內名單第六名前提至對外名單的第三名；二是劉尚清、劉哲與莫德惠、袁金鎧排序位置互換。那麼很顯然，對外名單最突出的變化就是張景惠位置的前提。張景惠為奉系元老，在東北軍界、政界均有威望，此時擔任東省特區行政長官，主要負責管理中東路附近地區行政與外交事務。在東北外交方面，最重要者莫過於日本與蘇聯，與二者關係好壞關乎東北安危。而在奉系對外發布的名單中，將張景惠位置前提，顯然是奉系有意凸顯對外交的重視，也折射出東北此時在外交方面的窘境。〔註 151〕

張景惠位置雖前提，超越了萬、湯、方三人，卻止於張作相。此「二張」都是奉系元老，也均是張作霖結拜兄弟，在奉系軍政界都德高望重。但因張景惠曾與張作霖有隙，不再受其信任而地位下降〔註 152〕；而張作相則始終受

〔註 148〕《東北政務委員會為將本會主席及各委員名單照知各國駐奉領事給奉天交涉員訓令》，遼寧省檔案館編：《奉系軍閥檔案史料彙編》⑧，南京：江蘇古籍出版社，1990 年，第 114 頁。

〔註 149〕湯玉麟於 1929 年 2 月 24 日被委任為東北邊防軍駐熱軍副司令，參見張友坤等：《張學良年譜》(修訂版)，北京：社會科學文獻出版社，2009 年，第 249 頁。

〔註 150〕如莫德惠曾任奉天省長、北京政府農商部次長；袁金鎧曾任奉天諮議局副議長、奉天軍政兩署秘書長；劉尚清曾任奉天省長兼財政廳長，北京政府農工總長；劉哲曾任北京政府教育總長。參見秦孝儀主編：《中華民國名人傳》第 2 冊，臺北：近代中國出版社 1984 年，第 490～496 頁；徐友春主編：《民國人物大辭典》(增訂版)，石家莊：河北人民出版社，2007 年，第 2470、2426 頁。

〔註 151〕佟德元：《易幟後的東北政制轉型及其困境——以東北政務委員會為中心的探究》，《民國研究》，2014 年總第 26 期。

〔註 152〕1922 年第一次直奉戰爭中，因張景惠的西路軍行動遲緩，導致奉軍戰敗。戰後，張景惠寓居北京，後受曹錕拉攏，出任國道局督辦，張作霖因此深恨之。1925 年冬，張景惠因母病故，不敢奔喪，求張作相、吳俊升說情，張作霖乃

到張作霖的信任而手握兵權。皇姑屯事件後，在奉系新領導人之爭中，張作相堅辭東三省保安總司令職，堅決擁護張學良，也深得張學良信任。所以在張學良政權時期，張作相被張學良稱為「輔帥」，委以重任，成為奉系第二號人物。〔註 153〕

進入名單的東北政委會委員，不是奉系大老，就是東北社會賢達，但有兩人資歷和威望與其他委員相比，稍顯不足，一個是萬福麟，另一個是沈鴻烈。萬福麟吉林農安人，1926 年，他才因平定郭松齡反奉之軍功而升任第八軍軍長，而皇姑屯事件後，卻繼吳俊升成為黑省督辦。〔註 154〕由於萬資歷較淺，吳俊升侄子吳泰來不服，還鬧出一場奪黑省督辦的鬧劇。但由於張學良的支持，萬才順利接替吳俊升督辦職，而後又成為東北保安副司令，吳泰來則由黑省調任三四方面軍騎兵集團軍軍長。〔註 155〕「楊常事件」後，萬福麟又接替常蔭槐黑省省長職，一身兼黑省軍、政兩職，成為奉系僅次於張作相的第三號實力人物。沈鴻烈是湖北天門人，早年留學日本，回國後在北京政府海軍部任職。1920 年，調入東北江防艦隊，從此一直在東北任職。1927 年，沈被委任為東北海軍副總司令，代理總司令職。皇姑屯事件後，張學良主政東北，仍委沈為海軍副總司令，代總司令職，同時他還兼任東北航務局董事長，管理東北江河航政及航運事業，也是一位身兼軍、政兩職的實力人物。〔註 156〕

萬福麟 1880 年生人，張作相 1881 年生人，沈鴻烈 1882 年生人。雖然三人年齡相仿，但萬沈二人資歷威望顯然無法與張作相相提並論。他們的升遷主要是由於張學良的提拔和信任，雖身兼要職，但他們二人在東北政委會內

准其回奉治喪。張景惠回到瀋陽後向張作霖謝罪，張作霖原諒了他，委其為奉天督軍署參議。1926 年後，張景惠雖先後被委任為北京政府陸軍總長、實業總長，但已遠離軍權。參見胡玉海、張偉：《奉系人物》，瀋陽：遼海出版社，2001 年，第 330～332 頁。

〔註 153〕佟德元：《易幟後的東北政制轉型及其困境——以東北政務委員會為中心的探究》，《民國研究》，2014 年總第 26 期。

〔註 154〕參見徐友春主編：《民國人物大辭典》（增訂版），石家莊：河北人民出版社，2007 年，第 1953 頁。

〔註 155〕參見《督辦黑龍江軍務善後事宜公署為萬福麟接替吳泰來代理督辦給奉天省長公署諮》（1928 年 6 月），遼寧省檔案館編：《奉系軍閥檔案史料彙編》⑦，南京：江蘇古籍出版社，1990 年，第 278 頁；張友坤等：《張學良年譜》（修訂版），北京：社會科學文獻出版社，2009 年，第 204 頁。

〔註 156〕參見秦孝儀主編：《中華民國名人傳》第 2 冊，臺北：近代中國出版社 1984 年，第 59～61 頁。

的排序卻相差甚遠。與四位社會賢達相比，萬福麟的資歷與威望顯然尚淺，但萬的排名卻遠遠靠前，這說明在東北政委會內實力對於排名起著重要作用。但同樣擁有實力的沈鴻烈卻沒有排在這四人前面，而是排名墊底，這又說明實力也並不完全決定排序。而究其原因，其實也很簡單，就是沈氏非東北籍貫也。〔註 157〕

總的來看，東北政委會委員選人標準是現任實力派加社會賢達；排名原則是實權人物在前，文士賢達在後，實權人物中，軍職在前，文職在後；而決定排序的因素除了實力和資歷威望外，是否東北籍貫也成了主要因素。〔註 158〕

實際上，在東北政委會成立前還存在一份擬定的委員名單：張學良、張作相、萬福麟、湯玉麟、王樹常、翟文選、常蔭槐、張景惠、袁金鎧、劉哲、莫德惠、劉尚清、方本仁、王樹翰、沈鴻烈等 15 人。〔註 159〕這是 1929 年 1 月 7 日，東北集團呈經國民政府核准並任命的。與東北政委會成立後的名單相比，此名單多兩人，即王樹常和常蔭槐。很顯然，「楊常事件」常蔭槐被殺後，即被除名。東北政委會實行委員合議制，委員人數只有為單數才便於表決，所以常被除名後，只有「增、減」兩個方法保證委員為單數。〔註 160〕而最終東北集團決定減一人，也就是取消王樹常的東北政委會委員職務。

王樹常奉天遼中人，早年留學日本，歷任奉軍第 22 旅旅長、第 10 軍軍長，東北政委會成立前任東三省保安總司令部軍令廳廳長。常蔭槐奉天梨樹人，曾任京奉鐵路局局長、東北交通委員會副委員長，在吳俊升被炸死後接任黑龍江省省長。王樹翰奉天人，在東北政委會成立前他還不是該會秘書廳廳長，王清末舉人出身，曾任奉天財政廳長，吉林代省長，與王永江齊名，並稱「二王」，亦是東北社會名流。〔註 161〕再結合前文對東北政委會委員構

〔註 157〕佟德元：《易幟後的東北政制轉型及其困境——以東北政務委員會為中心的探究》，《民國研究》，2014 年總第 26 期。

〔註 158〕佟德元：《易幟後東北政制轉型及其困境探究——以東北政務委員會為中心》，《民國研究》，2014 年總第 26 期。

〔註 159〕張友坤等：《張學良年譜》（修訂版），北京：社會科學文獻出版社，2009 年，第 238 頁。

〔註 160〕佟德元：《易幟後的東北政制轉型及其困境——以東北政務委員會為中心的探究》，《民國研究》，2014 年總第 26 期。

〔註 161〕參見徐友春主編：《民國人物大辭典》（增訂版），石家莊：河北人民出版社，2007 年，第 177、1658、178 頁；胡玉海、張偉：《奉系人物》，瀋陽：遼海出版社，2001 年，第 198 頁。

成的分析，在這份名單中，也只有以軍長出身的軍令廳長身份躋身東北政委會委員的王樹常資歷最淺，所以常蔭槐被殺後東北政委會要減人也只能減他。〔註 162〕

可常蔭槐被殺後東北集團為什麼不增添一人呢？這是因為在張學良主政東北後，有資歷、有威望的奉系人物和東北社會賢達能出來、願意出來輔佐張學良的基本都出來了。剩下沒有出來的，或是因為年老體衰、身體多病，如奉系元老，張作霖的對日交涉大員于沖漢，於張學良主政東北後被委任為東三省保安總司令部參議，但不久即抱病隱退。〔註 163〕或是因為心存異志，不願輔佐張學良，如楊宇霆即是如此，他聲稱「不任東省職務」，「南京擬不去，出洋亦難遽成行」，〔註 164〕一副不與張學良合作的姿態。或是因為淪為了政治鬥爭的犧牲品，如於駟興，安徽壽縣人，長期在黑龍江任職，歷任黑省政務廳長、教育廳長，皇姑屯事件前他長期代理黑省省長，然而張學良主政東北後委常蔭槐為黑省省長，從此於不被重用。〔註 165〕與沈鴻烈相比，於駟興這個外省人，由於不受張學良信任而淪為東北集團內部張學良與楊宇霆兩派政治鬥爭的犧牲品。〔註 166〕

二、東北政務委員會的權力界域考察

東北政務委員會在 1929 年 1 月成立後，「經費現經本會議決由東北各省分擔，其分擔成數，計奉天四成，吉林三成，黑龍江二成，熱河一成。」「現以本會常年經費支付預算，每月為 61172 元，經本會第 19 次會議議決，計四成為 24468.8 元，三成為 18351.6 元，二成為 12234.4 元，一成為 6117.2 元。

〔註 162〕佟德元：《易幟後的東北政制轉型及其困境——以東北政務委員會為中心的探究》，《民國研究》，2014 年總第 26 期。

〔註 163〕參見徐友春主編：《民國人物大辭典》（增訂版），石家莊：河北人民出版社，2007 年，第 28 頁；《東北人物大辭典》編委會：《東北人物大辭典》，遼寧人民出版社 1991 年，第 663 頁。

〔註 164〕《楊宇霆回奉後談話》（1928 年 10 月 14 日），季嘯風、沈友益主編：《中華民國史史料外編》第 32 冊，桂林：廣西師範大學出版社，1996 年，第 93 頁。

〔註 165〕參見《關於常蔭槐接替於駟興任黑龍江省省長的文電》，遼寧省檔案館編：《奉系軍閥檔案史料彙編》⑦，南京：江蘇古籍出版社，1990 年，第 337 頁；徐友春主編：《民國人物大辭典》（增訂版），石家莊：河北人民出版社，2007 年，第 33 頁。

〔註 166〕佟德元：《易幟後的東北政制轉型及其困境——以東北政務委員會為中心的探究》，《民國研究》，2014 年總第 26 期。

查本會自十八年一月十二日成立起計」，〔註 167〕各省攤款數額按照此數為準。東北政務委員會每年預算經費約現大洋 73.4 萬元，其中遼寧省分擔約 29.4 萬元，吉林省分擔約 22 萬元，黑龍江省分擔約 14.7 萬元，熱河省分擔約 7.3 萬元。在 1928 年度遼寧省省庫支款統計表中，東北政務委員會的支出經費被列入了省庫內務費支出範圍，總計奉大洋約 616.1 萬元。〔註 168〕而根據 1929 年 1 月份奉大洋與現大洋的兌換比 23：1 換算，遼寧此項東北政委會經費預算根本達不到其應分擔的 29.4 萬元現大洋的額度。雖然採取了分成的方式共同分擔東北政務委員會的經費，但實際上由於吉、黑、熱三省經濟困乏，財政困難，所以這三省經常拖欠所負擔的經費，東北政務委員會的運行經費基本全賴遼寧財政支持。

一方面，東北易幟後，東北被納入南京國民政府的版圖內，國民黨在形式上統一了全國。實現統一後的國民黨按照孫中山的建國理論宣布進入訓政階段，在中央實行五院制，在地方則實行省縣二級制，並重新設計了省縣地方政治制度。但此時的國民黨或南京國民政府均沒有對東北政務委員會進行任何制度設計，而是將東北政務委員會視為臨時性的東北最高行政機關。南京國民政府省縣新體制雖然在東北也得到一定程度的貫徹，但由於東北政務委員會的存在，使得在東北區域，中央與地方的關係呈現出特殊性。

另一方面，在名義上東北政務委員會是南京國民政府的派出機關，代表了南京中央，其經費自然就應該由南京國民政府財政負擔，或由東北區域內國稅項下劃撥。但實際上，即便東北區域內全部國稅都已經被東北集團截留了，但東北政務委員會的經費預算也並沒有劃入東北各省國庫項下支出，而是如遼寧省這般將該委員會經費預算劃歸至了省庫內務費範圍內支出。這種經費預算歸類辦法，一定程度上折射出東北集團並未將東北政務委員會視作是國民黨或南京國民政府在東北的代理機關，而是認定為東北集團自己的領導機構。也只有認定是「自己的」，遼寧省財政廳做預算時才會不用刻意去區分到底由國稅還是地方稅項內支出。

而對東北政務委員會性質或定位的這種不同認知，必然會造成在實際運作中對東北政委會權限的不同認知，即東北政務委員會在東北的實際權限與

〔註 167〕《東北政委會為本會設立經費由東北四省分擔》(1929 年 1 月)，吉林省檔案館藏，全宗號：J101-18-0823。

〔註 168〕遼寧財政廳第四科編：《遼寧省民國十七年度財政統計年鑒》，瀋陽：遼寧省財政廳印刷處，1930 年，第 43 頁。

南京國民政府對中央與地方關係及省縣新體制的諸多規定存在矛盾。

首先，通過制度設計層面考察東北政務委員會的權限。在南京國民政府——東北政務委員會——各省省政府的關係中，有關機構的組織法便是這種制度關係的體現，主要有《中華民國國民政府組織法》、《東北政務委員會暫行條例》、《省政府組織法》。1928年10月，國民黨決定實行五院制，頒布《中華民國國民政府組織法》，1930年11月該組織法進行了修正，但其中「國民政府」這一章修訂後的內容條文，也同樣沒有涉及東北政委會的隻言片語，對於南京國民政府與東北政務委員會的關係及該委員會權限未作出任何規定。修正後的國民政府組織法關於南京國民政府的組織與權限之規定為：國民政府總攬中華民國之治權，統率陸海空軍，擁有行使宣戰、媾和及締結條約之權以及行使大赦、特赦及減刑和復權之權；國民政府以行政院、立法院、司法院、考試院、監察院五院組織之；國民政府設主席委員1人，委員12人至16人；國民政府五院院長、副院長由國民政府委員任之；國民政府主席兼中華民國陸海空軍總司令；院與院間不能解決之事項，由國民政府會議議決之。〔註169〕

南京國民政府頒布的《省政府組織法》也同樣沒有涉及東北政委會的條文，其第一條至第五條均是對國府與省政府關係的規定，明白表示省政府權力來自於國民黨及南京國民政府，而對省政府與東北政委會關係未作規定。該組織法前五條主要內容有：省政府依國民政府建國大綱及中央法令綜理全省政務；省政府於不牴觸中央法令範圍內對於省行政事項得發省令，並得制定省單行條例及規程，但關於限制人民自由，增加人民負擔者，非經國民政府核准不得執行；省政府對於所屬各機關之命令或處分認為有違背法令逾越權限或其他不當情形時得停止或撤銷之；省政府設主席1人，設委員7人至9人，組織省政府委員會行使職權，省政府主席及委員不得兼任他省行政職務，現任軍職者不得兼省政府主席或委員；此外省政府委員會還有權議決有關人民負擔、地方行政區劃、全省預算決算、省公產或省公營業、地方自治、省行政設施、綏靖地方、官吏任免等事項。〔註170〕

〔註169〕《中華民國國民政府組織法》，中國第二歷史檔案館編：《中華民國史檔案資料料彙編》，第五輯第一編：政治（一），南京：江蘇古籍出版社，1994年，第27～28頁；

〔註170〕《省政府組織法》，《國民政府公報》，1930年2月6日第388期。

東北政務委員會的組織法名為《東北政務委員會暫行條例》，其並非由南京國民政府制訂和頒布，而是東北集團以國民黨政治分會暫行條例為藍本自行制訂並頒布的，規定了東北政委會的權力及與南京國民政府和省政府的關係。該暫行條例規定：本會定名東北政務委員會，為指導並監督東北各省區最高級地方政府之機關，會址設於遼寧省城；本會設委員 13 人，以東北各省區資深望重富有政治經驗者充之；本會設主席 1 人，由委員互選之，下設秘書廳，掌理各項事宜；本會對於中央未經明白或詳細決定事項，於不牴觸範圍內得為因地制宜之處分，且遇非常事變時，本會得依委員出席三分之二以上之決議為緊急處分；本會決議案交各該管省區之最高級地方政府執行之。〔註171〕東北集團之所以按照政治分會組織條例為藍本制訂東北政務委員會組織條例，是因為蔣介石與張學良在東北易幟談判時達成的協議就是成立東北政治分會。而東北易幟後，雖然成立的最終機關名稱發生了改變，但東北集團認為這也僅僅是名稱不同而已，它們的權力是一致的，東北政務委員會就是東北政治分會。實際上有此種看法的人不在少數，甚至時人均有此種看法，比如原國民黨東北黨務人員就這樣評價東北政務委員會：「東北政務委員會是個什麼東西？委員完全由地方當局聘任，實在是南京政府治下的特殊制度，它的地位權限似乎等於各地的政治分會，而名義上之尊崇尤為過之」。〔註172〕

通過對比，我們可以看出南京國民政府及省政府組織法之規定頗為詳細，而東北政委會暫行條例之規定則非常模糊。前兩者對東北政委會及其與省政府關係均沒有隻字規定，可見南京國民政府對東北政委會制度設計的缺失，當然這也與國民黨僅將東北政委會作為臨時機構，而應付奉系以求東北易幟的初衷有關。但隨著中原大戰爆發，因蔣介石有求於張學良，且在東北軍實際控制了冀察平津等省市地盤，以及東北政委會的管轄範圍也實際擴大到了華北後，蔣介石很乾脆地表示：「北方事之原則由中央決定，而以全權信託」於張學良，「不加干涉，請你放手辦去。」〔註173〕「北方事」可不僅僅是華北善後諸多問題，還包括了東北，偌大地域的行政全部操之於東北政務委員會，南京國民政府也不得不正視其地位了。於是南京國民政府才在 1931 年修改國民政府組織法，將管轄東北華北八省近半個中國的非正式機構——東

〔註171〕《東北政務委員會暫行條例》，東北文化社年鑒編印處：《東北年鑒》，瀋陽：東北印刷局，1931 年，第 179 頁。

〔註172〕大道：《東省易幟後之黨務和政治》，《檢閱週刊》，1929 年第 11～12 期合刊。

〔註173〕《蔣中正日記》（未刊本），1930 年 11 月 14 日。

北政務委員會加以扶正。這意味著國民黨將政務委員會制度納入了國民黨黨治體制內，政務委員會制度摘掉了「臨時性」的帽子，正式成為了南京國民政府訓政時期中央與地方之間的一種政治制度。

1931 年 6 月 4 日，南京國民政府頒布《國民政府政務委員會組織條例》，正式將政務委員會作為一種制度加以承認與規範，並於該月 14 日國民黨三屆五中全會修正通過國民政府組織法，對國民政府與政務委員會的關係加以明確。修正後的國民政府組織法第十一條規定：「國民政府於必要時得設置各直屬機關，直隸於國民政府。前項直隸於國民政府各機關之組織以法律定之。」〔註 174〕此修正案所謂必要時設置的直屬機關，就是指東北政務委員會；規定該機關組織之法律也就是國民政府頒布的政務委員會組織條例。

《國民政府政務委員會組織條例》共 14 條，對該委員會的組織與權限作了詳細規定。第一，該委員會組織結構。政務委員會設委員 7 人至 11 人，其中 3 人為常務委員，於會議時推 1 人為主席。政務委員會設秘書處和政務處，秘書處設秘書長 1 人，秘書 4 至 6 人，辦事員 12 至 18 人；政務處設處長 1 人，參事 2 至 4 人，辦事員 10 至 14 人。第二，該委員會職級。委員及常務委員皆由南京國民政府特任，秘書處秘書長、秘書中 2 人、政務處處長、參事中 2 人均為簡任，其餘秘書和參事為薦任，辦事員則均為委任。第三，該委員會組織運行。「政務委員會議決，由常務委員署名行之」，「政務委員會所管行政事務，於必要時經國民政府議決，得設專署辦理之」，「政務委員會於必要時，得設置專門委員及視察員」。第四，該委員會權限。政務委員會直屬於國民政府，管理下列中央行政事務：「一，內政、教育、交通、實業事務；二，國民政府委任事務」。秘書處職掌事項：文書收發、撰擬、編製及保管；典守印信；會計庶務；其他不屬於政務處事項；常務委員委辦事項。政務處職掌事項：本會會議；撰擬命令，屬於秘書主管者除外；常務委員委辦事項。〔註 175〕

修正後的國民政府組織法及上述組織條例已經將政務委員會制度正式納入了南京國民政府黨治體制架構內，也就意味著國民黨承認了東北政務委員會的合法地位。雖然該條例並沒有明確規定政務委員會與省政府的關係，但

〔註 174〕中國第二歷史檔案館編：《中華民國史檔案資料料彙編》，第五輯第一編：政治（一），南京：江蘇古籍出版社，1994 年，第 31 頁。

〔註 175〕《國民政府政務委員會組織條例》，《廣東省政府公報》，1931 年第 157 期。

該條例已明確規定政務委員會之委員為特任，高於省政府主席及委員之簡任職；加之該條例還明確規定了政委會直屬於國民政府，管理著所轄區域內的「中央行政事務」，即政務委員會是南京國民政府的派出機關。所以政務委員會與省政府的關係自然可以按照國民政府與省政府的關係來衡量，而國民政府組織法及省政府組織法有關中央與地方的相關規定也自然適用於政務委員會，東北政務委員會的權力及與省政府的關係也就確定了下來。

其次，在實際運作上考察東北政務委員會的權限。東北易幟後，國民政府形式上統一了中國。所以在名義上，東北四省政府要接受南京國民政府的領導和監督。但在實際上，東北各省作為一個利益主體，各省區政府自然不會聽從南京方面的命令，而是惟東北集團共同的首領——張學良的命令是從。東北政委會對東北各省擁有絕對的控制權，尤其體現在人事和財政等方面。〔註 176〕

在東北各省人事任用方面，省政府各廳處下屬機構及縣政府各長官均為簡任或委任職，由各省政府任命並報東北政委會備案；而省政府主席、委員及廳長為簡任職，則需由南京國民政府任命。其程序是：省政府主席人選由東北政委會推薦，各省政府委員及廳長人選由各省政府主席薦舉，並經東北政委會認可後，均報請南京國民政府任命。在這個程序中，東北政委會所提名或推薦的人選，南京方面是難以干涉的，因為東北易幟談判時蔣介石已經答應張學良東北各省主要長官人選任由其推薦，而後由南京國民政府通過任命。所以在東北各省主要人事任用上，南京方面只起到圖章的作用。〔註 177〕而起決定性作用的則是東北政務委員會的推薦，只有東北政委會認可，各省主要長官人選才能得到任命。如東北各省政府主席翟文選、張作相和常蔭槐均是張學良向南京國民政府推薦而後任命的；「楊常事件」後，東北政委會電請南京國民政府改派萬福麟為黑龍江省政府主席，1929 年 2 月 9 日南京國民政府正式任命萬福麟為黑龍江省政府主席。〔註 178〕再如熱河省政府擬請以「李樹春兼熱河省府秘書長」、以「姜承業、張翼廷為熱河教、財兩廳長」，黑龍

〔註 176〕佟德元：《東北政務委員會的內部結構及運作機制考察》，《東北大學學報（社會科學版）》，2010 年第 1 期。

〔註 177〕佟德元：《東北政務委員會的內部結構及運作機制考察》，《東北大學學報（社會科學版）》，2010 年第 1 期。

〔註 178〕胡玉海主編：《奉系軍閥大事記》，瀋陽：遼寧民族出版社，2005 年，第 506 頁。

江省政府擬「以鄭林皋充任」「省府委員兼教育廳長」，〔註 179〕也都是經東北政委會核准後報南京任命的。

在東北各省稅收與財政方面，東北政務委員會通過各省財政廳和稅捐局等機關控制了東北全部稅收與財政。一方面，除了因近代不平等條約而致使被列強控制的稅收之外，其餘東北所有國稅及地方稅均歸東北各省財政廳所統轄的財稅管理系統徵收，而大宗稅收項目如鹽稅、海關稅、專賣稅等都要呈東北政委會備案，而且增減賦稅的權力也由東北政委會獨攬，這樣東北政委會就控制了東北的財政來源。另一方面，東北各省財政預算和支出都必須由東北政委會審核、批准，這樣東北政委會就控制了各省的財政支配大權。如黑龍江省政府「為據財政廳呈為俄國煤木入境擬仿吉林省稅率徵收」，〔註 180〕吉林省政府呈「俄人在東寧縣邊界設所售貨，擬責成稅局按海關稅則加徵值百抽七五進口稅」〔註 181〕，都是呈請東北政委會核示。1929 年 8 月，東北政務委員會指令遼寧省政府重新核減 1929 年度經費支出預算，並議決「在新預算未經核准以前，各機關預算暫准五成支發，凡屬兼職人員一律不准兼薪。」〔註 182〕按照 1929 年 8 月南京國民政府制訂的《文官俸給暫行條例》之規定，省政府主席及委員為簡任職，分 6 級，平均薪俸 500～600 元；省縣各機關薦任職分 6 級，平均薪俸 200～300 元；委任各職分 12 級，平均薪俸 80～100 元。〔註 183〕一旦支出預算減至五成，則意味著省縣各機關薪俸支出也要縮減一半。

將東北各省作為一個利益主體，即從東北集團與南京中央的關係角度來看，東北各省共同支持和擁護東北政務委員會的領導，東北政務委員會代表東北集團控制著東北。但實際上在東北集團內部也存在著數個利益群體，比

〔註 179〕《東北政委會第三十二次會議議事日程》，《東北政委會第二十一次會議議事日程》，遼寧省檔案館藏東北政委會議決案，全宗號：JC1-89。《東北政委會第一七八次會議議決案通知書》，遼寧省檔案館藏東北政委會會議議決案通知書，全宗號：JC1-2。

〔註 180〕《東北政委會第一八八次會議議決案通知書》，遼寧省檔案館藏東北政委會會議議決案通知書，全宗號：JC1-2。

〔註 181〕《東北政委會第五十次會議議決案通知書》，遼寧省檔案館藏東北政委會會議議決案，全宗號：JC1-1。

〔註 182〕《東北政務委員會為各機關預算暫照五成支發的指令》（1929 年 8 月），遼寧省檔案館編：《奉系軍閥檔案史料彙編》⑧，南京：江蘇古籍出版社，1990 年，第 678 頁。

〔註 183〕《文官俸給暫行條例》，《國民政府公報》，1929 年 8 月 15 日第 243 期。

如張學良實際控制著東北軍精銳和遼寧省，並通過其舊部萬福麟間接控制著黑龍江省，吉林省和熱河省則分別是張學良父輩老臣張作相和湯玉麟的地盤。那麼從東北集團內部派系角度來看，東北政務委員會對東北各省的控制力度又是有所不同的。東北政務委員會主席是張學良，會址就設置在瀋陽大帥府內，對於省政府也設置在瀋陽的遼寧省而言，東北政務委員會就是它的「中央」。張學良在遼寧委任非遼寧籍的翟文選為省政府主席，〔註 184〕翟文選將遼寧省大小事務都向東北政務委員會及張學良請示和報告。翟文選因病辭職後，張學良又委任軍人出身的臧式毅接任省政府主席。臧式毅，奉天人，日本陸軍士官學校畢業，雖也被視為奉系內「洋派」，但他在皇姑屯事件後輔助張學良掌握東北大權時立過大功，所以深得張學良器重。〔註 185〕因此張學良才在易幟後委派臧式毅接替楊宇霆繼任奉天兵工廠督辦，1930 年接替翟文選繼任遼寧省政府主席，而後又將成為省主席的臧式毅任命為張學良司令部參議。〔註 186〕由此可知東北政務委員會對遼寧省的控制力度之大。

而對於吉、黑、熱三省，東北政務委員會的控制力度則小得多，三省政府擁有一定的「自治權」。究其原因，一方面是由於三省政府距離東北政務委員會較遠，加之通訊成本較大，不可能事事請示與報告，三省日常行政事務各該省政府主席及委員就有權處置，只有超過一省職權範圍內的事宜才需要向東北政務委員會請示和報告。另一方面是由於張作霖時期奉系內部具有「穩定性和凝聚力」〔註 187〕的關係格局到了張學良時期已經發生了變化。張學良與其他三省主席的關係，從「私」的角度說是侄叔關係、晚輩與長輩關係；從「公」的角度說則是上級與下級、長官與部下的領導與被領導關係。這在不認可體制關係，只認可人脈關係的軍閥當政時期，子侄領導長輩必然會出現分歧和矛盾，「楊常事件」就是例證，所以東北政務委員會對吉、黑、熱三省的控制不會像控制遼寧省那麼牢固。尤其對於吉、黑、熱三省政府主席人

〔註 184〕翟文選，吉林雙城縣人。

〔註 185〕參見王海晨：《孤獨百年：張學良的思想人生》，北京：當代中國出版社，2016 年，第 111 頁；婁獻閣、朱信泉主編：《民國人物傳》第 10 卷，北京：中華書局，2000 年，第 188～191 頁。

〔註 186〕1930 年 1 月 1 日，翟文選因病辭職，臧式毅接任遼寧省主席。2 月 21 日，臧又被委任為東北邊防軍司令長官公署參議官。參見胡玉海主編：《奉系軍閥大事記》，瀋陽：遼寧民族出版社，2005 年，第 540、545 頁。

〔註 187〕胡玉海：《奉系縱橫》，瀋陽：遼海出版社，2001 年，第 80～89，285～286 頁。

選，張學良更不可能像對遼寧省這般隨意拿捏。吉、熱兩省主席張作相和湯玉麟直至東北政委會解體也沒有更換過人，常蔭槐死後，萬福麟繼任黑龍江省政府主席，任期也是直至東北政委會解體。〔註 188〕

吉、黑、熱三省的「自治權」主要體現在內部人事上。雖然最終的人事決定權為東北政委會所有，但三省主席分別控制著各省政府的人事薦舉權，這就會形成以三省主席為核心的利益集團。在不損害他們利益的前提下，張學良仍然處於共主地位，但小集團利益一但被損害則張學良的權威就會下降。〔註 189〕例如，皇姑屯事件後，張學良即主政東北，本想「把湯玉麟換下來」，可最終也沒有換了，因為他此時已經調不動湯玉麟，叫湯來北京或回奉天，湯都敷衍了事不離熱河。〔註 190〕各省雖然形成一定的利益集團，但並不意味著在每個方面都獨立行事，因為這些利益集團只是東北集團內部的小派系，他們與東北集團的利益在本質上是一致的。因此，在財稅、教育、實業等其他行政方面，各省基本是事事請示，在東北政委會指導下進行工作。〔註 191〕

東北各縣雖然隸屬各省政府，但各「縣長任用暫行條例暨薦舉章程」〔註 192〕要由東北政委會審核，各縣縣長也要由東北政委會認可通過，有時東北政委會也「直接」任命縣長，即將候選縣長直接交省政府任命，如劉明九被任命為洮安縣縣長；〔註 193〕齊繩周由張學良「交由省政府委為西安縣長」；「指令遼寧省政府」，「委任馮執經署理開通縣長」，「任命高德光署黑山縣縣長」；〔註 194〕同澤新民儲才館畢業生被分發遼黑兩省「以縣知事及各機關捋屬任

〔註 188〕佟德元：《東北政務委員會的內部結構及運作機制考察》，《東北大學學報（社會科學版）》，2010 年第 1 期。

〔註 189〕佟德元：《東北政務委員會的內部結構及運作機制考察》，《東北大學學報（社會科學版）》，2010 年第 1 期。

〔註 190〕〔美〕唐德剛訪錄，〔美〕王書君著述：《張學良世紀傳奇》上卷，濟南：山東友誼出版社，2002 年，第 476 頁。

〔註 191〕佟德元：《東北政務委員會的內部結構及運作機制考察》，《東北大學學報（社會科學版）》，2010 年第 1 期。

〔註 192〕《東北政委會第四十二次會議議事日程》，遼寧省檔案館藏東北政委會議決案，全宗號：JC1-89。

〔註 193〕《紀念週報告》，遼寧省檔案館編：《奉系軍閥檔案史料彙編》⑨，南京：江蘇古籍出版社，1990 年，第 654 頁；胡玉海主編：《奉系軍閥大事記》，瀋陽：遼寧民族出版社，2005 年，第 550 頁。

〔註 194〕《指令》，《東北政務委員會週刊》，1929 年第 11 期；《東北政務委員會週刊》，1929 年第 13 期。

用」，並規定未派定職務前酌給津貼，由「遼江兩省財政廳分擔」。〔註 195〕由於張學良任命為縣長的人選都是其下屬甚至幕僚，故此類縣長一般遇事均越級上報東北政委會或東北邊防軍司令長官公署。如曾任東北邊防軍司令長官公署及東北政務委員會秘書上辦事的齊繩周呈東北邊防軍司令長官公署：「惟現當財政支拙之時」，所有齊繩周所在該兩機關之「薪餉未便繼續支領，擬請停薪以節虛糜，仍懇留資」；再如瞻榆縣縣長李蔭春將該縣「降透雨及田苗興旺情形」和「職縣第二次行政會議議事錄」呈東北政委會。〔註 196〕另外遇有涉外性質等重要事務時，各縣也越級直接上報請示東北政委會，例如「鳳城縣長函報，日方在青城子開採方鉛礦，因甚越界已經查封此礦」。〔註 197〕當然東北政務委員會對各縣的直接干預和各縣越級呈文東北政務委員會的情況，大多發生在遼寧省；而在其他各省則無此類情況，即便有涉及各縣地方事務需要請示報告者也是由各省政府代為呈報。這也反映出東北政務委員會對東北各省控制方式與力度的差異性。

三、東北政務委員會的組織構成與運作

（一）組織構成

東北政務委員會組織結構龐大，該委員會內設辦事機構，下轄職能機關。按照《東北政委會暫行組織條例》第七條之規定，東北政委會內設秘書廳，掌理各項政務，〔註 198〕廳長為王樹翰。秘書廳內設置六處：最初為機要、總務、行政、財務和蒙旗五處，後添設航政處。各處設處長 1 人，總理各處事務，每處分置兩股，股設股長。各處職掌，機要處負責撰擬機要文電、保管翻譯、會議記錄、議案編製等事宜，處長為吳家象，副處長為葉弼亮。總務處負責撰擬文件、典守印信和收發會計等事宜，處長為張濟新，副處長為金永恩。行政處負責民政、教育、司法、行政、農礦、工商及建設事宜，處長

〔註 195〕同澤新民儲才館教育長擬定的畢業學員任用辦法，可詳見《東北政務委員會週刊》，1929 年第 26 期。

〔註 196〕《訓令》，《東北政務委員會週刊》，1929 年第 11 期；《指令》，《東北政務委員會週刊》，1929 年第 20 期；《指令》，《東北政務委員會週刊》，1929 年第 26 期。

〔註 197〕《東北政委會第一 O 五次會議議決案通知書》，遼寧省檔案館藏東北政委會會議議決案通知書，全宗號：JC1-90。

〔註 198〕東北文化社年鑒編印處：《東北年鑒》，瀋陽：東北印刷局，1931 年，第 179 頁。

為鄭頤，副處長為王瑞之。財務處負責賦稅、公債、關稅、鹽務及錢幣事項，處長為魯穆庭，副處長為張振鷺。蒙旗處負責東北各省蒙旗行政建設事宜，處長為袁慶恩，副處長為許卓生。航政處負責航政、漁業、船舶製造、水道測量及江海建設等事宜，處長為宋式善。〔註 199〕

東北政委會作為張學良主政東北時期的東北最高行政機關，其直轄機關包括行政機關：遼吉黑熱四省政府、東省特區行政長官公署、興安屯墾公署、東北礦務局、東北航務局、東北水道局和東北防疫處等；司法機關：最高法院東北分院及其檢察署、各省高等法院及其檢察處、東省特區高等法院及其檢察所；交通機關：東北交通委員會、東省鐵路督辦公署；稅務機關：東三省鹽運使公署、吉黑榷運局、瀋陽關監督公署、山海關監督公署、安東關監督公署、濱江關監督公署、遼吉黑熱四省煙酒事務所和遼吉黑熱四省印花稅處；外交機關：東三省交涉總署、外交部特派員辦事處；教育機關：同澤新民儲才館、同澤新民儲才館司法班、東北大學、東北交通大學、哈爾濱工業大學、東省特區法政大學和東北蒙旗師範學校；文化機關：東北文化社。〔註 200〕這些機關也成為東北政務委員會所構建的權力體系的主要載體。

東北政務委員會的直轄機關，可分為兩大類，一類是各省級地方政府，各自控制著各省行政與地盤；另一類是職掌某一方面權力的最高管理機關。比如東北交通委員會，為東北交通最高管理機關，職掌交通鐵路、電信和郵政各事宜。該會內設總務、路政、郵傳三處，下轄東北電信管理處和東北電政管理局等電政機關，以及國有省有各鐵路管理局等路政機關。東三省鹽運使公署，為司東北鹽產及遼寧全省鹽之運銷緝私之惟一機關；吉黑榷運局，為司吉黑兩省鹽之運銷緝私之惟一機關。〔註 201〕高法院東北分院為東北最高司法機關，東北水道局為東北水道最高管理機關，等等。

（二）組織運作

東北政務委員會秘書廳是南京國民政府及東北各省機關與該委員會聯絡的主要紐帶。其中機要處和總務處是東北政務委員會上呈下達信息和日常運

〔註 199〕東北文化社年鑒編印處：《東北年鑒》，瀋陽：東北印刷局，1931 年，第 178、180 頁。

〔註 200〕東北文化社年鑒編印處：《東北年鑒》，瀋陽：東北印刷局，1931 年，第 179 頁。

〔註 201〕東北文化社年鑒編印處：《東北年鑒》，瀋陽：東北印刷局，1931 年，第 372～373、893～898 頁。

行的主要附屬部門。而行政處、財務處、蒙旗處和航政處等組織則是由東北臨時保安委員會和東北保安總司令部原有的政務、財務等部門改組而來。這幾個部門並非真正的行政機關，不承擔任何行政管理職責，其所涉及的行政、財務、蒙旗和航政事務屬於諮詢與參議性質，是為東北政務委員會及張學良決策提供建議諮詢的主要機構。

比如，國民黨、南京國民政府以及關內各省黨政軍各機關發給東北政務委員會的公文，東北各省區及地方團體呈報東北政務委員會的各項事宜，秘書廳將屬於行政、財務、蒙旗和航政等性質的公文和呈文加以分類，而後由各該管處審核並簽具意見，最後形成議案提交東北政務委員會會議裁決。秘書廳所簽具的意見，是供東北政委會決策時參考的，是對呈案或贊成、或反對、或需修改的見解並皆附有因由，少的只有寥寥幾語，多的則達數十上百字。如「卸任山海關監督洪維國呈請援孟監督例提支七八九三個月獎金一案」，財務處簽具的意見為「核有前例可援」〔註 202〕；「遼寧省政府呈請司法用人須報由省政府核准一案」，行政處簽具的意見為「查與現行法制不符」；〔註 203〕「長路鹽運使洪維國呈為本年銷鹽、稅收各項較前增加，擬請酌予提獎以資鼓勵案」，財務處簽具的意見有 4 條 200 餘字之多，詳述了反對緣由：「一、查該署銷鹽及稅收各項九月份以前者本會無案，十月份以後尚未報齊，又據前報本會年度預算書聲明近年受軍事影響銷鹽量及六七成之譜，來文所稱稅收各數即屬實在，想係拋卻比額而言不得謂為溢銷。二、東省鹽務雖有特賞，原係一時權宜，究非善例。該署援例請獎直以此地習慣造成彼地習慣，為長蘆新開一例。三、查中央頒布銷鹽考成章程，本無賞款規定，現在統一告成，一切政務既秉承中央意旨，即應按照中央新定銷鹽考成章程辦理。四、查國家設官按級給俸，尚屬不薄，督銷得力亦屬應盡職責，若復特予懋賞造成不均之勢易，令狡黠者視為」有利可圖，則「為官方之累」。〔註 204〕

各項議案如果僅涉及行政或財務等一處事務，則由一處簽具意見；而如果議案涉及多方面，則會出現由兩處同時簽具意見的情況。如「財務處行政

〔註 202〕《東北政委會第一七三次會議議決案通知書》，遼寧省檔案館藏東北政委會會議議決案通知書，全宗號：JC1-90。

〔註 203〕《東北政委會第一四二次會議議決案通知書》，遼寧省檔案館藏東北政委會會議議決案通知書，全宗號：JC1-90。

〔註 204〕《東北政委會第一九七通常會議事日程》，遼寧省檔案館藏東北政務委員會會議案，全宗號：JC1-91。

處簽為奉批查明東特高等法院十八年預算有庭長一員可以添設案」，審計預算屬於財務處的財政工作範圍，添加庭長屬於行政處的行政工作範圍，所以「東特高等法院呈請依十八年度核准預算添設民二庭增添庭長一員」案，由財務處和行政處聯合簽具意見上報東北政委會。〔註 205〕

經東北政務委員會議決形成最終決議案後，秘書廳會通過多種渠道將東北政委會的指令與決議向各地方傳達。如果涉密，則由秘書廳機要室以密電形式傳達各該機關長官；如果不涉密則由秘書廳總務處將議決案擇要刊行。東北政務委員會議決案主要有兩種公開傳播途徑，一種以《東北政務委員會會議議決案通知書》的形式，將每次東北政委會會議的主要議案及決議摘要印發各重要機關長官知照；另一種則是出版發行《東北政務委員會週刊》，將東北政委會所審核備案的各種法規、決議通過的各項議案等內容詳細刊印，以備各機關及社會各界查詢。1929 年 4 月，《東北政務委員會週刊發行章程》制訂，該章程規定：該刊每星期編行一次，每星期五出版。該刊推行辦法分兩種，一是由聊吉黑熱四省政府擔任刊費，分配轉發所屬各機關，不另收費。二是委託四省財政廳分售於各機關之外之訂閱者。以上分售辦法，每半年計週刊 26 本，收工料費現大洋 2.6 元，即每本 0.1 元。該刊出版後即日付郵送發各機關分別轉發代售，其代售之郵費由委託機關照章墊貼，於年終匯交工料費內扣還。〔註 206〕

東北政務委員會直轄各機關自成一體，各司其職，其所有人事、組織和財務等事項，均分別呈請東北政務委員會核示。即諸如東北交通委員會等各領域的最高管理機關，均直接對東北政務委員會負責，雖所轄事務涉及交通行政等方面，但並不受東北各省政府的管轄。如東北交通委員會呈為該會主任委員仍請由東北政委會「任命以符體制」；營口海關以「練軍營士兵薪餉服裝等費低薄」為由向山海關監督公署呈請增加相應經費預算，山海關監督公署「擬請酌增」並將該案呈請東北政委會核示；「東三省鹽運使呈報擬定組織新章」請示東北政委會准予備案，等等。〔註 207〕

〔註 205〕《東北政委會第二二一次通常會》，遼寧省檔案館藏東北政委會會議議決案，全宗號：JC1-1。

〔註 206〕《東北政委會週刊章程及分擔刊費事項》，黑龍江省檔案館藏，全宗號：62-8-648。

〔註 207〕《東北政委會第二十七次會議議事日程》，遼寧省檔案館藏東北政委會議決案，全宗號：JC1-89。《東北政委會第一九八次通常會議事日程》，遼寧省檔各省級地方政府及其下屬各縣政府是東北政委會管轄下的各省縣級地方政權，其他各直轄機關是東北政委會所掌握的各方面行政權力的縱向延伸，二者共同編織了東北政務委員會權力體系的經緯網絡。〔註 208〕東北政務委員會所轄機關和構建的權力體系詳見後文論述。

（三）運作機制的侷限性

南京國民政府進入訓政後實行以黨治國的政治體制，而在黨治體制下從中央到地方各級機關的領導體制均實行民主集權制。民主體現在各機構普遍實行委員制，如南京國民政府設置委員 12 人至 16 人，省政府設置委員 7 人至 9 人，國民政府或省政府如要做出某項決策均須由眾委員組成的委員會討論和決議才能發生效力。而集權則體現在委員制基礎上實行的常務委員制或主席制以及對所轄機關的控制力，比如國民黨中央執行委員會及其常務委員會，在執行委員基礎上設置有常務委員並組成常務委員會，而中常會才是國民黨真正的權力機關；再如國民政府在眾多委員基礎上設置有五院院長和國民政府主席，省政府在眾多委員基礎上設置有主席，等等。

東北政務委員會直隸於南京國民政府，作為國民政府的派出機關，其領導體制自然也要遵循國民黨的領導體制。因此易幟後，東北集團放棄了奉系時期的大帥或總司令等軍閥專制獨裁體制，而改行民主集權制。張學良先是將政務與軍務分開，東北政務委員會統轄政權，東北邊防軍司令長官公署則統轄軍權。而後在東北政務委員會內採取委員制和主席制的制度架構，雖然東北政委會最高長官張學良依然是軍人，且有多名委員也是軍人，如張作相、萬福麟、沈鴻烈等，但在形式上軍、政已經分開，東北開始了民主政治的嘗試。〔註 209〕對於年輕的張學良而言，給予父輩重臣參政權，有利於東北集團內部的團結和張學良權威的穩固。

東北政務委員會所實行的委員制，是指由秘書廳提交至東北政委會的議案均須由出席會議的委員共同合議討論，才能做出決策。一般東北政務委員

案館藏東北政務委員會會議案，全宗號：JC1-90。《東北政委會第一七八次，一五四次會議議決案通知書》，遼寧省檔案館藏東北政委會會議議決案通知書，全宗號：JC1-90。

〔註 208〕佟德元：《東北政務委員會的內部結構及運作機制考察》，《東北大學學報（社會科學版）》，2010 年第 1 期。

〔註 209〕佟德元：《東北政務委員會的內部結構及運作機制考察》，《東北大學學報（社會科學版）》，2010 年第 1 期。

會 3 至 4 天召開一次會議，名為通常會，由出席會議的委員審議各項議案。東北政務委員會會議審議提案的結果，在少數服從多數的原則下，一般都能通過議案或形成決議案。〔註 210〕當然也有委員意見分歧較大的少數情況，此時張學良作為主席就擁有對爭議較大議案的最後決策權，這也是東北政務委員會所實行的主席制意義所在。主席也是委員之一，即主席委員與普通委員之分。東北政務委員會主席擁有召集委員召開東北政務委員會臨時會議和最後決策之權。但在東北政務委員會的實際運作中，作為主席的張學良非常尊重其他委員的意見，極少獨斷專行。委員合議通過或形成的決議案，張學良一般都予以支持；委員之間意見不統一和分歧較大的議案，張學良一般都會採取暫不通過而交由指定委員審核修訂並多次覆議的方法，以便找到最終解決問題途徑。〔註 211〕這一點從東北政務委員會會議決議案通知書所列已通過議案的數目，往往少於東北政務委員會會議議事日程所列待審議案的數目，也可以得到佐證。〔註 212〕

圖 1：東北政務委員會組織運作結構圖

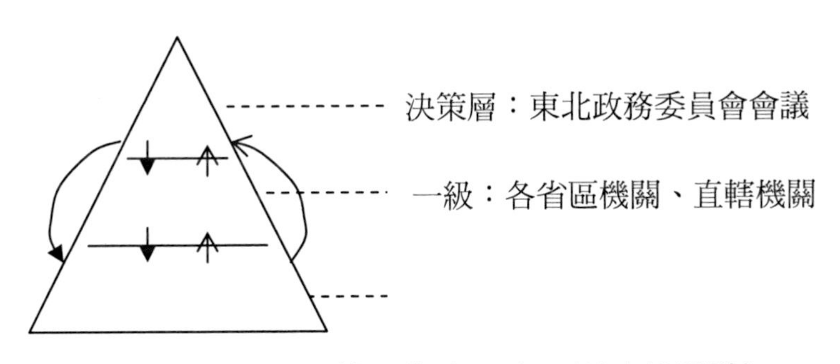

（⟶ 控制管理體系；→ 下情上達通道）

此外民主制還體現在「金字塔」的中下層。東北各省政府也實行委員制，設省政府委員會負責處理本省行政事務。各縣雖實行縣長制，但設置有縣政會議，以縣長、縣政府秘書、科長和各局局長組成，以縣長為縣政會議主席，審議縣預算決算事項、縣公債事項、縣公產處分事項、縣公共事業之經營管

〔註 210〕佟德元：《東北政務委員會的內部結構及運作機制考察》，《東北大學學報（社會科學版）》，2010 年第 1 期。

〔註 211〕佟德元：《東北政務委員會的內部結構及運作機制考察》，《東北大學學報（社會科學版）》，2010 年第 1 期。

〔註 212〕詳見東北政務委員會歷次會議議事日程和議決案通知書，遼寧省檔案館藏東北政務委員會檔，全宗號：JC1-89、JC1-90。

理事項、縣長提交審議的事項等。〔註 213〕

集權制主要體現在東北政務委員會對下屬各級機關的管理和控制上，分別實行垂直管理體制和二級管理體制。垂直管理體制，是指為了使關係東北全局利益的諸如鐵路、司法、外交和鹽政等重要權力體系能正常運轉，東北政務委員會對下轄各領域最高管理機關及其下屬機構進行垂直管理，使其不受地方各省政府的干涉，如東北政務委員會對東北交通委員會、東三省鹽運使公署、東三省交涉總署等機關實行垂直領導。垂直管理體制雖然可避免地方交叉管理、互相推諉的缺陷，但也使東北政務委員會組織結構過於龐大和臃腫，權力過於集中。由於缺乏有效監督，一旦張學良對各最高管理機關的長官失去控制，就會形成尾大不掉之勢，威脅張學良的權威。〔註 214〕例如，東北易幟談判時，南京國民政府要求先歸回一部分被奉軍拖出關外的火車機車和車輛，這一要求本已得到張學良的同意，但當時實際負責東北交通委員會並兼任京奉路局局長的常蔭槐卻拒絕執行；張學良為籌集軍費向常蔭槐要求從鐵路帳目下支取一部分，也遭到常蔭槐的拒絕；〔註 215〕後來常蔭槐與楊宇霆又「強迫」張學良「成立東北鐵路督辦公署，並要發表常蔭槐為鐵路督辦」，〔註 216〕把中東鐵路納入其管轄範圍。從中我們都可以看出尾大不掉之勢已甚為嚴重，這也是「楊常事件」發生的原因之一。

二級管理體制，是指東北政務委員會除了掌握涉及東北全局之政務決策權外，各省縣區域內的行政事務均由各省縣政府負責管理，省稅和地方捐均由各省縣財政機關統籌支配。當然地方經費預算要呈報東北政務委員會審核，所以東北政務委員會還是會通過諸如前述的人事安排和財政監管等手段直接或間接地控制各縣市政府。東北政務委員會的二級管理雖然試圖調動地方政府的積極性，將東北政委會和各省政府的決議迅速貫徹和實施。但其實際效果卻可能適得其反，因為東北政務委員會監管事務過多和過細會增加額外的負擔，導致地方工作效率降低。〔註 217〕例如，瀋陽市永久標準時間問題

〔註 213〕立法院秘書處：《立法專刊》第 1 輯，上海：民智書局，1929 年，第 63 頁。

〔註 214〕佟德元：《東北政務委員會的內部結構及運作機制考察》，《東北大學學報（社會科學版）》，2010 年第 1 期。

〔註 215〕胡玉海、張偉主編：《奉系人物》，瀋陽：遼海出版社，2001 年，第 218～219 頁。

〔註 216〕〔美〕唐德剛訪錄，〔美〕王書君著述：《張學良世紀傳奇》上卷，濟南：山東友誼出版社，2002 年，第 344 頁。

〔註 217〕佟德元：《東北政務委員會的內部結構及運作機制考察》，《東北大學學報（社會科學版）》，2010 年第 1 期。

要請示東北政委會核奪，瀋陽某一學校的參考書採購費也要東北政委會過問，等等。〔註 218〕

由此可見，東北政務委員會的組織結構是異常龐大的，權力延伸到了東北各個角落，其組織運作模式也表現出了較強的穩定性和凝聚力。這也保證了東北集團在張作霖去世後沒有因為楊宇霆與張學良的內部權力鬥爭而發生大規模分裂，同時也保證了東北政務委員會時期東北集團內部的團結與鞏固。因此對於 1920 年代末民國政治動盪環境中的東北集團而言，東北政務委員會的這一組織運作機制是非常適合的。

但在另一方面，東北政務委員會的組織運作也還存在諸多弊端與侷限性，比如組織與權力越深入基層，那麼勢必造成東北政務委員會權力過於集中和事務管理過多的問題。而東北政務委員會採取這種組織運作方式與張學良和東北集團的軍閥淵源是有直接關係的。第一，因郭松齡反奉有著深刻教訓，導致張學良害怕重蹈覆轍。張學良與郭松齡兩人原本亦師亦友，親密無間，出於信任張學良放權讓郭松齡全權指揮張學良所部奉軍三四方面軍，但其結果卻是引得郭松齡反奉。所以經此一事後，張學良再也不敢把權力假手他人，而是緊握大權，走向了集權的另一個極端。第二，民國時期軍閥獨裁專制的傳承，這是根本原因。張學良出身軍閥世家，從小被張作霖作為接班人加以培養，不到 20 歲的年齡就進入奉軍親身體驗軍閥政治的滋味。張作霖等軍閥大老的言傳身受以及張學良的個人經驗，勢必對從軍閥體制內成長起來並已成為既得利益者的張學良產生巨大影響：一方面使他認識不到這種專制體制的不合理性；另一方面即使張學良能認識到這種體制存在弊端，他也無法找到更完善的體制來替換，他所能做的至多是從體制內進行改革、修補，而其專政的本質是無法改變的。〔註 219〕

從東北軍撤回關外後，張學良開始有計劃地改組東北的軍、政機構，進行高官調整，同時東北軍內部也進行了縮編，大量非張學良一系的軍官被剝奪了軍權。這一系列的人事布局，無疑是張學良為即將掌控東北採取的關鍵舉措。到東北政務委員會成立之時，東北集團內部的權力結構已經趨於穩定。即張學良成為東北集團新的最高首領，與張學良分庭抗禮的楊宇霆被排斥在

〔註 218〕《東北政委會第三十二次會議議事日程》，《東北政委會第四十六次會議議事日程》，遼寧省檔案館藏東北政委會議決案，全宗號：JC1-89。

〔註 219〕佟德元：《東北政務委員會的內部結構及運作機制考察》，《東北大學學報（社會科學版）》，2010 年第 1 期。

東北政務委員會之外，而後隨著「楊常事件」發生，楊宇霆和常蔭槐二人被殺，東北集團內能夠威脅到張學良地位的人也徹底沒有了。東北真正地進入了張學良時代，張學良以他牢牢掌控的20多萬東北軍精銳，坐鎮遼寧，控制著東北四省；張作相、湯玉麟、萬福麟分別坐鎮吉林、熱河和黑龍江，各分掌一省，三人所統領的東北軍總計不過10餘萬人，其中還包括大量武器裝備落後的省防軍。而這種差距巨大的武力對比，既是這四人在東北集團內部地位的真實反映，也反過來保障了東北集團內部關係的相對穩定。

東北集團內部的這種關係，決定了東北政務委員會的決策機制。表面上看，東北政務委員會實行委員制，東北集團開始了民主嘗試，甚至一般情況下東北政務委員會的決策方式，都採用少數服從多數的委員表決方式。但在遇到與東北有巨大利害關係的事情發生時，張學良往往採取東北政務委員會擴大會議的方式，統一東北集團軍政高層的意見。而在意見不統一時，張學良的決策將起到決定性作用。比如東北易幟和中原大戰，東北集團內部分歧巨大，最後都是張學良的決策和動員，才凝聚了東北集團內各派系力量，對民國政局發展起到了巨大推動作用。

而東北集團內部的這種關係，也決定了東北政務委員會與東北四省地方政府的關係。由於張學良一家獨大，他在東北集團內的共主地位，也決定了由他所控制的東北政務委員會成為東北地區最高行政機關。東北政務委員會擁有東北各省最高的人事管理權、財稅管理權、地方外交管理權、東北自有鐵路管理權、東北最高司法管理權，等等。（參見第四章相關論述）不過具體到東北四省政府，由於東北集團內還實際存在著若干小團體的原因，導致東北四省政府與東北政務委員會的關係略有差異。張學良坐鎮的遼寧省，完全以其馬首是瞻，遼寧省政府主席，雖名為主席，實則事事都要請示或報告張學良。黑龍江省軍、政兩方面最高長官均是萬福麟，不過他在東北集團內資歷淺，完全是在張學良的扶持下，才成為的一方大員。黑龍江省軍、政兩方面最高機構的主要人員也都是經由張學良選撥任用的，比如財政廳長龐作屏、民政廳長劉廷選、農礦廳長馬景桂，都不是黑龍江人，都是由張學良從遼寧選派委任到黑龍江省政府任職的。所以黑龍江省政府與東北政務委員會的關係，也較為緊密，僅次於遼寧省政府與東北政務委員會的關係。雖然隨著萬福麟逐漸掌控黑龍江省，黑龍江省政府不可能、實際上也不需要事事請示或報告東北政務委員會，但對於張學良及東北政務委員會的命令，黑龍江省政府都少有遲疑。

至於吉林和熱河兩省政府，由於張作相和湯玉麟在張作霖時期就已經經營這兩省多年，這兩省政府主要人員都是這兩人心腹或受信任者。即便有人員變動，張學良也需要事先與張作相或湯玉麟溝通，或乾脆讓他們直接推薦人選，只有他們推薦不出人選時，才會由張學良選派，只不過這種情況甚為少見。至於東北政務改革與發展，吉林尤其熱河大都動作遲緩，行動甚少與遼寧省同步，甚至每每以地方情形特效，延遲不辦。或者遇有關乎本省利益的事情發生時，多從本省利益出發，與遼寧省採取同步政策者甚少。比如中東路事件，駐黑龍江札賚諾爾和滿洲里一帶的韓光第、梁忠甲兩旅戰事慘烈，兩人先後陣亡或被俘，而未聞吉林駐軍有多大戰事發生。韓光第出身東北講武堂，是張學良嫡系，而梁忠甲則並非出身東北講武堂，是吳俊升督黑龍江時的舊部，一直是黑龍江軍中的精銳，所以梁忠甲率部抵抗蘇軍直至被俘，足見黑龍江軍盡職守土。再如韓人入籍問題，遼寧省主張嚴禁，吉林省卻主張弛禁，東北政務委員會居中籌商多次，吉林省仍堅持已見，主張兩省以不同政策各辦各事。韓人入籍，事關日本侵略，危及東北整體利益乃至國家利益，可吉林省政府卻怕激怒日本以致損害本省利益，而不敢與遼寧省採取同步之政策，共同阻止日本驅趕韓人侵略東北。（參見第六章第二節相關論述）

由此可見，東北政務委員會與東北四省政府在實際權力運作中，依然深受東北集團內部派系利益的影響，只有遼寧省和黑龍江省能夠遵從東北政務委員會決策，不打或少打折扣；而吉林省和熱河省則只有在不損害張作相和湯玉麟兩派利益時，才會遵從東北政務委員會的決策。而對在日蘇兩強夾縫中生存的東北而言，東北集團內部三巨頭的利益格局，勢必對東北的對外政策造成巨大影響。比如對蘇強勢外交發動的中東路事件，張學良的盲動，萬福麟的緊隨，張作相的遲疑，湯玉麟的觀望，出現的結果就是駐黑東北軍大敗，損失慘重，而駐吉東北軍則幾無損失，最終喪權辱國的沉重代價卻要讓數千萬東北同胞乃至四萬萬國人共同承擔。（參見第六章第三節相關論述）

第三章　國民黨黨治體制在東北的建立與困境

隨著北伐完成進入訓政，南京國民政府開始實行以黨治國的政治體制。早在東北易幟之前，國民黨就已經在東北秘密建立了省縣各級黨部，但這些國民黨秘密黨部並不為易幟後的東北政務委員會所承認。所以東北易幟後不久，張學良及東北集團高層就與國民黨中央發生了東北黨權之爭。後因中原大戰時蔣介石有求於張學良，以致東北黨部大權落入東北集團手中，這也預示著國民黨以黨治國在東北各省終將流於形式。當然為了體現張學良所謂的「分治合作」主張，東北政務委員會以南京國民政府的制度和法規為藍本，以東北實際情形為依歸，因地制宜地對東北各省政治體制進行了適度改革。但由於國民黨的制度和法規是以江浙等省的實際情況為依據設計和制訂的，這導致它們與東北實際情況難以兼容，以致黨治體制在東北的推行很快就陷入了困境，最後不得不用國民黨的制度和法規的「新瓶」去填裝東北各方面落後實情的「舊酒」。所以在東北的國民黨黨治，實則是東北政務委員會的黨治。南京國民政府的黨治在東北的主要表徵僅僅存在於符號與儀式的國民黨政治文化意義上。

第一節　黨權之爭與國民黨東北黨部的初建

一、易幟前後東北黨權之爭

奉系與國民黨的關係較為複雜，既有過衝突，如北伐期間的相互攻伐，也有過合作。如奉系在總結與國民黨關係時所言：「東北與黨之關係，有悠久之歷史，有深切之結合。」「考東北對於黨之關係，中間約分四期：第一期，民國十一年，孫中山，派張繼等出關，從事接洽。張作霖，當陳炯明背叛黨國時代，總理廣州蒙難，乃毅然接濟二十萬元，而革命工作藉以不至中斷，厥後總理重入廣州，又接濟軍費五十萬元。此東北當局對於國民黨之關係，為革命史中最光榮之一頁。第二期，民國十二、三年時，曹錕賄選當國，張作霖、孫中山、浙江督辦盧永祥，結為三角同盟。第三期，民國十七年，東北易幟，卒成南北統一之功。」「十七年易幟以還，已全部隸於黨的指導之下。十八年黨部成立，而以外交多故，未遑進展。」「第四期，民國十九年，奉方擁蔣參與中原大戰，將中國北方隱患，一掃而空。使國民黨得貫徹以黨救國之宏旨。而東北黨務亦於是開始工作矣。」「十九年東北協助中央，戡定內亂，使黨國基礎益臻鞏固。中央本總理遺囑，於二十年五月，召集國民會議，則知黨務之發展益為需要。三月二十九日，四省暨特區黨部指導委員，乃於瀋陽，宣誓就職，而東北之黨務，益斐然可紀矣。」〔註1〕

奉系將其對黨國之功大書特書，但實際上雙方關係雖有過合作，更很多的是紛爭乃至戰爭。國民黨在東北發展黨的力量，最早可以追溯至國民革命時期。國民黨委派朱霽青、錢公來等人來東北宣傳三民主義，籌備組建東北黨部。經過多年努力，至 1927 年春夏之交，奉吉黑三省黨務指導委員會先後秘密成立，主要領導人有錢公來、劉不同、劉廣瑛、單成儀等人。〔註2〕1928 年春為了配合二次北伐，國民黨中央又增派黨務指導委員對奉吉黑熱哈四省一市黨部進行了改組。〔註3〕1928 年 6 月，國民革命軍平定京津後，國民黨東北黨部為國民革命軍進入東北開始暗做準備，比如梅公任和張驤濤等人在奉天省黨部領導下開始組織奉天市黨部，並分頭開展軍事和政治活動，「期望中央軍進攻東北時，為之內應」。〔註 4〕國民黨黑龍江黨部也「展開江省黨務與

〔註 1〕東北文化社年鑒編印處：《東北年鑒》，瀋陽：東北印刷局，1931 年，特一頁。

〔註 2〕趙尺子：《錢公來》，杜元載主編：《革命人物志》第 8 集，臺北：中央文物供應社，1971 年，第 198～199 頁。

〔註 3〕新派黨務指導委員詳見中國第二歷史檔案館編：《中國國民黨中央執行委員會常務委員會會議錄》（四），桂林：廣西師範大學出版社，2000 年，第 13～14、62 頁。

〔註 4〕梅公任：《革命回憶錄》，杜元載主編：《革命人物志》第 11 集，臺北：中央文物供應社，1973 年，第 116 頁。

民運工作，響應南北統一運動」。〔註5〕

在國民黨東北黨部積極活動的同時，國民黨中央正在與奉系就東北易幟展開談判。隨著南北統一日益臨近，奉系與國民黨在東北黨部問題上的紛爭日益激烈。為了掌握東北黨部的領導權，在東北易幟前後奉系當局採取了以下措施：

第一，將東北黨部問題納入東北易幟談判條件之中，並通過解禁三民主義書籍的方法創造友善氛圍，以換取國民黨讓步。比如，在與南京國民政府代表談判時，張學良就曾明確提出：先派員赴南京見習，再行舉辦黨部；黨務指導委員會，須經三省政府同意後方始成立；以及「國民黨黨部在東三省暫緩設置」，所有黨部人員「均一律撤回」。〔註6〕1928 年 8 月開始，東北當局允許三民主義一類書籍和報導國民黨消息的《東方雜誌》、《國聞週報》等刊物在東三省自由銷售。〔註7〕1929 年 1 月，張學良下令將因響應郭松齡反奉等原因被逮捕的國民黨員齊東野等 18 人釋放。〔註8〕

第二，多次派要員南下接洽和考察黨務，並堅持自辦黨務之原則。1928 年 8 月至 12 月，張學良先後委派邢士廉、胡若愚以及王樹翰等多位要員，並表示「張學良已選定多人來寧學習黨務，俾明瞭真正黨義後，與政府合力建設東北黨部」。〔註9〕在此期間，奉天省委派朱光沐、胡若愚為視察黨務專員，赴南京調查黨部工作，並與中央接洽東北辦黨事宜。〔註10〕吉林省政府則派出參議趙汝梅、佟衡，軍法處長韓慶雲，省議會議員李祝三、李英祐、韓香

〔註 5〕《王賓章》，蕭繼宗主編：《革命人物志》第 15 集，臺北：中央文物供應社，1976 年，第 43 頁。

〔註 6〕韓信夫、姜克夫主編：《中華民國大事記》第二冊（1923～1929），北京：中國文史出版社，1997 年，第 848 頁；張友坤等：《張學良年譜》（修訂版），北京：社會科學文獻出版社，2009 年，第 211 頁；季嘯風，沈友益：《中華民國史史料外編》第 32 冊，桂林：廣西師範大學出版社，1996 年，第 40 頁。

〔註 7〕張友坤等：《張學良年譜》（修訂版），北京：社會科學文獻出版社，2009 年，第 214 頁。

〔註 8〕參見趙尺子：《錢公來》，杜元載主編：《革命人物志》第 8 集，臺北：中央文物供應社，1971 年，第 197 頁；錢公來：《朱霽青》，黃季陸主編：《革命人物志》第 1 集，臺北：中央文物供應社，1969 年，第 378 頁；張友坤等：《張學良年譜》（修訂版），北京：社會科學文獻出版社，2009 年，第 244 頁。

〔註 9〕張友坤等：《張學良年譜》（修訂版），北京：社會科學文獻出版社，2009 年，第 218、222、226、231 頁。

〔註10〕張友坤等：《張學良年譜》（修訂版），北京：社會科學文獻出版社，2009 年，第 230、231 頁。

閣等六人，會同奉、黑兩省人員同赴南京考察黨義、黨治、黨務等政事。1929年1月6日，奉系與國民黨代表協商東北黨部事宜時提出如下要求：（一）東北黨部由黨務籌備處籌辦，並由奉系自派籌備員負責；（二）奉系派員赴南京考察黨務工作，嚴禁私人組黨。〔註11〕

第三，自設東三省黨務籌備處，劃定省黨部辦公地，製造自辦黨務即將開始之印象。1928年12月28日，奉系為防止東北國民黨人在東北易幟之際成立黨部，決定於 29 日東北易幟之時「同時成立黨務籌備處」，由奉天省長公署「趕速先書一東三省黨務籌備處紙條，藍地白字，貼於總部東牆上」。〔註12〕同時，張學良還特別致電奉、吉、黑、熱、哈各省市政府，明確表示：「東省現已於本部內設立東三省黨務籌備處，於各黨部組織進行應由籌備處與中央接洽，於各黨部組織進行應由籌備處與中央接洽，將三省指導委員會人員正式委任，然後以次成立省黨部，再以次成立市縣區各黨部，此中程序分明不容紊亂。凡未經籌備處接洽妥協正式通知，無論何人暨假用何種名義私行組黨者均應嚴予禁止，以免共黨乘機利用」。〔註13〕

奉天省長公署還發布布告，向社會各界通告此事：「布告禁止自由組黨。張總司令電開，三省正在派員考察黨務，預備組織省黨部，各縣黨務如何組織，將來自應由省黨部指導辦理，在省黨務指導委員會人員未經中央明令發表以先，各地方如有自由組黨情事發生，應予禁止」，「布告人民一體遵照，並不得隨意張貼標語，毋違切切。此布。」〔註14〕

1929年1月10日，張學良在上海《新聞時報》記者顧執中的會談中，談到了東北集團對東北黨務問題的主張：「因共產黨時時混淆黑白，且目下黨紀太壞，每有人利用黨的活動壓迫小民，故不得不慎重從事。東省對於黨務工作在進行，已派多人往首都等處參觀及研究黨中真諦，並擬開辦黨務學校，

〔註11〕張友坤等：《張學良年譜》（修訂版），北京：社會科學文獻出版社，2009年，第238頁；《東北政務委員會》，《大公報》，1929年1月8日。

〔註12〕《關於奉省當局準備於易幟同時掛出黨務籌備處牌以抵制潛伏黨人乘機組織黨部的文件》（1928年12月），遼寧省檔案館編：《奉系軍閥檔案史料彙編》⑧，南京：江蘇古籍出版社，1990年，第4～6頁。

〔註13〕《關於在東三省黨務指導委員會和省黨部成立之前禁止各地自由組黨的文電》遼寧省檔案館編：《奉系軍閥檔案史料彙編》⑦，南京：江蘇古籍出版社，1990年，第729～730頁。

〔註14〕《關於在東三省黨務指導委員會和省黨部成立之前禁止各地自由組黨的文電》，遼寧省檔案館編：《奉系軍閥檔案史料彙編》⑦，南京：江蘇古籍出版社，1990年，第729～730頁。

切實訓練黨務人員，使東省民眾成為真正國民黨員。」13 日，《大公報》又刊出消息：易幟之初，東北「當局曾決設黨務研究院，專為習黨機關」。〔註 15〕1 月 19 日，東北政務委員會決議將「省議會停止」，並將「省議會基址改為省黨部」。〔註 16〕

東北易幟後，隨著國民黨黨治體制在東北的推行，東北集團為了控制國民黨東北黨部不得不令部分東北集團上層要員加入國民黨。這些在東北易幟後最早加入國民黨的東北要員可以分為三大類：第一，原同盟會會員，為加強與國民黨的聯繫而加入國民黨，如沈鴻烈；第二，奉系最高領導層，即張學良、張作相、萬福麟、湯玉麟、翟文選等人；第三，奉系上層要員，尤其是在易幟談判時期與國民黨接洽的奉系要員，如王樹常、王樹翰、邢士廉、胡若愚等。〔註 17〕

這些奉系精英都是按照「特種登記」辦法加入國民黨的。1928 年 10 月 25 日，國民黨中常會通過了國民黨舊黨員登記案，決定「凡同盟會、中華革命黨及登記於中國國民黨成立至民國十二年改組時之同志，得適用特種登記表，有妥實之證明，即承認其黨籍」。11 月 1 日，國民黨中常會通過了《補行登記手續條例》，再次規定「特種登記」對象為「同盟會、中華革命黨及登記於中國國民黨成立至十二年改組時之同志」。之後國民黨中常會又通過了《修正補行登記手續條例》，並對特種登記做了更詳細的說明，但其登記對象仍為「舊黨員」和「舊同志」。〔註 18〕儘管該法之適用對象，並非為張學良等「新同志」，但蔣介石仍然以北方黨務審查委員會之名，借特種登記之法，行奉系人員入黨之便。〔註 19〕

〔註 15〕張友坤等：《張學良年譜》（修訂版），北京：社會科學文獻出版社，2009 年，第 239 頁；《東北黨政》，《大公報》，1929 年 1 月 13 日。

〔註 16〕《東北政委會議決各機關改組事項及奉天省長公署的通令》，遼寧省檔案館編：《奉系軍閥檔案史料彙編》⑧，南京：江蘇古籍出版社，1990 年，第 107 頁。

〔註 17〕佟德元：《黨權之爭與奉系軍閥國民黨化：1929～1931》，《安徽史學》，2011 年第 6 期。

〔註 18〕詳見中國第二歷史檔案館編：《中國國民黨中央執行委員會常務委員會會議錄》（六），桂林：廣西師範大學出版社，2000 年，第 326、379 頁；中華民國史事紀要編委會：《中華民國史事紀要（初稿）》1928 年 7 至 12 月，臺北：中華民國史料研究中心，1982 年，第 818 頁。

〔註 19〕易幟後東北要員加入國民黨的方法，可詳見佟德元：《黨權之爭與奉系軍閥國民黨化：1929～1931》，《安徽史學》，2011 年第 6 期。

二、東北黨部的初步建立與黨務工作中斷

1929 年 1 月 12 日，東北政務委員會張學良等委員宣布就職成立，並連日召集會議，議決事項如下：「1.通令奉天、吉林、黑龍江、熱河四省政府，限七日內正式成立，缺額請中央補委。2.指派鄭謙、袁金鎧、劉哲等辦理楊宇霆、常蔭槐家族善後，並治喪事宜。3.電催方本仁早日北上就職。4.指定立法委員人選，即日送京。5.關外軍隊，非得中央命令，不得入關，並遵照中央將來所定編遣辦法，切實整理。6.外交事件，悉聽中央主持。7.遵照中央法令，組織中央各級黨部。」〔註 20〕

東北政委會成立後所議決事項共計七項，內容涉及東北地方政府改組事宜、「楊常事件」善後事宜、東北政委會委員和立法委員人事問題、軍隊問題、外交問題和黨部問題。可見東北政委會所議決事項包括了黨、政、軍在內的內政與外交諸多方面。其中議決各項內容的用詞頗值得注意，尤其後三項內容：「非得中央命令」與「遵照中央法令」所表達的含義是一致的，即中央有「法令」或「命令」，東北就會遵照辦理；而「悉聽中央主持」，則與其他兩項決議的用詞差別甚大，不僅表達了聽命於中央的含義，更是連外交事件的直接交涉與處置權統統交由「中央主持」，即外交問題，東北政務委員會採用迴避態度，一切交涉均由南京國民政府負責。由此決議可知，除了第六項內容在外交方面明確表示「悉聽中央主持」之外，其他各項內容實際都是在不違背中央法令前提下，東北政委會擁有自主權。即便是黨部問題，東北集團亦是如此態度。

對於東北集團謀求東北黨務領導權的要求，國民黨中央最初僅同意讓東北要員沈鴻烈加入東北黨部，而其他東北各省黨務指導委員仍由國民黨原有黨務人員擔任。〔註 21〕東北一個要員加入黨部不過是點綴罷了，這與東北集團謀求東北黨部領導權的要求相差甚遠，因此這顯然會遭到東北集團的反對，國民黨也就不得不繼續改派東北各省黨務指導委員。如 1929 年 5 月國民黨中央決議改派東北各省黨務指導委員（參見表 3）。然而此次改派之人選仍是僅有少量奉方人員，如張學良、張作相、萬福麟等人，國民黨讓步甚少，

〔註 20〕大道：《東省易幟後之黨務和政治》，《檢閱週刊》，1929 年第 11～12 期合刊。

〔註 21〕梁肅戎：《九一八事變前後中國國民黨人在東北的活動》，劉維開：《國民政府處理九一八事變之重要文獻》，臺北：中國國民黨中央委員會黨史委員會，1992 年，第 631 頁。

東北集團仍難以有效控制東北黨部，所以東北集團仍不同意國民黨中央的這一方案。於是在經過討價還價後，國民黨中央再次對東北各省黨務指導委員進行了加派和改派。如7月15日，國民黨中常會決議加派湯玉麟、金鼎臣為熱河省黨務指委；〔註22〕8月8日，國民黨中常會再次決議改派東三省黨務指委（參見表3）。通過此次改派，國民黨再次增加了奉方黨務指導委員的數量，如增加了王樹常、熙洽、陶經武、湯玉麟、金鼎臣、張景惠和邢士廉等人，使得奉方黨務指導委員數量由原先平均每省一人上升到了至少兩人，但仍是國民黨黨務指委人數占絕對優勢的局面，對於想要控制東北黨部領導權的東北集團來說，仍無法滿意。

表3：1929年東北各省黨務指導委員名單

時間	省市	委員姓名
5月	遼寧	張學良、王君培、劉不同、彭志雲、馬亮、張鐸、趙連豐
	吉林	張心潔、王秉謙、張作相、王誠、張鼎任、顧耕野、單成儀
	黑龍江	呂醒夫、王憲章、萬福麟、楊致煥、田見龍、王秉鈞、劉存忠
	熱河	李元箸、譚文彬、張啟明、于明洲、梁中權
	哈爾濱〔註23〕	張沖、韓聖波、張大同
8月	遼寧	張學良、王君培、彭志雲、王樹常、康明震、李紹沆、徐箴
	吉林	張作相、韓介生、熙洽、林常盛、石九齡、張心潔、顧耕野
	黑龍江	萬福麟、王憲章、田見龍、王秉鈞、孟傳大、呂醒夫、陶經武
	熱河	湯玉麟、金鼎臣、李元箸、譚文彬、張啟明、于明洲、梁中權
	哈爾濱	張景惠、張沖、張大同、張瀚、邢士廉

資料來源：中國第二歷史檔案館編：《中國國民黨中央執行委員會常務委員會會議錄》（八），桂林：廣西師範大學出版社，2000年，第185、511頁；中國第二歷史檔案館編：《中國國民黨中央執行委員會常務委員會會議錄》（九），桂林：廣西師範大學出版社，2000年，第112～113頁。

東北易幟後，從東北集團自辦東三省黨務籌備處到國民黨屢屢改派東北黨務指導委員，雖然東北集團與國民黨雙方深陷黨權之爭中，但雙方的分歧已是逐漸縮小，並都在為籌建黨部而努力。在黨務指導委員數量方面，奉方

〔註22〕中國第二歷史檔案館編：《中國國民黨中央執行委員會常務委員會會議錄》（八），桂林：廣西師範大學出版社，2000年，第511頁。

〔註23〕哈爾濱所設為黨務特派員辦事處，所改派者為黨務特派員。

雖不甚滿意，但東北集團高層紛紛加入國民黨已是事實，且隨著奉方要員成為東北黨務指導委員，東北集團已經將觸角伸入東北黨部內。因此東北易幟後隨著國民黨屢次改派東北黨務指導委員，東北黨部的初建工作實際上已經展開。為了推進黨務工作，國民黨中央還曾於 1929 年 7 月決定在遼寧創辦東北黨報，「定名為東北民國日報，計需開辦費 9570 元，每月經常費 5200 元，此項經費應援照各省黨報之例，令遼寧吉林黑龍江三省政府共同負擔」。〔註 24〕

然後 1929 年下半年至 1931 年初，東北黨務進展卻中斷了。東北黨務停頓主要有以下三個原因：

第一，國民黨和東北集團雙方均沒有再作出實質讓步，長期僵持。由於各省黨部經費依賴省政府財政劃撥，加之國民黨如不斷做出讓步，張學良、張作相、萬福麟、湯玉麟和張景惠等奉方大老們將逐步控制東北黨部已是可以預見的，因此國民黨在 1929 年稍有讓步後就沒有再作出進一步的妥協了。而東北集團雖然同意己方人員加入東北黨部，但在沒有掌控東北黨權的情況下不准各省黨務指導委員會公開成立，表現出一副不得東北黨權誓不罷休的姿態。東北集團如此做派主要是基於兩方面考慮：一方面，怕國民黨操縱東北黨部，宣傳政治理論影響人心，動搖東北集團統治；另一方面，根據國民黨的以黨治國理論，地方黨部有指導、監督地方政府之權，故怕東北政委會及東北各省政府受國民黨掣肘。所以，1931 年 3 月 26 日，在東北五省市黨務指導委員宣誓就職典禮上，國民黨代表吳鐵城才有對地方黨和政府關係的如下釋疑，讓東北要員不要誤會：「黨同政府兩部系統，監督國府，是中央黨部，國府分轄各省市縣政府，而各省市縣黨部負責監察責任，及宣傳責任。宣傳是宣傳三民主義，監察是監察省市縣遵奉政府命令，是否違反中央黨部的主義，不是地方黨部對地方政府有直接監督權。」〔註 25〕

第二，受到中東路事件和中原大戰的戰爭影響，這也是東北集團官方給出的原因，當然也是客觀原因。「當時黨部雖然成立，而國民黨工作，尚未完全公開，其重大原因有二：一因民國十八年秋，中東鐵路事件，發生糾紛。赤俄軍隊，殺戮我人民，侵犯我土地，東北當局，為正當防衛計，遣軍籌餉，昕夕不遑，國內各重要工作，皆無暇顧及。二因閻馮稱兵，其勢猖獗，東北當局，一方主張和平救國，一方整備軍實，協助中央戡亂。而黨務之進行遂

〔註 24〕《國民政府訓令 635 號》，《國民政府公報》，1929 年 7 月 26 日第 226 期。

〔註 25〕東北文化社年鑒編印處：《東北年鑒》，瀋陽：東北印刷局，1931 年，特三頁。

有暫趨停頓之勢。」〔註 26〕

第三，國民黨委派的東北各省黨務指導委員缺少經費，無法展開工作。按國民黨規定，地方黨部經費均由地方財政擔負，即省黨部由省財政廳撥付經費，縣黨部由縣財政局撥付經費。但由於國民黨一直不同意將東北黨權交與東北集團，所以東北集團也就一直拒絕承認國民黨委派的黨務指委會的合法性，也就一直沒有給東北各省黨務指委會撥發經費，以致各省黨務指導委員均因沒有經費而無法開展工作，不得不積聚瀋陽。〔註 27〕由於國民黨地方黨部經費很大比例都是委員生活費，所以東北集團不撥經費，國民黨各黨務指導委員連生活費都無著落，不得不紛紛向中央索要生活費和黨部維持費，而國民黨亦不得不予以支持，〔註 28〕以便在東北繼續保持國民黨的「公開」存在。

第二節　黨治體制的初建：國民黨東北黨部的建立與黨務工作

一、東北黨權易手

（一）中原大戰後東北黨權的最終歸屬

中原大戰前，為了反蔣需要，閻錫山將晉綏冀察平津四省兩市的國民黨黨部全部「暴力封閉」了〔註 29〕，所以中原大戰期間，國民黨華北黨務工作全部陷入了停頓。在東北軍再次進入平津之際，東北集團與國民黨達成協議，在「時局未定之前」華北黨務暫時維持現狀，以防止「妨及治安」〔註 30〕，於

〔註 26〕東北文化社年鑒編印處：《東北年鑒》，瀋陽：東北印刷局，1931 年，特二頁。

〔註 27〕佟德元：《黨權之爭與奉系軍閥國民黨化：1929～1931》，《安徽史學》，2011 年第 6 期。

〔註 28〕參見中國第二歷史檔案館編：《中國國民黨中央執行委員會常務委員會會議錄》（九），桂林：廣西師範大學出版社，2000 年，第 55、83、182、190、244、308、409 頁；《中國國民黨中央執行委員會常務委員會會議錄》（十四），桂林：廣西師範大學出版社，2000 年，第 189、192 頁。

〔註 29〕中國第二歷史檔案館編：《中國國民黨中央執行委員會常務委員會會議錄》（十一），桂林：廣西師範大學出版社，2000 年，第 278 頁。

〔註 30〕《第五旅旅長董英斌為晉軍撤出北平中央黨員頓呈活躍曾加勸止與張學良往復電》，遼寧省檔案館編：《奉系軍閥檔案史料彙編》⑩，南京：江蘇古籍出版社，1990 年，第 595 頁。

是國民黨僅派員組織了冀平津等省市黨務整理委員會整理華北黨務。〔註31〕

1930年11月至12月，張學良赴南京參加國民黨三屆四中全會，期間張蔣對華北、東北諸多問題進行了協商。由於東北集團再次入關獲得了冀察平津青兩省三市地盤，獲利巨大，因此張學良在權衡華北與東北利益後，與蔣介石達成了雙贏的協定，其中有關黨部問題的協議如下：在華北，南京主持華北各級黨部，東北集團則派員參與省市黨部，並由華北財政支給黨部經費；在東北，蔣介石同意由張學良主持東北黨部，張學良則同意正式建立各省黨部，而縣及以下黨部暫不建立。〔註32〕

1930年國民黨三屆四中全會通過了《特許東北有功將領等入黨案》:「東北將領及其他政治工作人員擁護黨國有功，其未取得黨籍者，應准特許入黨。由中央委託張學良同志負責調查、報告、介紹，轉給黨證。」〔註33〕這就解決了東北集團人員在中原大戰後的入黨問題。

12月4日，張學良從南京北返，在確定晉馮軍編遣方案而北方軍事善後告一段落之後，華北各省黨部開始了改組。12月8日，張學良與國民黨華北黨部代表劉不同商定，嗣後華北黨部經費，仍照舊章辦理，由省市政府每月按數發給，並由省市政府派二人在黨部擔任工作，以示黨政合作。〔註34〕1931年1月5日張學良正式電東北軍政各機關：近與中央商定，東北將領、官吏均應正式加入國民黨。於是王樹翰奉張學良諭令，擬介紹劉翼飛、于學忠、周守一、臧啟芳、高惜冰、鄒尚友、潘景武等人入黨，送上志願書二份。〔註35〕而這些人中絕大多數均以內定為華北、東北各黨部委員。3月，這些加入

〔註31〕中國第二歷史檔案館編:《中國國民黨中央執行委員會常務委員會會議錄》(十二)，桂林：廣西師範大學出版社，2000年，第494頁；《中國國民黨中央執行委員會常務委員會會議錄》(十三)，桂林：廣西師範大學出版社，2000年，第55、56頁。

〔註32〕張友坤等:《張學良年譜》(修訂版)，北京：社會科學文獻出版社，2009年，第366頁。

〔註33〕榮孟源主編:《中國國民黨歷次代表大會及中央全會資料》(上)，北京：光明日報出版社，1985年，第916頁。

〔註34〕張友坤等:《張學良年譜》(修訂版)，北京：社會科學文獻出版社，2009年，第367頁。

〔註35〕《張學良為與中央商定東北將領官吏均應正式入黨給東北邊防軍司令公署及各省市電》(1931年1月)，《王樹翰為奉張諭擬介紹劉翼飛等加入國民黨送入黨志願書函》(1931年2月)，遼寧省檔案館編:《奉系軍閥檔案史料彙編》⑪，南京：江蘇古籍出版社，1990年，第328、477頁。

華北黨部的奉方人員與再次改派的東北黨務指導委員一起得到國民黨中央的明令任命。〔註 36〕

在華北善後告一段落之後，國民黨中央便於 1931 年 2 月派吳鐵城為代表前往東北，其使命除代表蔣介石慰勞東北軍隊，並宣揚召開國民會議之意義外，最重要的使命便是要重建東北黨部，由秘密的地下活動改為公開發展。〔註 37〕而東北集團更是未雨綢繆，早在 1930 年 11 月便通知河北省、天津市兩政府，稱東北即將開始辦理黨務，要調用嫻熟人員，以資助理，命其準備幹練黨員，省府 10 人，市府 6 人，填表呈東北政務委員會，以備調用。〔註 38〕

1931 年 3 月，國民黨中央再次改派東北各省黨務指導委員，大規模增加了奉方人選數量，並最終得到東北集團認可（參見表 6）。於是，東北五省市黨務指導委員於 3 月 26 日齊集瀋陽，宣誓就職，並先後成立了東北各省黨務指導委員會。在此次改派的各黨務指導委員中，總的來看奉方委員比國民黨委員多〔註 39〕，從各省情況看，雖然國民黨委員居多的省份略多（參見表 4），但在各省黨務指委會常務委員中奉方占多數的省份略多（參見表 5）。遼寧和哈爾濱均是奉方佔據常委席位，就連奉方委員不占多數的黑龍江省黨務指委會，亦是奉方人員萬福麟、潘景武佔據了常委中之二席。而吉熱兩省，張作相、湯玉麟亦均擔任常委一職。〔註 40〕

表 4：1931 年 3 月東北各省黨務指導委員會委員分析

	遼寧	吉林	黑龍江	熱河	哈爾濱	總數	指委占多數省份數
東北集團	6	3	3	3	4	19	2
國民黨	1	4	4	4	1	14	3

〔註 36〕參見中國第二歷史檔案館編：《中國國民黨中央執行委員會常務委員會會議錄》（十四），桂林：廣西師範大學出版社，2000 年，第 307～309 頁。

〔註 37〕王星舟：《吳鐵老東北之行》，《傳記文學》，第 29 卷第 4 期。

〔註 38〕東北文化社年鑒編印處：《東北年鑒》，瀋陽：東北印刷局，1931 年，第 56 頁。

〔註 39〕其中奉系人員為：遼寧張學良、朱光沐、邢士廉、彭濟群、李紹沅、湯國楨 6 人，吉林張作相、熙洽、陳士瀛 3 人，黑龍江萬福麟、楊夢周、潘景武 3 人，熱河湯玉麟、蓋允恭、卞宗孟 3 人，哈爾濱張景惠、鄒尚友、周天放、藏啟芳 4 人，共 19 人；國民黨人員為：遼寧康明震 1 人，吉林石九齡、韓介生、林常盛、顧耕野 4 人，黑龍江王憲章、王秉鈞、呂醒夫、吳煥章 4 人，熱河李元箸、譚文彬、于明洲、張驤濤 4 人，哈爾濱徐箴 1 人，共 14 人。

〔註 40〕佟德元：《黨權之爭與奉系軍閥國民黨化：1929～1931》，《安徽史學》，2011 年第 6 期。

表5：1931年3月東北各省黨務指導委員會常務委員分析

	遼寧	吉林	黑龍江	熱河	哈爾濱	常委占多數省份數
東北集團	3	1	2	1	3	3
國民黨	0	2	1	2	0	2

資料來源：佟德元：《黨權之爭與奉系軍閥國民黨化：1929～1931》，《安徽史學》，2011年第6期。

此次東北黨務指導委員改派與1929年8月那次改派相比，奉方人員所佔比例大增，達近六成，但主要集中在遼寧和哈爾濱，該兩省市東北集團人數占到絕對多數。所以此次東北集團同意國民黨改派方案，成立了各省黨務指導委員會，除了因在華北獲得巨大利益而在東北略做讓步外，主要還在於遼寧和哈爾濱兩地黨務已全然為東北集團控制。從東北集團角度看，遼寧省為張學良的「京畿」，向來為東北各省的中心，具有代表東北集團的政治意義。而從國民黨角度看，奉天和哈爾濱在東北易幟前向來是國民黨在東北發展黨務的兩大基地，也具有代表國民黨的政治意義。因此，哪方首先放棄了遼寧這塊前沿陣地，就等於放棄了東北，何況國民黨把兩塊陣地全都「棄」了。所以奉方對遼寧和哈爾濱黨務的絕對控制，就標誌著其取得了東北黨務領導權。〔註41〕

東北集團掌握東北黨務領導權後，東北各省黨務指導委員的變更仍有向著利於東北集團調整的趨勢。如1931年6月11日，國民黨中央將熱河省黨務指委于明洲免職，遺缺以海玉衡補充，〔註42〕於是在熱河黨務指委會中奉方人員便占多數。所以在九一八事變前，無論是黨務指導委員比例、指導委員占多數省份比例還是常委占多數省份比例，均是東北集團全面占優，這也是東北集團最終取得東北黨權的重要形式特徵。〔註43〕

（二）東北集團對國民黨「秘黨」的破壞

東北易幟後的兩年多時間裏，國民黨一方面在與東北集團對東北黨務指

〔註41〕佟德元：《黨權之爭與奉系軍閥國民黨化：1929～1931》，《安徽史學》，2011年第6期。

〔註42〕中國第二歷史檔案館編：《中國國民黨中央執行委員會常務委員會會議錄》（十五），桂林：廣西師範大學出版社，2000年，第178頁。

〔註43〕佟德元：《黨權之爭與奉系軍閥國民黨化：1929～1931》，《安徽史學》，2011年第6期。

導委員進行討價還價，另一方面則繼續支持原處於地下的國民黨東北黨部秘密發展黨務工作，意圖在東北開闢第二條國民黨黨務的領導路徑。東北易幟後國民黨東北各省黨部的原主要領導人，如錢公來、劉不同、單成儀、馬亮等，雖然相繼被調離東北，但仍有很多原東北黨務領導人員留守在了東北，堅持秘密發展國民黨黨務工作，因此國民黨在東北已建立的省縣各級黨部實際上並未裁撤。

這些留守人員以梅公任、張驤濤和徐箴等為首，他們之所以不願放棄，是因為他們不贊同東北黨部大權被東北集團控制，認為這是國民黨「正統」與否之爭。他們認為屢經改組的東北各省黨部，多由奉方「政軍要人及部屬充之」，國民黨「忠實同志，極少參加」，因此被東北集團控制的國民黨東北黨部只能稱之為「官黨」；而他們自認為是國民黨忠實同志，為了「維持中央正統」，所以「無法與之合作」，並將他們所秘密開展的東北黨務工作稱之為「秘黨」。1929 年春，梅公任與張驤濤、徐箴、劉韶九等人，會商東省未來黨務發展問題。他們主張「以精神團結，自辦黨務」，「聯合忠信之同志」，「負起遼寧省黨之責任，繼續辦黨」。並將該計劃電報東北黨務原領導人劉不同等，同時「報告組織部長陳果夫先生等」，得到國民黨組織部「電覆許可，並每月發給補助費 1000 元，方開始辦理黨務」。〔註 44〕

梅公任等人領導「秘黨」初期所開展的工作主要有兩方面，一方面是重建東北黨務領導系統，他們的計劃是「以瀋陽市為核心，與各縣同志學友，聯絡結合，使負責任，發展黨務。」「此時東北各省市黨部，舊委員多不滿意中央之辦法為與地方政府之妥協，無能反對。」梅等人「復與吉黑哈三黨部有關係委員，取得聯繫，以便推動黨務，多徵求忠誠於黨國之人士，為黨員。」〔註 45〕

另一方面，梅公任等還積極宣傳三民主義。首先，他們借助貫徹國民黨中央關於下層黨部工作綱領〔註 46〕的機會，在社會上大力宣傳三民主義。梅公任「與閻玉衡、車向辰等，組織遼寧國民識字協進會」，以梅為主席，「車

〔註 44〕梅公任：《革命回憶錄》，杜元載主編：《革命人物志》第 11 集，臺北：中央文物供應社，1973 年，第 117～118 頁。

〔註 45〕梅公任：《革命回憶錄》，杜元載主編：《革命人物志》第 11 集，臺北：中央文物供應社，1973 年，第 117～118 頁。

〔註 46〕詳見中國第二歷史檔案館編：《中國國民黨中央執行委員會常務委員會會議錄》（六），桂林：廣西師範大學出版社，2000 年，第 326 頁。

負責任，辦理對於民眾有利益之事項，譬如代民眾寫書信，教民眾識字，利用寒暑假，聯合大、中、師各學校學生，歸鄉與地方師、中小各學校師生聯合，辦理民眾學校教育，以喚起民眾愛國思想。識字運動，作為反對日本侵略東北之宣傳」的同時，還為宣傳三民主義提供了條件。其次，梅公任還在學校公開宣講三民主義。1929 年冬，梅公任被遼寧省立第一師範學校聘為國民黨「黨義教員，東北各校增授黨義課程，始於一師，可以謂為開啟各校教育之新風氣。」〔註 47〕

1930 年梅公任赴南京與國民黨中央接洽東北黨務發展，「首先會見陳秘書長立夫，繼續會見陳部長果夫先生」，「報告東北黨務概況，陳述秘密進行黨務意見。蒙荷察納，請求增加公費，創辦學校，用為擴充黨務機關。」1930 年秋，梅公任又「與驥濤、韶九商議決定在哈市舉行三省與哈市黨部代表會議」，「假楊克儉同志之農場為會址」。梅公任為遼寧代表，王憲章和王秉鈞黑龍江省代表，徐箴為哈爾濱市代表，「吉省無有適當人選，時張懷南同志來哈，邀為組織部代表」。此次東北「秘黨」聯合會議由梅公任「提出議案，討論議決，推驥濤、懷南為代表，呈請中央核准」，並決定以梅公任「負對中央聯絡責任，驥濤負地方聯絡責任」。此次會議提案獲得「中央批准後，每月發給經費一萬元」，由梅公任領取分發。於是梅公任等人「之秘黨務，始通行於東省，使東北各忠實同志不為官黨所引誘，亦未為外黨所利用，始終維持中央正統系者」，梅公任等「無名而有實之黨部與有力焉」。〔註 48〕

再多次得到國民黨中央支持後，東北國民黨「秘黨」還試圖繞過東北集團的「官黨」秘密整合和繼續發展東北縣級黨部。東北易幟前國民黨在東北各省重要縣市均設置有縣級黨部，東北易幟後這些黨部經歷了短暫停擺，而後在梅公任等領導的「秘黨」領導下再次激活並繼續發展縣域黨務工作。但限於經費和人力，縣級黨部工作的發展出現了一些問題。例如，黑龍江通河縣黨務指導委員密呈國民黨中央，該縣黨部及黨員藉黨興教之事，國民黨中央隨即指令黑龍江省訓練部「切實考查」：「據該省所屬通河縣黨員李作福密呈，稱通河縣黨員大都為基督教徒，該縣指導委員亦均信仰基督教，並大事宣傳，藉黨興教，等語。查本黨過去對於黨員與宗教之關係，雖無明文規定，

〔註 47〕梅公任：《革命回憶錄》，杜元載主編：《革命人物志》第 11 集，臺北：中央文物供應社，1973 年，第 119 頁。

〔註 48〕梅公任：《革命回憶錄》，杜元載主編：《革命人物志》第 11 集，臺北：中央文物供應社，1973 年，第 118～119 頁。

惟黨員係以三民主義為其唯一之信仰，為黨努力為其唯一之義務，故有宗教信仰之黨員，絕不能以教義附會黨義，尤不能以宗教之行動妨礙黨的行動。仰該部應即本此原則，切實考查，並將辦理經過情形，據實呈報為要。」〔註49〕

黨員藉黨興教，這自然是國民黨絕不允許出現的情況。但事情發生在黑龍江省通河縣，並由該縣黨務指導委員會呈報國民黨中央，則可以在一定程度上反映出梅公任等領導的「秘黨」的重要作用。通河縣位於松花江左岸，屬民國時期黑龍江省所轄，距離哈爾濱約 200 多公里，當時通河縣並不通火車，與哈爾濱的聯絡主要通過松花江水道船運。由此可見在諸如哈爾濱等重要城市及其周邊各縣，國民黨「秘黨」是對縣黨部進行過整合併獲得一定發展的。實際上不僅如此，在東北邊疆地區各縣也有國民黨「秘黨」活動，比如國民黨調查員孫萬山將日本利用朝鮮僑民對琿春、汪清、延吉、和龍四縣進行滲透和侵略等活動向國民黨中央進行了密報，〔註 50〕該四縣就位於民國時期吉林省與朝鮮和蘇聯接壤的邊境地區。

對於梅公任等「秘黨」的發展及對東北「官黨」的抵制與破壞，引起東北集團大為不滿，因此東北政務委員會多次訓令各省縣機關要嚴加查禁。如 1929 年 7 月 12 日，牛莊郵局接得營口市縣黨務指導委員會信一件。然而此時遼寧省黨部尚未成立，「市縣黨部何能先行組設」，時任遼寧省公安管理局局長的高紀毅認為「恐有別情」，便命「該管第五分局詳查具報」。該分局長劉風池呈稱，「派行政局員姜向陽前往公眾閱報社詳查，並訊據楊憾吾聲稱，現在省黨務指導委員會臨時辦公處業已成立，駐遼寧省三經路中央飯店，其各市縣黨部行將發表。本埠黨務指導委員會雖未設立，而關於本會所用印戳業由省黨部發下」，並派楊憾吾、陳曜訓、董素心、陳受時等五人為該埠黨務委員。「至前與牛莊郵局所寄之函即用此戳，並非虛偽等語」。〔註 51〕而東北政務委員會則以「現在遼寧省黨部指委業經中央黨部重行派定，正在籌備進行」

〔註49〕《指令黑龍江省訓練部為切實考查該省通河縣指委及黨員之藉黨與教實情呈報等由》，《中央訓練部部務彙刊》第四集，(無出版者)，1930 年，「重要文件」，第 27 頁。

〔註50〕《遼寧省政府為轉發內政部諮送日在琿汪延和各縣設警所民會一覽表的密令》(1930 年 2 月)，遼寧省檔案館編：《奉系軍閥檔案史料彙編》⑨，南京：江蘇古籍出版社，1990 年，第 610 頁。

〔註51〕《高紀毅為發現有營口市縣黨務指導委員會信件事給遼省府呈》(1929 年 8 月)，遼寧省檔案館編：《奉系軍閥檔案史料彙編》⑧，南京：江蘇古籍出版社，1990 年，第 594 頁。

為由，認定「營口之縣黨指委顯係偽託」，明令禁止；〔註 52〕同時對於隨後在洮南和遼陽等地發現的各縣黨務指委會或黨部，也一概認為「均係偽託，自應照案，一體禁止」。〔註 53〕

東北易幟後，東北畢竟已然皈依三民主義，雖然在東北黨部問題上國民黨與東北集團仍存在矛盾和鬥爭，但國民黨在東北獲得了合法和公開地位是毋庸置疑的。這主要表現在三民主義等國民黨諸多黨義綱領等思想和著述可以在社會上和學校中傳播、國民黨黨員可以公開身份活動而不再被關進監獄或受到刑罰、東北集團高層紛紛加入國民黨並推行黨治體制，等等。只不過由於東北集團謀求控制東北黨權而致使國民黨在東北的合法和公開程度受到限制罷了。這一限制體現在東北集團要將國民黨東北黨部打造成「官黨」，原東北的國民黨黨員可以選擇加入「官黨」，也可以選擇不加入而以國民黨黨員身份自由宣傳國民黨黨義和綱領，但不准他們另起爐灶組織「秘黨」。這也是東北政務委員會對上述國民黨東北各縣黨部嚴加查禁的原因所在。當然在東北國民黨已屬合法的前提下，此時國民黨「秘黨」黨員即使被各地警憲機關查獲抓捕，所承受的代價也不過是沒收「秘黨」文件印信和查封黨部而已，其人身安全並不會如東北易幟前處於地下的國民黨黨員那樣面臨生命危險，甚至「秘黨」黨員生計都不會受到影響。

這一點從下面這則材料中我們就可以看出。1928 年 12 月 9 日，奉天省黨務指導委員會呈國民黨中央黨部：「查東省當局最近對於本黨同志施以種種不利之行動，業經隨時呈報在案。最近奉天市指委會呈報東北大學北校負責同志吳大中、印化封，工作努力並指揮反日運動，被學校當局忌視，於本月三日開除學籍，此後無所依歸犧牲實鉅，請設法安置等情。又通遼縣特派員呈報該縣第二區一分部負責保化族女同志，黨員張純毅女同志，均係第三小學教員，因宣傳黨義被學校當局辭退，並有當地軍警監視，……生活立感困難，請予設法維護等情。查此等事件數月以來不一而是，且恐將來繼續發生而無應付方法，對於黨務前途為害匪細。且在黨的立場上，凡黨員為黨工作而招

〔註 52〕《東北政委會為營口之縣黨指委顯係偽託應飭令禁止給遼省府指令》（1929 年 8 月），遼寧省檔案館編：《奉系軍閥檔案史料彙編》⑨，南京：江蘇古籍出版社，1990 年，第 19 頁。

〔註 53〕《遼陽縣縣長石秀峰為報縣境並無黨部組織給遼寧省政府呈》（1929 年 10 月），遼寧省檔案館編：《奉系軍閥檔案史料彙編》⑨，南京：江蘇古籍出版社，1990 年，第 215 頁。

犧牲，黨部實難置之不理，究應如何辦理致中央執行委員會。」〔註 54〕

吳大中等被開除學籍，因「無所依歸」，請中央「設法安置」；張純毅等被辭退，生活困難，並被「軍警監視」，請中央「設法維護」。這說明他們並沒有因為是國民黨黨員而被關進監獄，不然就不會是僅被「監視」，和請求國民黨中央「安置」和「維護」了，而應該是請求營救。他們之所以僅僅失學和失業導致學業和生計均陷入困境，而人身自由和生命安全並沒有受到威脅，是因為這些事情發生在東北易幟前數月。此時國民黨與東北當局正在進行東北易幟談判，南北統一已是大勢所趨，所以此時東北的國民黨黨員被東北當局查獲所面臨的危險，遠比東北易幟談判之前處於張作霖統治東北時期被抓獲所面臨的危險要低得多。比如國民黨東北黨務領導人錢公來，1927 年春被捕入獄，囚禁達兩年之久，不僅喪失人身自由，其生命安全也時時受到威脅，直到 1929 年初東北易幟後才獲得釋放，而同時被釋放的還有易幟前多年就被抓捕入獄的國民黨黨員齊東野等十餘人。〔註 55〕

作為對奉天省黨務指導委員會該呈文的回應，南京國民政府於 1929 年 1 月 17 日致電奉天省政府，提出「對於黨務工作人員務須加以維護」〔註 56〕的要求。所以易幟後東北國民黨「秘黨」黨員如無軌外舉動即便被查獲，其待遇自然也要優於吳大中和張純毅等人，其人身自由和生計自然也就不會受到影響，這也可以從領導「秘黨」的梅公任能夠被聘為遼寧省立第一師範學校黨義教員後又被聘為該校校長得以佐證。當然東北集團如此善待，也是有底線的，如果有人膽敢行威脅東北集團利益之舉動，面臨的自然是死亡威脅。如 1929 年 8 月南京國民政府「訓令」遼寧省政府：「中央執行委員會近據各

〔註 54〕《國民政府文官處為對黨務工作人員須加以維護致奉天省政府函》，遼寧省檔案館編：《奉系軍閥檔案史料彙編》⑧，南京：江蘇古籍出版社，1990 年，第 99 頁。

〔註 55〕趙尺子：《錢公來》，杜元載主編：《革命人物志》第 8 集，臺北：中央文物供應社，1971 年，第 197 頁；錢公來：《朱霽青》，《革命人物志》第 1 集，臺北：中央文物供應社，1969 年，第 378 頁；張友坤等：《張學良年譜》（修訂版），北京：社會科學文獻出版社，2009 年，第 244 頁；《奉天省長公署為據南京電在奉被押之錢公來等為國民黨員請速開釋趙尚志等為共產黨不可開釋的訓令》，遼寧省檔案館編：《奉系軍閥檔案史料彙編》⑦，南京：江蘇古籍出版社，1990 年，第 710 頁。

〔註 56〕《國民政府文官處為對黨務工作人員須加以維護致奉天省政府函》，遼寧省檔案館編：《奉系軍閥檔案史料彙編》⑧，南京：江蘇古籍出版社，1990 年，第 99 頁。

地方黨部報告，各地政治機關及軍事長官往往有擅捕甚至槍殺黨務工作人員情事。……所有黨務工作人員除疑犯應由法院依法辦理外，不得任意逮捕傷害。各軍政機關如發現黨務工作人員，有反動不法行為只可分別其性質，由法院或其所屬之上級黨部檢舉。即有緊急處分之必要時，亦應商同當地黨部辦理，不得經自拘辦，以重黨務而維人權。」〔註57〕

二、東北黨部的改組與正式建立

（一）東北各省市黨務指導委員的再次改派

中原大戰後，國民黨中央決定召集國民會議，各省選舉代表，必須有健全合法之民眾團體，選舉方為合格。然而想要健全民眾團體之組織，必須有黨部指導委員為之指導，於是1931年2月間國民黨特派視察東北黨務的中央委員吳鐵城來遼，指導黨務之進行。東北當局則事前派彭濟群和朱光沐兩人，籌備一切。

因為東北集團在華北黨部問題已然做出讓步，所以國民黨不得不在東北黨部問題上也進行妥協。在數次改派東北黨務指導委員均被奉方否決後，國民黨中央又於1931年3月再次大規模增加奉方黨務指導委員數量，遼、吉、黑、哈三省一市重新改派，熱河省黨務指導委員加派張驥濤、卞宗孟二人，而後不久又將熱河黨務指委金鼎臣免職，而以蓋允恭補充，所有黨務指導委員最終均得到奉方的認可（參見下表）。

表6：1931年東北各省黨務指導委員名單

省市	委員姓名
遼寧	張學良、朱光沐、邢士廉、彭志雲、康明震、李紹沆、湯國楨
吉林	張作相、熙洽、石九齡、韓介生、林常盛、顧耕野、陳士瀛
黑龍江	萬福麟、王憲章、王秉鈞、呂醒夫、吳煥章、楊夢周、潘景武
熱河	湯玉麟、蓋允恭、李元箸、譚文彬、于明洲、張驥濤、卞宗孟
哈爾濱	張景惠、鄒尚友、周天放、藏啟芳、徐箴

資料來源：中國第二歷史檔案館編：《中國國民黨中央執行委員會常務委員會會議錄》（十四），桂林：廣西師範大學出版社，2000年，第307、308、349頁；《關於張學良等任北方諸省黨務指導委員的文電》，遼寧省檔案館編：《奉系軍閥檔案史料彙編》⑪，南京：江蘇古籍出版社，1990年，第511頁。

〔註57〕《國民政府為不得任意逮捕傷害黨務工作人員給遼省府訓令》，遼寧省檔案館編：《奉系軍閥檔案史料彙編》⑧，南京：江蘇古籍出版社，1990年，第643頁。

東北黨務指導委員的人選最終塵埃落定後，東北五省市黨務指導委員於1931 年 3 月 26 日齊集瀋陽的遼寧省舊議會，舉行宣誓就職典禮，由吳鐵城代表中央黨部監誓宣誓就職，隨後各省黨務指導委員會相繼成立。

（二）東北黨務指導委員就職典禮與各省黨部成立

依照國民黨《各級黨部執監委員就職宣誓條例》，東北黨務指導委員要舉行就職宣誓典禮，其程序為：肅立，唱黨歌，向國旗黨旗及總理遺像三鞠躬禮，監誓員恭讀總理遺囑，靜默三分鐘，宣誓人舉右手宣讀誓詞，監誓員致訓詞，宣誓人答詞，禮成。就職宣誓的誓詞為：「余，誓以至誠，遵奉總理遺囑，信仰本黨主義，遵守本黨紀律，服從本黨命令，嚴守黨的秘密，絕對不組織或加入其他政治團體，絕對不自私自利，絕對不以個人感情或意氣用事，如有違背誓言，願受本黨最嚴厲的處分。謹誓。」〔註 58〕

就職典禮中，吳鐵城代表國民黨中央發表訓詞，開場白先是簡單闡明東北黨部遲至今日才正式成立的原因，「東北同志，東北民眾，參加革命已二十年。所以對於革命行動，東北為革命貢獻很大力量，促成今日統一和平。但是實際早經參加於黨，為何遲至今日方才成立，實因前年中俄戰事，去年中原變亂，東北同志在三四年來，一方為國家除外患，一方促成中國統一，所以遲遲也。」而後「代中央說幾句話」，主要內容為兩點，一是「希望東北努力於精神方面同物質方面之兩項革命」，「為國家社會社會服務，在宣傳方面努力，告知民眾三民主義要點，這是精神的工作。至物質方面，遵守中央法令，規定基本工作。革命同志的建設工作，如國貨衛生植樹等等。我們知道主義在政治上表現出來，一方宣傳，一方要實行，這算是心志一致。」二是向奉方解釋了國民黨與政府的關係，「黨部與政府關係，過去許多地方未辦黨部，而亦未有充分訓練，亂用黨部職權，干涉政府，這是同志要承認的壞處。辦黨同志，不是短促時間訓練，須經長時間而成。中國國民黨，未準備許多辦黨人才去辦黨，信仰三民主義與辦黨，兩項未分。所以黨部與政府地方人民，發生誤會，在此希望東北同志看出糾紛誤會，一定要避免錯誤，不要發生不幸的事。黨同政府兩部系統，監督國府，是中央黨部，國府分轄各省市縣政府，而各省市縣黨部負責監察責任，及宣傳責任。宣傳是宣傳三民主義，監察是監察省市縣遵奉政府命令，是否違反中央黨部的主義，不是地方黨部

〔註 58〕《各級黨部執監委員就職宣誓條例》，《中央黨務月刊》，1929 年第 15 期。

對地方政府有直接監督權。希望東北同志，要黨政合一動作。」〔註59〕

張繼在吳鐵城之後講話，讚揚東北優秀民族，同為中華民族，希冀東北為國家建設努力。「兄弟到東北共有六次，回想東北民族為優秀民族，中華民族，由漢滿蒙回藏合成，經數千年而成中華民族。……在秦漢之際，東北即有漢民族，推延至今，成為優秀民族，前途希望很遠大。故東北民族，即為中華民族，可以助成中國建設。」〔註60〕

遼寧黨務指導委員張學良代表五省市黨指導委員發表答詞，「蒙中央黨部賦予重大責任，同人等不知將來成績如何。簡單說，本之良心，遵奉遺教，依中央法令實行做去，黨部與政府之錯誤，務當改革。吳委員所說，東北辦黨要好，雖不敢說必辦到好處，但是東北同志們要振起精神，遵奉黨綱及總理精神做去。」〔註61〕

在整個典禮的最後，遼、吉、黑、熱、哈五省市黨務指導委員發布宣言，內容主要有三點：「建國首要，在於民生，本固邦寧，古有恆言，吾國之農村經濟，益形凋敝，工商實業，日趨窘境，將與列邦爭存，每覺相形見絀。而帝國主義者，復以其優勢之經濟武力，藉不平等條約為口實，環而謀我，迄未稍懈。……此後本黨同志，宜深入民間，為民前鋒。奉行黨綱政策，積極建設，解除民眾痛苦，力圖民族生存。安內禦外，懸的而趨，鍥而不捨，期底於成。此其一。思想雖雜，於今為烈，欲救中國進於大同，本黨主義實為革命圭臬。……嗣後全省同胞，當群奉本黨主義，以求中國之自由平等。勿惑歧途，致悞正軌。須知此外無黨，此內無派，惡紫奪朱，恐莠亂苗，滌污布新，同履康莊，此其二。訓政伊始，經緯萬端，運用之初，所宜熟籌，倘或有視黨務機關為官府，以干政營私為工作，不特易滋流弊，亦失民眾信賴。昨冬四中全會，明令告誡，義正詞嚴，此後本黨同志，當以救世救國之念，立人立己之懷。檢點自期，自為完人，恪守黨紀，為民忠僕。既不敢沾染積習，為人詬病，亦不願竟同空言，無補事功。務期同志同胞，融合於黨義之中，庶建國偉業，乃早有完成之望，此其三。本會權衛急務體認如斯，確信非本黨不足以救國，非統一不足以自存。」〔註62〕

〔註59〕東北文化社年鑒編印處：《東北年鑒》，瀋陽：東北印刷局，1931年，特二、特三頁。

〔註60〕東北文化社年鑒編印處：《東北年鑒》，瀋陽：東北印刷局，1931年，特三頁。

〔註61〕東北文化社年鑒編印處：《東北年鑒》，瀋陽：東北印刷局，1931年，特三頁。

〔註62〕東北文化社年鑒編印處：《東北年鑒》，瀋陽：東北印刷局，1931年，特四頁。

各省市黨務指導委員宣誓就職後，各省黨務指導委員會也相繼成立。除了遼寧省黨務指導委員會是在就職典禮當天，即 1931 年 3 月 26 日宣告正式成立外，哈爾濱黨務辦事處 4 月 6 日正式成立，熱河省黨務指導委員會 4 月 20 日正式成立，吉林省黨務指導委員會 4 月 28 日正式成立。〔註 63〕

（三）東北黨部組織構成

1929 年 3 月遼寧省黨部正式成立，以舊議會為辦公地址，內部辦事，共分四科，先成立三科。所需經費，由所得稅撥充，五省市黨部之組織，悉遵照中央頒布通則辦理，次第成立。東北各省市黨務指導委員會是在 1928 年北伐完成後，國民黨整理黨務期間，於北方各省市建立的黨務整理機構，是正式黨部建立前各省黨務最高領導機關，其存在期限「至各該省黨部正式成立時為止」。根據《省黨務指導委員會組織通則》之規定，黨務指導委員會「由中央執行委員會遴選考查合格之人員組織之」，其職權源自國民黨「第二屆中央執行委員會第四次全體會議整理各地黨務之決議」。〔註 64〕在整理黨務期間，省黨務指導委員會「代行執行委員會職權」，其權限和任務如下：「甲，辦理全省黨務員總登記總考查，及總訓練等事宜。乙，選派各縣市黨務指導委員，及各獨立區黨務指導員。丙，籌開全省代表大會，及成立正式省黨部。」省黨務指導委員會的委員「人數規定為七人至九人」，該會下設組織有：秘書處、組織部、宣傳部、訓練部、民眾訓練委員會。〔註 65〕其中，「秘書處由指導委員互推三人組織之，各部各設部長一人，民眾訓練委員會設委員五人，均由指導委員分別擔任之，各部部長須兼任民眾訓練委員會委員」。該通則同時適用於特別市特別區黨務指導委員會，即哈爾濱黨部同樣需要按照該組織通則組建。

在整理黨務期間，國民黨對各省黨務指導委員非常重視，往往都是將久經考驗忠實於黨的老黨員派往或提拔為各省黨務指導委員。根據《省黨務指導委員服務規則》之規定，省黨務指導委員，必須奉行下列信條：「甲，絕

〔註 63〕《各省市黨委會成立就職啟印視事》（1931 年 2 月），黑龍江省檔案館藏，全宗號：62-7-6。

〔註 64〕中國國民黨中央組織部印行：《整理黨務法令》第 1 集，（無出版社），1928 年，第 1～2 頁。

〔註 65〕各處、部、會組織與職權可詳見《省黨務指導委員會組織細則》，中國國民黨中央組織部印行：《整理黨務法令》第 1 集，（無出版社），1928 年，第 3～13 頁。

對信仰本黨主義。乙，絕對服從本黨紀律。丙，絕對嚴守黨的秘密。丁，絕對不組織或加入其他政治團體。戊，絕對不以個人情感或意氣用事。」鑒於北伐時期大量舊軍閥加入國民黨，導致黨政關係尤其是地方黨部與地方政府的關係趨於緊張，甚至發生衝突的情況，國民黨中央為集中力量辦理黨務並減少地方黨政矛盾起見，特於辦理黨務期間，對各省黨務指導委員職權做了如下限制：「甲，不得侵及地方行政及司法之權限。乙，於中央未頒布民眾訓練具體方案以前，關於民眾運動，務須經中央之許可。」「凡各省黨務指導委員會所屬之縣或市黨部，與各該縣或市政府發生異議時，應由各該省黨務指導委員會，據實呈請中央執行委員會核辦。」各省黨務指導委員會，「須每星期將辦理登記經過，及其他整理黨務情形，報告中央執行委員會一次。」「各省黨務指導委員會至少須每週開會一次，決定各該省一切黨務之進行事宜。」〔註 66〕

對於各省黨務指導委員會工做到何種程度方可成立正式省市黨部，國民黨中央亦有明確規定：「各省黨務指導委員會於各該省成立十個正式縣黨部以上，應即呈請中央組織部派員視察，經中央組織部認為可籌備全省代表大會時，得即籌開地方代表大會，其組織法及選舉法，均須於籌備期間內，擬定呈請中央核准施行。」「本規則適用於特別區及特別市黨務指導委員會，惟在特別市成立五個正式區黨部以上時，應即呈請中央組織部派員視察，經中央組織部認為可籌備全市黨員大會時，得即籌開全市黨員大會。」除了規定省黨務指導委員的職權外，對於違反前述規定的黨務指導委員，「或辦理登記或其他黨務不力之情形，中央得隨時予以相當之處分。」〔註 67〕

同時為了保障黨務工作進行，且錄用合格黨務工作人員，國民黨中央還制定了《黨務工作人員任用條例》，規定：凡黨務工作人員，「非合於左列各款資格第一款及其他各款之一者，不得任用：一，經本屆總登記合格者；二，高級黨務學校畢業，或具有同等學力，確有黨務學識或經驗者；三，曾在黨務機關工作滿一年以上，辦理黨務有成績者；四，現充黨務工作人員，經該管機關認為確有黨務學識或經驗者」。「雖具有前條第一款及其他各款之一而有左列情事之一者，不得任用：一，有惡化腐化之言論或行動者；二，曾受

〔註 66〕 中國國民黨中央組織部印行：《整理黨務法令》第 1 集，（無出版社），1928 年，第 14～16 頁。

〔註 67〕 中國國民黨中央組織部印行：《整理黨務法令》第 1 集，（無出版社），1928 年，第 16～17 頁。

本黨懲戒之處分者；三，曾受法院刑事處分之宣告者；四，年力衰弱不堪任事者」。〔註68〕

關於專門技術人才或錄事等之任用，該條例則規定：「在事實上有必要時，亦得任用非黨員，但須有黨員二人以上之保證，確認其人對於本黨主義有深切之認識與信仰，並須在六個月內，聲請考查取得黨籍。」「凡黨務工作人員，經該管機關審查合格准予任用後，須填具服務誓書，並須由介紹人負責簽名蓋章。」「負責介紹人，如有徇私濫保或虛偽情事，經察覺後，除撤銷任用外，並得按情節輕重，分別懲戒之。」〔註69〕黨務工作人員可以由黨員做介紹人推薦，顯然這個介紹人不可能是普通黨員，必然是具有較高級職務的黨員。雖規定介紹人徇私舞弊等要給予處分，但如何懲戒卻沒有明確說明。這種制度設計，容易造成在黨部內安插親信，形成小團體。而這種情況在民國時期，無論政府內、黨部內還是軍隊內，都經常可見。這種頑疾一定程度上會造成國民黨的內耗，削弱凝聚力和戰鬥力。

根據《黨務工作人員服務規則》之規定：黨務工作人員「應絕對信仰本黨主義，服從本黨紀律」，「應服從上級黨務機關，或指導人員之命令」，「不得廢弛職務」，「除經該管上級機關，或指導人員特准兼職者外，不得兼任他職」，「對於黨的秘密不得洩漏」，「於該管事件，不得以未發之文書通知該事件有關係之人，及未經發刊之文件，私自宣示」，「所管文書冊據有典守之責，不得遺失棄毀」，「應注意容止服飾，不得喪失職務之威嚴」，「如違反以上各條，該主管機關，或指導人員，得按其情節輕重，予以相當之懲戒」。〔註70〕該規則對於黨務工作人員的言行進行了全方面的限制和約束，有利於保證黨部的秘密不會輕易外泄。

三、東北黨務工作的短暫開展

（一）東北黨務發展方略

東北各省市黨務指導委員會成立後，國民黨東北黨務工作開啟了新篇章。為了確保各省市黨務指導委員會能夠順利開展工作，1928 年國民黨中央制定了《省黨務指導委員會工作大綱》，對該會工作原則、工作類別、工作實

〔註68〕東北文化社年鑒編印處：《東北年鑒》，瀋陽：東北印刷局，1931 年，特七頁。
〔註69〕東北文化社年鑒編印處：《東北年鑒》，瀋陽：東北印刷局，1931 年，特七頁。
〔註70〕東北文化社年鑒編印處：《東北年鑒》，瀋陽：東北印刷局，1931 年，特七頁。

施及工作終結等內容均做了規定。「此處整理各省黨務，其目的在確立本黨基礎，清釐黨員黨籍，組織健全之各級黨部」。故此，各省黨務指導委員會開始工作時必須遵照以下四項原則：「一、選派各縣市黨務指導委員寧缺毋濫；二、登記黨員寧缺毋濫；三、組織各級黨部寧缺毋濫；四、絕對打破操縱選舉觀念。」該會工作類別為「一、辦理全省總登記；二、訓練全省黨員；三、成立健全的所屬各級黨部；四、成立健全的省黨部。」〔註 71〕

省黨務指導委員會的工作大綱，雖名為綱要，卻事無鉅細，將該會組建正式黨部所要實施的工作均作了詳細規定，即劃分為組織、登記、宣傳、訓練、民眾訓練、視察黨務、黨費和籌開全省代表大會等八個方面，使得黨務指導委員在開展黨務整理工作時，有所依從。例如，工作實施中關於組織方面要實施的工作就有成立省黨務指導委員會、結束以前之黨務、選派各縣市黨務指導委員、成立健全的所屬各級黨部等四項。該四項內容層層遞進，明確指明了省黨務指導委員在整理各縣黨組織時應辦事項。再如，組織實施工作中選派各縣市黨務指導委員一項，要求省黨務指導委員會要對其人選進行考查，並明確列出考查標準有五點：「（子）對於本黨是否絕對忠實？有無惡化或腐化行為？（丑）對於本黨主義能徹底瞭解否？（寅）對於本黨紀律能絕對服從否？（卯）對於黨務工作有良好經驗否？（辰）對於整理黨務有決心及計劃否？」〔註 72〕只有考查合格者才能委派為縣市黨務指導委員。其他各方面工作實施要點亦是如此。

1931 年，東北各省市黨務指導委員會相繼成立後，東北當局對於黨務工作如何推進曾做出如下決議。關於黨務向各縣市推進之步驟：「先在遼寧、吉林、黑龍江、熱河、哈爾濱五省市設立黨部，然後於省外各要地設立市黨部，漸次而及於縣黨部。其組織方針，先以於此次時局之卓有功勞者為中心，漸及一般人士，一方鞏固組織基礎，宣傳主義，指導民眾；一方極力取締共產黨之赤化及擾亂運動。」〔註 73〕原本中原大戰時，張學良與蔣介石曾達成協議暫不在東北設置縣級黨部，但由於梅公任等領導的「秘黨」不願歸屬張學良所領導的「官黨」，因此為了與「秘黨」爭奪各縣黨部領導權，東北集團才

〔註 71〕中國國民黨中央組織部印行：《整理黨務法令》第 1 集，（無出版社），1928 年，第 19～20 頁。

〔註 72〕中國國民黨中央組織部印行：《整理黨務法令》第 1 集，（無出版社），1928 年，第 20～26 頁。

〔註 73〕東北文化社年鑒編印處：《東北年鑒》，瀋陽：東北印刷局，1931 年，特五頁。

制定了上述計劃。其目的在於鞏固「官黨」組織基礎，吸納「官黨」黨員的原則是對東北集團作出貢獻者，即所謂的於時局「卓有功勞者」。

關於黨務進行之方略：「東北軍界方面，自少校以上軍官，由遼寧省黨務指導委員張學良先行介紹入黨，通令填具志願書，以便向中央備案。政界方面，由遼寧省政府主席臧式毅，通令按照黨章，凡委任職以上，即須入黨，除省署並各廳局處所之各項人員，由該長官查明呈報外，各縣則由民政廳令各縣遵照辦理。自東北各省市黨務指導委員就職後，黨部即開始工作，遵照民眾團體組織法組織，改組各民眾團體，以應國民會議代表之需要，不得含糊組成，為第一要義；次則使所有黨員注意活動方法，照一般黨部辦理。惟東北情形特殊，應多注意理論方面，普通宣傳黨義，使潛伏之共產黨國家主義派，失其蠱惑民眾力量。黨員應努力於造林、造路等七項運動，從建設方面，輔助人民及政府之工作。」〔註 74〕

由上述決議可知，東北當局推進黨務工作，其主要目的有兩方面：一是大力發展新黨員，「鞏固組織基礎」；二是「改組各民眾團體，以應國民會議代表之需要，」此「為第一要義」；三則是「極力取締共產黨之赤化及擾亂運動」，「使潛伏之共產黨國家主義派，失其蠱惑民眾力量」。而縱觀東北易幟後尤其中原大戰後東北當局領導下的東北黨務工作，也的確都是圍繞這幾方面展開的。

（二）東北黨務工作的主要內容

1. 否定舊黨員，發展新黨員

東北自民國初元，各界人士，入黨者已頗不乏人，到 1931 年尚存有若干人，卻頗難稽考。所以東北當局決定立即「從事調查，黨部擬定之入黨志願書之程序規則，頒發各機關，轉飭文武各項人員，遵照填具，以備歸送黨部存查，轉報中央，以作正式入黨之根據志願書。上貼本人半身二寸照片，寫『具志願書某人，志願奉行三民主義，接受中國國民黨的黨綱，實行黨的決議，遵守黨的紀律，履行黨員的義務，特具志願書，請求入黨，敬祈許可，謹呈中國國民黨特別省市縣等黨部。』」〔註 75〕入黨志願書所要填寫下列各項：入黨人姓名，生辰年月日，入黨人男女之性別，年齡，已否婚嫁，永久

〔註 74〕東北文化社年鑒編印處：《東北年鑒》，瀋陽：東北印刷局，1931 年，特五頁。
〔註 75〕東北文化社年鑒編印處：《東北年鑒》，瀋陽：東北印刷局，1931 年，特五、特八頁。

地址、係何名稱、現在住址、係何區所門牌號數，所受教育、係某項文武學校、幾年畢業，現在職業、係在某機關充何官職，家庭狀況、有無父母兄弟姊妹以及財產出入情形，對於何種職業最有興趣，曾做過社會何種事業，有何專門技能或學術，曾否加入其他政治團體及脫離經過，何故要入本黨，願為本黨作何種工作，對於本黨有何意見，請求入黨時間，本人簽名蓋章，介紹人姓名、黨證字號及入黨時期。

東北集團以舊時黨員難以稽考為名，要求所有人，無論以前是否加入過國民黨，都要重新填具志願書，由張學良介紹加入國民黨。這顯然是否定以前國民黨在東北發展的舊黨員，也是對以前國民黨東北黨部的否定。作為「新同志」的張學良如此欺負「老同志」，也就不怪國民黨東北黨部的舊黨員們老早就抱怨和滿腹牢騷了：「現在各處的黨務，都是老同志設法排斥新同志，搶奪各地的黨部。獨東三省是例外，偏偏是新同志張學良摧殘老同志。據東三省黨部某同志說：月餘以前，張學良曾派人與黨部接洽，要求派人參加辦理黨務，至少新入黨的人須占二分之一。如此辦法，原來的指導員每人還送一部汽車，經黨部拒絕。於是張學良大怒，遂一變其篡奪黨部之陰謀，而下毀黨造黨之決心。第一步，破壞黨部，逮捕委員王育文等。（詳見上月 25 日民眾日報）第二步，電請中央停止黨員工作。（見 21 日各報）第三步，設立黨務籌備處，否認以前之省黨部，請中央另派指委人選。（見 6 日各報）〔註 76〕」「張學良明知中央早已派定黨務指導委員，他卻一字不提，並說在中央未明令發表以前，不准自由組黨，無形中將以前的舊黨部否認。明知現在是停止徵求黨員的時期，他卻下令文武官員於元旦一律加入國民黨，這說明是把以前的舊黨員也一律否認。」〔註 77〕其實東北集團如此強橫，不過是為了更加牢固地控制東北罷了。

2. 改組各民眾團體，選舉合法之國民會議代表

根據《國民會議代表選舉法》〔註 78〕之規定，國民會議代表總額為 520 名。各地選出之總額，已由國民黨中央明確指定，依下列各款分配：「一、由各省選出者 450 名；二、由各市選出者 22 名；三、由蒙古選出者 10 名；四、由西藏選出者 10 名；五、由在外華僑選出者 26 名。」各省應選出的國民會

〔註 76〕此三處均為原文夾註。
〔註 77〕大道：《東省易幟後之黨務和政治》，《檢閱週刊》，1929 年第 11～12 期合刊。
〔註 78〕《國民會議代表選舉法》，《中央黨務月刊》，1931 年第 30 期。

議代表名額，依下列分配：河北、河南、山東、江蘇、湖南、廣東、四川各30名，湖北29名，江西28名，浙江24名，安徽20名，陝西17名，遼寧15名，福建14名，山西、雲南各12名，廣西、貴州各11名，甘肅7名，新疆、吉林、黑龍江、察哈爾、綏遠、熱河、青海、寧夏各5名。而各市應選出國民會議代表的名額，分配如下：上海5名，南京、北平、天津、廣州、漢口各3名，青島、哈爾濱各1名。

國民會議代表名額滿五名及以上之省市，按照定額從下列團體中選出：一、農會，二、工會，三、商會及實業團體，四、教育會、國立大學、教育部立案之大學及自由職業團體，五、中國國民黨。即上述27個省和上海市的國民會議代表，均由各省市分別按照分配的定額從上述四大類職業團體和國民黨中分別選出。而其他國民會議代表名額不滿五名的各市，則不再分選，而是由各團體混合選舉產生該市代表。〔註79〕有下列情事之一者，不得當選為國民會議代表：一、有反革命行為，經判決確定或尚在通緝中者；二、曾服公務而有貪污行為，經判決確定者；三、褫奪公權尚未復權者；四、有精神病或不良嗜好者；五、曾隸中國國民黨，被開除黨籍或停止黨權者。農工商學四類選舉團體，所選出的國民會議代表當選人，必須以從事於該界業務，並經下列年限至今仍未改業者為限：一、從事於農業十年以上者；二、從事於工業或商業五年以上；三、從事於教育事業五年以上者；四、從事於各種自由職業五年以上者。

東北五省市總計有國民會議代表總計31名，占全部代表名額的6%。中原大戰後冀察兩省劃入東北集團勢力範圍，東北軍駐防，行政上受東北政務委員會管轄，而河北、察哈爾兩省和平津兩市國民會議代表總計41名。東北五省市和冀察平津四省市的國民會議代表數量共計就有72名，將占全部代表名額比例的14%。考慮到民國時期，地方派系勢力眾多，且本次國民會議基本被國民黨所操縱，那麼在國民會議代表中，奉方能夠左右近一成半的代表，也足以說明東北集團此時的政治影響力非常巨大了。

國民會議代表名額由國民黨指定分配，雖然制定了選舉規則，但同時國民黨還保留了指定部分出席代表和列席代表的權力。而國民會議代表選舉進入到省市實施層面，那麼在地方派系勢力強勢的地區，實際上這種選舉就大都流於形式了。比如東北地區，各省市的國民會議代表由於已經被東北當局

〔註79〕《國民會議代表選舉法施行法》，《中央黨務月刊》，1931年第30期。

內定，乃至於在遼寧教育界的國民會議代表選舉中，發生了較為嚴重的選舉風波，最後還是張學良親自出面調解，才將內定的代表順利選出。〔註 80〕由東北政務委員會行政管轄的東北華北各省市國民會議代表，實際大都是由內定產生，代表名單參見下表。

表 7：東北華北各省市國民會議代表數額分配表及代表名單

省市	選舉方式		代表名額		團體〔註 81〕	代表
遼寧		分選	15	3	農會	閻寶航、葉奇峰、敖德興
				3	工會	盧廣績、杜乾學、王廣興
				3	商會	金恩祺、劉廣沛、楊大光
				3	教育會	王卓然、王華一、趙雨時
				3	國民黨	彭濟群、梅公任、朱光沐
吉林		分選	5	1	農會	謝廣霖
				1	工會	王會安
				1	商會	張松齡
				1	教育會	張樹珊
				1	國民黨	顧耕野
黑龍江		分選	5	1	農會	王維周
				1	工會	趙仲仁
				1	商會	楊香秋
				1	教育會	王福維
				1	國民黨	王憲章
熱河		分選	5	1	農會	姜通震
				1	工會	陳國士
				1	商會	楊裕文
				1	教育會	胡之潤
				1	國民黨	譚文彬

〔註 80〕參見王春林：《1931 年遼寧國民會議代表選舉風潮——以東北大學為中心》，《民國檔案》，2011 年第 3 期。

〔註 81〕指四大類職業團體和國民黨。表格中「商會」代指商會及實業團體，「教育會」代指教育會、國立大學、教育部立案之大學及自由職業團體。有關實業團體和自由職業團體的界定可參見 1931 年《中央黨務月刊》第 30 期國民會議選舉相關法規。

河北		分選	30	6	農會	毛丕思、劉書城、郭雨村 王任民、許惠東、杜松延
				6	工會	尚有珍、薛永昶、楊清濯 高尚志、馬均元、王其駿
				6	商會	冉凌雲、高廷桂、祖興賢 劉守榮、趙思慶、劉子麟
				6	教育會	李卓文、李嗣聰、王秉乾 胡夢華、閻振照、張國鍾
				6	國民黨	張厲生、李峙山、李東園、何玉芳〔註 82〕
察哈爾		分選	5	1	農會	崔廷瓚
				1	工會	楊築九
				1	商會	郭育愷
				1	教育會	張鐸
				1	國民黨	馬亮
哈爾濱	混選		1			徐箴
北平	混選		3			陳石泉，董霖，周作民
天津	混選		3			魯滌平，劉不同，陳文彬

資料來源：《國民會議代表選舉法》，《中央黨務月刊》，1931 年第 30 期；《代表名單》，《中央週刊》，1931 年第 153 期；《國民會議代表姓名一覽》，《婦女共鳴》，1931 年第 46～47 期合刊。

根據 1930 年 7 月國民黨中央通過的《修正人民團體組織方案》〔註 83〕之規定，人民團體，除地方自治團體外，分為職業團體和社會團體兩類。職業團體為農會、工會、商會、工商同業工會等；社會團體為學生團體、婦女團體、文化團體、宗教團體、各種慈善團體等。各職業團體的組建必須向當地高級黨部申請許可，並須按照相關團體組織法規定進行組建，同時必須遵守下列條款：不得有違反三民主義之言論及行為，接受中國國民黨之指揮，遵守國家法律服從政府命令，等等。而接受申請的黨部，應立即派員前往視察，認為合法時，核發許可證，並派員指導。由此可知，東北各省如欲參加國民會議，人民團體是否改組不是重點，能否得到當地高級黨部的認可才是關鍵。只有得到黨部認可核發了許可證的職業團體選出的國民會議代表才是合法代

〔註 82〕參加國民會議的代表只有此四人。
〔註 83〕《修正人民團體組織方案》，《國民政府公報》，1930 年第 532 期。

表，而這也是東北各省市在 1931 年成立黨部的原因所在。黨部已為奉方控制，各職業團體也就順利成為合法團體，奉方內定的國民會議代表也就自然都是經過合法途徑選舉產生的了。

3. 防範和取締中國共產黨

「共產黨」、「赤化」等等詞匯，在民國時期對國民黨和南京國民政府而言，幾乎就是洪水猛獸，懼怕異常，所以防共、剿共成為南京國民政府對內政策重要內容。國民黨中央如此，東北地方當局對中共的態度亦是如此。在對待中共問題上，南京國民政府和東北地方當局的態度完全一致，這也是兩者之間最為密切合作的事情之一。

第一，集思廣益，自上而下制訂防共方法

1930 年 1 月，黑龍江省政府轉發內政部為共產黨擬於年關圖謀暴動所擬預防辦法：「1.軍政機關與當地黨部切實聯絡，遇有緊急處置之必要者，遵照中央經已頒布之法令執行。2.無論產業職業工人的罷工或手工業工人的集合，不合於中央頒布之公會法者，武力制止。3.偵察工人有無不合軌之行動：工人之嘯聚；對業主或廠主的軌外要素；行動的背景。4.匪警區域的交通機關之設立。5.鄉村中除地方自衛槍支外，人民不得有武裝軍器的使用。6.非法集會之制止。7.注意鄉村間糧食的調濟（由市鎮舉行）。8.注意地方災民之賑濟。9.因應地方財力，興辦公共事業為失業工人之安插，失業工人□□無法辦理者，應建議上級政府辦理，並隨時偵察之行動。」〔註 84〕

1930 年 3 月，鑒於中共活動較為頻繁，考慮東北地方情形，東北政務委員會訓令各省市政府擬訂防共辦法。接到命令後，各省市政府紛紛集思廣益，提交所擬防共辦法，比如哈爾濱市政府所擬辦法。「哈埠有共黨以蘇聯口吻宣傳赤化，為東北治安計，哈埠行政須有一種根本計劃：第一，黨務緩辦，黨報亦緩辦，免致鼓吹過甚，流於宣傳共黨。第二，學校須從嚴整頓，一面裁汰不良教員，一面甄試惡劣學生，不可姑息敷衍，養成禍國份子。第三，鐵路工人須由我方訂一極嚴密極適當之管理方法，使工人權利得有保障，隨時防杜，免受外方傳染。第四，檢查郵件，調查戶口，再由警察方面認真進行，或可弭患於無形。」〔註 85〕

〔註 84〕《內政部為共產黨擬於年關圖謀暴動擬就預防辦法令飭嚴防》（1930 年 1 月），《關於各省辦理清共事項》，黑龍江省檔案館藏，全宗號：62-7-269。

〔註 85〕《東北政委會訓令黑龍江政府擬防共辦法具報》（1930 年 3 月），《關於各省辦黑龍江省教育廳擬具防止共黨宣傳辦法三條：「1.省內外各校校長主任須隨時嚴密考察，所屬職教員司及學生等，如有不良份子宣傳共黨主義者，應即分別辭退或斥革。2.省內外各學校校長主任暨管理員等，對於外埠郵寄信件雜誌報紙刊物等項，須隨時檢查，如有宣傳共黨主義者，應分別扣留或銷毀。3.省內外各通絡教育社講演所及圖書館閱報室等，應責成各該主管人員嚴密考察員司行動，講員講演，並檢查往來函件刊物雜誌報紙等項，如有宣傳共黨主義者應分別辭退及扣留或銷毀之。」〔註 86〕

軍隊方面根據經驗也提出預防共產黨辦法，「惟有責成各該管長官對於部屬嚴加偵查，隨時誥戒，曉以共產之害，勿使有共黨份子潛伏，其間於招募新兵務應特別注意。此外對於地方治安，尤須與駐在地警團協力防衛，以補警團之不足，而收互助之效，俾共匪無由得逞，以資弭患於無形。」〔註 87〕

1931 年 4 月，東北各省接行政院密令，以後將「湘鄂閩贛各省之共黨名稱改為赤匪」：「湘鄂閩贛各省之匪，全無所謂主義，若加以共黨或共匪之名，將引起民眾好奇心，剿匪前途所關至鉅，擬改為紅匪，以利軍事」，最後國民政府「批改為赤匪」。〔註 88〕將「共黨」或「共匪」改稱為「赤匪」，顯然國民黨是將中共視作一般土匪，而否認中共政治團體或政黨性質。

第二，嚴查中共宣傳印刷品

東北集團對中共採取的取締政策並非始自張學良時期，而是始於張作霖時期。早在 1926 年，張作霖就曾下令遼寧省縣機關「嚴查赤化宣傳印刷品」：「赤黨以宣傳主義為唯一利器，若不敢嚴禁遇勢必隨地蔓延」，「密飭所屬嚴督警甲認真偵察，對於中日鐵路附屬地校工廠、教堂及青年集會工人聚集各處郵局寄進印刷品均應特別注意」，「凡眾人聚集處所及外人附屬地內尤易遣匿煽惑，郵電為傳遞消息機關，更應特別注意，切實嚴查。」〔註 89〕而後 1927 年還發生了震驚一時的殺害李大釗事件。

理清共事項》，黑龍江省檔案館藏，全宗號：62-7-270。

〔註 86〕《黑龍江省教育廳呈為遵令擬具防止共黨宣傳辦法三條》（1930 年 5 月），黑龍江省檔案館藏，全宗號：62-7-270。

〔註 87〕《東北邊防軍駐江副司令公署誥》，《關於各省辦理清共事項》，黑龍江省檔案館藏，全宗號：62-7-270。

〔註 88〕《關於嚴防共黨事項》，黑龍江省檔案館藏，全宗號：62-7-644。

〔註 89〕《奉天省長公署為嚴查赤化宣傳印刷品事致各縣知事電》，遼寧省檔案館編：《奉系軍閥檔案史料彙編》⑥，南京：江蘇古籍出版社，1990 年，第 216 頁。

到了張學良主政東北時期，東北政務委員會對中共政策無有變化。1929年 2 月，就在東北政務委員會成立後不久，東北地方當局就下令嚴查郵局，防範中共宣傳品：「共產黨在省城散步傳單藉保路為排日之舉，省外各地難保不潛往煽惑」，「由知事飭令警察所長嚴密偵察並由縣派員分赴各郵局依法檢查」，「已密令該區警甲馳往查辦，一面又經密派幹警跟蹤前往嚴加偵緝，妥慎防範」。〔註 90〕5 月，遼寧省政府向各縣轉發南京國民政府要求檢查銷毀中共宣傳品的通令：「查共產反動刊物到處寄遞煽惑民眾，近日肆無忌憚，且有假託本黨刊物名義與式樣或用小說名稱印成封面而內容則純係宣傳共黨謬論，企圖掩飾便於流傳」，「令各省政府及所屬機關對於寄遞各刊物一體注意檢查，一經查出即予扣留燒毀以遏反動。對於各種寄遞反動刊物認真檢查隨時燒毀勿稍疏懈，以杜亂源。」〔註 91〕

1930 年 8 月初，遼寧郵政機關在檢查信件時，「發現有寄本埠北票煤炭公司電話總局及各機關等處之信件十份，均無發信地點，並均係中國國家主義青年團營口支部宣傳單，又無封皮大阪松竹商店彷單，背面印有中國革命互濟會滿洲總會慶祝紅軍佔領三省告滿洲民眾書一份」。遼寧省警務處接收報告後，以「該青年團之宣傳單內容係屬宣傳擾亂性質，彷單背面確為蘇維埃共產黨主義」，「事關地方治安，極為重要」為由，訓令各縣公安局「認真偵查務將是項秘密支部破獲以靖地方」。〔註 92〕

第三，防範中共暴動等活動

1930 年 4 月，東北憲兵司令部為防範中共於「五一」舉行遊行或暴動行為，特於該月 25 日「召集駐省各機關團體到部會議」。會議上，軍警機關提出「關於學生工人遇有聚眾遊行，當然制止」，不過「倘有暴動行為不能制止時」，該如何處置？「軍警為維持治安完成任務起見，對於暴徒可否以武力對待格殺勿論」？東北憲兵司令部請示張學良後得到批示，「總期以和平手段為

〔註 90〕《奉天省政府為轉發興京縣呈報在郵檢函件發現排日宣傳品給交涉員訓令》，遼寧省檔案館編：《奉系軍閥檔案史料彙編》⑧，南京：江蘇古籍出版社，1990 年，第 188 頁。

〔註 91〕《遼寧省政府為認真檢查隨時燒毀寄遞各種共產主義刊物的通令》，遼寧省檔案館編：《奉系軍閥檔案史料彙編》⑧，南京：江蘇古籍出版社，1990 年，第 380 頁。

〔註 92〕《遼寧全省警務處為查獲中國革命互濟會等傳單飭屬嚴防給各縣公安局長訓令》（1930 年 8 月），遼寧省檔案館編：《奉系軍閥檔案史料彙編》⑩，南京：江蘇古籍出版社，1990 年，第 390 頁。

是，萬不得已時，可行使職權」。〔註93〕顯然，對於中共領導的暴動行為，東北政務委員會採取的政策是鐵血鎮壓。

1930年5月，東北政務委員會「據密報探得蘇俄宣傳赤化計劃四項」：「一、駐哈蘇聯領館奉政府令創設宣傳書報庫，派人向中國軍隊及民眾宣傳。二、東鐵局長籌備特別基金津貼，華籍與舊俄籍在中國機關充差三年以上之人，計特市政局、電車房子、電業公司、消防隊皆有親信分子，共200人同時與白俄人積極奮鬥。三、赤黨青年團組織軍事隊32隊，每隊10名，酌招婦人隊兵百分之二，5月1號成立。劃出一隊作敢死隊，俟政府特令始後槍械運用。四、恢復職工各會。1.運輸業職工會會長係東鐵經濟調查局員德利方諾夫。2.蘇聯氏有商業機關職工會，會長係東鐵圖書館員斯維爾斯基。3.教育界職工會會長係東鐵局員何利斯托流保夫。重要職務近有重要黨人來哈者，計126人，分往遼寧津滬。內有百分之二十係莫斯科東方大學畢業華人供其驅使。」同時該委員會收到「行政院密令，查獲共黨中央通告第『七一』、『七二』兩件，內容均係5月暴動計劃」。據此，東北政務委員會密令各省「嚴防共黨宣傳暴動」，遼寧省政府接到命令後立即飭令各縣「遵照飭屬嚴密防範」。〔註94〕

1930年7月，日本總領事函告遼寧省政府：「滿洲各地之朝鮮人共產黨」「基於一國一黨之原則，決計加盟於中國共產黨。前與中國共產黨吉林黨部交涉，遂於5月20日與中國共產黨吉林部延邊部辦完加盟之手續，由和龍縣立第一小學校教師中國人李某前後二次受領八百元，擬於5月30日決行暴動。暴動之前延邊黨部之共產黨員有鮮人89名，中國人53名，其後入黨者甚少。迄8月間鮮人之黨員約2千名，中國人百名之數」。〔註95〕8月，日本總領事又函告遼寧省政府中朝共產黨活動狀況：中朝共產黨共同工作，召開了最高幹部會議，作出如下決議：「一、為擴張根底鞏固之赤化

〔註93〕《東北憲兵司令部為奉張學良批示對學生工人聚眾遊行總期以和平手段為是致瀋陽縣政府函》（1930年4月28日），遼寧省檔案館編：《奉系軍閥檔案史料彙編》⑩，南京：江蘇古籍出版社，1990年，第29頁。

〔註94〕《遼寧省政府為嚴防蘇聯宣傳赤化和共產黨五月暴動給各縣密令》（1930年5月15日），遼寧省檔案館編：《奉系軍閥檔案史料彙編》⑩，南京：江蘇古籍出版社，1990年，第66頁。

〔註95〕《遼寧省政府為日本領事函告朝鮮人加入共產黨請嚴加防範的訓令（1930年7月23日）》，遼寧省檔案館編：《奉系軍閥檔案史料彙編》⑩，南京：江蘇古籍出版社，1990年，第284頁。

機關地盤，於滿洲一帶組織中韓兩民族為基礎之農青會作漸進且潛行的宣傳。二、買收中國下級軍警，使其加盟。同時利用伊等探知中國方面取締赤化宣傳之方針。三、對於指導地方事業或其他必要之聯絡時以口訣行之。四、使滿洲中國方面中小學教員加盟於赤化運動，對於少青年學生普及赤化思想。五、發刊機關報反日號，配布於地方。由此等機關起積極反日運動以破壞中日兩國國交。六、地方各處置搜查隊暗殺中日官憲之密探。七、於地方設懲戒部，對於革命事業之秘密有洩漏者暗殺之。八、速行組織中韓共產黨合隊之第二次暴動隊，其隊員盡力由各機關之幹部充之。九、關於暴動所用槍械彈藥炸彈及其他器具由第三國際共產黨後援之下購入之。」遼寧省政府獲悉情報後不敢懈怠，隨後飭令所屬各縣「隨時嚴加防範，以遏亂萌」。〔註 96〕

1930 年 8 月，東北憲兵司令部獲悉共產黨活動情報：「據報本月 29 日為日本合併朝鮮之紀念日，有朝鮮共產黨聯絡中國共產黨於是日破壞中日兩國鐵路燒毀兩國官署之消息。又 9 月 1 日為少年國際成立 12 週年紀念日，為世界共產黨世界五大國際組織之一，其國際地位列第三國際之次，居赤色職工國際、農民國際、婦女國際之首。前次本部偵緝處所捕獲之黨犯多屬少年國際之支流，此次在東北受嚴重之打擊，漏網分子難免不利用此國際紀念日肆行煽亂」，「共黨乘機思逞鼓動風潮、貼標語、散傳單乃其最低限度之陰謀」。據此，東北憲兵司令部函告瀋陽縣政府「亟應嚴行防範，以遏亂萌」。〔註 97〕

第四，利用憲特偵查中共組織

東北憲兵司令部是東北集團偵查和緝拿中共組織的主要機關，凡屬偵緝共產黨案件均由該司令部查辦。1930 年 6 月，南京國民政府密電東北政務委員會：「共產黨在東北各地向無顯著活動，惟近已改變策略，紛紛在遼組織機關，如反帝大同盟等，散發傳單有打倒新軍閥之口號」，並指示該委員會要「嚴查究辦，以遏亂萌」。隨後東北政務委員會命令東北憲兵司令部密查中共活動

〔註 96〕《遼寧省政府為嚴防中韓共產黨活動給瀋陽縣的訓令》（1930 年 8 月 15 日），遼寧省檔案館編：《奉系軍閥檔案史料彙編》⑩，南京：江蘇古籍出版社，1990 年，第 373 頁。

〔註 97〕《東北憲兵司令部為嚴防共產黨鼓動風潮致瀋陽縣政府函》（1930 年 8 月 23 日），遼寧省檔案館編：《奉系軍閥檔案史料彙編》⑩，南京：江蘇古籍出版社，1990 年，第 397 頁。

情況。經東北憲兵司令部密查，查獲中共黨員活動情形：「一、在醫科大學之白希清、吳直中係共黨在遼最活動之份子，尤以吳最有力。二、在大連出版之泰東日報，其總編輯陳日新係著名共黨，均曾參加武漢廣州暴動工作。三、第二工科學校學生程小龍在校組織革命互濟會為共黨實際工作。查革命互濟會前名濟難會乃共黨用以援助暴動受難者之機關，其圖謀暴動之意已可概見。四、平旦學校校長苗乃興本屬共產黨徒，現藉國民黨名義在遼活動，其校中設有道了社，即為共黨活動之組織。又該校內不准懸總理遺像，乃批評三民主義之言論隨時可聞。以上各共黨皆屬形跡昭著者，至各學校、各工廠潛伏尚多。」〔註98〕

獲悉情報後，東北憲兵司令部「當即派員分途嚴密查緝，以憑究辦」，但除苗乃興被抓捕外，此次偵緝行動其他所獲無多。「查醫科大學職教員中並無白希清、吳直中其人，僅探問學員中曾有一吳執中者，業於數月前出校不知所往，肆經多日偵查，亦毫無蹤影。至第二工科學校中只有程曉飛，其人當於四月初間已因過開除，早經離校。平旦學校校長確為苗勃然字乃興，然該校前自發生共黨嫌疑被捕後，曾力加整頓學規頗嚴。道了社之組織並無何等確實表現，其批評三民主義之言論，亦無根據可考。據該校學生所稱總理遺像每當於有事時臨時方行懸掛，其每日所有講演課目亦未聞有軌外語言。至該校長究竟是否共黨尚無確據。泰東日報係在大連，當託由日人代為調查，據覆泰東日報編輯長為陳達民，遼寧省遼陽人，年31歲，於去年4月入社，並未查有可疑之點。」〔註99〕

第五，對破獲涉共案件抓獲中共黨員有功者予以嘉獎

1930年6月，東北憲兵司令部「破獲共產黨案，逮捕黨犯20餘人，抄沒機關10餘處。在遼重要共黨幾為之全滅，東北未蒙實禍地方，賴以又安在事人員，實屬異常出力。」「尤為出力人員」共三人，即鄧炳武、戴常箴、王恩士。其中「東北憲兵司令部偵緝處上尉偵緝員鄧炳武，年38歲，曾充陸軍連長、警務處科員、京師衛戍總司令部處長、遼寧清源縣公安局長」，「以上一

〔註98〕《東北憲兵司令部為調查共產黨在遼寧組織機關進行活動情況致東北政委會函》（1930年6月24日），遼寧省檔案館編：《奉系軍閥檔案史料彙編》⑩，南京：江蘇古籍出版社，1990年，第145頁。

〔註99〕《東北憲兵司令部為調查共產黨在遼寧組織機關進行活動情況致東北政委會函》（1930年6月24日），遼寧省檔案館編：《奉系軍閥檔案史料彙編》⑩，南京：江蘇古籍出版社，1990年，第145頁。

員偵緝黨案異常出力，前曾充過縣警察所長於警務有經驗，擬請獎以縣公安局長實缺，交警務處遇有缺出，盡先委用。」〔註 100〕東北憲兵司令陳興亞為此三人特向張學良請求獎勵，以資鼓勵。

經張學良核准後，以東北邊防軍司令長官名義給遼寧省政府發出咨文：對於戴常箴、王恩士等，「奉司令長官批註以記名知事交省政府知照」。對於鄧炳武，「奉司令長官批准以公安局長存記交省政府知照」。對於李光前，「奉司令長官批准以稅差存記交財政廳知照」。張學良令遼寧省政府及「財政廳遵照盡先任用，以勵有功」。遼寧省政府主席臧式毅按照張學良指示立即作出批示：「以縣長記名之戴常箴等二員，由府存記候用」，「存記公安局長之鄧炳武一員，業令警務處查照委用」。〔註 101〕

由此可知，東北地方當局對中共採取了堅決取締政策。東北政務委員會不僅要求各省市根據地方情形制訂防範中共活動的切實可行辦法，還充分利用國民黨和日方的情報，配合東北憲特部門，加強對中共活動的調查和情報收集，嚴密防範的同時全力打擊。同時為了調動辦理涉共案件人員的積極性，東北地方當局還對辦理涉共案出力人員進行豐厚獎勵。

儘管國民黨中央對省黨務指導委員會的職權與工作都作了詳細規定，但東北政務委員會成立後，尤其是 1931 年東北黨部的領導權落入奉方之手後，東北黨部所進行的工作實際是很少的。這主要有下面幾方面原因：一是 1931 年成立的東北各省市黨務指導委員會存在的時間太短了。雖然東北集團已經制定了東北黨務發展步驟和方略，但東北集團甚至還未來得及籌建縣級黨部，九一八事變就發生了。

二是東北黨權的旁落導致東北黨務難以獲得實質發展。東北集團所屬的黨務指導委員尤其是常委委員基本都是兼職，這些委員和常委委員都是東北集團軍政要員，本身又都身兼數職，根本沒有精力做他們本不想做的黨務。而各省黨務指導委員任命後，其中東北集團各委員又多有從指導黨務之省調動至它省工作者，於實際上也難於開展黨務工作。比如，遼寧省黨務指導常

〔註 100〕《關於特保辦理共產黨案出力人員准予記存候用的文件》(1930 年 6 月 30 日～7 月 25 日)，遼寧省檔案館編：《奉系軍閥檔案史料彙編》⑩，南京：江蘇古籍出版社，1990 年，第 152～155 頁。

〔註 101〕《關於特保辦理共產黨案出力人員准予記存候用的文件》(1930 年 6 月 30 日～7 月 25 日)，遼寧省檔案館編：《奉系軍閥檔案史料彙編》⑩，南京：江蘇古籍出版社，1990 年，第 152～155 頁。

務委員是張學良、彭濟群、朱光沐三人，〔註 102〕1931 年 4 月 17 日張學良便離沈赴平，常委朱光沐、彭濟群二位和指委湯國楨亦先後離沈赴平，在副司令行營任職，湯國楨任副司令行營副官處處長，朱光沐任總務處長。〔註 103〕遼寧省黨務指導委員會常委均不在瀋陽，其黨務開展自然難有成效。遼寧黨務情況尚且如此，其他各省黨務情況亦可想而知了。

三是東北集團要員兼任黨部職務實際上是國民黨對東北集團的妥協，以求國民黨在東北公開和以黨治國「版圖」的完整。因為東北軍政人員兼任省黨務指導委員，實際上就是與國民黨《省黨務指導委員會組織通則》的規定相違背的，該通則明確規定省黨務指委「以不兼其他任何職務為原則」。這種制度設計與實際操作背離的現象是當時國民黨中央與地方實力派之間關係的一個顯著特徵，不僅在東北存在，在其他地方實力派控制的省份中也是普遍存在的。〔註 104〕對於實力不足以控制全國每一個角落的國民黨來說，這也是無奈之舉。〔註 105〕

此外，國民黨東北黨務工作進行不力還與東北各省市經濟困乏、財政支絀有關。比如 1931 年 7 月，國民黨黑龍江省黨務指導委員會「擬組織黨義訓練班，由各縣局選送優良學員來會訓練」，這本是加強黨務工作的一項重要舉措。但黑龍江省政府卻要求「斟酌再議」、「暫行從緩」：「惟本黨主義博大精深，似須經過較長時間之研究方能透徹瞭解，原定訓練期間，僅為兩月，恐程度較遜之學員難免有誤解或曲解之處，而地方人士因其曾受過高級黨部之訓練，且將奉為導師流弊，所茲轉成為黨務進行之障礙。似應斟酌再議。至於各縣局資送學員一節，查自去歲以來，錢法毛荒，地方收入非常支絀，原有教育事業已覺難於維持，僻遠地方尤有瀕於停頓之勢，此項資送費用一時恐無從出。似宜暫行從緩。」〔註 106〕而經濟困乏、財政支絀這也是約束和限

〔註 102〕張友坤等：《張學良年譜》（修訂版），北京：社會科學文獻出版社，2009 年，第 381 頁。

〔註 103〕張友坤等：《張學良年譜》（修訂版），北京：社會科學文獻出版社，2009 年，第 382、395 頁。

〔註 104〕參見王奇生：《黨員、黨權與黨爭——1924～1949 年中國國民黨的組織形態》，上海：上海書店出版社，2009 年，第 188 頁。

〔註 105〕佟德元：《黨權之爭與奉系軍閥國民黨化：1929～1931》，《安徽史學》，2011 年第 6 期。

〔註 106〕《省黨部擬組織黨義訓練班》（1931 年 7 月），黑龍江省檔案館藏，全宗號：62-8-1941。

制東北易幟後東北各項改革的重要因素之一。

第三節　黨治體制的困境：「新瓶裝舊酒」式的東北政治體制改革

黨治體制在東北推行之初就遇到了困難和阻力，比如前述東北黨權之爭、東北政務委員會不承認國民黨「秘黨」等。但這些問題都可以通過妥協與協商加以解決，而最終在蔣介石讓步的情況下，東北各省區黨部還是建立了起來。但當國民黨黨治體制在東北政制領域由省至縣深入推行時，卻陷入了難以調和的困境。在省制改革中，東北當局還能較好地貫徹南京國民政府的省制規章，但在縣制改革中南京國民政府的諸多規章卻與東北地方實際情況產生了不兼容、不適宜的問題。

一、省制改革

（一）實行委員制與改組各廳

東北易幟後，東北集團皈依三民主義，宣告服從南京國民政府的領導，那麼在東北長期實行的與國民黨理論及法規相牴觸的諸多北洋時期的地方制度自然就要廢除，東北的國民黨化政制改革勢在必行。東北易幟前，東北保安委員會為東北最高行政機關，東北易幟後不久該會宣告結束，並改組為東北政務委員會，成為南京國民政府派出東北的最高行政機關。東北易幟前，奉、吉、黑三省最高行政機關為省長公署，置省長一人，下轄政務、秘書、財政、教育、實業等各廳〔註 107〕；熱河為特別區，置都統一人，兼管軍民兩政。東北易幟後，東北四省廢除省長制和都統制〔註 108〕，按照南京國民政府頒布的《省政府組織法》均採用省政府委員制，置省政府主席一人，委員數人，下設秘書處及民政、財政、教育、農礦、建設等各廳。

1928 年 12 月 31 日，由奉方擬定呈由南京國民政府正式任命的各省政府主席及委員，參見下表。

〔註 107〕奉天省長公署所設各廳組織及職權可參見《奉天省長公署各廳職掌》，遼寧省檔案館編：《奉系軍閥檔案史料彙編》⑦，南京：江蘇古籍出版社，1990 年，第 717 頁。

〔註 108〕雖然 1928 年 9 月國民政府便公布熱河改省命令，但熱河正式建省是在東北易幟後。

表 8：東北易幟後東北各省政府職官表

遼寧省政府		吉林省政府	
主席委員	翟文選	主席委員	張作相
委員兼民政廳廳長	陳文學	委員兼民政廳廳長	張啟槐
委員兼財政廳廳長	張振鷺	委員兼財政廳廳長	榮厚
委員兼教育廳廳長	王毓桂	委員兼教育廳廳長	王莘林
委員兼農礦廳廳長	劉鶴齡	委員兼農礦廳廳長	馬德恩
委員兼建設廳廳長	彭濟群		
委員	高紀毅、王鏡寰、王樹常、高維岳、邢士廉	委員	誠允、孫其昌、鍾毓、汪之祐、熙洽、劉鈞
黑龍江省政府		**熱河省政府**	
主席委員	常蔭槐	主席委員	湯玉麟
委員兼民政廳廳長	馬景桂	委員兼民政廳廳長	邴克莊
委員兼財政廳廳長	龐作屏	委員兼財政廳廳長	佟兆元
委員兼教育廳廳長	潘景武	委員兼建設廳廳長	梁國棟
委員兼農礦廳廳長	高家驥		
委員兼建設廳廳長	陳耀先		
委員	孫潤庠、李彭年、蘇炳文、宋文郁、萬國賓	委員	金鼎臣、李元著

資料來源：《國民政府文官處為特任張學良為東北邊防軍司令長官及任命奉吉黑熱省政府官員的通電》（1929 年 1 月 4 日），遼寧省檔案館編：《奉系軍閥檔案史料彙編》⑧，南京：江蘇古籍出版社，1990 年，第 64 頁。

接到南京國民政府任命後，東北四省政府相繼組織成立〔註 109〕，隨後省制改革開始進一步深入，一方面是對新建省政府組織的完善，另一方面則是對舊有不適宜機關的改組與裁併。以遼寧省為例，1929 年 1 月 17 日，奉天省政府成立時即電令下屬各機關「自奉到此電之日起，各屬所有呈報省公署文件函電應一律改稱省政府，以符政制。」〔註 110〕同日，遼寧省政府依據 1928

〔註 109〕熱河省政府和黑龍江省政府均 1929 年 1 月 1 日成立，奉天省政府 1 月 17 日成立，吉林省政府 2 月 1 日成立。

〔註 110〕《奉天省政府為所有呈報省公署文件一律改稱省政府致各機關縣知事電》（1929 年 1 月 17 日），遼寧省檔案館編：《奉系軍閥檔案史料彙編》⑧，南京：江蘇古籍出版社，1990 年，第 101 頁。

年南京國民政府修正通過的《省政府組織法》〔註 111〕，召開省政府委員會第一次會議，「議決通過《省政府委員會會議規程》、《省政府秘書處組織條例》、《省政府民政廳組織條例》、《省政府財政廳組織條例》，又於本月 21 日開省政府委員會第二次會議，議決通過《省政府秘書處辦事細則》、《省政府教育廳組織條例》、《省政府農礦廳組織條例》〔註 112〕。」〔註 113〕吉林和黑龍江兩省省制改革及所屬各廳處改組事宜開展得要稍晚一些，且大體是借鑒遼寧省省制改革的經驗而實施的，各廳處組織條例的制訂也同樣採取了因地制宜之辦法，同時結合南京國民政府所制訂的《省政府組織法》。〔註 114〕

各廳處組織條例制定後，遼寧省政府開始對舊有各廳處進行改組，按性質與職掌而言，原財政廳與教育廳變動最小，原政務廳改組為民政廳，原實業廳變動最大，一分為二，新任遼寧農礦廳長劉鶴齡曾將實業廳改組情況報告如下：「將實業廳名稱改為農礦廳，所有業務業已遵照新頒條例完全改組，工商事項仍由職廳統轄，長途汽車及電氣事業已將案捲款項清理就緒，預備移轉其他主管機關。但於主管機關未成立之先，仍由職廳繼續辦理。」〔註 115〕也就是說，按照新定組織條例規定，長途汽車及電氣事業將劃歸建設廳〔註 116〕負責辦理。省政府各廳處組織與職權可詳見第四章相關論述。

1929 年 1 月 17 日，對於省縣舊有各重要各機關的改組，東北政務委員會曾決議辦法十條：「（一）全省警務處改為全省公安管理處。（二）裁撤道尹，改為市政籌備處，處長兼交涉員，無市政者名為某處交涉員，仍按舊區節制各縣外交事宜。（三）省城及各外屬商埠警察廳一律改為公安局，奉省商埠警察局改為商埠公安局，歸省城公安局節制。（四）各縣警察所一律改為縣公安局，仍歸各縣知事監督管轄。（五）省署第五科附入秘書廳。（六）省議會停

〔註 111〕詳見《省政府組織法》，《國民政府公報》，1928 年 4 月第 53 期。

〔註 112〕有關遼寧省各廳處組織條例可詳見遼寧省檔案館編：《奉系軍閥檔案史料彙編》⑧，南京：江蘇古籍出版社，1990 年，第 105、112、169、334 頁。

〔註 113〕《遼寧省政府組織法》，遼寧省檔案館編：《奉系軍閥檔案史料彙編》⑧，南京：江蘇古籍出版社，1990 年，第 133 頁。

〔註 114〕詳見《東北政務委員會週刊》，第 5、6、7、8、9、10、11、12 各期中相關法規。

〔註 115〕《遼寧農礦廳廳長劉鶴齡為報將實業廳改組為農礦廳給遼寧省政府呈》，遼寧省檔案館編：《奉系軍閥檔案史料彙編》⑧，南京：江蘇古籍出版社，1990 年，第 158 頁。

〔註 116〕《遼寧省政府建設廳組織條例》，遼寧省檔案館編：《奉系軍閥檔案史料彙編》⑧，南京：江蘇古籍出版社，1990 年，第 334 頁。

止，所有文卷全交省政府保存，議員由各省酌量位置。（七）有印各機關仍用舊印，新添或改設者由政務委員會先行刊發木質者應用。（八）省議會基址改為省黨部。（九）各省省委員不兼差者，月薪 500 元，公費 160 元，主席月薪 1500 元，公費 1000 元（自用秘書職員均在內），凡有本差兼任委員者，支本差薪，並領委員公費，凡月薪低於委員薪者臨時由主席核定之。（十）各省幣制不同，前條所定薪公皆以現洋為標準。」〔註 117〕

在上述議決案的原議案中曾另有一條：「舊日勳章，擬仍佩帶，既為民國所賞，似不可廢」，但最終發布的決議案十條則無此內容。「舊日勳章」即民國北京政府時期所頒發的獎章，東北易幟後服從南京國民政府，此項勳章顯然不便追認，所以採取不加否定的默認方式便是最好的處理辦法。因為這些勳章如若廢除，則是對民國北京政府及奉軍多年以來屢次入關的否定，而如果東北政委會加以追認，則又不免令人懷疑東北易幟皈依三民主義的誠意。

東北政務委員會此項十條決議案涉及道尹與市政、警務、交涉、省議會、省政府委員薪俸和黨務問題等多個方面，下面就屬於省制改革範圍的道尹與市政、警務兩項分述之。

（二）裁撤道尹與建設市政

民國北京政府時期地方實行省道縣三級制，奉天省共有三道，即遼瀋道，治所營口；東邊道，治所安東；洮昌道，治所洮南。南京國民政府成立後在地方實行省縣兩級制，廢除道尹一級。但東北情形特殊，地方與日蘇交涉繁多，既往均是道尹兼地方交涉員負一道之責，各縣有交涉事項均先呈報導尹，或由其指示辦法或代為呈報省交涉署。所以東北政務委員會才作出裁撤道尹改為市政籌備處，由處長兼交涉員，而無市政者設交涉員，仍按各道舊區節制各縣外交事宜。遼寧省各道尹裁撤方案為：營口和安東因商埠較為繁華且市區已有規模而建市，設市政籌備處，並以處長兼交涉員，遼源因處東北腹地市區不甚繁華無法建市，僅設交涉員。1929 年 1 月 24 日，奉天省政府決議擬派史靖寰為營口市政籌備處處長兼交涉員，陳奉璋為安東市政籌備處處長兼交涉員，戰滌塵為遼源交涉員。〔註 118〕同時遼寧省政府核定了

〔註 117〕《東北政委會議決各機關改組事項及奉天省長公署的通令》（1929 年 1 月 19 日），遼寧省檔案館編：《奉系軍閥檔案史料彙編》⑧，南京：江蘇古籍出版社，1990 年，第 107 頁。

〔註 118〕《奉天省政府第三次會議記錄》（1929 年 1 月），遼寧省檔案館編：《奉系軍閥檔案史料彙編》⑧，南京：江蘇古籍出版社，1990 年，第 111 頁。

各道結束辦法三項：「一、所有本省遼瀋、東邊、洮昌各道缺應自奉令之日起遵即一律裁撤，停止職權，結束交代，應領經費截至本月月底為止。二、卷宗一項除關於交涉及市政事宜應移交交涉員及市政籌備處處長外，所有道署卷宗已經辦結案件文卷及月報表冊並應專案移交交涉員代為保管，其尚未辦結案件文卷及表冊應開列清冊敘明案由及辦理情形呈送省政府分發主管各機關核辦。三、各縣自奉令之日起，所有應報導署文件一律停止呈報。」〔註 119〕

接到遼寧省政府裁撤道尹訓令後，各道尹按照各道結束辦法進行了工作交接。不過該辦法中第二條尚未辦結案件呈送省政府分發主管各機關核辦之規定不甚詳細，為此原營口道尹佟兆元致電省政府請示具體辦法：「（一）道立模範造林場並各縣攤解之苗圃經費、文卷、表冊均移交何機關接辦；（二）歷前道尹移交之各項雜款，如舊存、內務、農商、報費等類，原係正式列入交代，現應移交何處；（三）遼河工程局案卷、簿表、家具及徵存船捐款項，以及職道募款倡辦之營口同善堂是否一併移交市政籌備處長接管；（四）道署印信是否俟結束完竣由道尹備文繳銷。」對此遼寧省政府批示如下：第一項由農礦廳派員接收；第二項盡數報解財政廳核收；第三項遼河工程局所有文卷暫時移交市政籌備處保管，營口同善堂移交市政籌備處接管；第四項道署結束完竣後道署印信繳銷。〔註 120〕

道尹裁撤的同時，營口和安東建市工作也同時展開，1929 年 1 月末遼寧省政府擬定了遼寧省市政籌備處暫行組織大綱，並呈報東北政務委員會核准備案。但由於道制改革事發倉促，東北當局並未對營口和安東等地易幟前市政發展情況進行詳細調查，更未制訂妥善方案，導致在東北易幟後市政籌備處的組建過程中發生了許多問題。在北京政府時期，東北就已在人口密集商埠集中之縣城開展市政建設，以市政公所辦理市政機關。由於辦理市政的各縣繁榮程度不同，辦理公益事業多需向商民籌集資金，如營口、安東均是如此，故成立由商民代表參加的市政委員會，負責管理所籌集的資金，審核支出。而此次新建市政籌備處，其組織大綱第七條載「籌備處成立之日起，原

〔註 119〕《奉天省政府為裁撤道尹改為市政籌備處及核定各道結束辦法的訓令》，遼寧省檔案館編：《奉系軍閥檔案史料彙編》⑧，南京：江蘇古籍出版社，1990 年，第 117 頁。

〔註 120〕《佟兆元為裁撤道尹應行請示事項致奉天省政府代電》，遼寧省檔案館編：《奉系軍閥檔案史料彙編》⑧，南京：江蘇古籍出版社，1990 年，第 126 頁。

有之市政公所即行歸併，其原有經費撥歸籌備處」〔註 121〕，自然遭到已集資商民的反對。如 2 月 21 日，安東商民代表王樹藩等上呈遼寧省政府主席翟文選，對於新任安東市政籌備處長陳奉璋不顧紳民反對將安東市政公所由原本民辦改為官辦一事進行申訴：

查安東市政籌備處長陳奉璋奉令於本月 15 日蒞安，遂於 16 日即正式接收交涉員一切事宜，同時並宣布市政籌備處成立就任處長職，當按照市政籌備處組織大綱第七條內載籌備處成立之日起原有市政公所停止，其經費撥歸籌備處等語。查安東市政創辦之初，性質與他處迥異，完全由地方收捐辦地方公益事宜，初僅有議事會復改委員職，所有市行政經費收入支出須先行諮由委員會核准，然後執行，已歷辦多年，成績甚優，即與黨國市政府制亦相吻合。覆查去載興修江堤曾因募集安東市公債積虧現大洋 30 餘萬元，又歷年建築馬路尾欠工料款現小洋 11 萬餘元，均經市政委員會轉託安東總商會負責擔保償還，足徵安東市政與地方之關係非常重要。陳處長蒞任伊始，首將安東市政公所取消，改為官辦，並同時取消安東市政委員會，商民等不勝驚駭，至虧累公款現大洋 30 餘萬元，亦無保障之辦法，商民等無所適從。查該處長對於原有市政委員會毅然取消，似此專制，在帝制時代官府對於提倡興辦地方公益事件亦決無一意孤行，若是之甚，況當此黨國訓政時期，我主席現在奉行三民主義，凡百庶政均已趨重民意，雖我東省各級黨部尚未明令成立，處此過渡期間而原有市民代表之機關亦未便以該處長個人意思擅自取消，乘此將地方捐款奪去任意支配，並不容商民過問一詞，市政積虧、商會擔保之款亦置之不顧。……若實行將原有市政公所取消改為官辦時，該原辦市政積虧鉅款 40 餘萬元，既非一年籌還，終無善策，將來如若無法彌縫，則由省撥款抵補之處均應電請明白覆示，俾便示遵。〔註 122〕

對於市政籌備處建立過程中發生的此類官民矛盾，東北政務委員會尊重民意和舊俗，修改了市政籌備處組織大綱，保留市政委員會之組織。為此，遼寧省政府於 4 月初發布通令如下：「安東、營口原有之市政公所均設市政委員多名，係由當地紳商充之，原以各該市經費多係全市商民負擔，遇有市政興辦事項，須召開市政委員會議議決施行，以免發生阻礙。此項辦法揆諸現

〔註 121〕《市政籌備處暫行組織大綱》，《東北政務委員會週刊》，1929 年第 1 期。

〔註 122〕《王樹藩等為安東市政籌備處長陳奉璋到任將市政公所改為官辦對原市政積虧鉅款推之不顧致翟文選電》，遼寧省檔案館編：《奉系軍閥檔案史料彙編》⑧，南京：江蘇古籍出版社，1990 年，第 176 頁。

行制度，亦甚適宜。經省委會第十八次會議決議市政委員會仍舊設立，補入組織大綱，修正頒布。」由此修正後的《市政籌備處暫行組織大綱》主要內容為：「市政籌備處設處長一員，由省政府委派。」市政籌備處設四課，每課設課長一員，課員若干，技術員若干，辦事員若干，雇員若干。「第一課，掌管關於總務財政事項，第二課，掌管關於工程事項，第三課，掌管關於教育職業事項，第四課，掌管關於公安衛生慈善事項。」「市政籌備處成立之日起，原有之市政公所即行歸併，其原有經費撥歸籌備處。」「市政籌備處設市政委員會，其規則由市政籌備處另訂，呈由省政府核定。」〔註 123〕

1929 年 6 月，遼寧省政府制定了市政委員會規則，並呈報東北政委會核准施行。該規則對市政委員會委員人數、資格、議事事項等內容均做了詳細規定：市政委員會「專以討論市政範圍內應行應革事宜及指導市民輔助市政進行為宗旨」，該會委員至多不得超過 15 人，由市政籌備處處長就當地紳商或政界中具有下列資格者聘任：「對於市政具有專門知識者；對於市政素有經驗者；素負眾望信用昭著者」。該會會議分常會、臨時會兩種，常會每月 1 次，臨時會由處長或委員三分之一以上提議隨時召集。該會議事事項分三種：「市政籌備處交議事項；本會委員建議事項；市民請願事項。」該會會議以市政籌備處處長為主席，處長因事不能出席時得由委員中公推 1 人為臨時主席。該會會議以委員過半數之出席行之，其議決事項以出席委員多數之同意可否，同數時取決於主席。該會會員不得充任市政籌備處處內職員，處內職員亦不得充任該會會員。該會開會時市政籌備處各科長均得列席，但無表決權。該會主席委員及其他人員概係義務職，不另支薪公等費。〔註 124〕

至此，東北商民參與市政的途徑和權利得到了法律的保障。另外，在此次市政委員會的存留風波中，東北民眾自覺地將國民黨的理論、制度與法規作為捍衛自己權益的武器，說明了易幟後的東北社會心理中國民黨正朔地位和意識的增強和鞏固。而東北政務委員會最後的讓步及對《市政籌備處暫行組織大綱》的修訂，也預示著在此後的東北政制改革中北洋軍閥的符號和痕跡將漸行漸遠，而省制改革中國民黨化的趨勢將不可逆轉。

〔註 123〕《遼寧省政府為修正營口安東市政籌備處暫行章程的通令和諮呈》，遼寧省檔案館編：《奉系軍閥檔案史料彙編》⑧，南京：江蘇古籍出版社，1990 年，第 301 頁。

〔註 124〕《改訂營口安東市政委員會規則》，《東北政務委員會週刊》，1929 年第 17 期。

（三）警務系統改革

民國北京政府時期，初時各省警察行政並無統一機關辦理，而是於省會或較大商埠分別設置警察廳，負責各該地方之警察、衛生及消防事宜。直至1918年1月內務部公布各省警務處組織章程後，各省警察行政才有統一之領導機關。東北易幟前，東北各省均設有全省警務處，其級別與各廳相同，均直屬於省府，負責全省水陸警察行政與社會治安事宜。南京國民政府成立後，將地方警察行政與保衛事宜均劃歸民政廳掌管〔註125〕，但由於東北各地匪患嚴重，治安情形嚴峻，加之國民政府對於警察系統的組織形式尚未明確規定，所以易幟後東北政委會根據東北特殊情形，對省警務系統進行了如下改革。

第一，將全省警務處改組為全省公安管理處，直隸於省政府，其機構設置與職權較之前全省警務處並無實質變化。按照《奉天全省公安管理處暫行組織條例》之規定，該處「設處長一人，綜理全省公安事務，並指揮監督全省水陸各公安官署及本處所屬職員，處長為簡任職」；「設秘書一人至三人，承處長之命辦理機要事務及核閱文稿、審查擬定事項」；「設視察長一人至三人，承處長之命辦理全省警政成績之視察、調查及處長指定考查之特種事項」；並設「視察員十二人，承長官之命助理各項視察、調查事項，視察長為薦任職，視察員為薦任待遇或委任職」；處內設四科辦事，各設科長一人，掌理科務。該條例對於處長職權之規定有以下三條：「處長對於主管事務除中央法令別有規定或省政府委員會別有決議者外，以處令行之。」「處長為執行職務，認為有發布單行章程之必要時，得提出於省政府委員會議決後施行。」「處長對於全省水陸各公安官署之命令或處分認為有違背法令逾越權限或其他不當情形時得停止或撤銷之。」〔註126〕

第二，將省城商埠公安局歸併於省城公安局，解決省城警務機關兩個「山頭」的弊端。易幟前，東北各省省會均設有省城警察廳，而省城附屬之商埠地則設置有警察局，但二者並無隸屬關係，而是同隸於全省警務處管轄。這就出現一城同時有兩個警務領導機關的現象，在實際職能運作中弊端甚多。

〔註125〕1928年國府頒布的《省政府組織法》第九條規定民政廳所掌理事項包括「警政及公共衛生事項」和「保衛團事項」，參見《國民政府公報》，1928年4月第53期。

〔註126〕《奉天全省公安管理處暫行組織條例》，遼寧省檔案館編：《奉系軍閥檔案史料彙編》⑧，南京：江蘇古籍出版社，1990年，第169頁。

為解決此一弊病，東北政委會在此次改組各機關辦法中明確規定「奉省商埠警察局改為商埠公安局，歸省城公安局節制」，即將遼寧省城警務領導權統一於省城公安局。此項決議雖然解決了領導權問題，但並沒有解決奉天省城同時存在兩個警務組織系統的問題，而且節制之權限也僅限於警政事務方面，對於省城商埠公安局的人事及財務收支等事，省城公安局並無管理權限，顯然治標不治本。

為此，遼寧全省公安管理處處長高紀毅提議，將省城商埠公安局歸併於省城公安局，以此達到統一事權之目的：「查前內務部諮覆山東、黑龍江等省文稱，各省省會地方多附帶有商埠在內，省會地方既設有省會警察廳，所有附屬於省會之商埠警察行政事務當然屬於省會警察廳處理，毋庸另設一廳，以免分歧各等語。緣以省會地方既設有省會警察廳，廳長資格地位當然較一般警察廳長為高，廳內組織亦較完備，自足控制一切，且免一地兩廳，雙頭並立，權限既虞牴觸，經費尤屬不貲，免除若干重複手續，尤其餘事，立法之意實為允當。」繼之，高紀毅又以南京、濟南、廣州等大城市為例，這些城市「附有商埠者不聞另行設局」，「係由省城公安局處理」，「而奉省事同一律，自未便獨異。擬請將附屬於省城之商埠公安局歸併於省城公安局，以一事權」。遼寧省政府認為高紀毅「所陳不為無見，擬將商埠公安局名稱取消，所有西邊門外商埠一帶地方公安事務，仿照城關舊日設署辦法，設置商埠第一、第二、第三公安分局，由省城公安局直接管轄，以昭劃一，而便指揮。」〔註 127〕對此，東北政委會議決照准，並指令遼寧省政府遵章改組，具報備查。

1929 年 6 月，南京國民政府頒布《省警務處組織法》，明確規定了省警務處的組織構成及其隸屬於民政廳的組織關係：「省設警務處，秉承民政廳廳長之命，掌理全省水陸警察事務」；「警務處對於所屬機關之處分或命令認為違背法令妨害公益或侵越權限時，得報由民政廳變更停止或撤銷之」；「警務處設處長一人，由省政府諮內政部審核呈請任命之，綜理處內一切事務，指揮並監督所屬職員及全省各公安機關」；「警務處得設置二科至四科，每科設科長一人，科員三人至六人，分掌各科事務」；「警務處得設置督察長一人，督

〔註 127〕《奉天省長翟文選為將商埠公安局歸併省城公安局事給東北政委會呈》(1929 年 1 月 30 日)，遼寧省檔案館編：《奉系軍閥檔案史料彙編》⑧，南京：江蘇古籍出版社，1990 年，第 132 頁。

察員四人至八人，考察各市縣警察事務」；「警務處得設置秘書一人或二人，辦理機要事務」。〔註128〕

該警務處組織法與奉天公安管理處組織條例相比，主要區別在於對警務處隸屬關係規定不同，而就組織構成而言，則並無太大出入，僅是將視察長更名為督察長，視察員更名為督察員，並將各職設置員額略為調整。自該組織法公布後，「因各省情形不同，遵照設立者甚少。有擬擴充警務處職權，不欲其立於民政廳之下者，亦有以既有民政廳辦理警務，無庸另設機關者」，〔註129〕爭議頗多。東北各省即屬前一種情況，東北政委會認為「東北各省地方特殊，與內地情形不同，中央規定以警務處隸屬民政廳，職秩較卑，不足以指揮一切」，並諮陳行政院及內政部要求准予變通辦理，「俟整理就緒，再照警務處組織法辦理」。對此，1929 年 9 月南京國民政府內政部核議「准予變通辦理，照現制試辦 6 個月後呈覆」，經國民政府核准後東北政委會訓令東北四省政府：「業已諮陳行政院及內政部核覆准予變通辦理，照現制試辦 6 個月，依據組織法將公安管理處改稱警務處，以符名實，而昭劃一。」〔註130〕即將公安管理處改稱警務處，但仍依「現制」隸屬於省政府，而非隸屬於民政廳。

面對這種分歧情況，雖然國民黨中政會於 11 月 20 日仍議決「警務處在有設立必要之省，應歸民政廳直轄，其未經設立者從緩設立」。〔註131〕但實際上東北各省在奉准「試辦 6 個月」之後直到九一八事變，各省警務處也並未變更過隸屬關係。1929 年 11 月，遼寧省政府制定了《遼寧全省警務處暫行組織條例》〔註132〕，並呈東北政委會核准備案。該條例與原公安管理處組織條例相比，除了將視察長、視察員改為督察長、督察員外，其他如各職人員額數、職權等均無變化，確如東北政委會訓令所言是將公安管理處「改稱」警務處，而非改組。

〔註128〕詳見《省警務處組織法》，《國民政府公報》，1929 年 6 月 28 日第 20 期。

〔註129〕《設立省警務處問題》，《政治會議工作報告》，（編輯者和出版者不詳），1931 年，第 76 頁。

〔註130〕《國民政府指令 1184 號》，《國民政府公報》，1929 年 9 月 4 日第 260 期；《訓令遼吉黑熱省政府》，《東北政務委員會週刊》，1929 年第 31 期。

〔註131〕《設立省警務處問題》，《政治會議工作報告》，（編輯者和出版者不詳），1931 年，第 76 頁。

〔註132〕詳見《遼寧全省警務處暫行組織條例》，《東北政務委員會週刊》，1929 年第 36 期。

二、縣制改革

（一）縣政府改組

北京政府時期，東北各省縣行政機關為縣知事公署，設縣知事一人，下轄公款處、教育公所、警察所等專管機關。南京國民政府成立後，於 1928 年 9 月公布《縣組織法》〔註 133〕，廢除北京政府時期舊縣制，置縣政府，設縣長一人，下轄財政、教育、警察等局。並於 11 月公布《縣組織法各省施行時期及縣政府區村里閭鄰成立期限一覽表》，明令江蘇、山東等 19 個省限期施行該法，而對於尚未易幟的東北四省則規定施行縣組織法之日期另定。〔註 134〕

易幟後，省政府進行改組的同時，縣政府改組也提上了議事日程。1929 年 2 月，遼寧省政府委員會第十次會議上，民政廳長陳文學提出議案，「庶政革新，各縣公署亟應改組為縣政府，惟查縣組織法雖早經國府公布，只以部定實施期限，對於本省尚未明定，無所遵循，不能不先擬暫行條例，以為過渡之計，俟實施縣組織法時再行改組，茲擬訂《奉天省縣政府暫行組織條例》十三條提出公決」，〔註 135〕會議決議改組縣政府並通過該組織條例。該條例主要內容如下：「遼寧各縣政府在中央未頒布縣組織法以前依本條例行之」；「縣政府設縣長一人，受省政府及各主管廳之指揮、監督，處理全縣行政事務」；「縣之管轄區域依其現時固有之區域」；縣政府設兩科，各設科長一人，科員若干，雇員若干，「第一科，掌理公安、保衛、土地、戶籍、衛生、救濟、風俗、典禮、宗教、地方自治、社會事業、著作出版、保存古物及教育、農礦、交通、土木、水利、森林及不屬於他科主管各事項」，「第二科，掌理公債、金融、官產、倉穀登記、編製預決算及會計、庶務、統計、收發文件、典守印信、保管公物各事項」；「縣政府各科科長由縣長呈請民政廳委任，科員由縣長委任並呈報民政廳備案」；「縣政府得設置政務警察，辦理催徵、送達、偵緝、調查等事項，兼理司法事務之縣政府得以政務警察兼辦承法吏法警事務」；「縣政府對於縣屬各機關及地方法定團體有指揮監督之權」；「縣政府於

〔註 133〕參見《縣組織法》，《國民政府公報》，1928 年 9 月第 92 期。

〔註 134〕《縣組織法各省施行時期及縣政府區村里閭鄰成立期限一覽表》，《國民政府公報》，1928 年 11 月 3 日第 9 期。

〔註 135〕遼寧省檔案館編：《奉系軍閥檔案史料彙編》⑧，南京：江蘇古籍出版社，1990 年，第 343 頁。

不牴觸中央及省之法令範圍內得發布縣令，並得自訂單行法規，呈各主管機關核准施行」。〔註 136〕

此次會議同時還決議改教育公所為教育局，改公款處為財政局，並通過該兩局暫行組織條例，〔註 137〕各縣警察所則按東北政委會議決辦法改為公安局。縣級各局組織條例由省政府委員會會議通過後，均呈交東北政委會審核，經修訂核准後施行。依據組織條例，縣教育局設局長 1 人，直隸於教育廳，秉承縣長主管全縣教育行政事宜；設縣督學 1 人至 2 人；設三科，每科設科長 1 人，科員 1 人；全縣市鄉由教育局酌劃學區，每區設教育委員 1 人，受教育局長之指揮。教育局長要具備下列資格之一：大學校教育科、師範大學或高等師範學校畢業，曾任教育職務一年以上者；師範學校專修科畢業曾任教育職務二年以上者；師範學校本科或高中師範科畢業曾任教育職務三年以上者；大學校或專門學校畢業曾任教育職務三年以上者；曾任中等學校校長或小學校校長三年以上著有成績者。〔註 138〕縣財政局設局長 1 人，受縣長監督，管理財政事宜；設二科，每科設科長 1 人，科員 2 人至 3 人。縣財政局局長由各縣投票選送三人經財政廳考試任用。縣公安局直隸於奉天全省公安管理處，設局長 1 人，承全省公安管理處處長之指揮，受本縣縣長之監督，管理全縣公安行政事宜；設三科，每科科長 1 人，科員若干。〔註 139〕

對於各縣政府改組，省政府定於 1929 年 4 月份進行。在進行改組期間，對於縣政府暫行組織條例之制定，民政廳進行了如下說明：「本條例大體參照江蘇縣政府條例；第四條規定係按照本省各縣原設兩科辦法，其職掌則依據部定縣政府辦理通則之規定；第七條之規定係參照縣組織法；縣科員及政務警察在縣組織法均有由民廳核定名額之規定，此時各縣等級既未釐定，此項暫行條例又勢須遷就現有經費，是以未將由廳核定多額之語列入，擬俟實施縣組織法時再行通籌；釐定縣等級辦法至為詳細，未便旦夕擬出，致難精確，

〔註 136〕《遼寧省縣政府暫行組織條例》，遼寧省檔案館編：《奉系軍閥檔案史料彙編》⑧，南京：江蘇古籍出版社，1990 年，第 293 頁。

〔註 137〕遼寧省檔案館編：《奉系軍閥檔案史料彙編》⑧，南京：江蘇古籍出版社，1990 年，第 186 頁。

〔註 138〕《遼寧省縣教育局暫行組織條例》，遼寧省檔案館編：《奉系軍閥檔案史料彙編》⑧，南京：江蘇古籍出版社，1990 年，第 330 頁。

〔註 139〕《遼寧省縣財政局暫行組織條例》，《奉天省各縣公安局暫行組織條例》，遼寧省檔案館編：《奉系軍閥檔案史料彙編》⑧，南京：江蘇古籍出版社，1990 年，第 327、170 頁。

目下縣府改組所有等級，擬仍舊貫，是以條例內並不提及，一面趕緊妥擬務於實施縣組織法以前訂妥報部；金川尚在設治，是否亦應改組縣政府尚須酌定；縣組織法規盡精詳，條文繁多，縣制改組以前，自須詳加研討，惟本省前此並未奉到，搜諸報紙記載，既不完全，排印尚恐有訛，擬專案呈省府轉請頒發」。〔註 140〕

對於設治期間的金川是否同時改組一案，遼寧省政府議決「一律改設縣政府」。在民政廳呈遼寧省府轉請內政部頒發《縣組織法》後不久，「內政部將《縣組織法》頒到，規定東北四省以四月為實行之期，所擬暫行組織條例各項大體上與縣組織法無牴觸」，〔註 141〕因此縣政府改組事項仍按前述省訂各組織條例進行。

1929 年 9 月，遼寧省民政廳第一次行政會議通過《整飭官方案》，力圖推行黨治，刷新政治。「查黨治下之官吏，必須具黨治之精神。訓政時期，根本之計，須先以革新官場之腐習，為入手實行之起點，此後方可以言政」。據此擬定縣政應行革新之事項數條如下：一，應信仰黨義。「查官吏服務黨國，對於三民主義，必須有徹底之認識，精密之研究，深信不疑，為黨所化，方不致步入歧途，然後始可領導民眾，共同奮鬥。故以主義陶冶身心，為今後為官之主要問題。」二，應痛革積習。「查去年內政部刷新內政令開：官署中，大人、老爺、師爺、少爺之稱，係亡清惡習，至今未改者，所在難免，應即糾正。此後官吏相互稱謂，應以職務。」三，應崇尚廉潔。「查貪官污吏，今在打倒之列。嗣後各縣，凡碑匾旗傘，跡近招攬之事，均應厲禁。蓋在封建時代之頌揚，均屬革命時代之污點，務當痛絕。」四，應親近民眾。五，應力戒怠惰。「嗣後各縣，應定早六點起床，率領屬員」，「或利用此清新之朝氣，齊集一堂，研究黨義，均為善策。六，應實行節儉。七，應禁絕嗜好。「嗣後為長官者，固當自加檢點，而對於所屬，亦須切實查禁，不使清白旗下之官吏，存有舊日污濁之氣象，是為至要。」八，應互督功過。〔註 142〕

〔註 140〕《復縣縣政府為轉發民政廳長陳文學對遼寧省縣政府暫行組織條例提案及說明》(1929 年 4 月 24 日)，遼寧省檔案館編：《奉系軍閥檔案史料彙編》⑧，南京：江蘇古籍出版社，1990 年，第 342 頁。

〔註 141〕《專件關於吏治》，《民政月刊》，1929 年第 2 期。

〔註 142〕《整飭官方案》，遼寧省民政廳行政會議秘書處編：《遼寧省民政廳第一次行政會議紀要》，第二編，(無出版者)，1930 年，第 73 頁。

（二）縣長及所屬各級行政人員訓練與考試

與北京政府相比，國民黨更重視和推行地方自治，東北易幟後的縣制改革是與縣地方自治同時進行的。根據孫中山所訂《國民政府建國大綱》第八條所載：「在訓政時期，政府當派曾經訓練、考試合格之員，到各縣協助人民籌備自治。其程度以全縣人口調查清楚，全縣土地測量完竣，全縣警衛辦理妥善，四境縱橫之道路修築成功，而其人民曾受四權使用之訓練，而完畢其國民之義務，誓行革命之主義者，得選舉縣官，以執行一縣之知事，得選舉議員，以議立一縣之法律，始成為一完全自治之縣。」〔註 143〕

也就是說為辦理地方自治，縣行政機關的人員都要由政府進行訓練與考試，合格者才能勝任。國民黨對地方自治人員的訓練與考試除了專業知識的考核外，首重國民黨理論與政策的培訓與考核。在此次東北縣制改革中，東北政委會對縣級行政人員的訓練與考試基本遵照南京國民政府頒發的各項法規，體現了東北政制改革的國民黨化趨勢。

第一，縣長訓練。南京國民政府所定縣長訓練科目為黨義、國恥史略、各國近時政況、現行行政法規概要、現行自治制度要義、警政要義、衛生行政大要、體操或國技等八門。〔註 144〕而遼寧省所定的訓練科目則比國府所定科目多四門，即遼寧省還增設了地方財政要義、國際法要義、民刑訴訟要義、民刑法要義等科目。遼寧省「現任縣長之訓練應分三期，每期兩月，第一期自 9 月 1 日至 10 月 31 日止，第二期自 11 月 1 日起至 12 月 31 日止，第三期自 1 月 1 日起至 2 月 28 日止」。現任縣長「依舊道制區域分為三區，按區分期調省訓練」，「以舊遼瀋道區各縣為第一區，以舊東邊道區各縣為第二區，以舊洮昌道區各縣為第三區」。每一期調一區縣長來瀋陽訓練，即「第一期調第一區各縣縣長來省訓練，第二期調第二區各縣縣長來省訓練，第三期調第三區各縣縣長來省訓練，」同時「縣長來省訓練所需旅費應歸各縣長自備」。民政廳為管理訓練事宜還設置縣長訓練處，設處長一人由民政廳長自兼，該訓練處設管理部和指導部，縣長訓練時分班講授，每一期為一班。〔註 145〕

〔註 143〕中國國民黨中央委員會黨史委員會編訂：《國父全集》第一冊，臺北：中央文物供應社，1981 年，第 751～752 頁。

〔註 144〕《內政部公布現任縣長公安局長訓練章程》，《國民政府公報》，1928 年 9 月第 96 期。

〔註 145〕《遼寧省現任縣長訓練章程施行細則》，《民政廳現任縣長訓練處章程》，《東北政務委員會週刊》，1929 年第 21 期。

第二，縣長任用或考試。南京國民政府規定「凡中華民國國民年滿二十五歲以上，具有下列各款資格之一者，得應縣長考試」:「1.在國內外大學或專門學校修習法律、政治、經濟、文哲社會學科三年以上畢業得有證書者；2.在黨務學校一年以上畢業得有證書者；3.在中學或有同等程度學校畢業得有證書並曾任行政職務滿二年以上有證明文件者 4.曾應各種文官、法官考試及格者」。〔註 146〕在未舉行縣長考試之前，遼寧省特制訂了《遼寧省縣長任用暫行條例》，規定未經考試之前各縣縣長暫時「依本條例之規定任用之」。該條例規定遼寧省縣長任用資格則為:「1.曾在國內外大學或專門學校三年以上得有畢業文憑並曾任行政職務滿一年以上者；2.曾任高等文官或法官考試及格並曾任行政職務一年以上者；3.曾任縣知事或其他薦任職官著有成績者；4.曾任行政職務三年以上著有成績薦任職相當資格者」。〔註 147〕

東北政務委員會認為該縣長任用暫行條例「係一種臨時辦法，東北各省與河北、江蘇情形不同，此項章程條例似不適用，亟應舉行文官考試」，並要求遼寧省政府「擬訂該項考試章程，呈候核定」。不過內政部早於 1928 年 10 月 8 日就已制訂《縣長考試暫行條例》，「以部令公布在案」，並經南京國民政府決定「在考試法未施行以前應仍照部頒條例辦理，毋庸別定，致涉分歧」，所以遼寧省民政廳呈稱:「是舉行縣長考試自應遵照部章辦理」。而據該條例規定，「縣長考試在中央考試院未依法行使考試權以前得由國民政府依本條例委託各省政府在各省舉行」，考試分第一試、第二試、第三試、第四試，第一二三試以筆試行之，第四試以口試行之。第一試考試科目為:三民主義、建國方略、建國大綱；中國國民革命史。第二試考試科目為:法學通論；經濟學原理；政治學原理；中外近百年史；中外人文地理。第三試考試科目為:現行法令概要；國際條約概要；本省財政；本省實業及教育；本省路政及水利。第四試考試科目為:關於學科之問答；關於經驗之問答。凡第一試未及格者，不得應第二試、第三試，第二三兩試未及格者不得應第四試。考試各科以平均滿 60 分為及格。考試及格以平均滿 80 分以上者為甲等，70 分以上者為乙等，60 分以上者為丙等。各省舉行縣長考試以典試委員會行之，其組織如下:一，典試委員長 1 人；

〔註 146〕《縣長考試暫行條例》，遼寧省檔案館編:《奉系軍閥檔案史料彙編》⑨，南京:江蘇古籍出版社，1990 年，第 284～285 頁；《縣長考試暫行條例》，《國民政府公報》，1930 年 1 月 31 日第 383 期。

〔註 147〕《遼寧省縣長任用暫行條例》，遼寧省檔案館編:《奉系軍閥檔案史料彙編》⑧，南京:江蘇古籍出版社，1990 年，第 447 頁。

二，中央簡派典試委員 2 人；三，本省省政府遴請簡派典試委員 2 人至 6 人。其中典試委員長由省政府主席兼任，典試委員就下列各員請派之：省政府委員；國立大學及經大學院立案之私立大學教授，但以擔任講授考試科目者為限；其他富有政治學識或經驗之專家。其中省政府委員人數不得逾典試委員總數的二分之一。典試委員會應函聘下列人員為監試委員：高等法院檢察官；地方法院檢察官。縣長考試費用由省庫支出之。然而「現在考試法施行日期及施行細則均未公布」，所以遼寧省民政廳又稱「本省如須舉行文官考試，似應由鈞府查檢從前本省考試成案辦理」，並就是否應行縣長考試以及如何考試呈請遼寧省政府轉呈東北政務委員會核定。〔註 148〕

通過對比，我們可以看出遼寧省規定的縣長任用資格更為嚴格，南京國民政府規定在國內外大學或專門學校三年以上取得畢業證書者，或曾應文官、法官考試及格者，即可參與縣長考試；而遼寧省則規定即便擁有上述學歷或考試及格者，還另需一年以上行政職務任職經歷才可以擔任縣長。而對於其他學歷者，國府要求任行政職務滿二年以上即可參與縣長考試；而遼寧省則要求任行政職務三年以上著有成績者才可任為縣長。不過對於擁有國民黨黨校學歷者，東北政委會則不予認可，這說明在東北國民黨黨員要晉身仕途是非常困難的。

第三，縣地方行政人員訓練與考試。南京國民政府規定受訓練之現任地方行政人員包括：縣屬各局局長，但不包括公安局長；縣政府佐治人員，即各科科長及科員；區長；村里長副；閭鄰長。國府規定的縣地方行政人員的訓練科目有五門，即黨義；國恥史略；現行行政法規概要；現行自治制度要義；公共衛生要義。〔註 149〕而遼寧省規定區長訓練科目共八門：三民主義、實業書大要、統計學概要、地方自治實施法、現行地方自治制度、市政概要、本省現行法令、公文程序；遼寧省規定縣財政局局長考試科目七門：黨義、公牘、國文、經濟概要、財政學、法制概要、口試。〔註 150〕顯然南京國民政

〔註 148〕《民政廳為詢縣長考試應否即時舉行並送縣長考試暫行條例給遼寧省政府呈》（1929 年 11 月 8 日），遼寧省檔案館編：《奉系軍閥檔案史料彙編》⑨，南京：江蘇古籍出版社，1990 年，第 284 頁。

〔註 149〕《內政部公布各縣現任地方行政人員訓練章程》，《國民政府公報》，1928 年 9 月第 96 期。

〔註 150〕《擬定第一期訓練自治區長施行辦法》，《民政月刊》，1930 年第 10 期；《遼寧省縣財政局暫行組織條例施行細則》，遼寧省檔案館編：《奉系軍閥檔案史料彙編》⑧，南京：江蘇古籍出版社，1990 年，第 327 頁；《遼寧省縣政府

府所定訓練科目更注重通用性；而遼寧省所定訓練或考試科目，更注重實用性且更有針對性。

以遼寧省各縣教育局長及縣督學考試為例。「訓政時期地方教育最關重要，各縣教育局長、督學或主辦一縣教育或負視察指導之責，倘或學識未充經驗未富，對於一縣教育決難發展」，所以遼寧省教育廳「為整頓地方教育，選拔此項人材起見，特仿照前此考試教育行政人員辦法擬訂考試教育局長及縣督學章程十四條」，擬於 1929 年 10 月底「舉行考試，嚴格錄取，嗣後遇有各縣教育局長或縣督學缺出即由錄取者依次委用，以進真才，而資振作。」據《遼寧省教育廳考試教育局長及縣督學章程》之規定，「凡本省男子在二十五歲以上，具有後列甲項資格者，得應教育局長考試，具有後列乙項資格者得應縣督學考驗」:「甲：一，高等師範學校畢業，任教育職務一年以上者。二，專門學校以上畢業，任教育職務三年以上者。三，高中師範科及舊制本科師範畢業，曾任教育職務五年以上者。乙：一，本科師範或新制師範畢業，任教育職三年以上者。二，舊制中學或高級中學畢業，任教育職五年以上者。」但有下列各款情事之一者，雖具有前條之資格，也不得與試:「一，曾經褫奪或停止公權者。二，有反革命行為者。三，品行卑污，被控查實有案者。四，素有不良嗜好或患精神病者。」凡應試人員須填具志願書、履曆書及取薦任官吏之保結自行來廳報名，並呈驗足資證明資格之文憑書類。教育局長及縣督學考試分為第一試、第二試、第三試，第一二兩試以筆試行之，第三試以口試行之。第一試科目：黨義；國文；國語。第二試科目：數學；教育；教育行政策問；公牘。第三試就應試人員經驗設為問答。凡第一試不及格者不得參與第二試，第二試不及格者不得參與第三試。第三試及格錄取各員均由教育廳發給憑照並呈報遼寧省政府備案。凡第三試及格經教育廳錄取者，如遇教育局長或縣督學缺出即按照名次盡先擢用。〔註 151〕

所謂「訓練」是對現任縣長及地方行政人員施政和處理政務能力進行訓練，而所謂「考試」其實只是資格考試，考試合格錄取者僅為縣長及地方行政人員之「候補」，只有現任縣長及各級官員出缺時才會由候補縣長或局長按照名次遞補。遼寧省各縣教育局長及縣督學考試結束後，縣教育局長合格錄

佐治人員任用暫行章程》，《東北政務委員會週刊》，1929 年第 28 期。

〔註 151〕《遼寧省教育廳為擬定考試教育局長及縣督學章程給遼寧省政府呈》（1929 年 9 月），遼寧省檔案館編：《奉系軍閥檔案史料彙編》⑨，南京：江蘇古籍出版社，1990 年，第 132 頁。

取者有 32 人，縣督學合格錄取者有 15 人。從年齡結構看，這些候補縣教育局長除了有兩人年齡達到 40 歲外，其餘都在 30 歲左右，30 歲以下者 12 人，30 歲以上者 18 人，平均年齡 31.6 歲；候補縣督學的年齡結構更年輕一些，年齡最大者僅 34 歲，30 歲以下者 8 人，30 歲以上者 7 人，平均年齡僅有 28.7 歲。從籍貫看，這些「候補」都是遼寧本籍；從教育背景看，這些「候補」大部分都是師範本科畢業。但從歷任職務來看，候補縣教育局長大多是各級中小學校長甚至有教育管理機關或教育法團任職經歷；而候補縣督學則大多是中小學教員出身。（參見下表）

表 9：遼寧教育廳第一屆教育局長考試錄取人員簡明履歷表

姓名	年齡	籍貫	出身	歷任職務
金景芳	28	義縣	遼寧省立第四師範本科	高小教員，訓育主任，初中教員
劉傳薪	35	柳河	遼寧省立第五師範本科	教員，教育廳事務員
張錫度	30	洮安	山東第一師範本科	教員，訓育主任，
方殿衍	33	法庫	法庫初級師範本科	小學、師中教員，教務主任，校長，教育會執行委員
呂庚斌	29	海龍	遼寧省立第五師範本科	高小教員，初中教員
高鳳翰	30	瀋陽	遼寧省立第一師範本科	小學教員、校長，東省特區教育管理局科員
李維邦	30	洮南	遼寧省立第二師範本科	中小學教員，小學校長，洮南教育公所事務員、科長
周景和	27	義縣	遼寧省立第四師範本科	中小學教員，師中訓育員
張玉琛	30	懷德	遼寧省立第一師範本科	高小教員，師中校長，教育會副會長
崔慶桂	29	本溪	遼寧省立第三師範本科	中小學教員、訓育員，教育局科長
林鍾祥	27	海城	遼寧省立第一師範本科	小學、師中教員、教務主任
王作新	30	彰武	遼寧省立第一師範本科	小學教員，師中校長
吳之伯	28	瀋陽	遼寧省立第一師範本科	小學教員，教育講習會講員
陶百祥	30	瀋陽	遼寧省立第一師範本科	小學教員、校長
張廷齡	28	海龍	遼寧省立第五師範本科	中小學教員，師中訓育主任、教員
吳景賢	35	昌圖	奉天兩級師範本科	小學教員，教育會會長，小學校長
徐彬	34	西豐	西豐縣立師範本科	高小教員、校長，教育公所懂事，教育會會長，縣視學，師中校長
周純仁	36	鐵嶺	奉天兩級師範本科	高小教員，小學校長

劉振漢	29	清原	奉天兩級師範本科	中小學教員、訓育主任
成鴻恩	29	昌圖	昌圖師範本科	師中、中學教員、訓育員
吳鳳宸	31	寬甸	遼寧省立第一師範本科	初中教員、訓育員，小學校長
佟世廉	33	撫順	奉天兩級師範本科	中小學教員、訓育員，遼寧省立圖書館講演員
王學孟	29	寬甸	遼寧省立第一師範本科	中小學教員，教育局教育委員
那洪緒	38	清原	吉林法政專門法律本科	東省特區市政管理局教育股辦事員，師中教員
房占魁	35	西豐	西豐縣立師範本科	高小校長，教育公所懂事，區教育會會長，師中教員
趙村田	40	黑山	奉天兩級師範初級本科	小學教員、校長，東北陸軍騎兵第十三師師部秘書，皇姑屯溝幫子一帶警備司令部秘書，黑山縣教育局科長
徐宗勳	34	昌圖	瀋陽高等師範專修科	師中教員，小學校長
何維翰	37	海城	遼寧海城縣立師範本科	小學教員，高小校長
白夢庚	27	瀋陽	遼寧省立第一師範本科	小學教員
馬書田	40	彰武	奉天省立第一中學	小學教員、校長，彰武縣教育會會長，代理彰武縣教育局局長
關桂瀛	25	綏中	遼寧省立第四師範本科	小學教員、校長，初中校長
程紹文	35	寬甸	奉天兩級師範優級選科	小學校長，師中校長

表 10：遼寧教育廳第一屆縣督學考試錄取人員簡明履歷表

姓名	年齡	籍貫	出身	歷任職務
李紹芳	33	安東	遼寧省立第二師範	中小學教員
何禮南	30	岫岩	岫岩縣立舊制中學	小學教員
孫順藩	28	西安	西安縣立舊制中學	小學教員、校長，縣署科員
李大華	25	蓋平	遼寧省立水產高中	小學教員
姚德寬	30	法庫	法庫舊制中學	小學教員
吳廷錚	30	蓋平	遼寧省立第三師範	中小學教員
李景奇	26	遼陽	遼寧省立第三高中	中小學教員
李士成	25	瀋陽	遼寧省立第一高中，東北大學預科	中學教員
胡彥儒	30	鐵嶺	遼寧省立第一師範本科	中小學教員
唐文辞	26	撫順	遼寧省立第一高中	中小學教員，師中訓育員、教務主任，教育局科長

韋延智	32	通化	通化縣立中學	中學教員、教務主任
李潤滋	34	綏中	遼寧省立第四師範本科	小學教員、校長
郝玉琮	26	撫順	遼寧省立第一師範本科	中學教員
徐良佐	27	岫岩	岫岩舊制中學	小學教員
高毅	29	鐵嶺	鐵嶺縣立師範	小學教員

資料來源：遼寧省檔案館編：《奉系軍閥檔案史料彙編》⑨，南京：江蘇古籍出版社，1990 年，第 133～135 頁。

縣教育局長和縣督學考試合格錄取者，分別不過 32 人和 15 人，按照遼寧省 58 個縣來算，平均起來每縣教育局長和縣督學的候補人數還不到 1 人。而這些錄取人員之所以能夠考試合格得到「候補」機會，從前述縣教育局長和縣督學考試資格以及這些「候補」們的履歷來看，其原因主要在於他們都是遼寧各縣教育一線的精英分子。民國時期東北教育落後人才匱乏，如果縣域範圍內的這些知識精英，全部脫離基層教育崗位而步入仕途，或者他們都更熱心於入仕而無心教育，那麼這勢必對遼寧基層教育產生巨大破壞。因此為了減少對基層教育的衝擊，遼寧這次縣教育局長和縣督學考試，才從上百名考生中僅選撥出少數優秀分子成為「候補」。

1929 年 11 月，遼寧省民政廳制定了地方行政施政大綱，共分四期進行，涉及到縣制改革、地方事業發展和村自治實施等內容。第一期為 1929 年 4 月至 6 月份，與縣制改革有關的施政綱目為：1.改組全省縣政府；2.釐訂縣長任用章程；3.釐訂佐治人員任用章程；4.釐訂視察員規則及視察分區表；5.整頓各縣教養工廠收納游民；6.考核各縣市政。第二期為 1929 年 7 月至 9 月，與縣制改革有關的施政綱目為：1.編制民政統計；2.發行民政月刊；3.整頓各縣市政；4.禁止現任縣長在本管境內置產聯姻營工商事業；5.釐訂訓練現任縣長章程；6.召集各縣長開行政會議。第三期為 1929 年 10 月至 12 月，與縣制改革有關的施政綱目為：1.分期視察各縣吏治；2.釐定各縣等級。第四期為 1930 年 1 月至 3 月，與縣制改革有關的施政綱目為：1.訓練現任縣長；2.訓練自治人員；3.確定自治經費；4.選派合格人員辦理自治；5.整理全省行政區劃；6.巡視各縣吏治。〔註 152〕

〔註 152〕《陳文學為釐定遼寧民政廳施政大綱給遼寧省政府呈》，遼寧省檔案館編：《奉系軍閥檔案史料彙編》⑨，南京：江蘇古籍出版社，1990 年，第 281～283 頁。

與遼寧省進行縣制改革基本同步，吉林、黑龍江和熱河省民政廳也制訂了類似的地方行政計劃，積極推進縣制改革、地方事業發展和村自治實施，〔註153〕可見東北各省縣制改革是有序推進的。在東北地方政制改革過程中，東北各項法規、章程的制定在以南京國民政府頒布的法規為依據和準繩的同時，比如東北政委會所核准施行的縣各級行政官員任用資格、訓練與考試科目等，就與南京國民政府的規定相比契合度很高，東北政委會還為兼顧東北特殊情形而對各項規章進行了適度調整。

比如，遼寧省現任縣長訓練課程比南京國民政府之規定多了四條，其中「國際法要義」、「民刑訴訟要義」與「民刑法要義」三科目的增加就凸顯了東北的特殊情形。一方面，東北地處日俄兩強之間，地方行政事務中很多都涉及與日俄的關係，這就要求地方行政長官掌握一定的國際法知識。另一方面，民國以來東北地方司法審判制度的建設非常滯後，設置地方法院或分院的縣較少，大部分縣都是由縣知事兼理司法審判，這種情況一直延續到東北易幟後都並無變化，所以要求現任縣長必須掌握一定的民刑法知識就很有必要。東北各縣司法大部分均由縣長兼理，而在省管理縣行政的同時就不可避免的要管理縣司法行政事項，所以易幟前東北各省為管理司法行政事宜於省長公署政務廳內設置了第五科。易幟後對於行政機關監督司法，東北政委會並未廢除而是延續，故有前述東北政委會決議將「省署第五科附入秘書廳」，即將第五科從原省署政務廳下歸併至改組後的省政府秘書處第三科。〔註154〕

再如，南京國民政府有「被國民黨開除黨籍或受停止黨籍之處分尚未恢復者」不得應試縣長之規定，而遼寧省則規定「有反革命行為查明屬實者」、「有反革命行為者」不得任用縣長及縣佐治人員。〔註155〕易幟後東北的國民黨組織並未立即建立起來，東北各級官員也並未立即加入國民黨，所以並沒

〔註153〕參見東北文化社年鑒編印處：《東北年鑒》，瀋陽：東北印刷局，1931年，第214～222頁。

〔註154〕省公署政務廳第五科和省政府秘書處第三科均掌管司法行政事宜，參見《奉天省長公署各廳職掌》第十條和《奉天省政府秘書處組織條例》第四條（遼寧省檔案館編：《奉系軍閥檔案史料彙編》⑦、⑧，南京：江蘇古籍出版社，1990年，第717頁、第105頁）。

〔註155〕《縣長考試暫行條例》，《國民政府公報》，1930年1月31日第383期；《遼寧省縣長任用暫行條例》，遼寧省檔案館編：《奉系軍閥檔案史料彙編》⑧，南京：江蘇古籍出版社，1990年，第447頁；《遼寧省縣政府佐治人員任用暫行章程》，《東北政務委員會週刊》，1929年第28期。

有被開除黨籍等情況發生，也就無前述國府的規定。國民黨自命革命黨，將一切敵人均冠以反革命的帽子，而東北集團為了表示服從三民主義和國民政府，自然要與反革命者劃清界限，站到革命陣營，縣級官員的任用資格也就體現了這種政治考慮。而這種規定又突出地反映了易幟後東北地方政治的國民黨化傾向。

三、東北政治體制改革的困境

易幟後東北地方政治體制改革是在南京國民政府宣布實行訓政後進行的，是以國民黨由革命黨轉變成為執政黨，黨的意志上升成為國家意志為背景的，即東北的省縣體制改革具有很大的被動性，是不得不為。而通過上述論述我們又可以發現，在這種被動的改革中又包含了主動與自覺的因子，即在不違背國民黨黨義、法規的前提下作符合東北特殊情形的規定。如上述道尹改市政籌備處長兼交涉員、公安管理處直屬省政府及縣級行政人員訓練、考試和任用中的地方性規定等。這些一方面說明在易幟後的東北地方政治運作中，國民黨產生著巨大影響力，另一方面也說明東北集團堅持自我的意識與原則。如何將國民黨外衣與東北實際情形有效地結合起來，堅持有利於東北地方政權的政策取向，實現自身利益的最大化，這正是此時東北集團正在思考和企圖解決的問題。

南京國民政府所推行的地方各級政制改革，與北京政府時期官制相比，無不是增擴機構與官職。而機構的增擴，官佐員額的增加，又無不需要更為龐大的財政支持。在東北省制改革中，僅僅是四個省長公署增擴為省政府，增加數名委員，增編部分廳局和員額，其需要增加的經費預算還在東北各省財政能夠承受的範圍內。而東北縣制改革和村制改革，新增和擴編的機構就數以百計，增編的職員數量為數更多。遼寧省 59 個縣，吉林省 41 個縣，黑龍江省 42 個縣，熱河省 15 個縣，東北四省共計 157 個縣。每縣僅增編機構便至少 3 個，即公款處、教育公所、警察所擴編為財政局、教育局、警察局，實業較發達的縣還要增設實業局，推行區制每縣至少分劃數區，如果全部實行則東北所有縣份新設局長和區長就得上千員，而新增編的縣區機構職員數量將會更加龐大。這還沒有將為實施新村制，推行村自治而須設置的數以千計的村公所計算在內。

地方政制改革中如此龐大的機構與職員增編勢必造成巨大的財政壓力，

而為了解決經費問題，新增機構的經費往往採取增加賦稅的方式，將壓力轉嫁給民眾，增加社會矛盾。比如 1927 年黑龍江省景星縣就曾計劃增設實業局和教育局，以圖發展地方實業和教育事業，並增加晌捐 2 角 2 分充作兩局經費。雖然景星縣稱「地方蕭索，民戶星稀，設非亟興實業，則地方永無發達之可能」，但這並未獲得該縣紳民認同，他們聯名呈文稱「景星熟地寥寥，每晌納警學、山林警備、保衛各捐大洋 7 元，經年出產僅敷供給，並無盈餘」，一致請求緩設實業和教育兩局。〔註 156〕由此可以預見易幟後規模更為龐大的東北地方政制改革是更加難以長久維持的，所以在縣制改革推行兩年後東北政務委員會不得不對其進行變革。

首先將偏遠各縣諸多新政停辦。如 1930 年遼寧省政府就將所屬「邊僻縣份」「所有應辦新政」，酌量情形「准緩辦，以紓民力」。「查本省東邊長白、撫松、安圖三縣，北邊雙山、突泉、瞻榆、鎮東、安廣五縣均屬邊僻縣份，地方貧瘠財力支絀，本不能與腹地縣份相提並論。而辦理新政又復非財莫舉，若任其悉由就地籌款，民力難勝，轉滋擾累，殊失政府舉辦新政所以福民之意」。以上八縣所有由遼寧省民政廳「飭辦教養工廠、公立醫院、接生傳習所、地方救濟院、平民村以及關於市政各項新政，其已經舉辦或已籌有得款而均無害於民力能擔負者，自應繼續辦理；其尚未舉辦正在籌款者，均一律飭由各該縣長酌量地方情形，如確有窒礙即行緩辦。嗣後凡遇需款新政，對於上列八縣一律免令籌辦，以紓民力。」〔註 157〕

其次裁併新增縣屬機關。如 1931 年 5 月遼寧省政府提出本省被災及邊遠各縣原有地方機關酌量分別裁併，以紓財力。「公安關係地方治安，未便裁併外」，其財政教育兩局裁併辦法可分以下四種：「一，兩局並存，人員切實裁減，但以縣長兼教育局長；二，以縣長兼財政局長，改教育局為教育科；三，財政局改科，將教育局事宜併入縣政府第一科承辦；四，兩局並裁，應辦事件歸併於縣政府原有各科辦理，不另設科。」「此外其他機關，凡由地方款開支，無論直接間接隸屬縣政府者均一律切實裁併」。隨後 6 月初教育廳據此擬具裁併教育局改組辦法五條：「一，凡教育局存在局長由縣長兼任者，其兼任

〔註 156〕《關於請緩設實業教育兩局事項》（1927 年 12 月），黑龍江省檔案館藏，全宗號：62-6-5633。

〔註 157〕《呈省政府為邊僻縣分地方貧瘠所有應辦新政似應飭縣酌量情形呈准緩辦以紓民力》，《民政月刊》，1930 年第 10 期。

局長不另支薪，並免支公費，每局於局長之下設科長一人」，「辦公費應切實核減，並彙編預算呈廳核定」。「二，凡教育局改為教育科者，設科長一人」，「所有科內職員薪俸應由縣參照十九年度實支數目酌編預算呈廳核定，但辦公費應切實核減」。「三，凡將教育局事宜併入縣政府第一科承辦者，應指定專員一人辦理教育行政並另設教育委員一人，其薪俸及辦公費應查照第二項辦理，將其應需數目列入二十年度教育預算以內」。「四，凡教育局應辦事件歸併於縣政府原有各科辦理者，不另設員額亦不另支薪俸及辦公費」。「五，各該縣之督學除瞻榆應裁撤外，盤山、臺安、康平、彰武四縣應各設一人，其餘各縣均由教委兼充」。同時規定盤山、臺安、康平、彰武、長白等五縣教育局長由縣長兼任，安國、撫松、金川、開通、鎮東、洮安等六縣改局為科，安廣、雙山、突泉等縣將局務併入縣府第一科，瞻榆縣將局務歸併縣政府原有各科，一切職員均不另設。〔註158〕縣教育局裁併後，曾經縣教育局長考試合格錄取的那些「候補」們想要轉正的機會就寥寥無幾了，進行兩年之久的縣制改革最終付諸東流。

各縣財政局核教育局等裁併只是東北地方政治體制改革的一個縮影。除了省制改革取得一定成效外，縣制改革最終打了折扣，徒有其表。除了各縣將縣長公署改為縣政府外，僅有少數縣份保留了新縣制部分機構，還是由縣長兼職掛名而已，其他大部分都裁併掉了。由此可見，南京國民政府以江浙省情為藍本制訂諸多改革方案與法規，並不適合在全國範圍內尤其邊陲的東北地區推行，國民黨的黨治體制在東北也只能「新瓶裝舊酒」了。

通過前文論述，我們可以看出東北政務委員會所代表的東北集團，與國民黨和南京國民政府之間，是以合作為底線的博弈與鬥爭關係。兩者的合作底線，表現在東北集團的改旗易幟，國民黨形式統一東北的局面始終未曾破裂，在此基礎上東北政務委員會還在東北範圍內力所能及地推行國民黨化的體制改革，以及傳播孫中山紀念等國民黨政治文化；兩者的博弈與鬥爭，則主要表現在國民黨東北黨權的爭奪以及東北地方當局對實施地方自治的陽奉陰違。

雖然中原大戰後，國民黨與東北集團有過一段短暫的蜜月期。蔣介石甚

〔註158〕《遼寧省教育廳為遵令擬具各縣教育局改組辦法給省政府呈》（1931年6月），遼寧省檔案館編：《奉系軍閥檔案史料彙編》⑪，南京：江蘇古籍出版社，1990年，第711～713頁。

至暗自思量，若張學良與他「同心同德，當以手足之情待之」，不過蔣介石仍擬在「黨國大事」處理方面向張學良再進忠告：一、事事須向統一方面做去，以國家為念，須知自身即為中央之一體，中央即為同志之集體，而非某一人之中央。二懇託以後北方政治進行之責，但能不失中央之政策，則各事皆可放手辦去。三，須在黨內盡力增高黨的地位，以為政治基礎。〔註 159〕可以想見，在蔣張二人關係最親密的這段時期，張學良對北方政務的處理，仍不能讓蔣介石滿意，那麼其他時期東北集團控制下的東北政務委員會的諸般內外舉措，又如何能讓南京國民政府滿意呢。

第四節　符號與儀式：國民黨黨治體制在東北的表徵

一、改旗易幟

1928 年末東北易幟，是以張學良為首的東北集團放棄自治，而與國民黨合作的重要標誌。雖然東北易幟，既有日本等西方列強侵略威脅的外因，也有奉方企圖借易幟而保全自己的內因，但從國民黨統一中國的角度看，「易幟」是南京國民政府統一東北的起點，也是國民黨黨治體制在東北建立的起點。

1928 年 12 月 24 日，張學良將月底改旗易幟決定通知所屬各省縣機關：「決定於本月 29 日改懸青天白日旗，東三省同時舉行」，〔註 160〕並將黨旗和國旗的旗式尺寸以文字表述，讓各機關秘密製備。該月 29 日上午，東北各省縣機關分發青天白日旗，並發布布告，告之各界商民易幟事宜，各機關、團體及商民群眾均懸掛青天白日旗。改旗易幟後，民眾的反應，基本是「商民歡騰，地方安謐」，或「各界人士商民等欣然慶祝，秩序如常，毫無軌外舉動」。〔註 161〕

張學良在給所屬各省縣機關的密電中，所述旗式尺寸實際是包括黨旗和國旗的，黨旗為青天白日旗，國旗為青天白日滿地紅旗。但在張學良及各省

〔註 159〕呂芳上主編：《蔣中正先生年譜長編》第 3 冊，臺北：「國史館」，2014 年，第 304 頁。

〔註 160〕《張學良決定於本月 29 日東三省同時易幟並規定旗式尺寸致奉省各道尹密電》(1928 年 12 月)，遼寧省檔案館編：《奉系軍閥檔案史料彙編》⑦，南京：江蘇古籍出版社，1990 年，第 724 頁。

〔註 161〕《關於奉天全省各地報告實行易幟的文電》，遼寧省檔案館編：《奉系軍閥檔案史料彙編》⑧，南京：江蘇古籍出版社，1990 年，第 7～27 頁。

縣機關往來電報中，均以青天白日旗相稱，可見在東北政界國民黨與南京國民政府被視為一體，黨即是國，黨國觀念深厚。由於東北易幟時，製備黨旗國旗倉促，且以文字描述旗式尺寸，不免忙中出錯。所以易幟後，南京國民政府將國徽國旗法及詳細的製作圖表下發東北各省機關，以便修訂旗式，保證旗幟樣式的統一。〔註 162〕

東北易幟，東北四省服從南京國民政府領導，這不僅是國民黨黨史上的大事，也是民國歷史上的大事。張學良認為東北易幟意義重大，特向國民黨中央申請將東北易幟的 12 月 29 日定為國民黨統一中國紀念日。國民黨中央政治會議決定將此提案提交國民黨第三次全國代表大會審議，但 1929 年 3 月份召開的國民黨「三大」並未通過此項提案。〔註 163〕儘管該提案未獲通過，但東北改旗易幟的意義仍不可動搖。

二、推行革命紀念日

東北易幟三天後，即為 1929 年元旦，也是中華民國開國紀念日，國民政府決定元旦放假三天並舉行慶祝活動。〔註 164〕這也是易幟後的東北第一次舉行國民黨革命紀念活動。1929 年 7 月，國民黨中央執行委員會第二十次常會通過革命紀念日紀念式及革命紀念日簡明表，國民政府令發各省市政府機關遵照執行。1930 年 1 月，遼寧省政府教育廳接到教育部訓令後，通令各省立學校、圖書館及各縣教育局遵照執行。〔註 165〕國民政府此次頒布的革命紀念日簡明表內共計設立了 28 個紀念日，雖然平均每月約有兩個紀念日，但實際上紀念日的分布並不平均。有些月份紀念日非常密集，比如 5 月份的紀念日就多達 7 個：「5 月 1 日國際勞動節」、「5 月 3 日濟南慘案國恥紀念日」、「5 月 4 日學生運動紀念日」、「5 月 5 日總理就非常總統紀念日」、「5 月 9 日二十一

〔註 162〕國旗國徽圖案可詳見《奉天省長公署為轉發內政部規定國徽圖樣給所屬各機關令》(1929 年 1 月 17 日)，遼寧省檔案館編：《奉系軍閥檔案史料彙編》⑧，南京：江蘇古籍出版社，1990 年，第 101～102 頁。

〔註 163〕中國第二歷史檔案館編：《中國國民黨歷次全國代表大會暨中央全會文獻彙編》第 4 冊，北京：九州出版社，2012 年，第 300 頁。

〔註 164〕《國民政府外交部為民國十八年新年為中華民國開國紀念放假三天給奉天交涉員訓令》(1928 年 12 月 27 日)，遼寧省檔案館編：《奉系軍閥檔案史料彙編》⑧，南京：江蘇古籍出版社，1990 年，第 4 頁。

〔註 165〕《令省立學校各縣教育局為奉部令飭知革命紀念日紀念式及革命紀念日簡明表由》，《遼寧教育公報》，1930 年第 1 期。

條國恥紀念日」、「5 月 18 日陳英士先生殉國紀念日」、「5 月 30 日上海慘案國恥紀念日」。

1930 年 7 月，國民黨中央修正了革命紀念日簡明表及紀念式，將紀念日數量減少至 18 個，「合併性質相類似之紀念日，增入革命殉難烈士紀念日」，「刪除影響較小之紀念日，以集中宣傳力量，增進紀念意義」。〔註 166〕此次修正將中華民國革命紀念日分為兩類，一是國定紀念日，二是國民黨紀念日。國紀念日，各紀念日各機關學校舉行紀念會，慶祝或追悼，除 5 月 5 日和 5 月 9 日兩紀念日不放假外，其餘均休假一日。黨紀念日，由各地黨部召集黨員，開會紀念，各團體機關學校可派代表參加。

表 11：1930 年中華民國紀念日

國紀念日		黨紀念日	
1 月 1 日	中華民國成立紀念日	3 月 18 日	北平民眾革命紀念日
3 月 12 日	總理逝世紀念日	4 月 12 日	清黨紀念日
3 月 29 日	七十二烈士殉國紀念日	5 月 18 日	陳其美殉國紀念日
5 月 5 日	總理就非常總統紀念日	6 月 16 日	總理廣州蒙難紀念日
5 月 9 日	二十一條國恥紀念日	8 月 20 日	廖仲愷殉國紀念日
7 月 9 日	國民革命軍誓師紀念日	9 月 9 日	總理第一次起義紀念日
10 月 10 日	國慶紀念日	9 月 21 日	朱執信殉國紀念日
11 月 12 日	總理誕辰紀念日	10 月 11 日	總理倫敦蒙難紀念日
		12 月 5 日	肇和兵艦舉義紀念日
		12 月 25 日	雲南起義紀念日

資料來源：《中華民國革命紀念日表》，東北文化社年鑒編印處：《東北年鑒》，瀋陽：東北印刷局，1931 年，第 83 頁。

對於如何在革命紀念日進行紀念，國民黨中央制定了革命紀念日紀念式。每個紀念日的紀念式都由三部分組成，即「史略」，對該紀念日史實的簡介；「儀式」，規範紀念日的紀念方法；「宣傳要點」，規定了紀念日重點宣傳內容。比如，「1 月 1 日中華民國成立紀念日」紀念式，「史略」：「辛亥武昌首義，清室既亡，各省代表齊集南京，組織臨時政府。並於是年 11 月 10 日選舉總理為臨時大總統，於 1912 年元日就職。頒定國號，為中華民國，改元為中

〔註 166〕《修正革命紀念日簡明表及紀念式》，《中央週刊》，1930 年第 134 期。

華民國元年。」「儀式」:「全國黨政軍警各機關，以及團體學校工廠商店均懸黨國旗誌慶。並由各地高級黨部召集民眾，舉行慶祝大會，放假一天。」「宣傳要點」:「一、辛亥及辛亥以前各地革命運動的經過情形及其因果。二、總理就臨時大總統職宣言的要點。三、辛亥革命後未能貫徹總理主張的錯誤及流弊。四、關於封建專制與民主政治之比較。」再如，「4 月 12 日清黨紀念日」紀念式，「史略」:「民國 12 年，中國共產黨自請加入本黨，願遵本黨主義政綱共致力國民革命，不意竟利用本黨以擴大其勢力，並欲篡奪本黨政權，消滅三民主義之革命。本黨乃於 16 年 4 月 12 日，在各地同時將其清除以固黨基，不數月禍即熄。」「儀式」:「各地高級黨部召集全體黨員舉行紀念儀式，民眾團體可派代表參加，不放假。」「宣傳要點」:「一、本黨改組後容共的真義。二、共產黨的罪惡。三、本黨鏟共清黨的經過情形。四、三民主義打到共黨主義。」〔註 167〕

按照革命紀念日簡明表及紀念式之規定，經由東北政務委員會議決通過東北各機關假期表。表內所列六個國定紀念日，各級中小學也放假一天。〔註 168〕

表 12：東北易幟後東北各機關假期表

1 月 1 日	中華民國開國紀念
1 月 2 日	新年例假
1 月 3 日	新年例假
3 月 12 日	總理逝世紀念
3 月 29 日	黃花崗七十二烈士殉國紀念
7 月 9 日	國民革命軍誓師紀念
10 月 10 日	國慶紀念
11 月 12 日	總理誕辰紀念

資料來源：《東北各機關假期表》，東北文化社年鑒編印處：《東北年鑒》，瀋陽：東北印刷局，1931 年，第 90 頁。

1929 年 7 月 9 日為國民革命軍誓師北伐三週年紀念日，遼寧省政府決定按照南京國民政府議決的國民革命軍誓師北伐三週年紀念辦法，於是日上午

〔註 167〕《革命紀念日紀念式摘要》，東北文化社年鑒編印處：《東北年鑒》，瀋陽：東北印刷局，1931 年，第 84 頁。

〔註 168〕《學校一學年中始業休假日程表》，東北文化社年鑒編印處：《東北年鑒》，瀋陽：東北印刷局，1931 年，第 90 頁。

10 時在政府大禮堂舉行紀念典禮，以資紀念，並於是日照例放假一天。南京國民政府所議決之紀念辦法 5 條：第一，全國各地高級黨部召集當地軍政機關、民眾團體及學校代表舉行國民革命軍誓師北伐三週年紀念，時間為 7 月 9 日上午 8 時前。第二，全國各地黨政軍機關、民眾團體及學校除派代表參加該地公共紀念會外，仍須分別舉行紀念會，但不得結隊遊行。第三，國民革命軍誓師北伐紀念儀式：開會、唱黨歌、向國旗黨旗及總理遺像行三鞠躬禮、主席恭讀總理遺囑、向總理遺像俯首默念三分鐘、主席報告國民革命軍誓師北伐以後之經過及成績、演說、散會。第四，全國各級黨部、各民眾團體及學校一律依照中央頒發之宣傳大綱及要點從事努力宣傳。〔註 169〕

三、孫中山紀念儀式

孫中山是國民黨的領袖，更是國民黨的象徵。孫中山去世後，國民黨對他的紀念活動非常多，而其紀念儀式也逐漸成為國民黨政治文化的一部分。東北易幟後，國民黨黨治體制開始在東北逐步建立，其中關於孫中山的紀念儀式則與改旗易幟一樣，成為東北皈依三民主義的主要體現。在東北孫中山紀念儀式，除了前述諸如國民革命軍誓師北伐三週年等革命紀念日之紀念儀式中有孫中山紀念外，此外還有兩種：

第一，會議紀念儀式。國民黨及南京國民政府在召開會議時都有固定儀式，即參會者首先向國旗、黨旗和孫中山遺像行三鞠躬禮，而後由會議主席「恭讀總理遺囑」。易幟後，國民黨特有的會議儀式也被植入東北，無論是東北政務委員會，還是各省政府，在召開會議時均會舉行這種儀式。如奉天省政府委員會第一次會議時，會議程序中第二項是「向國旗黨旗及總理遺像行三鞠躬禮」，第三項是「主席恭讀總理遺囑」；該省政府委員會第二次會議時，也有同樣的會議程序，第二項「向國旗及黨旗總理遺像行禮」，第三項「主席恭讀總理遺囑」。〔註 170〕後面第三、第四次委員會會議皆有此項儀式，此後東北各級官廳召開會議時舉行此種紀念儀式已成常態。

〔註 169〕《遼寧省政府為本省舉行國民革命軍北伐三週年紀念致政務委員會秘書廳函》（1929 年 7 月 12 日），《東北政務委員會週刊》，1929 年第 19 期。

〔註 170〕《奉天省政府委員會第一次會議記錄》，《奉天省政府委員會第二次會議記錄》，《奉天省政府委員會第四次會議記錄》，遼寧省檔案館編：《奉系軍閥檔案史料彙編》⑧，南京：江蘇古籍出版社，1990 年，第 104、111、130、157 頁。

第二，總理紀念周。除了省縣各機關會議外，孫中山紀念還有專門的總理紀念周。1929 年 5 月初南京國民政府文官處函為請飭所屬舉行總理紀念周，經東北政務委員會第 31 次常會議決令遼吉黑三省政府一致舉行，〔註 171〕此後東北各省尤其遼寧省政府每週均會舉行一次總理紀念周。總理紀念周儀式除了上述各種紀念儀式外，還會報告國民黨、南京國民政府以及東北的重要政策及發生的重大事項。如 1930 年 1 月 6 日遼寧省紀念週報告：「（一）奉張司令長官電開茲派莫德惠為東省鐵路公司理事長兼督辦。（二）奉行政院令為現奉國民政府令開東北交通委員會暫行組織條例業經明令公布應即通飭施行。（三）准東北交通委員會諮為電政監督處現改為東北電政管理局」，等等。在這次紀念週報告中，遼寧省政府還報告了南京國民政府對各種「集會恭讀總理遺囑之範圍」的限定：「奉行政院令為案奉國民政府令開，近查各地遊藝娛樂場所及人民舉行婚喪往往由恭讀總理遺囑情事，未免涉於輕褻濫用，除紀念周外，特規定集會恭讀總理遺囑之範圍為：凡本黨各級黨部，各級政府及民眾團體一切正式集會行之；凡由本黨各級黨部所召集各種正式集會行之。兩項以示限制而昭鄭重。」〔註 172〕

第三，孫中山週年公祭。孫中山 1925 年 3 月 12 日去世，此後國民黨及南京國民政府在每個孫中山週年紀念日都會進行紀念活動。1929 年 3 月，南京國民政府令東北各省政府舉行孫中山週年公祭。遼寧省政府訓令各縣「3 月 12 日為總理逝世四週年紀念，各縣及各機關、各團體、各工商一律休假一天。是日一律下半旗，並停止娛樂、宴會及其他喜慶典禮，由各該地各機關、團體、學校代為舉行極為敬肅之公祭活動。」1929 年 3 月 12 日，張學良率領東北政務委員會委員及遼寧省高級文武長官，在省政府舉行總理四週年紀念，方本仁亦到場出席，禮場布置嚴肅，其儀式為：「1.開會，2.唱黨歌，3.奏哀樂，4.向總理遺像行三鞠躬禮，5.恭讀遺囑，6.俯首默念三分鐘，7.恭讀祭文，8.奏哀樂，9.散會。全市掛半旗，各機關學校工廠放假一日，停止娛樂一日。」〔註 173〕各縣則根據訓令準備公祭，如復縣「定於 3 月 12 日上午 10 點在縣立第九小學舉行公祭，以誌紀念」，並擬定了公祭禮節單：「1.縣知事及各機關、團體、各學生入場；2.讀遺囑靜默五分鐘；3.向總理遺像行三鞠躬禮；4.禮畢

〔註 171〕《東北政委會常會》，《申報》，1929 年 5 月 3 日，第 8 版。

〔註 172〕《遼寧省政府一月份紀念週報告》，遼寧省檔案館編：《奉系軍閥檔案史料彙編》⑨，南京：江蘇古籍出版社，1990 年，第 462 頁。

〔註 173〕《東北政委會常會》，《中央日報》，1929 年 3 月 15 日，第 7 版。

散會」。〔註 174〕從此禮節單可知，復縣公祭活動比其在省政府舉行之公祭活動要簡單得多，有敷衍之嫌，說明即便孫中山紀念儀式在東北縣域地區已經開展，但也僅流於形式，折射出國民黨黨治體制在東北缺乏社會基礎。

國民黨的黨治體制，主要包含三個方面的內容，一是黨政關係，二是黨軍關係，三是黨群關係。其前提是國民黨黨組織在全國的建立和國民黨政權對全國的統一，而無論是黨員治國，還是黨義治國，都需要這一前提。但就東北這一地域而言，由於剛剛經歷改旗易幟，南京國民政府的制度、組織、法規都還未在東北徹底貫徹施行，國民黨要在東北建立各級黨組織的舉動，更被東北集團反對。除舊布新，勢必損害一部分既得利益者的利益，所以可以想見國民黨黨治體制欲在東北推行，阻力很大。

國民黨東北黨部無法建立與運行，東北就難以論及黨軍、黨群關係。雖然當時東北軍進行了縮編，但這不過是張學良控制軍隊的一種手段。至於群眾組織，由於沒有東北政務委員會認可的東北黨部存在，也就不可能存在由黨部改組的群眾團體。直到 1931 年國民會議代表選舉時，由東北政務委員會所控制的，剛剛成立的東北各省黨部才對各職業團體進行了名義改組並加以認可。而國民會議代表，卻是被東北政務委員會以內定的方式選舉產生的，並非真正由各民眾團體自由選舉。

所以東北易幟後，國民黨在東北推行的黨治體制，主要體現在以下幾個方面的內容：一是從國民黨東北黨權之爭，到東北「官黨」的勝利，東北政務委員會如願控制了國民黨東北各省黨部；二是南京國民政府的各種制度和法規，開始逐漸在東北實施，即國民黨化的東北政治體制改革開始；三是國民黨政治文化中的一些儀式與符號開始逐漸向東北滲透。而隨著國民黨東北黨務領導權的旁落，以及東北政治體制改革逐漸趨於形式主義，國民黨的黨治也就失去了真諦，逐漸淪為了東北政務委員會的黨治。即東北在形式上是國民黨的東北，但在實際上還是東北集團的東北。

〔註 174〕《復縣公署為奉國民政府令 3 月 12 日舉行紀念孫中山逝世四週年公祭函》（1929 年 3 月 11 日），遼寧省檔案館編：《奉系軍閥檔案史料彙編》⑧，南京：江蘇古籍出版社，1990 年，第 221 頁。

第四章　黨治體制視域下東北政務委員會權力體系的構建

在黨治體制背景下，東北政務委員會名義上雖受南京國民政府直接領導，但實際上該委員會則代表東北集團掌握著東北各省實際控制權。尤其是在關係東北集團生死存亡的重要權力方面，東北政務委員會整合各主要機關構建起了自上而下的權力體系。在東北司法、外交和鐵路交通方面，東北政務委員會均建立了由其直轄或監督的最高管理機關；在東北行政方面，則由東北政務委員會直接統轄東北各省區政府；而在東北財政與金融方面，東北各省則是各自為政，東北政務委員會則始終未能建立東北統一的財政與金融機關。這說明東北政務委員會與東北各省尤其吉黑熱三省之間並非單純的統屬關係，而是折射出東北集團內部仍存在著小集團和利益紛爭。

第一節　行政管理體系

一、東北政務委員會的管轄範圍及東北行政區劃

東北政務委員會管轄範圍為東北四省，四省為大行政區域，172 個縣為小行政區域。大行政區域為遼寧、吉林、黑龍江、熱河四省。清末至 1928 年冬，東北四省曾設道區 12 個，遼寧 3 道，吉林 4 道，黑龍江 4 道，熱河 1 道，每道下轄數縣至十數縣。東北易幟後，東北政務委員會遵從南京國民政府地方制度改革，廢除道制，行政區劃，以縣為單位，直隸於省政府管轄，並按照轄境廣狹，人口疏密，政務繁簡，分縣為三等，擁有一縣之轄境而行政組織

尚未完備者，則置設治局。東北四省共 172 個縣，一等縣有 38 個，二等縣有 47 個，三等縣有 72 個，設治局有 15 個。就各省而言，遼寧有一等縣 14 個，二等縣 20 個，三等縣 25 個；吉林有一等縣 6 個，二等縣 8 個，三等縣 27 個，設治局 1 個；黑龍江有一等縣 15 個，二等縣 11 個，三等縣 16 個，設治局 11 個；熱河有一等縣 3 個，二等縣 8 個，三等縣 4 個，設治局 3 個。〔註 1〕

東北面積，遼寧約為 115.5 萬華方里，吉林約為 132 萬華方里，黑龍江約為 229 萬華方里，熱河為 59 萬華方里，總計約 535.5 萬華方里，四省面積約合 134 萬平方公里，比日本國土面積還要大 30 萬平方公里。東北耕地和荒地，經調查登記者而言，遼寧省有耕地 9314 萬畝，吉林有耕地 5723 萬畝，黑龍江有耕地 7578 萬畝，熱河有耕地 1254 萬畝，總計東北耕地面積約 2.387 億畝；遼寧有荒地 3472 萬畝，吉林有荒地 4533 萬畝，黑龍江有荒地 1.317 億畝，熱河有荒地 540 萬畝，總計東北荒地面積約 2.171 億畝。可見東北可耕種土地之多，而尚未利用的土地亦甚多。〔註 2〕

東北人口，遼寧約 226.4 萬戶，1636.6 萬人，吉林約 106.3 萬戶，734 萬人，黑龍江約 65 萬戶，365.6 萬人，熱河約 58.5 萬戶，349.6 萬人。東北四省總計有 456.05 萬戶，人口約 3085.7 萬人，平均每戶約有 6.8 人，即平均每個家庭約有 4～5 個孩子。東北男女比例不平衡，男多女多，遼寧男人約 987.7 萬人，女人約 648.9 萬人，男女比例約 1.5：1；吉林男人約 414.4 萬人，女人約 319.7 萬人，男女比例約 1.3：1；黑龍江男人約 213.1 萬人，女人約 152.5 萬人，男女比例約 1.4：1；熱河男人約 216.6 萬人，女人約 132.9 萬人，男女比例約 1.6：1。東北四省男人共計約 1831.8 萬人，女人共計約 1254 萬人，東北男女比例平均約 1.5：1。〔註 3〕

二、地方一般行政機關：遼、吉、黑、熱四省政府及縣政府

（一）省縣政府組織與職權

按照 1928 年 5 月修正的《省政府組織法》之規定，省政府是地方最高行政機關，由國民政府任命委員 9 至 13 人組織省政府委員會，行使其職權。省

〔註 1〕東北文化社年鑒編印處：《東北年鑒》，瀋陽：東北印刷局，1931 年，第 180 頁。
〔註 2〕東北文化社年鑒編印處：《東北年鑒》，瀋陽：東北印刷局，1931 年，第 102、108 頁。
〔註 3〕東北文化社年鑒編印處：《東北年鑒》，瀋陽：東北印刷局，1931 年，第 150 頁。

政府委員會開會時，省政府委員會不得派代表出席，省政府委員為簡任職。省政府職權有：一、依國民黨黨義及中央法令綜理全省一切政務；二、在不牴觸中央法令範圍內對於省行政事項得發布省令；三、省政府各廳對於主管事務，除中央法令別有規定或省政府委員會別有決議者外，以廳令行之；四、省政府對於所屬各機關之命令或處分，認為有違背法令，逾越權限或其他不當情形時，得停止或撤銷之。〔註4〕

省政府下設各廳處：秘書處、民政廳、財政廳、建設廳，大學區制之省區外省政府下設教育廳，必要時省政府可增設農礦廳和工商廳。省政府各廳長之任免由各主管部院及委員會呈請國民政府核准行之；省政府各廳處間於職權發生爭議時，由省政府呈請國民政府裁決之；省政府設主席一人，由國民政府就省政府委員中指定之。省政府主席之職權有：執行省政府委員會之決議案；處理省政府日常事務；召集省政府委員會之例會，有委員三人以上之提議或主席認為有必要時，應由主席召集特別會。省政府主席因故不能執行職務時，由省政府委員會互選一人暫行代理主席職務。除經國民政府明令特許外，一般代理期以一月為限。省政府各廳處各設廳處長一人，簡任職。省政府各廳處各設秘書一至三人，視事務繁簡，各廳處酌量分科辦事，各科設科長一人。〔註5〕

1929年1月4日，南京國民政府任命翟文選為遼寧省政府主席，陳文學、張振鷺等10人為奉天省政府委員並指定了各廳廳長。1月12日奉天省政府組織成立，各委員先行就職。〔註6〕1929年1月17日起，奉天省政府相繼召開數次省政府委員會會議，依據上述南京國民政府頒布的修正《省政府組織法》，議決通過了省政府委員會會議規程、省政府秘書處組織條例、省政府民政廳組織條例、省政府財政廳組織條例、省政府秘書處辦事細則、省政府教育廳組織條例、省政府農礦廳組織條例等規章制度，改組並完善了省政府制度。

〔註4〕《遼寧省政府組織法》，遼寧省檔案館編：《奉系軍閥檔案史料彙編》⑧，南京：江蘇古籍出版社，1990年，第135～136頁。

〔註5〕《遼寧省政府組織法》，遼寧省檔案館編：《奉系軍閥檔案史料彙編》⑧，南京：江蘇古籍出版社，1990年，第135～136頁。

〔註6〕《奉天市政公所為本月十二日翟文選就任奉天省政府主席陳文學等分任各廳長給所屬訓令》（1929年1月17日），遼寧省檔案館編：《奉系軍閥檔案史料彙編》⑧，南京：江蘇古籍出版社，1990年，第104頁。

各省政府均設置有委員會會議，該委員會會議一般每週開會一至兩次，分常會和特別會兩種形式，其應議事項為：中央黨部交議事項；國民政府交議事項；省黨部諮議事項；委員暨各廳提議或各廳處建議事項；人民請願事項；省政府頒布之宣言及重要命令；重要文電；制定條例規章及單行法事項；關係兩廳以上之處分事項；其他重要事項。此外，作為東北四省最高行政機關，東北政務委員會的交議事項自然也是東北各省政府委員會的應議事項。

依據奉天省政府委員會所決議通過的各廳處組織條例之規定，秘書處掌管機要審核文稿並撰擬重要文件，設秘書長三人，簡任職，秘書三人至五人，科長四人，薦任職，科員和辦事員各若干人，均委任職。秘書處分設四科，第一科掌管黨務、民眾團體、外交、銓敘、議事、統計、調查、宣傳、公報等事項，第二科掌管民政、財政、教育、建設、農礦、工商等事項，第三科掌管司法及懲治盜匪等事項，第四科掌管收發、會計、庶務、繕校、管卷、譯電及其他不屬各科事項。

財政廳設廳長一人，管理全省財政事務並監督所屬職員暨所轄徵收各機關，設秘書一人至三人，承廳長之命，辦理機要事務並核閱文稿，審查擬辦事項。財政廳設四科，各科設科長一人，第一科掌管出納、稽核、金庫、公債、會計、庶務、收發、監印、校對及其他不屬於各科事項，第二科掌管統稅、田賦、契稅、牙當稅及其他有關國地各稅，第三科掌管預算、決算、交代等事項，第四科掌管統計編輯財政公報及宣傳等事項。財政廳設技正二人，設視察員若干人，為謀賦稅之整理財政還可設整理財政委員會。〔註 7〕

建設廳設廳長一人，管理全省建設事宜，監督所屬職員及所轄各機關。建設廳設四科，各設科長一人，第一科掌理省辦民營鐵路、長途汽車、公路橋樑、新市新村、商港航空及土地之測量建設等事項；第二科掌理水利河道、海塘內河航路、輪船公司、電力電車電信等事項；第三科掌理預算決算、交代統計編輯、支配建設經費、保管公有財產等事項；第四科掌理會庶收發文件、典守印信及不屬於各科事項。建設廳設秘書三人，技正三人，視察員若干人，必要時得專設局處辦理各種事務，並為謀建設進行及發展，得設各種委員會。〔註 8〕

〔註 7〕《奉天省政府委員會通過的秘書處及財政廳組織條例》，遼寧省檔案館編：《奉系軍閥檔案史料彙編》⑧，南京：江蘇古籍出版社，1990 年，第 105 頁。

〔註 8〕《遼寧省政府建設廳組織條例》，遼寧省檔案館編：《奉系軍閥檔案史料彙編》⑧，南京：江蘇古籍出版社，1990 年，第 334 頁。

教育廳設廳長一人，管理全省教育行政事務暨監督所屬教育機關，設秘書一人至三人，承廳長之命辦理機要文件並核閱文稿審查擬辦事項。教育廳設四科，各設科長一人，第一科掌管進退或獎懲所屬教育人員及會計、庶務、收發文件、典守印信、整理卷宗及其他不屬於各科事項，第二科掌管專門教育、學術團體、留學、調查統計等事項，第三科掌管普通教育及地方教育行政等事項，第四科掌管社會教育、圖書館、博物館及審查宣傳等事項。教育廳設省督學四人至六人，負責督察省城及各縣市教育事務。為謀教育革新及地方文化發展，教育廳還附設編審處及檢定教員學生復試等委員會。

農礦廳設廳長一人，綜理全省農礦行政並兼理全省工商行政，監督所屬職員並所屬各機關，設秘書三人，辦理機要事務並核閱、審查擬辦文件以及編印月刊事項。農礦廳設四科，各設科長一人，第一科掌管農業、水利、畜牧、森林之一般保護、監督及獎進事項，農業漁業各團體之組織指導事項，農村改良事項，佃夫地主間之爭議事項，第二科掌管礦業之一般保護、監督事項，礦物警察及礦工待遇事項，第三科掌管工商業保護、監督、檢查獎進及其他工商業事項，勞工團體指導監督及其他勞工事項，第四科掌管本廳收發、典守、校對、統計、會計、庶務及其他不屬於各科事項。農礦廳設技正三人，視察主任一人，視察員若干人，為農礦工商革新農礦廳得設農礦各種委員會及工商各種委員會。〔註 9〕

奉天全省公安管理處直隸於奉天省政府，管理奉天全省水陸公安行政事務，設處長一人，簡任職。處長對於主管事務除中央法令別有規定或省政府委員會別有決議者外，以處令行之；處長為執行職務，認為有發布單行章程之必要時，得提出於省政府委員會議決後施行；處長對於全省水陸各公安官署之命令或處分認為有違背法令，逾越權限或其他不當情形時得停止或撤銷之。全省公安管理處設秘書一人至三人，辦理機要事務及核閱文稿、審查擬辦事項。該處設視察長一人至三人，視察員十二人，設技正一人至三人。該處設四科，各設科長一人，第一科掌管警察法規編查事項，規劃警政之改進事項，全省公安機關之設置及區劃分配事項，全省警察官吏之任免、保障、

〔註 9〕《奉天省政府委員會通過教育廳組織條例及農礦廳附工商組織條例》，遼寧省檔案館編：《奉系軍閥檔案史料彙編》⑧，南京：江蘇古籍出版社，1990 年，第 113 頁。《遼寧省政府為修正教育廳組織條例給東北政委會呈和給所屬令》，遼寧省檔案館編：《奉系軍閥檔案史料彙編》⑧，南京：江蘇古籍出版社，1990 年，第 305 頁。

賞罰、撫恤及身份，全省保安警察隊之編制及分配調遣，全省公安之統計宣傳和警察教育及紀律等事項；第二科掌管集會結社警察，宗政警察，勞工警察，選舉及議場警察，出版警察，外事警察，軍事警察等事項；第三科掌管建策警察，消防警察，軍器爆裂物及其他危險物之取締，風俗、營業、交通等類警察，森林、墾務、牧畜等類警察，鹽務、漁業、礦業等類警察，移民警察，狩獵警察，司法警察，違警處罰，強制處分，清鄉等事項；第四科掌管警察經費，衛生警察，文書之收發保管，印信之典守，會計，庶務，警察服制及警械，及其他不屬於各科等事項。〔註10〕

縣政府設縣長一人，受省政府及各主管廳之指揮，監督處理全縣行政事務。縣政府設兩科辦事，各設科長一人，第一科掌理公安、保衛、土地、戶籍、衛生、救濟、風俗、典禮、宗教、地方自治、社會事業、著作出版、保存古物、教育、農礦、交通、土木、水利、森林，及不屬於其他科主管各事項；第二科掌理徵收、公債、金融、官產、倉穀登記、編製預決算、會計、庶務、統計、收發文件、典守印信、保管公物、編存管卷各事項。縣政府各科科長由縣長呈請民政廳委任，科員由縣長委任。縣政府得設置政務警察辦理崔徵、送達、偵緝、調查等事項，兼理司法事務之縣政府得以政務警察兼辦承法吏法警事務。縣政府對於縣屬各機關及地方法定團體有指揮監督之權。縣政府於不牴觸中央及省之法令範圍內，得發布縣令，並得自訂單行法規，呈各主管機關核准施行。〔註11〕

（二）東北四省政府機構設置與主要官員

東北四省省政府機構的實際設置，既參照南京國民政府頒布的《省政府組織法》改組各廳，同時也因地制宜地保留了諸多北洋時期的舊機構。以遼寧省政府為例，省政府下設秘書處、民政廳、財政廳、教育廳、農礦廳、建設廳及全省警務處。其中，民政廳下轄各縣政府；財政廳下轄各縣徵收局、各縣財政局、硝礦總分局、漁業商船保護局；教育廳下轄省立圖書館、博物館、科學館、省立各學校、各縣教育局；農礦廳下轄省立農業試驗場、各縣水利局、瀋陽天利煤礦公司、西安煤礦公司、弓長嶺鐵礦公司、鴨綠江採木

〔註10〕《奉天全省公安管理處暫行組織條例》，遼寧省檔案館編：《奉系軍閥檔案史料彙編》⑧，南京：江蘇古籍出版社，1990年，第169頁。

〔註11〕《遼寧省縣政府暫行組織條例》，遼寧省檔案館編：《奉系軍閥檔案史料彙編》⑧，南京：江蘇古籍出版社，1990年，第293頁。

公司、本溪湖煤礦公司；建設廳下轄瀋陽市立醫院、建設基金保管委員會、建設計劃委員會、各縣建設局；全省警務處下轄省會公安局、各商埠公安局、鴨渾兩江水上公安局、遼河水上公安局、安奉鐵路公安局、各縣公安局。省政府直轄的其他機關還包括清鄉總局（下轄各縣清鄉局）、瀋陽市政公所、各埠市政籌備處、省城商埠局、東三省官銀號、四行發行紙幣準備庫、遼寧紡紗廠、遼寧救濟院、遼寧電燈廠、東西夾荒事務局、遼北荒務局、遼河工程局、通志館。省政府監督機關有全省工商總會、省農會、省教育會。〔註 12〕吉林、黑龍江和熱河三省省政府組織機構的設置與遼寧省大同小異，各廳處的設置，除了熱河省因礦業不發達，沒有設置農礦廳外，其他相同；省政府直轄機關和各廳下轄機關則按照既往慣例設置，如吉黑兩省省政府分別直轄永衡官銀號和廣信公司，作為兩省貨幣發行機構，東三省每省扶持一種紙幣的混亂局面仍然沒有解決。

表 13：1931 年東北各省政府職官表

遼寧省政府		吉林省政府	
主席委員	臧式毅	主席委員	張作相
委員兼民政廳廳長	陳文學	委員兼民政廳廳長	張啟槐
委員兼財政廳廳長	張振鷺	委員兼財政廳廳長	榮厚
委員兼教育廳廳長	吳家象	委員兼教育廳廳長	王莘林
委員兼農礦廳廳長	劉鶴齡	委員兼農礦廳廳長	馬德恩
委員兼建設廳廳長	彭濟群	委員兼建設廳廳長	孫其昌
委員	高維岳、邢士廉、高紀毅、王鏡寰	委員	誠元、王之祐、鍾毓、熙洽、劉鈞
秘書長	金毓黻	秘書長	潘鶚年
黑龍江省政府		熱河省政府	
主席委員	萬福麟	主席委員	湯玉麟
委員兼民政廳廳長	劉廷選	委員兼民政廳廳長	張秉彝
委員兼財政廳廳長	龐作屏	委員兼財政廳廳長	姜承業
委員兼教育廳廳長	高家驥	委員兼教育廳廳長	張廷翼
委員兼農礦廳廳長	馬景桂	委員兼建設廳廳長	梁國棟

〔註 12〕東北文化社年鑒編印處：《東北年鑒》，瀋陽：東北印刷局，1931 年，第 191 頁。

委員兼建設廳廳長	潘景武	委員	金鼎臣、李元著
委員	蘇炳文、竇聯芳、宋文郁、萬國賓、陶經武、袁慶恩	秘書長	李樹春
秘書長	王維城		

資料來源：東北文化社年鑒編印處：《東北年鑒》，瀋陽：東北印刷局，1931 年，第 194 頁。

三、地方特別行政機關：東省特別區行政長官公署與興安屯墾公署

（一）東省特別區行政長官公署

東省特別區是沙俄侵略中國東北，修築中東鐵路，竊奪鐵路沿線土地，後經由中國收回之區域。沙俄修築的中東鐵路橫貫中國東北，東起綏芬河，西至滿洲里，南至長春寬城子，以哈爾濱為中心，區域甚廣。俄國在哈爾濱實行自治制度，並逐步控制了哈爾濱各種行政權。俄國十月革命後，中國東北地方當局開始派兵進入中東路界，鞏固邊防，保護鐵路，成立東省鐵路督辦公所，及東省鐵路警備司令部，隨後逐步收回哈埠各權。1920 年，東北當局派護路軍總司令部進駐哈爾濱，收繳俄軍警裝械，改編警備偵緝各隊，收回俄人軍警權。同年，哈爾濱成立中東路董事會，並由當時北京政府在哈埠設置特別法院和警察總管理處，隨後北京政府相繼頒布東省特別區法院編制條例和東省特別區警察編制條例。東省特別區的名稱，開始見諸於公文。1921 年，哈埠又成立特別市政管理局。

1922 年，吉林督軍以中東路沿線區域，內政、外交、司法、警察各政務，異常繁重，哈埠一區，機關林立，權限不相統屬，措施亟感困難，特請東三省鎮威上將軍公署，設置特別區行政長官，兼任護路軍總司令，綜攬軍民兩政。1923 年 3 月，東省特別區行政長官公署正式成立，特別區行政，逐漸統一。〔註 13〕

根據《東省特別區行政長官公署官制》之規定，東省特別區的管轄區域，以收回東省鐵路原有佔用之土地為限。東省特別區行政長官公署，是東省特別區最高行政機關，管理全區行政事務，內設政務廳，廳長一人，簡任，承

〔註 13〕東北文化社年鑒編印處：《東北年鑒》，瀋陽：東北印刷局，1931 年，第 200 頁。

行政長官之命，掌理全廳事務。政務廳分設總務、內務、教育、實業和外交各科，及財務處。東省特別區行政長官所直轄機關有：市政管理局，地畝管理局，警察管理處，教育廳，特別市政局。東省特別區行政長官的職權有：一、於管轄區域內，執行行政事務；對於應興應革事項，於不牴觸法令範圍內，得發布特別單行章程。二、於所轄各官署之命令或處分，認為違背法令，妨害公益，或侵越權限時，得停止或撤銷之。三、於所轄之官吏，認為應付懲戒或應給獎勵者，諮陳主管部，呈請政府交付懲戒或給予獎勵。四、於所轄薦任以上官吏，應諮陳主管部，呈請政府任免之。五、於管轄區域內，遇有非常事變，需用兵力，或為防衛起見，需用兵備時，得諮陳駐紮臨近之軍隊長官派兵會同處理。〔註 14〕

表 14：1931 年東省特別區行政長官公署職官表

行政長官	政務廳長	總務科長	內務科長	教育科長	實業科長	外交科長	財務處長
張景惠	葆廉	劉世驄	錢啟同	康梓林	楊明理	薛鏞	宋汝賢

（二）興安屯墾公署

興安屯墾公署之成立，發端於 1928 年 7 月。當時南京國民政府統一中國在即，國內裁兵呼聲高漲，裁兵殖邊被認為是救國的可行舉措。所以東北炮兵司令鄒作華提議以其所部殖邊屯墾，並將計劃書陳明張學良，先成立辦事處，以資籌劃。8 月下旬，鄒作華所擬辦法獲得批准，興安屯墾區及其公署開始正式籌建。11 月，鄒作華初定興安屯墾區所轄範圍，南以熱河省為界，西以察哈爾外蒙古為界，北以中東鐵路為界，東北以雅魯嫩江為界，東以吉林為界，內包括遼寧省所轄洮南、洮安、鎮東、突泉、安廣五縣，黑龍江省所轄景星、大賚、泰來、索倫四縣。1929 年 2 月 2 日，經東北政務委員會討論，認為在興安屯墾區試辦時期，應縮小屯墾範圍，遇有必要時再行擴充，所以決議興安屯墾區暫以遼寧之洮安，黑龍江之索倫兩縣為主，札薩克圖、鎮國公、圖什業圖及札賚牧等蒙旗附屬之。〔註 15〕

〔註 14〕東北文化社年鑒編印處：《東北年鑒》，瀋陽：東北印刷局，1931 年，第 202 頁。

〔註 15〕東北文化社年鑒編印處：《東北年鑒》，瀋陽：東北印刷局，1931 年，第 203 頁。

1928 年 8 月，屯墾建議獲得批准後，鄒作華先在瀋陽設立了籌備處，屯墾軍隊為炮兵第一、第二兩補充團，及補充第一大隊，並改編為屯墾第一團、第二團、第三團，並以第一年為軍墾時期，開往興安區準備器材，用行軍急造法建築簡單營房以為屯居之地。籌備處設軍務處、秘書處、財務處，並成立專門委員會擔任實地調查及具體調查事項。11 月，興安屯墾公署正式在洮安成立，籌備處取消，並擬定興安屯墾區組織大綱，於 1929 年 4 月，經東北政務委員會核准施行。

根據《興安屯墾區組織大綱》〔註 16〕之規定，興安屯墾公署隸屬東北政務委員會管轄，公署暫設洮安，興安屯墾區範圍暫定為：遼寧省之洮安縣和黑龍江之索倫縣為主，蒙荒札薩克圖旗、鎮國公旗、札賚特旗等副之，遇有發展墾務必要時，得南展入圖什業圖旗之一部。屯墾軍暫以炮兵補充第一、第二、第三等三團充之，其職責除開墾外，須擔任全區警備剿匪事宜。屯墾區內一切優待辦法，非有中華民國國籍之人民不得享受。屯墾公署因事實需要，可以呈請東北政務委員會，於蒙荒適當地點，增設墾殖局一處或若干處。屯墾區內一切建設用費及本署經費與屯墾軍經費均呈請東北政務委員會指撥之。

興安屯墾公署設督辦一人，由東北政務委員會特派之；總辦一人，秘書長一人，處長五人，簡任職，由督辦呈請任用之，科長、秘書、技正等其他薦任職員亦由督辦呈請任用之；科員等委任職各員，由督辦委任之。督辦綜理全區軍事、民政以及興利、生產、交通、國防、警備等事宜，並指揮屯墾軍，督率各員，進行對內對外一切事務，並於不牴觸法令範圍內，得宣布區內單行法。總辦承督辦之命，襄助督辦處理全區對內對外各事宜。興安屯墾公署原設置五處，後添設一處，共計六處：秘書處、軍務處、財務處、農政處、建設處、評判處。秘書處設秘書長一人，分科辦事，主要負責機要文電、交際、宣傳、編輯、監印、總務等事宜。其他五處設置處長一人，同為分科辦事，軍務處負責參謀、軍械、均需、軍法、軍醫等事宜；財務處負責錢款出納、金庫保管、經費預決算等事宜；農政處負責屯墾區內移民、開墾、設治、放荒、勘丈、畜牧、礦產、森林等事宜；建設處負責技術、建設、電務、材料等事宜；評判處負責處置興安區內屯墾和丈放荒地時民眾各種糾紛事宜。

〔註 16〕東北文化社年鑒編印處：《東北年鑒》，瀋陽：東北印刷局，1931 年，第 204～205 頁。

興安屯墾公署管轄軍隊及統轄機關有：屯墾軍第一團、第二團、第三團，興安市政籌備處，軍警督察處，屯墾軍統帶部，洮安、索倫無線電臺，興安區第一墾殖局、第二墾殖局，興安銀號，興安械器廠，消費協社，屯墾軍幹部農事研究班，興安區屯墾公署汽車隊，編餘軍官隊〔註17〕，興安區馬政局；間接隸屬機關有：東三省陸軍軍務場，洮索鐵路工程局，炮兵第一營，於墾務事，可以指揮洮安、索倫兩縣政府。

表15：1929年興安區屯墾公署職官表

督辦	總辦	秘書長	軍務處長	財務處長	農政處長	建設處長	評判處長
鄒作華	高仁紱	姚際清	景祿璃	胡廣和	王葆曾	張魁恩	王椿元

四、專屬職能行政機關：東北礦務、鹽務、航務及水道管理機關

工礦業、鹽業和航運業等工商業，在民國時期的東北都不甚發達，且受日本等列強經濟侵略影響巨大，因此除了極少數企業為民族資本投資外，絕大部分都是官辦或官商合辦企業。東北官憲為了統一管理和運營這些官辦或官商合辦企業，就成立了諸如東北礦務局、東三省鹽運使公署、東北航務局和東北水道局等管理機關。

東北礦務局，是民國時期東北地方當局出資官辦的礦產勘探、管理、經營和銷售機關。其發展沿革最高可以追溯到1919年東三省巡閱使張作霖出資開辦的益民礦務局，該局督辦是閻廷瑞，負責管理和經營黑山縣八道壕煤礦，資本50萬元。1922年，張作霖聘本溪湖煤鐵公司製鐵部長王正黼為總辦，改稱奉天礦務局，規模開始擴大。1928年又創辦東北礦業公司，接辦復縣復州灣振興煤礦，統歸王正黼管理。1931年，遼寧省政府又委派王正黼接辦西安煤礦。至此，西安、復州灣、八道壕三礦和奉天礦務局舊有營業範圍，合組為東北礦務股份有限公司，統稱東北礦務局。

東北礦務局設總辦一人，分六科辦事，即秘書科、庶務科、工務科、會計科、審計科、營業科。該礦務局所直接經營和兼辦各礦如下：黑山縣八道壕煤礦，資本170萬元，每日產煤250噸；復縣復州灣煤礦，資本200萬元，每日產煤600噸；西安煤礦，資本220萬元，每日產煤700噸；海城大嶺滑

〔註17〕興安械器廠是官商合辦的農具工廠；編餘軍官隊係收容由東北邊防軍司令長官公署令撥的志願屯墾編餘軍官。

石礦，資本 10 萬元，每日產滑石 30 噸；輯安寶馬川金礦，資本 4 萬元，每年產金 100 兩；阜新煤礦，每日產煤 100 噸；同時還籌備試辦興城富兒溝煤礦。該礦務局所轄銷售機關有：營口辦事處、瀋陽東煤廠、瀋陽西煤廠、山城鎮分銷處、東豐分銷處等。〔註 18〕

東三省鹽運使公署是東北鹽產及遼寧全省鹽運、銷售和緝私之最高機關，吉黑榷運局則是吉黑兩省鹽運、銷售和緝私的最高機關。東三省鹽運使與吉黑榷運局的設置始於清末民初，1929 年 9 月南京國民政府制定鹽運使公署與榷運局新的組織章程。根據新章程，財政部在產鹽區域設鹽運使，簡任職，管理鹽務行政事宜。鹽運使的職權為「秉承財政部鹽務署監督指揮所屬職員辦理場產、運銷、緝私及徵收灶蕩場課各事務，考核所轄鹽區內各縣縣長協緝私鹽成績」，並管轄所屬場警及水陸緝私艦隊。鹽運使公署設總務課、場產課和運銷課，設秘書、課長、課員及雇員若干。銷鹽省份不在產鹽區域以內者，財政部設榷運局，管理該處鹽務行政事宜。榷運局局長由財政部薦任，其事務繁重之局得設副局長。榷運局局長秉承財政部鹽務署監督指揮所屬職員辦理征榷運銷緝私各事務，管理所屬水陸緝私艦隊。榷運局設總務課、征榷課和運銷課，另設秘書、課長、課員及雇員等若干。〔註 19〕

南京國民政府雖然制定了新章程，但東三省鹽運使公署和吉黑榷運局的組織構成卻仍有一些出入。如東三省鹽運使公署，設鹽運使 1 人，設總務課、場產課、運銷課之外，還設置有總核處。每課設課長 1 人，每課二股，每股設主任 1 人，設課員若干。總核處則以各課長及秘書組織之。另設諮議 1 人，秘書 2 人，通譯員 1 人，調查員 2 人。在產鹽區域，東三省鹽運使署下轄鹽場 8 處，即營蓋場、復縣場、莊河場、莊鳳場、盤山場、北鎮場、錦縣場和興綏場。每場設場長 1 人，警官 1 人，場警若干。各場所轄鹽灘多寡不一，分區設立灘務所，每所設灘務員 1 人，由場長督飭警官長警及灘務員辦理該管鹽區產銷緝私事宜。在遼寧省內，東三省鹽運使署還設緝私局 9 處，即安圖局、營口局、錦縣局、蓋復局、瀋陽局、安東局、莊鳳局、輯安局和臨江局。每局設立分卡若干，每卡設卡長 1 人，督飭巡隊辦理掣驗緝私事宜，所有抽稅方法系由稽核所委託中國銀行派員住在各場鹽稅局徵收，交由官銀號

〔註 18〕東北文化社年鑒編印處：《東北年鑒》，瀋陽：東北印刷局，1931 年，第 1121 頁。

〔註 19〕《鹽運使公署章程》，《榷運局章程》，《財政公報》1929 年第 26 期。

提解省庫。〔註 20〕

吉黑榷運局設局長 1 人，下設總務科、征榷科、運銷科之外，還設有緝私科，每科置科長 1 人，科員辦事員若干，另設秘書 3 人，巡查員 6 人，調查員 4 人，編譯員 2 人。吉黑榷運局下轄 21 處鹽倉：長春鹽倉、安達鹽倉、和龍鹽倉、吉垣鹽倉、綏化鹽倉、通河鹽倉、蘭江鹽倉、琿春鹽倉、伊通鹽倉、濱江鹽倉、延吉鹽倉、五站鹽倉、黑河鹽倉、富錦鹽倉、昂昂溪鹽倉、扶餘鹽倉、訥河鹽倉、磐石鹽倉、懷德鹽倉、范家屯鹽倉、長嶺鹽倉等；14 處分銷處：石城分銷處、泰來分銷處、梨樹分銷處、珠河分銷處、克山分銷處、虎林分銷處、公主嶺分銷處、滿溝分銷處、雙城分銷處、大賚分銷處、汪清分銷處、海倫分銷處、榆樹分銷處、敦化分銷處等；並在和龍、延吉、琿春等 19 縣設立了 57 個緝私隊。〔註 21〕

東北航務局，是民國時期東三省政府收購戊通公司後改組而成的官商合辦，以官營為主航業管理與經營機關。1917 年後，松花江、黑龍江各江航權收回後，民國政府對於航政設施，不遺餘力。興水利，疏江道，製造船隻，聯合航運等，興辦極多。戊通公司成立於航權收回後，是航運公司，初為商辦，後經營不利，改為官商合辦，股本總計 200 萬元。1925 年，戊通公司因債務積累太多，宣告破產，經股東大會議決，決定出售給東三省政府。東三省政府以航警處長沈鴻烈為代表，與戊通公司實際債權人交通總行代表謝蔭昌磋商，決定將該公司全部財產作價 160 萬元，轉售給東三省政府。9 月，東三省政府則將該公司改組為東北航務局，組織董事會，該局初時有輪船 23 艘，拖船 19 艘。最初董事長為于沖漢，後東三省政府改派沈鴻烈為董事長，宋式善為航警處長兼任董事，常務董事為王順存，其餘董事有蔡運升、儲鎮。

該局成立後，極力整頓，剔除積弊，節省開支，並由常務董事王順存重新整頓航業行規，運費票價，規定劃一，違者重罰。此後，該局及各航商，均年獲厚利。1926 年秋，東三省政府援蘇聯政府在海參崴沒收東省鐵路金角灣碼頭及拖船 11 艘之成例，將東省鐵路在哈爾濱之輪船 11 艘，拖船 31 艘，

〔註 20〕東北文化社年鑒編印處：《東北年鑒》，瀋陽：東北印刷局，1931 年，第 894 頁。

〔註 21〕東北文化社年鑒編印處：《東北年鑒》，瀋陽：東北印刷局，1931 年，第 897 頁。

及東省鐵路局航務處所有全部財產接收營業。接收此項財產後，改組為海軍江運部，直隸於海軍司令部管理，而所有輪拖各船，一律加入東北航務局航行營業，於是該局勢力愈加厚實。1927 年，為落實東北航務局聯合統一航運的倡議，該局召集各大航商會議，奉天航業公司、東亞輪船賬房、滬濱航業處、濱江儲蓄會輪船部、雙合盛永安拖船等，皆願加入聯合營業，以便聯合一氣，共禦外侮，免除內爭，增加收入。於是同年 4 月成立東北聯合航務局，共有輪船 49 艘，拖船 69 艘。翌年，滬濱航業處退出，江防隊輪船部加入聯合航務局。東北航務局年有盈餘，於是開始興辦多項航業事業，如東北商船學校、航務傳習所、東北造船所、東北水道局等，東北航務事業，獲得較大發展。〔註 22〕

東北政務委員會成立以來，專設航政處，以總其事。南京國民政府為統一全國航政，擬在天津、上海、武漢、廣東、哈爾濱設立五處航政局，哈局在東北範圍以內，仍隸屬東北政務委員會，航政處存在時，亦須受其監督。該局統轄區域，為松花江、烏蘇里江和黑龍江等江道，至遼寧水道則歸津局管轄。

東北水道局，是民國時期東北內河航道管理與挖修機關。東北航務局成立，東北內河航運權收回，但對於水道管理，因當時民國並無專設之水道機關，仍由海關代辦，權益旁落，航道不暢，其中尤以松花江航道淺灘居多。1928 年，東北聯合航務局董事長沈鴻烈於哈爾濱召集航商，籌設東北水道局，以圖挽回主權，疏通江道。東北水道局成立後，經各糧商、航商及商會等開會討論，議決挖修江道，暫定期四年，挖修經費定為 540 萬元，分四年籌收，半數在江捐項下增收，半數由航商負擔。東北水道局，設董事會，置董事 11 人，其中董事長 1 人，常務董事 1 人，董事長由沈鴻烈兼任。後經董事會議決，特設局長，並推定監察董事 4 人，凡關於收支款項由監察董事監理之。董事會成為議事和監察機關，局長則負責執行之權，局長以下設秘書 1 人，總務、工務兩處，各設主任 1 人，股員及工程師若干人。局長為儲鎮，由沈鴻烈呈請張學良委任，總工程師則聘任德國顧問方修斯擔任。〔註 23〕

〔註 22〕東北文化社年鑒編印處：《東北年鑒》，瀋陽：東北印刷局，1931 年，第 502～503 頁。

〔註 23〕東北文化社年鑒編印處：《東北年鑒》，瀋陽：東北印刷局，1931 年，第 521 頁。

第二節　財政與金融管理體系

一、東北地方財政稅收管理體系

東北之財政稅收繫統，各省設有財政廳，為各省徵收國家稅和地方稅之最高機關；另外還有徵收鹽稅之鹽務署稽核分所，徵收關稅之海關監督公所，皆隸屬於國民政府行政院財政部，並受東北政務委員會之監督。財政廳以下直轄徵收國稅和省稅之各稅捐局，徵收地方稅之各縣財政局及徵收漁業稅之漁業商船保護局等。

（一）省縣兩級財稅機關：財政廳、稅捐局、財政局

遼、吉、黑、熱東北四省，每省省政府均設置有財政廳，管理全省財政稅收事宜。根據《修正省政府組織法》第十條之規定，財政廳所掌事項有：關於省稅及公債事項，關於省政府預算決算事項，關於省庫收支事項，關於公產事項，關於其他省財政事項等。〔註 24〕財政部為民國財務行政之最高執行機關，直隸於南京國民政府，管理全國財務行政事務。財政部內，置關務署、鹽務署、總務司、賦稅司、公債司、錢幣司、國庫司、會計司、煙酒稅處、印花稅處、捲煙煤油稅處等，各分掌其事務。民國各省之財政，自民國以來，名義上雖歸財政部直轄，但實際則各自獨立。東北易幟以來，南北統一，地方與中央關係雖日漸密切，財務行政之統系，也名實漸趨一致，但東北財政稅收仍為東北政務委員會實際掌控。

各省根據事務繁簡，財政廳具體組織設置略有差異。例如，遼寧省財政廳設廳長 1 員，秘書 2 人，下設 4 科，每科置科長 1 人，股長 14 人，科員 31 人，辦事員 10 人，雇員 51 人。另設有技術及視察二部。技術部置技正 1 人，技士 1 人，視察部置視察員 2 人，捲煙統稅調查員 7 人，捲煙統稅駐廠員 9 人。而黑龍江省財政廳設廳長 1 人，秘書 2 人，下設 5 科，科長 5 人，主任 19 人，科員 64 人，辦事員 33 人，稽查員 5 人，鹽捐委員 1 人，視察員 4 人。遼寧省財政廳各科職掌：第一科，掌管出納、稽核、金庫、公債、會計、庶務、收發、監印、校對及其他不屬於各科事項。第二科，掌管統稅、田賦、契稅、牙當稅及其他有關於國地各稅事項。第三科，掌管預算、決算、交代事項。第四科，掌管統計、編輯財政公報及宣傳等事項。黑龍江省財政廳各

〔註 24〕《修正省政府組織法》，《國民政府公報》，1930 年第 388 期。

科職掌：第一科掌管出納、稽核、金庫、公債、交代、統計、會計、庶務、收發管卷、監印、編輯財政月刊、宣傳及其他不屬於各科事項。第二科掌管統稅、田賦、契稅、牙當稅及其他有關國地各稅。第三科掌管預算、決算、核發、審查國地稅支出款項及工程等事項。第四科掌管印花稅及發行婚書一切事項。第五科掌管捲煙吸戶捐一切事項。〔註 25〕

為了便於控制全省的各項稅收，省財政廳還在各縣或工商繁華之地設置稅捐徵收局，直接負責各項稅捐之徵收。（參見下表）各稅捐徵收局按照事務繁簡，劃分等級配置人員。如黑龍江省財政廳所屬各稅捐徵收局共 42 處，每局設局長 1 人；一等繁局，主任 3 人，雇員 10 人，巡查 8 人；一等簡局，主任 2 人，雇員 6 人，巡查 6 人；二等繁局，主任 2 人，雇員 5 人，巡查 5 人；二等簡局，主任 2 人，雇員 4 人，巡查 4 人；三等繁局，主任 2 人，雇員 3 人，巡查 3 人；三等簡局，主任 1 人，雇員 3 人，巡查 3 人；四等局，主任 1 人，雇員 2 人，巡查 2 人；各分局主任 1 人，雇員 2 人，巡查 2 人；各分卡主任 1 人，雇員 1 人，巡查 2 人。遼寧省財政廳所屬各稅捐徵收局共計 61 處，一等局 12 個，二等局 10 個，三等局 12 個，四等局 12 個，五等局 15 個。各稅捐局經費總計奉大洋 4365.9 萬元，〔註 26〕即合計現大洋 200.7 萬元。平均每局經費 3.3 萬元，稅捐局分五等，經費自然按五等劃分，可見第五等各稅捐局經費也要在 2 萬元以上，而第一等各稅捐局經費則可高達 4 萬元以上。

各稅捐徵收局內分股辦事，各股一般職掌如下：第一股文牘兼會計，掌管尋常重要往來各文件，及造報國家預算、決算、支付預算書單各事，並保管票照辦理統計，稽核款項出納，與不隸屬第二、第三股事宜。第二股徵收，職掌徵收國家各項捐稅，及所委託之省款附收事項，並代徵地方捐款。第三股稽查，職掌視察屬境內商號、收過往商人出入貨品糧食之重量價格是否與所報相符，並認真抽查商號帳簿，過往貨單，及局長員巡有無舞弊情事，隨時報告局長。〔註 27〕

〔註 25〕東北文化社年鑒編印處：《東北年鑒》，瀋陽：東北印刷局，1931 年，第 819、846 頁。

〔註 26〕東北文化社年鑒編印處：《東北年鑒》，瀋陽：東北印刷局，1931 年，第 827 頁。

〔註 27〕東北文化社年鑒編印處：《東北年鑒》，瀋陽：東北印刷局，1931 年，第 846 頁。

表 16：民國時期遼寧省稅捐徵收局一覽表

名稱	等級	地點	名稱	等級	地點
省城稅捐徵收局	一	遼寧省城	遼陽稅捐徵收局	一	遼陽縣城
瀋陽稅捐徵收局	一	省城皇姑屯車站	沙河稅捐徵收局	一	安東縣城
省城商埠稅捐徵收局	一	省城小西邊門外	海龍稅捐徵收局	一	海龍山城鎮
省城木植稅捐徵收局	一	省城北市場	錦縣稅捐徵收局	一	錦縣縣城
通遼稅捐徵收局	一	通遼縣城	懷德稅捐徵收局	一	懷德公主嶺鎮
營口稅捐徵收局	一	營口縣城	昌圖稅捐徵收局	一	昌圖縣城
洮南稅捐徵收局	二	洮南縣城	新民稅捐徵收局	二	新民縣城
西安稅捐徵收局	二	西安縣城	梨樹稅捐徵收局	二	梨樹縣城
鐵嶺稅捐徵收局	二	鐵嶺縣城	西豐稅捐徵收局	二	西豐縣城
開原稅捐徵收局	二	開原縣城	遼源稅捐徵收局	二	遼源縣城
東豐稅捐徵收局	二	東豐縣城	海城稅捐徵收局	二	海城縣城
義縣稅捐徵收局	三	義縣縣城	蓋平稅捐徵收局	三	蓋平縣城
新賓稅捐徵收局	三	新賓縣城	本溪稅捐徵收局	三	本溪縣城
鳳城稅捐徵收局	三	鳳城縣城	通化稅捐徵收局	三	通化縣城
長甸稅捐徵收局	三	寬甸縣長甸河口	黑山稅捐徵收局	三	黑山縣新立屯鎮
莊河稅捐徵收局	三	莊河縣城	法庫稅捐徵收局	三	法庫縣城
臨江稅捐徵收局	三	臨江縣城	復縣稅捐徵收局	三	復縣縣城
柳河稅捐徵收局	四	柳河縣城	輯安稅捐徵收局	四	輯安縣城
桓仁稅捐徵收局	四	桓仁縣城	興城稅捐徵收局	四	興城縣城
撫順稅捐徵收局	四	撫順興城	清源稅捐徵收局	四	清源縣城
綏中稅捐徵收局	四	綏中興城	錦西稅捐徵收局	四	錦西紅螺鎮
北鎮稅捐徵收局	四	北鎮縣城	輝南稅捐徵收局	四	輝南縣城
岫岩稅捐徵收局	四	岫岩縣城	遼中稅捐徵收局	四	遼中縣城
開通稅捐徵收局	五	開通縣城	盤山稅捐徵收局	五	盤山縣城
彰武稅捐徵收局	五	彰武縣城	臺安稅捐徵收局	五	臺安縣城
金川稅捐徵收局	五	金川縣城	安廣稅捐徵收局	五	安廣縣城
鎮東稅捐徵收局	五	鎮東縣城	洮安稅捐徵收局	五	洮安縣城

康平稅捐徵收局	五	康平縣城	瞻榆稅捐徵收局	五	瞻榆縣城
長白縣兼稅捐徵收局	五	長白縣政府	雙山稅捐徵收局	五	雙山縣城
撫松縣兼稅捐徵收局	五	撫松縣政府	突泉稅捐徵收局	五	突泉縣城
安圖縣兼稅捐徵收局	五	安圖縣政府			

表 17：民國時期黑龍江省稅捐徵收局一覽表

名稱	等級	所在地	常年經費（現洋元）
拜泉稅捐徵收局	一	拜泉縣城	25890
綏化稅捐徵收局	一	綏化縣城	28020
龍江稅捐徵收局	一	龍江縣城	18690
克山稅捐徵收局	一	克山縣城	15555
望奎稅捐徵收局	一	望奎縣城	14880
海倫稅捐徵收局	一	海倫縣城	10790
呼蘭稅捐徵收局	二	呼蘭縣城	17964
安達稅捐徵收局	二	東省鐵路安達站	15924
訥河稅捐徵收局	二	訥河縣城	9864
林泰稅捐徵收局	二	東省鐵路小蒿子站	13972
明水稅捐徵收局	二	明水縣城	12204
依安稅捐徵收局	二	依安雙陽鎮	10944
青岡稅捐徵收局	二	青岡縣城	12714
泰來稅捐徵收局	二	泰來縣城	16344
巴彥稅捐徵收局	三	巴彥縣城	12756
呼倫稅捐徵收局	三	呼倫縣城	7416
肇州稅捐徵收局	三	肇州縣豐樂鎮	13986
蘭西稅捐徵收局	三	蘭西縣城	10206
木蘭稅捐徵收局	三	木蘭縣城	13236
慶城稅捐徵收局	三	慶城縣城	8196
三道鎮稅捐徵收局	三	拜泉縣三道鎮	6666

甜草崗稅捐徵收局	三	東省鐵路滿溝站	10206
興隆稅捐徵收局	三	巴彥縣興隆鎮	9696
大賚稅捐徵收局	三	大賚縣城	9574
肇東稅捐徵收局	三	肇東縣城	13596
通河稅捐徵收局	三	通河縣城	11796
湯原稅捐徵收局	三	湯原縣城	10536
雅魯稅捐徵收局	三	雅魯縣城	14226
綏棱稅捐徵收局	三	綏棱縣城	7026
泰安稅捐徵收局	三	克山縣泰安鎮	4596
臚濱稅捐徵收局	四	臚濱縣城	7572
黑河稅捐徵收局	四	瑷琿縣大黑河	9192
嫩江稅捐徵收局	四	嫩江縣城	6336
景星稅捐徵收局	四	景星縣城	9702
布西稅捐徵收局	四	布西設治局城內	5412
龍鎮稅捐徵收局	四	龍鎮縣城	5412
綏濱稅捐徵收局	四	綏濱縣城	8952
克東稅捐徵收局	四	克東設治局城內	6756
茂興稅捐徵收局	四	肇州縣茂興站	10452
通北稅捐徵收局	四	通北縣擇佳鎮	10452
甘南稅捐徵收局	四	甘南設治局城內	5272
松浦稅捐徵收局	四	呼蘭縣馬家船口	6672

資料來源：東北文化社年鑒編印處：《東北年鑒》，瀋陽：東北印刷局，1931 年，第 820～821、847 頁。

財政廳及所屬各稅捐局主要負責國稅與省稅的徵收，而各縣地方稅捐則由各縣財政局負責。東北各省每縣設置一財政局，如遼寧省縣財政局共計 58 處，黑龍江省縣財政局共計 46 處。依據各縣工商繁華與土地人口具體狀況，縣財政局一般均劃分為數等，分課辦事，配置人員。如遼寧省財政廳所屬各縣財政局，有一等財政局 13 處，即瀋陽、遼陽、海城、蓋平、復縣、營口、錦縣、新民、鐵嶺、安東、海龍、昌圖、洮南等 13 縣。每句設局長 1 人，課長 2 人，課員 2 人，雇員 8 人。每局每年經費定額現大洋 10356 元。每局設

第一、第二兩課，第一課職掌文牘、照票、稽核、統計、款項出納及不屬於第二課事項；第二課職掌徵收縣地方一切捐款，及所委託之省款事項。二等財政局20處，即興城、北鎮、義縣、綏中、黑山、開原、東豐、西豐、西安、撫順、本溪、莊河、新賓、寬甸、鳳城、長白、遼源、法庫、懷德、梨樹等20縣。每局設局長1人，課長2人，課員2人，雇員6人。每局每年經費定額現大洋 8478 元。各課職掌與一等局相同。三等財政局 25 處，即遼中、臺安、錦西、盤山、岫岩、通化、桓仁、臨江、輯安、安圖、撫松、輝南、柳河、清源、金川、彰武、康平、鎮東、突泉、開通、洮安、安廣、雙山、瞻榆、通遼等25縣。每縣局長、課長、課員額數設置與一等局相同，雇員4人。每局每年經費，定額現大洋6456元。各課職掌與一等局同。〔註28〕

除各省外，東北特殊各行政區域也設置有相應的財稅機關。興安屯墾區的財政系統：興安區屯墾公署內設之財務處，及下轄的八局，分別為索倫稅捐局、索倫設治局、洮安稅捐局、洮安縣政府、放荒委員會、第一墾殖局、第二墾殖局、興安山林局。財務處內部組織及人員：第一科掌管總務，設科長1人，科員13人，雇員若干；第二科掌管會計，設科長1人，科員8人，雇員若干；第三科掌管征榷，設科長 1 人，科員 6 人，雇員若干；第四科掌管軍需，設科長 1 人，科員 5 人，雇員若干。東省特別區並未專設全區統一的財政機關，而是由隸屬於行政長官公署的地畝管理局、市政管理局和警察管理處等各機關代行徵收稅捐職能。如地租收入由地畝管理局徵收，該局設於哈爾濱，另設五分局於海拉爾、綏芬河、安達、一面坡和張家灣等各站，係徵收地租之機關。地畝局設正副局長各1人，科長3人，職員77人，分總務、調查、徵收各科；各分局事物繁簡不定，人員多寡不一。總分各局經費，每年哈大洋 18.9 萬餘元。其餘各捐，由市政管理局及各站分局、哈爾濱特別市政局、警察管理處及各站警察區署附帶徵收之。〔註29〕

（二）鹽稅徵收機關：鹽務署稽核分所

東北沿海各地，尤其金州半島沿岸盛產海鹽，至 1929 年時東北沿海各鹽田，產鹽總量已達 8.7 億斤。而產鹽最豐富的金州半島區域，每年產鹽約

〔註28〕東北文化社年鑒編印處：《東北年鑒》，瀋陽：東北印刷局，1931 年，第 820 頁。

〔註29〕東北文化社年鑒編印處：《東北年鑒》，瀋陽：東北印刷局，1931 年，第 872、881 頁。

4 億斤，盡被日本掌握，利益外溢，損失巨大。清末 1910 年設東三省鹽運使，東北鹽政始有專一之官。吉黑兩省一向銷售遼鹽，最初任由商人運輸銷售，但由於私鹽泛濫，鹽稅受損。所以為杜絕私鹽，遼鹽改為官運，並於 1914 年將遼鹽官運機關合併為吉黑榷運局。鹽運使署與榷運局也成為張氏父子執政東北時的東北鹽務管理機關。東三省鹽運使署，是東北鹽產及遼寧全省鹽運、銷售和緝私之最高機關，吉黑榷運局則是吉黑兩省鹽運、銷售和緝私的最高機關。二者皆直屬於鹽務署，而受鹽務稽核所和東北政務委員會之監督。〔註 30〕

鹽務稽核所的設置，始於 1913 年善後大借款。在該借款中，有以鹽稅為擔保者，所以西方各國銀行團取得了監視我國鹽稅之權，並在上海設置鹽務稽核所，而在各產鹽地則設鹽務稽核分所，以監視鹽稅之收支，但於鹽務行政上則無權過問。1928 年 11 月，南京國民政府頒布新制度實施方針，將鹽稅之徵收交由鹽務稽核所負責，但財款保管於財政部。1929 年 1 月，鹽稅徵收新制開始實施，國民政府頒布了鹽務稽核總所及分所新章程。

根據鹽務稽核總所章程規定，該總所職責是「稽核鹽稅收支」，「專管徵收鹽稅、發給放鹽准單、彙編鹽稅報告表冊及清償鹽務外債等事項」。稽核總所設總辦 1 人，會辦 1 人，秘書 2 人，下設二科六股，即總務科，內設文牘股、考績股、編譯股，會計科，內設稅務股、統計股、審核股。每科設科長 1 人，每股設股長 1 人，科員若干。總會辦的主要責任則是「監督各分所經協理，將稽核分所章程內所述之攤還外債額數，按月撥解財政部指定之銀行收總所鹽款債務賬。此項鹽款債務賬內之款須由總會辦秉承部長命令會同簽字提撥」。〔註 31〕

鹽務稽核總所設於上海，其具體稽核與徵收鹽稅的職責實際上是由各分所承擔的。依據財政部鹽務稽核分所章程規定，財政部於各產鹽區域均設立稽核分所，歸總所監督指揮，並在各銷鹽區域每區設稽核員 1 人。鹽務稽核分所設經理 1 人，協理 1 人，文牘課長 1 人，會計課長 1 人，課員和雇員若干。各分所經協理及其他所屬人員之任免，應由總所總會辦會同呈請部長核定施行。稽核分所職責有：「徵收各該管區域內一切鹽款；監理發給准單及秤

〔註 30〕東北文化社年鑒編印處：《東北年鑒》，瀋陽：東北印刷局，1931 年，第 893、897 頁。

〔註 31〕《財政部鹽務稽核總所章程》，《鹽政雜誌》，1929 年第 48 期。

放鹽斤；保管各該區所收鹽款。」

而對於稽核與徵收鹽稅各環節及憑證，該分所章程規定非常細緻：一是收稅和放鹽由財政部派專人辦理，稽核分所「辦理徵收稅款和秤放鹽斤事宜，得呈由總所轉呈部長派用收稅及放鹽人員」。二是放鹽人員在放鹽時要認真檢查放鹽准單是否合規有效，「秤放人員秤放鹽斤時還須稽查是否已照章完納課稅，有無正式准單及是否照數放出」，而正式合規的放鹽准單則必須「要由各分所經協理會同簽字，並蓋用分所印信為憑」。稽核分所之所以如此重視鹽稅稽核與徵收，其實也是為了保障鹽稅擔保的外債能夠按時還款，「各分所經協理應將所收一切稅款，即時存入各該區本部指定之銀行收本部賬。各區攤還 1914 年以前用鹽稅作抵並確由鹽款項下償付各債款之額數，當由部長遵照 1928 年 9 月 25 日國民政府命令逐月令由所收稅款盡先撥歸分所鹽款債務賬。」

鹽稅徵收原本全為各產鹽地鹽運使負責，而 1929 年 1 月後，鹽稅徵收的部分職權劃歸鹽務稽核總所及分所，該總所及分所也就成為鹽稅稽核與徵收機關。而鹽務稽核分所稽核與徵收鹽稅事宜，還要依託於鹽運使署及榷運局的運銷渠道。所以兩者關係十分緊密，既互相合作，又互相監督：「各分所對於辦理分內職務時，如有應向運署查詢事項，得函請鹽運使檢送所需文件或商明運使派員到署查閱。鹽運使對於分所遇有應行查詢事件亦同樣辦理。」「各分所經協理如查有鹽務機關違背定章或遇有私制及私運鹽斤等情形，應呈報總所核辦。如運使運副查有此種情形，亦應呈報鹽務署核辦。」而各稽核分所與各該區鹽務行政機關因權限、職務、責任等事，彼此如有爭執時「應分別呈請上級機關核奪示遵」。〔註 32〕

（三）關稅徵收機關：海關監督公所、海關、常關

近代以來，國門大開，隨著西方列強入侵，在各種不平等條約體系下，為了加強對進出口貿易稅收的管理，相繼在各通商口岸建立了海關。在東北所屬的通商口岸，共設海關六處，分海關六處，各海關設海關監督 1 人，直屬於財政部關務署，而受總稅務司及東北政務委員會之監督，此外復設稅務司 1 人，其地位與海關監督相等，專司監視稅款之出納，直屬於總稅務司。東北各海關組織如下：海關設監督公署，監督 1 人，下設總務科，文牘科和

〔註 32〕《財政部鹽務稽核分所章程》，《鹽政雜誌》，1929 年第 48 期。

會計科；同時設稅務司公署，稅務司 1 人，下設內班和外班，內班有副稅務司和幫辦，附設稅務員和文牘員若干，外班為總監察長，附設監察員驗貨員和稽查員若干。

表 18：民國時期東北海關一覽表

海關名稱	設立地點	設立時間	設立原因
大連	遼寧大連	1907	1907 年中日大連海關協定
山海關	遼寧營口	1860	1860 年中英法天津條約
安東	遼寧安東	1907	1907 年中美通商條約
濱江	吉林濱江	1905	1905 年中日東三省善後條約
延吉	吉林延吉	1909	1905 年中日東三省善後條約
璦琿	黑龍江璦琿	1909	1905 年中日東三省善後條約
大東溝分關〔註 33〕	遼寧大東溝	1907	1907 年中日通商續約
滿洲里分關	黑龍江滿洲里	1908	中東鐵路合同
綏芬河分關	吉林綏芬河	1908	中東鐵路合同
三姓分關	吉林三姓	1909	自行開放
拉哈蘇蘇分關	吉林同江縣	1909	自行開放
旅順分關	遼寧金縣	1909	

資料來源：東北文化社年鑒編印處：《東北年鑒》，瀋陽：東北印刷局，1931 年，第 883 頁。

東北除了各處海關之外，還設有常關稅局 15 處，皆直屬於山海關海關監督，每常關稅局置局長 1 人，各局設立地點如下：榆關稅局設河北省臨榆縣，中後所稅局設遼寧綏中縣，興城縣稅局設遼寧興城縣，復縣稅局設遼寧蓋平縣，藍家屯稅局設遼寧錦縣，界嶺口稅局設河北撫寧縣，錦縣稅局設遼寧錦縣，喜峰口稅局設河北遷安縣，溝幫子稅局設遼寧北鎮縣，新民縣稅局設遼寧新民縣，大孤山稅局設遼寧岫岩縣，天橋廠稅局設遼寧錦縣，義縣稅局設遼寧義縣，綏中稅局設遼寧綏中，莊河稅局設遼寧莊河。除以上各常關稅局外，還設有分局 7 處，分卡 47 處，於營口、秦皇島、皇姑屯三地還設三處稽查局，皆隸屬於山海關監督。

〔註 33〕大東溝分關隸屬安東關，滿洲里分關、綏芬河分關、三姓分關、拉哈蘇蘇分關隸屬濱江關，旅順分關隸屬大連關。

圖 2：東北易幟後東北地方財政稅收管理體系

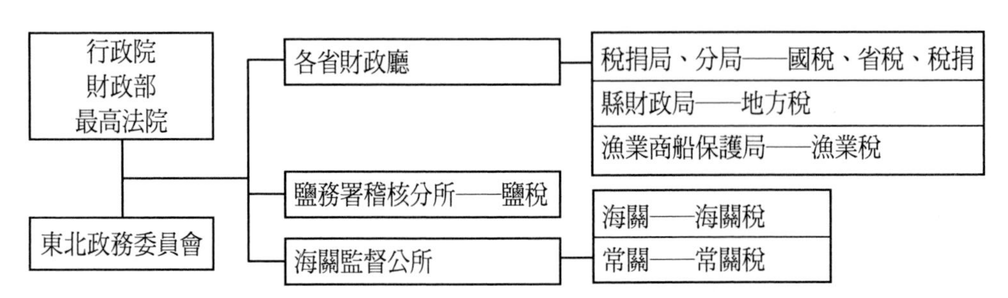

二、財政收入與支出

（一）東北稅制與稅率

東北各省賦稅均分為國稅、省稅和地方稅捐，但由於各省具體情形不同，導致各省稅制稅率差別甚大。例如，遼寧省稅制，分為國稅、省稅與地方捐等名目，稅率不一，徵收方法亦有不同。

表 19：東北易幟後遼寧省稅捐稅率一覽表

國 稅 表		
稅　目	稅　率	徵收方法
出產稅	雜糧值百抽一，細糧值百抽二，貨值百抽三。	稅捐徵收局，隨徵隨解
銷場稅	值百抽四	稅捐徵收局，隨徵隨解
豆稅	值百抽五	稅捐徵收局，隨徵隨解
油糧稅	值百抽五	稅捐徵收局，隨徵隨解
參稅	值百抽五點五	稅捐徵收局，隨徵隨解
煙稅	煙葉煙絲均值百抽十一	稅捐徵收局，隨徵隨解
酒稅	燒酒紹酒元酒及洋酒果酒藥酒一律值百抽十一	稅捐徵收局，隨徵隨解
木植稅	出產值百抽七點二六，銷場值百抽二點五。	稅捐徵收局，隨徵隨解
繭絲稅	值百抽四點五	稅捐徵收局，隨徵隨解
礦稅	普通礦類值百抽五點五，本溪湖中日合辦之煤鐵公司，每噸煤收庫平銀一錢三分七釐五毫，鐵收一千一分。	稅捐徵收局，隨徵隨解
中江稅	值百抽五正稅及抽一耗羨係中韓交界進出口貨物之稅	稅捐徵收局，隨徵隨解

<table>
<tr><td colspan="2">蒙鹽稅</td><td>每鹽百斤徵收現大洋五元</td><td>稅捐徵收局，隨徵隨解</td></tr>
<tr><td colspan="2">稅捐罰款</td><td>按漏稅商人之情節輕重科以應納正稅數一倍至五倍之罰金，情節較重者，照海關章程，將全貨沒收變價。</td><td>稅捐徵收局，隨徵隨解</td></tr>
<tr><td colspan="2">酒特稅</td><td>每種瓶酒值百抽二十</td><td>稅捐徵收局，隨徵隨解</td></tr>
<tr><td colspan="2">酒特稅罰款</td><td>罰法複雜</td><td>稅捐徵收局，隨徵隨解</td></tr>
<tr><td colspan="2">關徵郵包釐金〔註 34〕</td><td>係代徵內地釐金</td><td>稅捐徵收局，隨徵隨解</td></tr>
<tr><td colspan="2">秦皇島奉釐</td><td>係代徵內地釐金</td><td>稅捐徵收局，隨徵隨解</td></tr>
<tr><td colspan="2">機制洋試貨物</td><td>值百抽五</td><td>稅捐徵收局，隨徵隨解</td></tr>
<tr><td colspan="2">撫順出井煤稅</td><td>撫順煙臺日人經營之煤，每噸收日金五分</td><td>縣政府徵收</td></tr>
<tr><td colspan="2">撫順炭礦報償金</td><td>每年報效日金五萬元</td><td>縣政府徵收</td></tr>
<tr><td colspan="2">補徵海關稅</td><td>照海關章程徵收</td><td>稅捐徵收局，隨徵隨解</td></tr>
<tr><td colspan="2">火柴特稅</td><td>每箱貼印花一枚，收現洋一元五角</td><td>稅捐徵收局，隨徵隨解</td></tr>
<tr><td rowspan="2">捲煙特稅</td><td>紙捲煙</td><td>分等級為一至七級和特七級，按等級每五萬支應納統稅分別為：404.625、258.375、185.25、136.5、92.625、53.625、29.25 和 25 元現大洋。</td><td>稅捐徵收局，隨徵隨解</td></tr>
<tr><td>雪茄煙</td><td>分等級為一至六級，每級均分為 50 支和 25 支兩類，按等級每類應納統稅分別為：73.125、36.5625；31.6875、15.84375；8.2825、9.14125；9.14、4.57；4.875、2.4375；7.315、1.82875 元現大洋。</td><td>稅捐徵收局，隨徵隨解</td></tr>
<tr><td colspan="2">捲煙統稅罰款</td><td>按情節輕重罰款數額不等</td><td>稅捐徵收局，隨徵隨解</td></tr>
<tr><td colspan="4">省稅表</td></tr>
<tr><td colspan="2">稅目</td><td>稅率</td><td>徵收辦法</td></tr>
<tr><td colspan="2">田賦</td><td>按四則徵收，計上則每畝大洋一角五分四釐，中則一角一分，下則六分六釐，沙城三分三釐，又糧票每張收費大洋七分。</td><td>縣政府徵收</td></tr>
<tr><td colspan="2">清賦</td><td>不分等則，每畝徵收經照費大洋一元二角，縣政府留支五角，解庫七角。</td><td>縣政府徵收</td></tr>
<tr><td colspan="2">契稅</td><td>賣大典四，縣政府留支百分之二五經費，每戶管及執照一張，收工本大洋二元，又每官契紙一張，收大洋六角。</td><td>縣政府徵收</td></tr>
</table>

〔註 34〕釐金已於 1931 年取消。

行政與違警等罰款	按情節輕重酌量處罰，至多不得過百元。	縣政府徵收
煙酒牌照稅	分四種，按季收稅於整賣每季二十元，甲種八元，乙種四元，丙種二元。	稅捐徵收局，隨收隨解
金銀牌照稅	分十等，按季納稅，每等每季稅額最多一千元，最低五元。	稅捐徵收局，隨收隨解
剪價及剪課	分三等，上等每把收價洋二十元，中等十五元，下等十元。上等納課洋三元，中等二元五角，下等一元五角。	稅捐徵收局，隨收隨解
煙酒及牌照附加二成軍費	按煙酒及牌照稅，加收二成為軍費。	稅捐徵收局，隨收隨解
各項帖稅及當稅	各帖期限，均以一年為滿，稅額最多一百四十元，最低三元，於均增加一成帖費，當帖以五年為滿，大當每年納稅洋一百元，帖費二十元，小當五十元，帖費十元。	稅捐徵收局，隨收隨解
各項票照費	每張收費三分至七分不等	稅捐徵收局，隨收隨解
牲畜稅	牛馬騾值百抽六，驢值百抽三，豬羊值百抽三。	稅捐徵收局，隨收隨解
硝礦各款	按價值百收官捐洋二元，許可證分五種，三元至六元不等。	稅捐徵收局，隨收隨解
河防船捐	糧每百斤收洋三分，貨每百斤收洋二分。	稅捐徵收局，隨收隨解
艚船規費	艚船每隻每年收洋二元五角	稅捐徵收局，隨收隨解

地方畝車雜捐表

捐目		捐率	徵收方法
畝捐		分四則，上則地每畝現洋一角四分六釐，中則每畝現洋一角四分，下則地每畝現洋一角三分四釐，沙鹼地每畝六分七釐。	縣財政局每年 11 月 1 日徵收
車牌捐		分四類，四套以上車牌每片現洋八元，三套以上車牌每片現洋五元，二套以上車牌每片現洋三元，不及二套車牌每片現洋一元。	縣財政局每年秋季徵收
雜捐	屠宰捐	分牛豬羊三項由四元至一元或五角不等	縣財政局每月徵收一次
	肉捐	分牛豬羊三項由二元至一元或五角不等	縣財政局每月徵收一次
	營業捐	由千分之四至千分之一不等	縣財政局每月徵收一次
	攤床捐	由二元至二角不等	縣財政局每月徵收一次
	妓捐	由四元至一元不等	縣財政局每月徵收一次
	班捐	由四元至二元不等	縣財政局每月徵收一次
	房捐	每間五角至二角不等	縣財政局每月徵收一次

糧捐	每石收一角或三分不等	縣財政局每月徵收一次
戲捐	數目不等	縣財政局每月徵收一次
斗秤捐	數目不等	縣財政局每月徵收一次
窯捐	每窯一個收現洋八元或六元不等	縣財政局每年徵收一次
廣告捐	數目不等	縣財政局每月徵收一次
市塵捐	四角至二角不等	縣財政局每月徵收一次
剪捐	每把年收現洋三元或五元不等	縣財政局每年徵收一次
馬車捐	每月一元或二元不等	縣財政局每月徵收一次
蠶籠捐	每籠收二角或三角不等	縣財政局每月徵收一次
人力車捐	每輛收五角或六角不等	縣財政局每月徵收一次
轎車捐	每輛收現洋一元	縣財政局每月徵收一次
園田捐	每畝收現洋一角或二角不等	縣財政局每月徵收一次
經紀捐	每月收五角或六角不等	縣財政局每月徵收一次
小場捐	值百抽五或抽六不等	縣財政局每月徵收一次
毛血捐	每口豬收五角至三角不等	縣財政局每月徵收一次
橋捐	數目不等	縣財政局徵收
皮捐	值百抽二或值百抽三不等	縣財政局徵收
魚捐	值百抽二或值百抽一五不等	縣財政局徵收
韓僑捐	每戶年收四元至十元不等	縣財政局每年徵收一次
木植捐	數目不等	縣財政局徵收
馱捐	二元至數角不等	縣財政局每年徵收一次
山貨捐	數目不等	縣財政局徵收
牲畜捐	每頭收三角或四角不等	縣財政局徵收
參捐	值百抽三或值百抽三六不等	縣財政局徵收
門戶捐	每戶每年收一百九十元至二十元不等	縣財政局每年徵收一次
豆捐	每石收現洋一角	縣財政局徵收
船捐	論載重每噸收現洋五分或按數量每只收一元或二元不等	縣財政局徵收
汽車捐	長途者月收現洋一元，營業者月收現洋六元	縣財政局每月徵收一次
槍印捐	一元至四角不等	縣財政局每月徵收一次
煤炸捐	按價徵收數目不等	縣財政局徵收

資料來源：東北文化社年鑒編印處：《東北年鑒》，瀋陽：東北印刷局，1931 年，第 821～826 頁。

吉林、黑龍江和熱河三省，由於稅收數額相對較少，就沒有單列國稅、省稅與地方捐，而是依據各省實際情形混列稅目與稅率。例如，吉林省所徵收各種稅捐情況如下：

表 20：東北易幟後吉林省稅捐稅率一覽表

<table>
<tr><th colspan="2">類　別</th><th>稅　額</th><th colspan="2">類　別</th><th>稅　額</th></tr>
<tr><td rowspan="4">地租</td><td>一響（十畝）</td><td>課國稅 5 角</td><td rowspan="6">漁業稅</td><td>一等</td><td>40 元</td></tr>
<tr><td>地方稅</td><td>6 角</td><td>二等</td><td>20 元</td></tr>
<tr><td>附加公費</td><td>3 角</td><td>三等</td><td>12 元</td></tr>
<tr><td>積穀費</td><td>1 角</td><td>四等</td><td>8 元</td></tr>
<tr><td rowspan="3">營業稅</td><td>銷場稅</td><td>從價 2 分</td><td>五等</td><td>6 元</td></tr>
<tr><td>糧食銷加稅</td><td>從價</td><td>六等</td><td>4 元</td></tr>
<tr><td>營業附銷稅</td><td>從價</td><td rowspan="3">牙帖稅（每五年一次繳納）</td><td>一等</td><td>300 元</td></tr>
<tr><td rowspan="13">特許營業稅</td><td rowspan="2">燒鍋</td><td rowspan="2">每座年納 400 元
每增加一座加 200 元</td><td>二等</td><td>100 至 250 元</td></tr>
<tr><td>三等</td><td>120 至 160 元</td></tr>
<tr><td>燒酒稅</td><td>每百斤課 1 元 4 角</td><td rowspan="3">牙稅</td><td rowspan="3">分六等</td><td rowspan="3">每年分別課 200 元，160 元，120 元，100 元，80 元。</td></tr>
<tr><td>燒酒執照費</td><td>每枚 145 元</td></tr>
<tr><td>雜酒稅</td><td>百分之十</td></tr>
<tr><td>整頓煙酒牌照</td><td>每年 40 元</td><td rowspan="2">攤床營業稅</td><td rowspan="2">分六等</td><td rowspan="2">每月 10 元，8 元，6 元，4 元，2 元，1 元。</td></tr>
<tr><td>小賣煙酒</td><td>每年 16 元、8 元、4 元不等</td></tr>
<tr><td>藥酒稅</td><td>每百斤 1 元</td><td rowspan="5">穀類稅</td><td>產稅</td><td>從價百分之二</td></tr>
<tr><td rowspan="2">煙酒公賣費</td><td rowspan="2">燒酒及雜酒每百斤各 6 角，雜酒從價課每百斤百分之二十</td><td>銷費稅</td><td>從價百分之二</td></tr>
<tr><td>豆麥斗稅</td><td>大麥 2 分，大豆 1 分 4 釐</td></tr>
<tr><td>煙酒附加稅</td><td>按正稅百分之五</td><td rowspan="2">雜糧斗稅</td><td rowspan="2">分三等，每斗課 9 釐，6 釐，3 釐。</td></tr>
<tr><td rowspan="2">煙酒特稅</td><td rowspan="2">紙煙草按原價之二成貼印花，雜酒按從價之二成課稅，藥酒飲料酒精按從價之二成課稅</td></tr>
<tr><td>出產稅</td><td>出海稅</td><td>鹿茸從價百分之二十；虎骨從價百分之十五；鹿骨鹿筋每 10 斤 5 角 8</td></tr>
</table>

	當帖稅	繁華地典當稅 200 元，質當稅 80 元。偏僻地典當稅 150 元，質當稅 50 元，又典當從價稅 80 元，質當從價稅 20 元。			分；花蘑每 19 斤 2 角 5 分。
				海菜稅	魚類每 10 斤 5 分 8 釐；海帶 100 斤 2 角 9 分。
帖稅	一等牙帖	820 元		土產稅	蘇油豆油每百斤 2 角 9 分；麻油每百斤 4 角 3 分 5 釐；糖葡每百斤 4 分 4 釐。
	二等牙帖	100 元			
	牙行帖稅	40 元	皮張稅	貂皮	從價百分之二十
	斗稅	10 元		其他	從價百分之十
	秤帖	10 元	牲畜稅	牛馬驢騾	從價百分之五
屠殺稅	豬	每頭 3 角		羊豬	從價百分之二點五

資料來源：東北文化社年鑒編印處：《東北年鑒》，瀋陽：東北印刷局，1931 年，第 840 頁。

（二）財政收入與支出

1. 遼寧省財政收入與支出

第一，遼寧財政收入分為金庫收入、省庫收入和廳庫收入，各項收入以 1928 年度〔註 35〕為例，具體如下：

表 21：1928 年度遼寧省財政廳金庫收入統計總表

類別	項別	收入（萬元）	類別	項別	收入（萬元）
田賦	地丁	396.7386	正雜各稅	契稅	3545.8751
	租課	43.9232		礦區稅	6.4831
	清賦地價經費	134.3631		出井煤稅	964.2025
	合計	575.0249		報效金	5
統捐	出產稅	5899.071		帖稅	502.5938
	豆稅	9341.0291		酒稅	3383.4269
	油糧稅	700.4366		酒牌照稅	211.4654

〔註 35〕財政年度，一般為該年 7 月至第二年的 6 月，如 1928 年度，為民國十七年度，即 1928 年 7 月至 1929 年 6 月。

	銷場稅	19913.5882		煙稅	750.6601
	木植稅	2264.3411		煙牌照稅	200.8802
	繭絲稅	576.6459		漁業稅	301.6824
	中江稅	11.477		剪稅	81.4985
	糧貨稅	89.5629		合計	9953.768
	船稅	12.1933	雜收入	田賦經費	39.6879
	糧貨船稅	14.4105		票照暨辦公金	1119.6393
	魚稅	130.5992		各法院司法收入	717.8354
	合計	38953.3548		各縣司法收入	1053.7444
官產收入	官產變價	30.5994		更條規費	2.8215
	官產租款	43.8902		艚船規費	8.1918
	官產冊照費	0.0386		罰金	486.5646
	合計	74.5282		畝雜自治捐	100.1797
撥款收入	公賣局撥款	1049.8807		合計	3528.6646
總計	54135.2212				

資料來源：遼寧財政廳第四科編：《遼寧省民國十七年度財政統計年鑒》，瀋陽：遼寧省財政廳印刷處，1930 年，第 57 頁。

表 22：1928 年度遼寧省財政廳省庫收入統計表

類別	項別	收入（萬元）	類別	項別	收入（萬元）
統捐	牲畜稅	4892.21	官業	官業	4343.9954
雜稅	雜捐	41.0656		官息	134.0439
	經徵補徵畝捐提成	1080.2679		合計	4478.0393
	金銀牌照稅	122.7636	正雜各費	學費	1.4442
	合計	1244.0971		雜款	100.2742
				合計	101.7184
總計	10716.0648				

資料來源：遼寧財政廳第四科編：《遼寧省民國十七年度財政統計年鑒》，瀋陽：遼寧省財政廳印刷處，1930 年，第 337 頁。

表 23：1928 年度遼寧省財政廳廳庫收入統計表

項別	收入（萬元）	項別	收入（萬元）
礦產稅	955.7215	二成票照暨辦公金	516.9511
五成肉捐	192.2708	百分之一煙酒牌照稅	4.1896
車牌解省	464.6128		
總計	2133.7458		

資料來源：遼寧財政廳第四科編：《遼寧省民國十七年度財政統計年鑒》，瀋陽：遼寧省財政廳印刷處，1930 年，第 381 頁。

上述各款收入統計表內所用之貨幣本位，除田賦、礦區稅、出井煤稅等表以現大洋為本位，報效金以日金為本位外，其他概以奉大洋為本位。5 萬日金合計現大洋約為 148 萬元〔註 36〕。1928 年現大洋與奉大洋兌換匯率較為平穩，全年現大洋與奉大洋平均兌換比率為 1：21.75，即現大洋 1 元能兌換奉大洋 21.75 元。〔註 37〕那麼前述 1928 年度遼寧省金庫、省庫和廳庫收入分別約為 4111.7 萬〔註 38〕、493 萬和 98 萬元現大洋，總計約 4702.7 萬元現大洋。

第二，遼寧省財政支出情況，亦以 1928 年度為例，具體如下：

表 24：1928 年度遼寧省金庫支出統計總表

類別	支付預算數（萬元）	比例	類別	支付預算數（萬元）	比例
外交費	291.8663	0.4%	內務費	7931.3763	12.1%
財政費	6304.3314	9.6%	軍政費	42962.3819	65.7%
司法費	2481.6776	3.8%	教育費	4057.7878	6.2%
農商費	274.754	0.4%	建設費	1119.7858	1.7%
總計			65423.9611		

資料來源：遼寧財政廳第四科編：《遼寧省民國十七年度財政統計年鑒》，瀋陽：遼寧省財政廳印刷處，1930 年，第 1 頁。

〔註 36〕根據《遼寧省民國十七年度財政統計年鑒》出井煤稅統計表內日金與現大洋折合數計算，日金與現大洋平均兑換比約為 1：29.6。見遼寧財政廳第四科編：《遼寧省民國十七年度財政統計年鑒》，瀋陽：遼寧省財政廳印刷處，1930 年，第 147 頁。

〔註 37〕奉大洋與奉小洋為固定兑換比率 1：1.2。1928 年全年現大洋與奉小洋平均兑換比率為 1：26.1，即現大洋與奉大洋平均兑換比率為 1：21.75。參見《最近四年奉小洋對國幣行市變動統計》，《東三省官銀號經濟月刊》，1929 年第 1 卷第 2 期。

〔註 38〕金庫收入表內，減去以現大洋和日金為本位的田賦、礦區稅、出井煤稅和報效金等額數，剩餘以奉大洋為本位的收入總計有 52590.9938 萬元，折合現大洋為 2417.9767 萬元。那麼金庫總收入即為此折算後的現大洋數（2417.9767 萬）＋田賦、礦區稅和出井煤稅（1545.7105 萬）＋報效金（148 萬）＝4111.6872 萬。

該表各項支出除軍政費是以奉大洋和現大洋混合計算外，其餘均以奉大洋為貨幣單位。該表中軍政費全年支出額度為 42962.3819 萬元，該數額是由奉大洋與現大洋支出數額混合計算而來，即其中奉大洋數額為 38592.381928 萬元，現大洋數額為 4370 萬元。〔註 39〕按照 1928 年現大洋與奉大洋平均兌換比率 1：21.75 計算，奉大洋 38592.381928 萬元合計兌換現大洋為 1774.36239 萬元，那麼該軍政費支出總計為現大洋 6144.36239 萬元，1928 年度遼寧省金庫支出總計則為現大洋 7177.0786 萬元〔註 40〕。以此統計為準，軍政費則占全部支出比例高達 85.6%，其餘各項所有支出占總支出比例還不到 15%。1929 年因受中東路事件影響，奉大洋行市價格從 1928 年現洋與奉大洋較為平穩的兌換狀態發展到奉票暴跌，其兌換比率從平均 1：21.75 跌至平均超過 1：50。〔註 41〕

外交費支出類別有：各交涉署經費、各縣華洋訴訟費、各縣交涉費、撫順縣代辦煤稅津貼；內務費支出類別有：省政府經費、民政廳經費、各道尹公署經費、警務處暨各公安局經費、各縣經費、省政府典禮費、東三省省議會聯合會經費、教養工廠補助費；財務費支出類別有：財政廳經費、財政廳契稅處經費、財政廳稽查員經費、財政廳稽核處經費、財政廳附設整理財政委員會經費、各稅捐局經費、蒙旗津貼、各縣田賦經費、漁業商船保護局經費、東三省公債局經費；軍政費支出包括各軍事機關、國防軍及省防軍等經費；司法費支出類別為：各法院經費、各法院檢察處經費、各司法公署暨各縣兼理司法經費、各新監獄經費、各舊監獄經費、各縣看守所經費；教育經費支出類別有：教育廳經費和東北大學經費；農商費支出類別有：農礦廳經費、各商埠公安局經費、財政廳官產處經費、安東縣經理官房津貼、東三省博物館經費、省城商埠局附屬公園經費；建設費支出類別有：建設廳經費、洮昂路建築費、各機關建築費。〔註 42〕

〔註 39〕遼寧財政廳第四科編：《遼寧省民國十七年度財政統計年鑒》，瀋陽：遼寧省財政廳印刷處，1930 年，第 23 頁。

〔註 40〕除去以現大洋 4370 萬元計算的軍政費額度，則遼寧省民國十七年度支出總計奉大洋 61053.9611 萬元，合計現大洋為 2807.07867 萬元。所以遼寧省民國十七年度支出總額則為現大洋 7177.07867 萬元。

〔註 41〕1929 年後，奉票行市跌落，2 月份現大洋與奉大洋兌換比率超過 1：25，5 月份現大洋與奉大洋兌換比率超過 1：40。參見《奉票行市微漲》、《奉票仍平疲》、《昨日奉票愈跌》，《順天時報》，1929 年 2 月 19 日第 4 版，5 月 27 日第 4 版，5 月 30 日第 4 版。

〔註 42〕遼寧財政廳第四科編：《遼寧省民國十七年度財政統計年鑒》，瀋陽：遼寧省財政廳印刷處，1930 年，第 1～40 頁。

表 25：1928 年度遼寧省省庫支出統計總表

類別	支付預算數（萬元）	類別	支付預算數（萬元）
內務費	3514.4998	教育費	3247.8249
總計		6762.3247	

資料來源：遼寧財政廳第四科編：《遼寧省民國十七年度財政統計年鑒》，瀋陽：遼寧省財政廳印刷處，1930 年，第 41 頁。

省庫各項支出的貨幣單位為奉大洋，總計約 6762 萬元，合計現大洋約 310.9 萬元。內務費支出類別有：東北政務委員會經費、省政府委員經費、省議會經費、全省保甲總辦公所經費、全省清鄉局經費、通志館經費、大元帥葬儀費、警官高等學校經費、省會公安局所屬各隊經費、接待班禪經費、各縣聯防經費、省城商埠公安局消防隊經費、省城商埠公安局屠獸場經費、調查吏治旅費、鴨綠江水上公安局補助費、東邊警備隊津貼、補助各縣警察經費、省城臨時防疫經費、各項俸費、各項獎金、各項恤金；教育費支出類別有：省立各科高級中學校經費、省立各師範學校經費、省立各高級中學校經費、省立各初級中學校經費、省立各職業學校經費、省立各小學校經費、淑慎女子小學校經費、省立圖書館經費、各項留學暨補助費、教育會保管四庫全書經費。〔註 43〕

1928 年度遼寧省金庫省庫各項支出總計達到 7487.9 萬現大洋，而該年度遼寧省總計收入只有 4702.7 萬現大洋，財政虧空達到 2785.2 萬現大洋。這種財政虧空狀態即便是在隨後的 1929 年度亦是如此，而財政支出中占比最大的還是軍費支出。遼寧財政壓力巨大，東北政務委員會無力發展東北，為了緩解財政壓力，遼寧省發行了多種公債。如東三省整理金融公債，係於 1929 年 5 月發行，以奉票二元作國幣一元，發行額度為 5000 萬元，實募款數 2883.6756 萬元，還付額數為 1365.1007 萬元，未還額數 1518.5749 萬元。十八年遼寧省整理金融公債，發行額數 2000 萬元，實募款數 584.4912 萬元。

2. 吉黑熱三省財政收入與支出

吉林省財政收入較之遼寧省少很多，但支出數額也同樣較少，收支相抵後吉林省財政每年還有盈餘。從 1926 年度開始，吉林省庫每年歲入永大洋達

〔註 43〕遼寧財政廳第四科編：《遼寧省民國十七年度財政統計年鑒》，瀋陽：遼寧省財政廳印刷處，1930 年，第 41～55 頁。

兩千萬以上，歲出則僅一千四百餘萬元，每年均能夠盈餘六百多萬元。1928年度年度收入達 2000 餘萬元，歲出僅 1465 萬元，收支相抵，省庫仍餘 640 餘萬元。該年度收入，貨物稅 1100 萬元，正雜各稅 460 萬元，田賦 430 萬元，及其他雜收入等。支出，軍費 1095 萬元，政費 125 萬元，財政費 160 萬元，外交費 8.5 萬元，司法費 52 萬元，教育費 24 萬元，實業費 7.1 萬元。1929 年度吉林省收入達 2500 餘萬元，該年度預算則是外交費 11.4375 萬元，內務費 146.7218 萬元，陸軍費 1360.2456 萬元，司法費 60.0435 萬元，教育費 67.4404 萬元，農商費 10.3165 萬元，財政費 165.8295 萬元，合計為 1822.0348 萬元，收支相抵，省庫尚可餘 678 萬元。但中東路事件後，受到戰爭影響，軍費開支劇增，這些補加的軍費大多計入了 1930 年度財政預算中，造成這一年度軍務費預算達到了 2143.835 萬元，比 1928 年度軍費開支超過一倍，比 1929 年度預算陸軍費多了近六成，導致在其他支出近乎沒變的情況下全年度財政預算激增至 2746.5823 萬元。〔註 44〕此後，吉林省財政收入與支出相抵，盈餘幾無，甚至入不敷出。

民國以來，黑龍江省財政雖屢經整頓，收入雖然漸增，但支出也逐日增多，常年入不敷出。如 1925 年度總收入為 761 萬元，總支出則 967 萬元；1928 年度總收入為 1153 萬元，總支出則達 1289 萬元；至 1929 年度總收入雖達到 1485 萬元，但總支出卻達 2232 萬元。雖有中東路事件影響之原因，但黑龍江省財政常年入不敷出也是實情。至 1931 年 3 月，黑龍江每月財政收入平均 100 萬現大洋左右，全年財政收入 1000 餘萬現大洋。〔註 45〕

表 26：1928 至 1930 三年度黑龍江省財政廳收入表

類別	1928 年度收入（萬元）	1929 年度收入（萬元）	1930 年度收入（萬元）
田賦	186.586	271.5428	279.9909
出產稅	270.6339	397.3466	404.3036
銷場稅	248.846	258.4467	264.6767
各種雜稅捐課	213.8029	322.2055	328.6076

〔註 44〕東北文化社年鑒編印處：《東北年鑒》，瀋陽：東北印刷局，1931 年，第 839 頁。

〔註 45〕《黑龍江財政廳民國 20 年 3 月份收入計算表》，《黑龍江財政月刊》，1931 年 3 月第 66 期。

官業收入	57.7412	30.8652	36.8652
煙酒協款	52	52	52
雜捐	57.1982	55.1359	57.3682
雜稅	0.3324	0.3324	0.3324
學田租	4.535	4.535	4.535
省立第二中學晌捐	2.4072	2.4072	2.4072
附加晌捐	59.1214	59.1214	60.7789
罰金	0.6632	0.6632	0.6632
煙價收入		31	31
總計	1153.8674	1485.6019	1523.5389

表 27：1928 至 1930 三年度黑龍江省財政廳支出表

類別	1928 年度支出（萬元）	1929 年度支出（萬元）	1930 年度支出（萬元）
外交	9.5904	9.5904	4.9452
內政	183.0284	319.8297	220.1617
財政	41.4142	73.3882	76.9904
陸軍	917.5413	1665.7787	1699.2071
司法	32.7382	57.846	64.5564
教育	56.7156	70.0886	76.9519
農礦	12.6329	10.1489	10.1489
工商		0.96	0.96
交通	35.8042	24.7971	27.7505
總計	1289.4652	2232.4276	2181.6721

資料來源：東北文化社年鑒編印處：《東北年鑒》，瀋陽：東北印刷局，1931 年，第 849、850 頁。

熱河省財政，向來入不敷出，每年多由中央或他省協助。1929 年度國庫省庫共收入 254 萬元，共支出 238.8 萬元；1930 年度國庫省庫共收入 287.7 萬元，共支出 228.5 萬元。但上述支出統計，並未計算軍費，而參考東北其他各省軍費支出情況和比例，可知東北易幟後熱河省財政每年仍是極為拮据，入不敷出。〔註 46〕

〔註 46〕東北文化社年鑒編印處：《東北年鑒》，瀋陽：東北印刷局，1931 年，第 858 頁。

吉黑熱三省財政收入與支出，均以本省官銀號發行的紙幣為本位，且貶值嚴重。所以吉黑熱三省的財政收入比之遼寧省要少很多，甚至三省財政收入總和也沒有遼寧省多。東北易幟後由於中東路事件勢必造成遼吉黑三省軍費激增，財政入不敷出將成為常態。另外，吉林與黑龍江兩省軍費占各該省全部財政支出之比例，與遼寧省類似，都是占比大半。比如 1928 年度軍費支出，吉林省占比 55%，黑龍江則是 71%，而 1929 和 1930 兩年度平均軍費支出，吉林省占比增至 67%，黑龍江省增至 76%，同時軍費支出額數也比 1928 年度平均激增五成以上。

3. 特別區域財政收入與支出

第一，興安區屯墾公署財政狀況如下表。

表 28：1929 年度興安區屯墾公署收入統計表

類別	收入（萬元）	類別	收入（萬元）
荒價地基	33.9604	契稅	1.194
租賦	0.4576	統稅	13.5771
畝捐	0.9788	印花稅	0.6314
合計	52.7995		

資料來源：東北文化社年鑒編印處：《東北年鑒》，瀋陽：東北印刷局，1931 年，第 872 頁。

表內收入以現大洋為單位。興安區各機關 1929 年度支出情況，興安屯墾公署支出經費 33 萬元，洮安縣政府行政及補助警察經費支出 2.4 萬多元，洮安稅捐局經費約 1.9 萬元，索倫設治局行政等費約 1 萬元，勘丈支出約 2.3 萬元，煤田探驗所經費支出 2.26 萬元，放荒委員會經費支出 1 萬元，興辦的三所小學校共計經費支出 0.45 萬元，兩個墾殖局經費支出 1.34 萬元，其他農事試驗場、山林局、索倫稅捐局及苗圃支出約 1 萬元。〔註 47〕

第二，東省特別區全區歲入歲出概況，1929 年度歲入哈大洋 611.4984 萬元，又中東鐵路局撥給教育籌款哈大洋 260 餘萬元，共收入 871，4984 萬元，共歲出哈大洋 834.5452 萬元。

〔註 47〕東北文化社年鑒編印處：《東北年鑒》，瀋陽：東北印刷局，1931 年，第 873 頁。

表 29：1929 年度東省特別區各種歲出概況表

類別	支出（萬元）	類別	支出（萬元）
行政經費	124.1051	教育經費	250.2199
警察經費	189.6036	警官學校經費	11.1888
市政公益費	259.4278		
總計	834.5452		

表 30：1929 年度東省特別區各種歲入概況表

類別	收入（萬元）	類別	收入（萬元）
地畝局徵收地租	73.7432	市政局徵收酒捐、營業稅、房地車捐、屠宰、公益等費	295.8552
警察管理處徵收糧捐、營業等捐及協款	241.9	中東鐵路管理局撥給教育費及協款	260
總計	871.4984		

資料來源：東北文化社年鑒編印處：《東北年鑒》，瀋陽：東北印刷局，1931 年，第 881 頁。

東省特別區及興安區屯墾公署收支基本平衡，所有稅賦收入主要用於行政、教育和警察等經費支出，並不承擔當地駐軍之軍費。

4. 海關與常關收入

近代中國海關關稅一直為西方列強掌控，關稅所得按月具表匯付上海總稅務司，或用於對外賠款，或作為借款抵押品，償付借貸本息。東北各海關關稅亦如此，1924 至 1929 年度東北各海關稅收總額超過 8000 萬兩白銀之巨，僅 1929 年度東北各海關稅收總計就有 2240 餘萬兩白銀，概不能納入國庫省庫為我所用。而能解撥入國庫省庫者，僅有常關收入項下的極小部分。

表 31：1924～1929 年度東北各海關稅收總額比較表

年度	1924	1925	1926	1927	1928	1929
稅收總額（萬兩）	921.1321	1124.5332	1274.2271	1307.9751	1444.3777	2240.0665

資料來源：東北文化社年鑒編印處：《東北年鑒》，瀋陽：東北印刷局，1931 年，第 884 頁。

表 32：1929 年度東北各海關稅收比較表

海關	瑷琿	濱江	琿春	延吉	安東	大連	山海關
稅收總額（萬兩）	1.8765	320.2659	10.4946	36.0482	379.1137	1283.7741	208.4932

資料來源：東北文化社年鑒編印處：《東北年鑒》，瀋陽：東北印刷局，1931 年，第 885 頁。

從上述兩表，我們可以看出，東北海關稅收逐年增加，到了 1929 年東北海關稅收額度已經超過吉林、黑龍江和熱河三省財政收入總和了。可見，海關稅收損失之大。其中大連海關稅收額度超過了東北各海關稅收總額的半數，說明東北進出口貨物超過半數是經過南滿鐵路與大連港運輸的，東北經濟權益被日本操控情形之嚴重。所以為了挽救利權，發展民族經濟，東北當局才決定要修建與南滿鐵路競爭的平行線和葫蘆島港。

表 33：1929 年度山海關監督經管五十里外常關各種收入支出統計表

類別	收入（萬元）	支出（萬元）
常關正稅	133.9991	
常關六成罰款	0.5707	
海關三成罰款	0.4142	
華商船牌費	0.0468	
護照費	0.0016	
代徵玉和公司葡萄酒稅	0.0032	
代徵新中公司罐頭餅乾稅	0.0073	
公署經費結餘	0.0002	
合計	135.0434	
常關經常費		14.4706
常關臨時費		0.078
協撥山海關旅營學校經費		0.2781
協撥營口練軍營經費		10.7774
經徵常稅逾額獎金		4.5999
公署員司津貼		0.2854
營臨兩局修理費		0.0247

界嶺局槍傷巡士醫藥費		0.009
解庫		104.52
合計		135.0434

資料來源：東北文化社年鑒編印處：《東北年鑒》，瀋陽：東北印刷局，1931 年，第 887 頁。

該表內收入支出各稅費均以現大洋為單位，是按照當時東北官方奉大洋與現大洋兌換比 50：1 的規定核算而來。其中支出中「解庫」一項 104 餘萬現大洋的常關稅收是呈解東北政務委員會，這也是東北海關收入中唯一歸入我方財政收入的部分。

三、東北地方金融管理體系

（一）東北幣制

民國北京政府時期，仍實行銀本位制，通行貨幣為銀元，輔幣銅製錢。當時軍閥割據，各地貨幣發行權均被軍閥掌握，而軍閥們為了控制金融和財政，紛紛發行各種官貼，即紙幣。就東北地區而言，我國發行的貨幣除了小銀元、現大洋和銅元外，營口、安東地區還流通爐銀和鎮平銀，紙幣種類更是繁多，有奉票、現大洋券、哈大洋券、吉帖、江帖、銅元票；在東北流通的外國貨幣有墨銀及香港銀、日本各種輔幣、日本正金銀行券、朝鮮銀行券、日本銀行券、俄國紙幣。

小銀元。小銀元原為大銀元輔助之用，自清末遼吉兩省設立造幣廠鑄造，成為清末民初東北通行貨幣。民國時期由於奉票發行，小銀元流通範圍趨窄。流通量也從清末的千萬兩之巨，減少至東北政委會時期的五百餘萬兩，且其流通範圍多限於安東等地。

現大洋。現大洋為國幣，東北各處均通用，東北境內現大洋流通量約有五千萬兩。

銅元。東北境內流行的銅元，既有遼寧吉林造幣廠鑄造者，也有關內各省鑄造者。曾流通於東北全境，至東北政委會時期，錢法毛荒，除吉黑兩省偏僻地域尚有少量流通外，遼寧各地早已絕跡。

奉票。東三省官銀號發行的匯兌券的通稱，分奉小洋和奉大洋，俗稱官帖。清末民初，以奉小洋流通為主，後因奉天地方當局軍政費用激增，向官銀號借款，使得奉小洋發行激增，導致兌現困難乃至無法兌現。於是 1916 年，官銀號乃發行奉大洋券，每奉大洋 1 元，兌換奉小洋 11 角。後因奉系多次用兵，軍費龐大，導致奉票增發過量，價格暴跌。到 1930 年底，東北流通的奉票總額達到六億元，奉票的價格也跌落了約 60 倍。奉票發行之初，與現洋基本等值兌換，而 1930 年時奉票與現洋的兌換比已經達到了 60：1，奉票嚴重貶值。

現大洋票。東北境內現大洋兌換券流通額，有 4500 餘萬元，計由東三省官銀號發行 350 萬元，四行聯合準備庫發行 1400 萬元，中交兩行發行 800 萬元，邊業銀行發行 1025.36 萬元，永衡官銀號發行 700 萬元，熱河興業銀行發行 236.341 萬元。吉林永衡官銀號與熱河興業銀行所發行的現大洋券過多，貶值流通；興業銀行現大洋票對國幣價格，每百元貼水 25 元，永衡官銀號現大洋票對國幣價格每百元貼水 34 元；其餘各銀行所發行的現大洋票均按額面流通。永恆大洋券流通於吉林省，興業大洋券流通於熱河，餘者東北四省區均通用，並以遼寧流通額最多。

哈大洋券。最初為現大洋券的一種，後因成為不兌換紙幣，且流通於哈爾濱，所以稱為哈大洋。至 1930 年底，哈大洋券流通量達到 3600 餘萬元。由於該紙幣發行監管嚴格，幣價長期穩定，現大洋與哈大洋兌換比常年穩定在 1：1.1 至 1：1.3 之間，貶值較少。

吉帖。吉林官帖，由永衡官銀號發行的制錢兌換券，後因濫發成為不兌換紙幣。

江帖。黑龍江官帖，由廣信公司發行的制錢兌換券，後因濫發成為不兌換紙幣。吉黑兩省官帖，為不兌換紙幣，僅限本省內流通，出境則為廢紙。

銅元票。東北境內銅元票有兩種，一種為東三省官銀號所屬公濟平市錢號所發行，另一種為黑龍江官銀號所發行，均流行於本省。遼寧省銅元票流通額達 600 萬元，以奉小洋票為本位，每百枚合奉小洋一元，所以其價格完全隨奉票而變動，故此該銅元票亦以奉票稱之。

爐銀。營口開埠後流行的過帳銀兩，至 1929 年爐銀流通額達 600 萬兩。爐銀每錠重 53.5 兩，初為實本位，後因白銀外流，爐銀改為交易過帳虛本位。1928 年每錠爐銀以現大洋 22.5 元為標準價，1930 年漲至每錠爐銀現大洋 26 元。

鎮平銀。安東開埠後通用的銀兩。鎮平銀每錠重 53.5 兩，流通額在 300 萬兩左右。

日本正金銀行券。俗稱日鈔票，以日本銀元一元為標準單位，為不兌換紙幣，流通於東北各地，流通額約 600 萬元。

朝鮮銀行券。俗稱金票，由朝鮮銀行所發行，其本位以純金 11.574 克令為一元，流通範圍為金州半島、滿鐵沿線、哈爾濱和海參崴等地方，在東北境內流通額已達 4154.5 萬元。該券主要在東北及朝鮮流通，均為不兌現紙幣，在日本國內可以兌現，但流通額卻很小。

日本銀行券。係由旅客等由日本國內攜帶而來，流通額極小，在東北的流通範圍與朝鮮銀行券相同，主要集中於金州半島和滿鐵沿線等地。

俄國紙幣。即金盧布，俄國十月革命前，該紙幣在中東路沿線及松花江、黑龍江流域各地流通數量較多。然而十月革命後，沙俄紙幣成為廢紙，東北民眾對蘇俄新發行的金盧布券也多不認同，所以中東路運費雖以金盧布為單位，但實際支付卻為哈大洋。所以東北政委會時期，俄國紙幣在東北流通量極小。

墨銀及香港銀。墨銀為墨西哥所鑄造，港銀為香港鑄造，是最早在我國流通的銀幣，在東北流通量已經極小。

日本各種輔幣。其流通範圍與其他日本貨幣相同，集中於金州半島及滿鐵沿線各地。〔註 48〕

如上所述，東北各種貨幣的流通狀況，除了現大洋和部分現大洋券通行全東北外，遼寧省為奉票流通區域，吉林省為吉林官帖流通區域，黑龍江省為黑龍江官帖流通區域，熱河為熱河興業銀行發行的現大洋票流通區域，哈爾濱為哈大洋流通區域，金州半島及滿鐵沿線為日本金票及鈔票流通區域，安東和營口則有虛銀流通。由此可見東北幣制之混亂，東北四省幣制尚且未能統一。

（二）東北地方金融管理體系

東北金融機構的建立，最早可追溯至清末奉天官銀號。清朝戶部銀行改為大清銀行後，先後在瀋陽、營口等地設置分行。隨後交通銀行也在奉天設立分行，黑龍江建立廣信公司，吉林設立永衡官銀號。民國初年，東北各地設立的銀行，或為官辦，或為民辦，或為官民合辦，且多有紙幣發行權，導

〔註 48〕東北幣制情況詳見東北文化社年鑒編印處：《東北年鑒》，瀋陽：東北印刷局，1931 年，第 908～915 頁。

致紙幣濫發，不能兌換。1924 年，東北地方當局整理金融，將東三省銀行、東三省官銀號和奉天興業銀行合併為東三省官銀號，統一官立金融機關。吉林省官立金融機構仍是永衡官銀號，黑龍江省則以廣信公司為壟斷官帖發行。於是，東北地方形成以官辦銀行為主幹，壟斷貨幣發行權，以官民合辦及民辦為輔的金融體系。

表 34：民國時期東北主要金融機構一覽表

名　稱	設立時間	實收資本	發行紙幣額數	準備金額（萬元）	分行號數	總行地址
東三省官銀號	1905	奉大洋 2000 萬元	奉票 6 億元 哈洋券 1300 萬元 國幣券 350 萬元	1650	80	瀋陽
永衡官銀號	1898	白銀 60 萬兩	官帖 30 億弔 吉大洋券 700 萬元		23	永吉
黑龍江官銀號	1930	國幣 2000 萬元	官帖 25 億弔		37	龍江
邊業銀行	1924	國幣 525 萬元	哈洋券 855.46 萬元 國幣券 1025.36 萬元	1880.8	28	瀋陽
興業銀行	1917	國幣 77.3 萬元	國幣券 154.185 萬元 角票 82.156 萬元	116.3	13	承德
中國銀行遼寧分行	1907	國幣 2500 萬元	奉票 285 萬元		23	上海
交通銀行遼寧分行	1910	國幣 1500 萬元			20	上海
遼寧四行準備庫	1929		國幣券 1400 萬元	1400		瀋陽

資料來源：東北文化社年鑒編印處：《東北年鑒》，瀋陽：東北印刷局，1931 年，第 922 頁。

東三省官銀號。該官銀號總號設於遼寧瀋陽大北門，是東北最大的金融機構。其前身為創立於 1905 年的奉天官銀號，資本沈平銀 30 萬兩。1908 年資本增至 60 萬兩，改稱東三省官銀號，兼辦理東三省金庫事宜。1918 年，由銀兩本位改為銀元本位，並由奉天財政廳追加資本 19 萬元，總資本達到現大洋 100 萬元。1924 年，為統一東三省幣制，又合併了東三省銀行和興業銀行，增加資本為奉大洋 2000 萬元。

東三省官銀號設總辦和會辦各 1 人，設稽核處、文書處、業務部，業務部下設總務股、營業股、會計股、審復股、出納股、發行股、調查股、金省庫。該號有紙幣發行權，發行的紙幣有奉票、現大洋券和哈大洋券。該號經營商業銀行一切業務，並代理省庫所有買賣生金銀及各種外幣和期匯票貼現，代人保管證券票據及貴重物品等事項。該號分號共計 80 處，遍布東三省，分為四等，一等分號 2 處，為遼寧公濟平市錢號和哈爾濱分號；二等分號 10 處，為長春、大連、上海、天津、錦縣、開原、營口、安東、公主嶺、吉林等分號；三等分號 20 處，為瀋陽、黑河、延吉、通化、黑龍江、山城子、通遼、遼陽、新民、洮南、西豐、鐵嶺、昌圖、八面城、四平、遼源、海城、蓋平等分號及瀋陽第一匯兌所、第二匯兌所；四等分號 48 處，為山海關、遼中、法庫、海龍、綏化、呼蘭、北平、綏中、康平、一面坡、柳河、輯安、哈爾濱道里辦事處等。所轄附屬營業有 22 處，即利達公司東記、純益繅織公司、東濟油坊、東興火磨、公濟糧棧、呼蘭製糖廠、東記印刷所、東興泉燒鍋、廣泉公燒鍋、萬生泉燒鍋及 12 處當鋪，其經營範圍包括了毛革、糧豆、繅絲、豆油餅、糖、燒酒等國內外商品貿易，商品抵押短期放貸，以及印刷和典當行業。〔註 49〕易幟後，東三省官銀號主要職員有：總辦魯穆庭，會辦三人，吳恩培、韓麟生、荊有岩，總號總文書王述文，總號總稽核朱光沐，總號司庫王鴻綸和張振翮，總號業務部總經理單友珍，等等。〔註 50〕

吉林永衡官銀號。其前身為 1898 年創立的吉林官帖局。1908 年官帖局與吉林官錢局合併，改稱為永衡官銀錢號，為吉林省官立銀行，並代理省庫。該號本號設於吉林，分號有長春、哈爾濱、雙城、扶餘、延吉、琿春、天津、營口等 23 處。該號以發行制錢官帖為主，同時兼發行大小洋票。

黑龍江官銀號。1930 年 9 月成立，是黑龍江官立銀行，其前身為創立於 1904 年的廣信公司。該公司初為官民合辦，官方資本 20 萬兩白銀，民間資本 31.2 萬兩白銀，發行官帖。1907 年，廣信公司民股為官方收購，成為官辦金融機構，除經營銀行一切業務外，還經營糧棧、油坊、火磨、燒鍋、當鋪等各種事業。至東北政委會時期，該公司由於紙幣發行泛濫，為謀整頓，改組為黑龍江官銀號，已發行官帖達 25 億弔。黑龍江官銀號設督辦和總辦各 1 人，

〔註 49〕東北文化社年鑒編印處：《東北年鑒》，瀋陽：東北印刷局，1931 年，第 924～925 頁。

〔註 50〕《東三省官銀號職員錄》，（出版者不詳），1929 年，遼寧省檔案館藏。

設業務部、稽核處。業務部下設總務、營業、出納、會計、發行、實業、庫藏等科，每科設科長 1 人。稽核處設總稽核員 1 人，稽核若干人。該號接收省有廣信公司產業，得資本總額現大洋 2000 萬元。該號分號共有 37 處，分四等，一等分號 1 處，為哈爾濱黑龍江省官銀號；二等分號 7 處，為綏化、納河、克山、安達、海倫、拜泉、瀋陽等分號；三等分號 10 處，為興隆、泰來、天津、呼倫、望奎、呼蘭、巴彥、黑河、泰安、上海等分號；四等分號 19 處，為大賚、昂昂溪、青崗、林甸、通河、滿洲里、營口、大連、綏濱、庫瑪等分號。

熱河興業銀行。其前身為創立於 1906 年的熱河官銀號，1917 年該銀號與熱河公益錢局合併，改組為熱河興業銀行。該銀行在東北四省官立銀行中，實力最弱，資本金僅實收 77.3 萬元現大洋，另有公積金 39 萬現大洋。該行發行現大洋票，有分號 13 處，為赤峰、平泉、天津、遼寧、朝陽、建平、阜新等分號。

邊業銀行。該銀行是奉系張作霖和張學良父子的私有產業，股東皆為奉系要員。1924 年張學良出資收購原邊業銀行股份，另行增資擴股，1925 年實收資本 525 萬元現大洋，總行設於遼寧瀋陽，總經理為張學良，在天津、上海及大連、長春、哈爾濱、黑河、營口、遼陽等東北各地設置分行共計 28 處。該行有紙幣發行權，發行哈大洋券和現大洋券兩種。〔註 51〕

東三省官銀號設立在遼寧瀋陽，之所冠名東三省，就是將該銀號作為東三省最高金融管理機關。但由於民初東三省內交通不便，加之吉林和黑龍江兩省已有各自官銀號發行官帖流通於省內，導致東三省官銀號沒能起到統一東三省金融之職責。到了張作霖控制東北時期，東三省官銀號發行的奉票雖通行東三省，但也僅有遼寧省政府將之作為本省稅收和財政之本位貨幣，而吉黑等省則仍以本省官銀號發行的官帖作為本省稅收和財政之本位貨幣，形成東北各省幣制不一，金融不能統一的局面。這種情況一直延續至張學良主政的東北政務委員會時期，雖然東北政務委員會為統一金融提出過改革計劃，但未及實行就發生了九一八事變。東北政務委員會金融改革情況可參見本著第六章相關論述。

〔註 51〕東北文化社年鑒編印處：《東北年鑒》，瀋陽：東北印刷局，1931 年，第 926～929 頁。

第三節　司法管理體系

一、北京政府時期東北各級司法機關組織沿革

東北各級法院，最早創辦於清末民初，即當時設置的各級審判廳及檢察廳。1910年，憲政編查館制定《法院編制法》，規定法院掌管審判民事刑事訴訟案件，並分為四級：初級審判廳及檢察廳、地方審判廳及檢察廳、高等審判廳及檢察廳、大理院及總檢察廳。初級審判廳為獨任制，其審判權以推事一員行之。地方審判廳為折衷制，其審判權以下列各款行之：訴訟案件為第一審者，以推事一員獨任行之；訴訟案件為第二審者，以推事三員之合議庭行之；訴訟案件為第一審而繁雜者，經當事人請求或依審判廳之職權，亦以推事三員之合議庭行之。高等審判廳為合議制，其審判權以推事三員之合議庭行之。各省因距京較遠或交通不便，得於該省高等審判廳內設大理院分院。〔註52〕

依據《司法區域分劃暫行章程》之規定，大理院設於京師，以全國為管轄區域，大理分院管轄區域由大理院核明諮送法部奏定之。高等審判廳，京師及各省省城各設一所，其管轄區域，京師高等審判廳以順天府轄境為其管轄區域；各省高等審判廳以各該省轄境為其管轄區域，其有總督、巡撫及邊疆大員駐所，並距省會遼遠之繁盛商埠，得設高等審判分廳。地方審判廳，京師及直省府直隸州各設一所，但府直隸州訴訟簡少者，得不設地方審判廳，於該府直轄地面或首縣及該州初級審判廳內，由臨近府直隸州地方審判廳分設地方審判分廳，直隸廳有屬縣者與直隸州同。地方審判廳管轄區域為，直省府直隸州地方審判廳以各該府直隸州轄境為其管轄區域。各州縣及直省各廳州縣應設地方審判分廳，其訴訟簡少者得合臨近州縣共設一分廳。各廳州縣地方審判分廳以各該廳州縣轄境為其管轄區域。初級審判廳，各州縣、直省廳州縣各設一所以上，其僅設一所者管轄區域與該地方審判分廳管轄區域同。直省廳州縣得擇著名繁盛鄉鎮，設初級審判廳若干所。〔註53〕

依據《初級暨地方審判廳管轄案件暫行章程》之規定，初級審判廳民事案件管轄範圍：關於錢債涉訟案件、關於田宅涉訟案件、關於器物涉訟案件、關於買賣涉訟案件，該四款之訴訟物以價額不滿二百兩者為限；旅居宿膳費

〔註52〕《法院編制法》，《政治官報》，1910年第826期。
〔註53〕《司法區域分劃暫行章程》，《國風報》，1910年第6期。

用案件；寄存或運送物品案件；雇傭契約案件，其日期以在三年以下者為限；其他民事案件訴訟物價額不滿二百兩者。地方審判廳民事案件第一審管轄範圍：前項前四款案件，其訴訟物價額在二百兩以上者；親族承繼及分產案件；婚姻案件；其他不屬於初級審判廳管轄之民事案件。初級審判廳刑事案件管轄範圍：依現行刑事罪該罰金刑以下者；依其他法令罪該罰金二百元以下或監禁一年以下或拘留者。地方審判廳刑事案件第一審管轄範圍：依現行刑律罪該徒流刑以上者；依其他法令罪該罰金二百元以上或監禁一年以上者。地方審判分廳之民刑案件管轄權與地方審判廳同。〔註 54〕

從前述內容可知，清末民初時期，法院編制設計是在各州縣均設置初級審判廳和地方審判分廳，直省府和直隸州廳則設地方審判廳或地方審判分廳，省會設高等審判廳，距離省會較遠的重要縣或商埠設高等審判分廳，京城北京設置最高法院大理院。法院審判制度則實行四級三審制，初級審判廳負責第一審民刑案件，地方審判廳及分廳負責地方第一審民刑案件和初級二審案件，高級審判廳及分廳則負責地方二審案件和初級終審案件，大理院為最高法院，負責終審案件，進而形成一整套司法管理體系。

但在民國初期北京政府按照該法院編制法逐步實施過程中，卻由於人才儲備不足，尤其財政經費困難，導致地方政府紛紛請求裁撤或緩設初級審判廳及檢察廳。〔註 55〕1914 年 4 月，北京政府裁撤初級審判廳及檢察廳，「初級各廳以經費人才兩俱缺乏，擬請概予廢除，歸併地方，東三省裁留各廳辦法與各省一律。至各省有交通不便距省較遠處所不能無就近上訴機關，為人民便利之計，且現時以縣知事兼第一審既已實行，亦應隨時考察，自非增設高等分廳不可。惟設廳經費太繁，擬斟酌繁簡，於各外道公署附設分廳，委託該道以監督司法行政之權」；「各省高等審檢兩廳與省城已設之地方廳照舊，設立商埠地方廳應酌量繁簡分別去留」，〔註 56〕即地方法院所存者只有各省高等審判廳及檢察廳和各省會及各商埠地方審判廳及檢察廳而已。「為預備才人，徐圖改良起見」，對於設有地方審判廳及檢察廳之外的縣份，北京政府規定其第一審民刑訴訟案件概歸各縣知事兼理，並頒布《縣知事兼理

〔註 54〕《初級暨地方審判廳管轄案件暫行章程》，《國風報》，1910 年第 6 期。

〔註 55〕《廢止初級審判廳說》，《順天時報》，1913 年第 3629 期，第 9 版；《議裁初級審判廳》，《順天時報》，1914 年第 3716 期，第 2 版。

〔註 56〕《大總統令廢除初級各廳》，《政府公報分類彙編》（司法上），1915 年第 15 期。

司法事務暫行條例》和《縣知事審理訴訟暫行章程》，對縣知事兼理司法制定相應法規。

前暫行條例規定，凡未設法院各縣之司法事務委任縣知事處理之，縣知事審理案件得設承審員助理之，承審員審理案件由承審員與縣知事同負其責任。縣知事關於司法事務受高等審判廳檢察廳長之監督，承審員受縣知事監督。〔註 57〕後暫行章程則進一步規定，凡未設審檢廳各縣第一審應屬初級或地方廳管轄之民刑事訴訟均由縣知事審理，縣之司法區域與其行政區域同。縣知事公署內設法庭審判時公開之，但認為妨害安寧秩序者得秘密之。審判方法由縣知事或承審員相機為之，但不得非法淩辱。〔註 58〕1915 年，北京政府鑒於此項條例與章程實施中出現的窒礙，做出修正，凡初級管轄案件皆由承審員獨立審判並負其責，地方管轄案件則仍按舊制。〔註 59〕

該兩部法規雖對縣知事兼理司法審判作了初步規範，但仍不符合司法獨立之準則，地方初級司法機關仍屬空缺。為此，1917 年北京政府又制定《暫行各縣地方分庭組織法》及《縣司法公署組織章程》兩部法規，對地方初級司法機關規制進行修改完善，地方初級法院隨之建立，其方法是除偏僻等特殊情況的縣份外，擇案件較繁之縣分別設置地方分庭及縣司法公署，以部分減輕行政司法混淆之弊端。

《暫行各縣地方分庭組織法》規定，凡已設地方審判廳地方，得於附近各縣設立地方分庭，即稱某處地方審判廳某縣分庭。各縣地方分庭得設於縣知事公署，其管轄區域與所在縣區域相同。凡屬於初級或地方廳第一審管轄之民刑案件，皆歸地方分庭受理。不服地方分庭之審判者，凡初級管轄案件在各該本廳上訴，地方管轄案件在高等審判廳或分廳上訴。各縣地方分庭置推事 1 人或 2 人，置檢察官 1 人或 2 人；書記官 2 人以上，掌理訴訟記錄、會計、文牘及庶務。該法還規定凡未設地方廳及地方分庭各縣應設司法公署。〔註 60〕

〔註 57〕《縣知事兼理司法事務暫行條例》，《政府公報分類彙編》（司法上），1915 年第 15 期。

〔註 58〕《縣知事審理訴訟暫行章程》，《政府公報分類彙編》（司法上），1915 年第 15 期。

〔註 59〕《修正縣知事兼理司法事務暫行條例第二條呈並指令》，《司法公報》，1923 年第 176 期。

〔註 60〕《暫行各縣地方分庭組織法》，《司法公報》，1917 年第 76 期。

《縣司法公署組織章程》規定，除因特別情形外，凡未設法院各縣應設司法公署，這一點在《暫行各縣地方分庭組織法》中也有規定。司法公署設在縣行政公署內，以審判官及縣知事組織之，凡設司法公署地方，所有初審民刑案件，不問事務輕重重大，概歸司法公署管轄。關於審判事務，概由審判官完全負責，縣知事不得干涉。關於檢舉、緝捕、勘驗、遞解、刑事執行等包括初級檢察廳所管轄範圍內之事項，概歸縣知事辦理，並由縣知事完全負責。司法公署，設審判官 1 人或 2 人，審判官受高等審判廳長之監督，縣知事關於司法檢察事務，受高等檢察廳檢察長之監督；設書記監 1 人，書記官 2 人或 4 人，掌理訴訟記錄、統計、文牘、會計及庶務。〔註 61〕

地方分庭或司法公署，每縣一所，組織簡易，人員較少，需要的經費相對也較少。隨著該兩部法規的實施，各省初級司法機關逐漸得以建立，民國時期四級三審制的司法審判制度也就初步確立了起來。但各省初級司法機關建立情況仍不盡理想，仍有較多縣份限於財政經費困難，難以推行，其第一審民刑訴訟案件仍歸縣知事兼理。這種情況一直延續至東北易幟後也沒有得到有效解決。

所以綜合民國之初，其地方法院之設置，大都是以地方司法事務之繁簡為設立之標準。以遼寧省論之，地方法院，雖以縣區或市區為單位，但市區之繁盛者，因人口之眾，訴訟事件往往超過於縣區，所以縣區與市區並重。那些縣區狹小、偏僻者，則均按照 1914 年公布之《縣知事審理訴訟暫行章程》和 1923 年公布之《修正縣知事審理訴訟暫行章程》辦理。該修正章程規定，凡未設法院或司法公署各縣應屬初級或地方管轄第一審之民事刑事訴訟，由縣知事審理；設有承審員各縣屬於初級管轄案件，概歸承審員獨自審判，以縣公署名義行之，由承審員負責，地方管轄案件得由縣知事交由承審員審理，但縣知事應與承審員同負其責任。不服縣公署裁判者，以下列機關為管轄第二審：原審案件應屬初級管轄者，以舊制管轄該縣之府廳州內地方審判廳或分廳為管轄第二審，舊制管轄該縣之府廳州內，無地方審判廳時，以高等審判廳預行指定之地方審判廳為管轄第二審；原審案件應屬地方管轄者，以高等審判廳或分廳為管轄第二審。〔註 62〕該修正章程相比於前者，作了諸多修改，對於初級管轄案件完全由承審員負責，地方管轄案件由縣知事交由承審

〔註 61〕《縣司法公署組織章程》，《司法公報》，1917 年第 76 期。
〔註 62〕《修正縣知事審理訴訟暫行章程》，《司法公報》，1923 年第 176 期。

員審理，二者共同負責，顯然承審員更多地負責審判，而縣知事則更傾向於檢察，與司法公署規定相類似，但沒有明確規定二者分權，更無司法公署之組織與人員。很顯然這種規定仍是受限於司法人才與經費短缺。

其縣區稍繁盛者，設司法公署，以監督推事辦理司法及行政，縣長兼理檢察職務，此種設施，遼吉兩省較黑熱兩省完備。其縣區已進而為市區者，則設地方分庭及檢察處，此為單純之初級法院，與縣長兼理司法之承審員，及司法公署，皆為管轄初級案件之法院。其市區繁盛者，或商埠，或省會，如瀋陽、營口、安東各重要縣區，均設立地方法院及地方法院檢察處。其管轄權限，則劃分數縣之區域，就該管區內之初級第二審案件及地方第一審案件為之管轄。

省設高等法院及高等法院檢察處，以統轄全省司法行政事務，而為初級案件之終審機關，及地方案件第二審之管轄。並擇全省市區繁盛而較高等法院所在地距離較遠之處，設高等法院分院及檢察處，以資調濟人民跋涉之苦，而為減輕高等法院之事務。綜計每省就其地域繁簡之區別，而為法院設立多寡之標準。遼寧居東北之中樞，為東北之主幹，故法院設備之周，亦甲於他省，吉黑熱三省，則因其地方偏僻，遠在邊陲，或尚有未事開發者，故法院之設立，遜於遼寧。若熱河以初改省治，僅於承德設審判處，現已正式改為高等法院矣。並於高等法院內附設地方庭，其初級案件之管轄，則純為縣政府兼理之。

至於各省監獄之設，亦以遼寧為佳，蓋皆由舊日之監獄改建新式矣。況近年國家決意收回法權，法曹界努力司法之改善，故遼寧一省已改建之新式監獄有十五處之多，其舊監獄未改者，亦正在逐漸進行之中，且以 150 萬元之鉅款建築新式監獄矣。〔註 63〕

除上述各法院外，東北還存在著涉及外人的特殊司法機關，即東省特別區法院。中東路建成後，凡沿線佔用地面，該俄人即視為殖民地，所有司法機關都有設立。嗣後因俄國國體改變，民國北京政府為保護該國僑民計，於 1920 年 9 月 23 日由中央宣告對駐華俄領停止領事裁判權待遇，並由司法部將關於俄租界及中東鐵路用地，劃作特別區，凡俄設立司法各機關，一律收回。即在俄前地方審判廳舊址，改設東省特別區高等審判廳一處，1920 年 12 月 1

〔註 63〕東北文化社年鑒編印處：《東北年鑒》，瀋陽：東北印刷局，1931 年，第 661 頁。

日成立。在道里添設地方審判廳一處，並將前俄舊審判廳裁併，相繼成立地方審判廳第一分庭，第二分廳，第三分廳。各廳庭內，均配置檢察所一處。於哈爾濱設監獄一處，滿洲里設分監獄一處，哈爾濱、橫道河子、海拉爾各設看守所一處。〔註 64〕

二、東北地方司法管理體系：最高法院東北分院及所屬各級司法機關

（一）易幟後東北司法改革

第一，各級司法機關改組為法院。東北易幟前南京國民政府對司法體制改革較少，僅將司法機關名稱及長官稱呼進行了更改，其組織體制基本沿用北京政府舊制。東北易幟後，東北四省司法自應按照南京國民政府司法定制進行改革。因此 1929 年 1 月初，張學良電令東北各省改革司法：「統一告成，政制亟應劃一，除最高法院分院已遵國府定制組織外，所有各級司法機關，應即改稱法院，其長官亦即改用院長及首席檢察官名稱，照常辦事，印信仍暫用舊印」，〔註 65〕奉天省長隨即通令各級法院遵照剋日改組，各法院也隨即遵照辦理，高等審判廳改稱高等法院，地方審判廳改稱地方法院，如 1 月 9 日瀋陽地方法院便完成改組，「奉此遵於是日，將瀋陽地方審判廳改稱瀋陽地方法院，瀋陽地方檢察廳改稱瀋陽地方法院檢察處」。〔註 66〕

第二，刑事審判遵用新法規，民事審判援用舊例。東北易幟前南京國民政府在律法方面，除了重新制訂刑法外，其他如民法並無新律，仍沿用北京政府舊律。東北易幟後，東北四省法院開始採用南京國民政府新刑法。1929 年 1 月初，張學良為東北各省區審理民刑案件遵用國府新法電令各省政府：東北易幟實現，國家統一，「自是日起，所有各省區法界審理民刑案件，亟應遵用國府新法，以昭正致。前項新法，如中華民國刑法，早經國府頒到」，各

〔註 64〕東北文化社年鑒編印處：《東北年鑒》，瀋陽：東北印刷局，1931 年，第 663 頁。

〔註 65〕《奉天省長公署為轉發東三省保安總司令為各級司法機關改稱法院給高等審檢廳訓令》（1929 年 1 月），遼寧省檔案館編：《奉系軍閥檔案史料彙編》⑧，南京：江蘇古籍出版社，1990 年，第 73 頁。

〔註 66〕《瀋陽地方法院為將瀋陽地方審判廳改稱法院致奉天商務總會函》（1929 年 1 月 9 日），遼寧省檔案館編：《奉系軍閥檔案史料彙編》⑧，南京：江蘇古籍出版社，1990 年，第 81 頁。

高等法院和兼理司法各縣公署備用。〔註 67〕而對於民事案件審判所依律法，張學良則電請南京國民政府同意在民事法典未頒布前東北民事案件仍援用歷來法例辦理：「統一告成，學良已於支日通電東北各法院，審理案件遵用國府新法，如中華民國刑法等。惟民事案件則以邊陲開化較遲，風俗習慣多與中原二致，民事本重習慣，故在民事法典未頒布以前，東北習慣上歷來援用法例查與三民主義無牴觸者，似宜仍准援用。即貴最高法院審理前大理院積案之時，亦幸乞顧念邊陲，重視舊慣，俾社會過程臻於順利。」〔註 68〕而對於未設置任何法院各縣則仍照縣長兼理司法之舊例辦理，並在縣政府組織條例及辦事細則中加以明確：「兼理司法之縣政府關於司法事項仍依原定法規辦理」，「兼理司法事務之縣政府得以政務警察兼辦承法吏法警事務」。〔註 69〕

（二）最高法院東北分院及其檢察署的建立、職權與組織結構

1928 年 6 月至是年底，東北實際處於半獨立狀態。東北臨時保安委員會致電東北保安總司令部，陳明理由，決議建立最高法院東北分院。「查聽訟決獄，詳慎為先，三審四級之制，通行已久。惟自國都南徙，大理院已不復存，案經高等廳判決，即無上告之餘地。刁者每藉詞狡展，寬者更無處呼籲，倘補救無方，必致糾紛滋起，且大理院所積東北人民懸案，已達數百起之多，清理解決尤為急務。本會有鑑於此，特決議組織最高法院東北分院，以資救濟，並委託孔昭焱為該院院長，魏大同為該院檢察處首席檢察官，詳籌一切，妥慎進行，務於完成法制之中，實收保障民權之效。」〔註 70〕

此外，東北地方當局認為「法院編制法第四十條，亦有此項必要之規定」。〔註 71〕《法院編制法》第四十條至第四十五條，均是對最高法院分院之規定：

〔註 67〕《張學良為東北各省區審理民刑案件遵用國府新法電》（1929 年 1 月 4 日），遼寧省檔案館編：《奉系軍閥檔案史料彙編》⑧，南京：江蘇古籍出版社，1990 年，第 67 頁。

〔註 68〕《張學良為東北民事案件仍援用歷來法例辦理事致蔣介石等電》（1929 年 1 月 8 日），遼寧省檔案館編：《奉系軍閥檔案史料彙編》⑧，南京：江蘇古籍出版社，1990 年，第 75 頁。

〔註 69〕《遼寧省縣政府暫行組織條例》，《遼寧省各縣政府辦事細則》，遼寧省檔案館編：《奉系軍閥檔案史料彙編》⑧，南京：江蘇古籍出版社，1990 年，第 293、448 頁。

〔註 70〕《組織最高法院東北分院完成三審四級制職員一律委定》，《舜天時報》，1928 年 11 月 20 日，第 6 版。

〔註 71〕東北文化社年鑒編印處：《東北年鑒》，瀋陽：東北印刷局，1931 年，第 662～663 頁。

各省因距京較遠或交通不便，得於該省高等審判廳內設大理院分院。大理分院得僅置民事一庭、刑事一庭。大理分院推事除由本院選任外，得以分院所在高等審判廳推事兼任之，但每庭以二員為限。大理分院如置二庭以上，以資深者一員為監督推事，監督該分院行政事務。大理分院各庭審理上告案件，如解釋法令之意見於本庭或他庭成案有異，應呈請大理院開總會審判之，其分院各該推事應送意見書於大理院。大理院及分院答覆下級審判廳之案件，下級審判廳對於該案不得違背該院法令上之意見。〔註 72〕

1928 年和 1929 年南京國民政府相繼頒布《國民政府最高法院組織法》和《修正最高法院組織法》，〔註 73〕但該組織法均未規定設置最高法院分院。而南京國民政府的《法院組織法》〔註 74〕直到 1932 年 10 月才頒布，1935 年 7 月才正式實施，由於此前南京國民政府一直未有明確規定司法審判制度，各省也一直沿用北京政府四級三審舊制，這就為東北地方當局按照北京政府《法院編制法》建立最高法院東北分院提供了依據。

基於此，東北地方當局在 1928 年 11 月建立了東北最高法院。最高司法機關擁有最高審判權，代表了國家主權。所以東北最高法院之稱謂，最終定為「最高法院東北分院」，地點設置於遼寧省城大西門外商埠。該分院設院長 1 人，分設民事第一庭、民事第二庭和刑事庭，每庭置庭長 1 人，推事若干人，分掌民刑訴訟案件，並設書記室，分科辦事，下設總務科、文書科、會計科等，置書記官長 1 人，各科各設科長 1 人，書記官若干人。最高法院東北分院檢察署，地點也是設置於遼寧省城大西門外商埠，設檢察長 1 人，檢察官若干人，辦理檢察事務，並設書記室，置書記官長 1 人，下設記錄科、文書科、統計科、會計科等，各科各設科長 1 人，書記官、候補書記官若干人。〔註 75〕

該分院於 11 月 21 日成立，院長為孔昭焱，「承保安委員會委託」，於是日就職任事。〔註 76〕該分院「庭長、推事、檢察官都已委妥，計三庭長、十

〔註 72〕《法院編制法》，《政治官報》，1910 年第 826 期。

〔註 73〕參見《國民政府最高法院組織法》，《國民政府公報》，1928 年第 21 期；《修正最高法院組織法》，《國民政府公報》，1929 年第 243 期。

〔註 74〕參見《法院組織法》，《國民政府公報》，1932 年洛字第 46 期。

〔註 75〕東北文化社年鑒編印處：《東北年鑒》，瀋陽：東北印刷局，1931 年，第 663～664 頁。

〔註 76〕《孔昭炎為就職最高法院東北分院院長致奉天政務廳長陳文學代電》，遼寧省檔案館編：《奉系軍閥檔案史料彙編》⑦，南京：江蘇古籍出版社，1990 年，第 683 頁。

二推事、三檢察官。李泰三、劉含章、王錫九為庭長，陳懋成、林祖繩、邵勳、楊玉林、李槃、王熾昌、章坤、李正春、王之棟、孫廷徽、蕭敷祥、陳廣德為推事，徐文龍、吳鎮岳、劉恩榮為檢察官，皆一時法學名家。書記廳已組織，書記官長蔡兆瀛，劉煥文為總務科長，楊通為文書科長，徐炳祥為會計科長，朱麟為民一庭書記科長，陸維李為民二庭書記科長，蹇先榘為刑事庭書記科長。」〔註 77〕

東北易幟後，最高法院東北分院隸屬於中央，「其管轄審級，與最高法院同」，即該院同樣具有司法終審權，「惟不負解釋法令責任。蓋以統一解釋法令之權，應屬於中央，而刑事非常上訴，亦與統一解釋法令有關，亦應專屬於最高法院。故對於此項，亦在限制之中。」〔註 78〕對於非常上訴案件，南京國民政府曾飭令最高法院東北分院不得再行受理新案，此類案件均要送最高法院首席檢察官核辦。然而最高法院東北分院並未嚴格遵守，而是繼續受理此類案件。比如吉林周俊峰劉景山等剝奪人身自由一案，經吉林高等法院第一分院首席檢察官認為該分院附設地方庭就被告周俊峰劉景山等剝奪人身自由一案所判決為違法，經提起非常上訴，由最高法院東北分院判決免訴。南京國民政府司法行政部認為最高法院東北分院該判決不合規，「該分院首席檢察官竟向該分院提起上訴，而提起日期又在國民政府令飭不得再行受理新案之後，該分院竟予受理判決其程序違法，實屬顯著」，並「令該分院承辦各員嗣後務加注意，並一面將本案令發最高法院檢察署檢察長提起非常上訴。」〔註 79〕

前文東北地方當局所言「大理院所積東北人民懸案，已達數百起之多，清理解決尤為急務」，也確有其事。南京國民政府接收並裁撤大理院後，原大理院積累的東北訴訟案件均轉至南京最高法院，但直到東北易幟仍懸而未審。因此 1929 年 1 月 4 日，張學良電南京請盡快審結原大理院有關東北案件：「東省特區法院有意商貝衣治別羅索擴即智貝爾與東省鐵路公司因包工價款訴訟一案，全案卷宗經特區高審廳送前大理院，現在中央最高法院審理，請

〔註 77〕《組織最高法院東北分院完成三審四級制職員一律委定》，《舜天時報》，1928 年 11 月 20 日，第 6 版。

〔註 78〕東北文化社年鑒編印處：《東北年鑒》，瀋陽：東北印刷局，1931 年，第 662～663 頁。

〔註 79〕《令最高法院東北分院首席檢察官為該分院不得受理非常上訴案件由》，《司法公報》，1929 年第 34 期。

提前辦理。此外積延各案應一併提前審結」。1 月 10 日，南京國民政府司法院才訓令最高法院「查照原電將該案提前辦理，並將前大理院積延東北部分各案訊予辦理」。〔註 80〕

按照東北易幟談判時，國民黨與奉方達成的協議，東北地方官均由奉方推薦請委。所以在張學良剛剛電催南京最高法院提前審理東北積案後數日，在東北政務委員會尚未成立前的 1 月 9 日，張學良即就東北設置最高法院分院及人事任命一事致電南京國民政府，請求先予備案：「東北各省，積案過多，特區法院又關外人訴訟，因於上年九月以保安委員會決議，創設最高法院東北分院。內容組織，概遵國府法院新章，並委記前司法次長孔昭焱為該分院長，前大理院推事魏大同為首席檢察官。於十一月二十一日成立，計設民事兩庭，刑事一庭，現結案將二百起。請國府及院部先行立案，俟東北政務委員會正式成立，再呈請任命。」〔註 81〕

然而該分院作為東北各省民刑案件的終審機關，與國民黨在 1928 年編遣會議後力主統一政權的精神相違背，被認為是「越俎代庖，分割中央司法權」〔註 82〕，在易幟後屢屢遭到南京國民政府取締。1929 年 1 月東北政務委員會成立尚未超過半月，南京國民政府就以「國家已經統一」，「中央已經設置最高法院」為由，明確要求東北政務委員會取消東北分院：「東北設置最高法院東北分院之舉，有礙統一，應立即取消」。〔註 83〕南京國民政府意圖取締最高法院東北分院，東北地方當局自然不能接受，於是在易幟後「迨時局統一以後，即以分院問題，向國府提出請求承認」，經反覆協商，於 1929 年 2 月間，「經國府電准延期一年」。〔註 84〕「查從前各省設立最高法院分院原因積案過多，為謀終審訴訟救濟起見，權宜設置。現在統一告成，司法統系不宜分歧，所有曾經設立最高分院或類似該項機關之省份，自奉令日起，不得再行受理案件，其已經受理尚未結束之案，均限一年以內完全辦結。俟辦結後，應即

〔註 80〕《令最高法院為據張學良電令飭提前辦理東北各省積案由》，《司法公報》，1929 年第 2 期。

〔註 81〕《東北設最高法院分院張學良電京請備案》，《民國日報》，1929 年 1 月 9 日，第 5 版。

〔註 82〕《中央限制高法分院一日後不准受理民刑新案令結束案件然後呈報撤銷》，《盛京時報》，1929 年 3 月 3 日。

〔註 83〕《中央打消最高法院認為有礙統一》，《盛京時報》，1929 年 1 月 25 日。

〔註 84〕《最高法院東北分院中央准延期並追認受理新案》，《大公報》，1930 年 2 月 28 日，第 7 版。

查照上年裁撤最高法院廣東分院成案，將此項機關一律裁撤。至各該分院結束以前所辦民刑判決各案，均於人民法律關係之確定極關重要，應准一律認為有效，以資救濟。」〔註85〕

1929 年冬，張學良「司令長官以中央所擬法院組織法草案，已定有最高法院分院制度〔註86〕，東北已成之局面，自無須變置。覆電國府，請其於組織法未頒之日，先准延期，俟組織法公布後，再正式承認。往復電商，已邀中央許可。」1930 年 2 月 19 日，「中央政治會議，業經議決通過，是東北分院之設置，已無問題矣。」司法院院長王寵惠電張學良，「東北分院延期及追認受理新案問題，並處務辦法原則五項，業於本日提出中央政治會議，議決通過」，張學良「特電覆謝」。〔註87〕2 月 20 日，《民國日報》就報導了這次南京中央政治會議通過了最高法院東北山西兩分院緩裁的決議。〔註88〕2 月 25 日，南京國民政府發布訓令：「查各省前經設立之最高法院分院，上年二月二十七日曾明令自奉令之日起，不得再行受理案件，並限期裁撤在案。茲已另令於法院組織法制定施行以前，准其暫緩裁撤，所有各該分院於上年奉令後受理案件之判決，一律予以追認。」「至各該分院處理事務暫行辦法，應由司法院轉飭司法行政部擬具條款，呈候該院核定。」〔註89〕而南京國民政府《法院組織法》從頒布到施行已經是數年後的事情了。

中央政治會議決議和南京國民政府的訓令，宣告了最高法院東北分院的暫時合法地位。而《最高法院分院處理事務暫行辦法》則是最高法院東北分院司法審判行為的準則，共分為司法行政、民事、刑事、解釋法令及判例、公文書程序等五項 19 條：

關於行政事項。最高法院分院院長、庭長及首席檢察官暫為簡任職，推事、檢察官暫為簡任或薦任職，書記官長暫為薦任職，書記官暫為薦任或委任職，其人員任免由司法行政部分別核轉辦理。薦任以上人員之考績敘俸等項應呈經最高法院或最高法院檢察署分別請由司法行政部轉呈司法院行

〔註85〕《令為曾經設立最高法院分院或類似該項機關之省份自奉令日起即應裁撤由》，《司法公報》，1929 年第 9 期。

〔註86〕當時南京國民政府草擬法院組織法時確有最高法院分院之設置，參見《新法院組織法草案（二）》，《法律評論》，1931 年第 8 卷第 29 期。

〔註87〕《最高法院東北分院中央准延期並追認受理新案》，《大公報》，1930 年 2 月 28 日，第 7 版。

〔註88〕《一二七次中政會議》，《民國日報》，1930 年 2 月 20 日，第 4 版。

〔註89〕《國民政府訓令》，《國民政府公報》，1930 年第 405 期。

之。預算計算決算呈由司法行政部呈請司法院審核。司法收入須遵照部頒格式按月造具表冊呈報司法行政部。狀紙印紙須向司法行政部請領。統計表冊須遵照部頒格式填報。其他行政事項應由司法行政部核覆或備案者一律呈請辦理。

關於民事事項。民事已結未結案件須每月附具案由造表呈報司法行政部及最高法院。民事涉外案件須每月連同判決書呈報司法行政部長。

關於刑事事項。死刑案件須由各該分院首席檢察官呈由司法行政部覆准。刑事案件報部辦法第十五條所列專報案件須由各該分院首席檢察官呈報司法行政部。緩刑案件須由各該分院首席檢察官每月造表連同判決書呈報司法行政部。刑事涉外案件須由各該分院首席檢察官每月連同判決書呈報司法行政部。刑事已結未結案件須每月附具案由呈報司法行政部及最高法院。分院不得受理非常上訴案件。

關於解釋法令及判例事項。適用法令發生異議須呈由最高法院擬具解答案呈請司法院院長核定。判案須依照最高法院之判例。

關於公文書程序事項。最高法院分院長對於司法行政部部長最高法院院長有陳請時用呈。最高法院分院首席檢察官對最高法院檢察署檢察長有所陳請時用呈。〔註 90〕

該暫行辦法頒布，東北分院的職權及與司法行政部和最高法院的關係也就有了定制。在該辦法框架下，最高法院東北分院在非常上訴案件外的刑事和民事案件審判方面擁有終審權。比如 1931 年 7 月最高法院東北分院對葉翼熊預謀殺人未遂等數罪併合案做出終審判決：「上訴人葉翼熊，男，年 32 歲，福建閩侯人，前東省特別區地方法院候補推事，住哈爾濱道里。上訴人因預謀殺人未遂等罪併合案，不服遼寧高等法院中華民國二十年五月七日第二審判決，提起上訴。本院判決如下：原判決關於罪刑部分撤銷。葉翼熊預謀殺人未遂，處無期徒刑，褫奪公權期，未褫受允准，而持有軍用槍彈，處有期徒刑一年，執行無期徒刑，無奪公權無期。」〔註 91〕

南京國民政府從意圖裁撤最高法院東北分院，到最終默認分院之設置，經歷一年多時間。此間東北民眾在第三審上訴時，大部分民眾選擇向最高法

〔註 90〕《最高法院分院處理事務暫行辦法》，《法律評論》，1930 年第 7 卷第 28 期。
〔註 91〕《已矣葉翼熊此生難脫囹圄東北最高法院判決書》，《益世報》，1931 年 8 月 6 日，第 10 版。

院東北分院上訴，也有少部分民眾選擇向南京最高法院上訴。而在南京國民政府最終承認了各地最高法院分院地位後，最高法院東北分院於 1930 年 4 月發表布告，再次宣告其在東北地區的最高司法審判權，並要求東北民眾勿再向南京最高法院上訴：「查本院管轄區域係為遼、吉、黑、熱及東省特別區，凡該省區內高等法院判決地方管轄以上之案件聲明上訴者，自應統由本院受理。乃近查訴訟當事人中間有向南京最高法院聲明上訴者，實屬錯誤。本院往返函調，動稽時日，殊與訴訟人不利。當經本院電呈司法院飭知最高法院，嗣後東北各省區當事人有向最高法院聲明上訴者，請將上訴狀隨時發交本院核辦，以期迅速等情。茲奉司法院電開上月電悉，所請一節應予照准。布告訴訟人一體知悉，嗣後於上訴本院之案應向原審或本院具狀聲明，慎毋誤遞南京致使進行遲滯，是為至要。」〔註 92〕該布告為公開發布，在《東北政務委員會週刊》上有刊載，在《大公報》上也有全文報導，表明南京國民政府在統一全國司法審判權方面的努力以失敗告終。這反映出民國以來弱勢中央與強勢地方的中央與地方關係格局，並未隨著東北易幟實現南京國民政府宣布進入訓政而發生改變，南京國民政府距離真正統一中國還有較大差距。

中原大戰後，華北冀察晉綏等省皆歸東北政務委員會管轄和節制，山西的最高法院分院也隨著閻錫山的下野而裁撤。華北民眾及團體為減少訴訟痛苦，紛紛請求將最高法院東北分院移設北平。如 1931 年 2 月北平總商會呈東北政委會，「查河北地方管轄訴訟案件向以南京最高法院為第三審，因距離太遠，進行殊感不便。此次戰事告終，山西最高分院消滅……晉察綏三省之案更形擁擠，無法清結」。「側聞最高法院東北分院辦案頗為迅速，措置諸均裕，擬請鈞座將該院移設北平，一面商准國府將晉察冀綏四省案件劃歸該院受理，俾免訴訟遲滯之虞。」〔註 93〕3 月，天津律師公會「分電中央及張副司令」，「請願將最高法院東北分院移設北平，兼管冀晉察綏四省上訴事」，「解除河北數省訴訟痛苦」：「自最高法院移設南京以來，關於第三審案件，因地方遼遠，管轄區域過大，送卷提審，動需時日，以至

〔註 92〕《最高法院東北分院布告》，《東北政務委員會週刊》，1930 年第 58 期；《東省上訴案件不用遞往南京》，《大公報》，1930 年 4 月 29 日，第 7 版。

〔註 93〕《東北政委會第二〇〇次通常會議事日程》（1931 年 2 月 11 日），遼寧省檔案館藏東北政務委員會會議案，全宗號：JC1-91。

累月經年，不能判決。奉吉黑熱賴有東北分院，尚可略資補救。惟河北數省最成困難，自前大理院撤銷後，所有第三審上訴案件，概送南京辦理，以視奉吉黑熱可以就近上訴東北分院者，未免有向隅之嫌。伏以為華北八省行政事務，既歸我副司令全權處理，司法關係人民生命財產，尤為重要，設不因利乘便，規劃周詳，何足以順人心而收成效」。「應將東北分院移設北平，即將冀晉察綏四省劃入管轄範圍。一轉移間，審判得以迅速進行，人民所受訴累之苦痛，即可因而減少。北平現有大理院舊址，所有設備器具，以及參考法律圖書各種，莫不悉備，開辦亦屬易事。中央改良司法計劃，在北平設立最高法院第一分院〔註 94〕，早已列為專條，中央用意，亦在便利人民，認為有設立之必要，不待煩言」。〔註 95〕隨著華北民眾各方請願，最高法院東北分院呈請移設北平，將來管轄北方八省，孔昭燚已赴平籌劃，6 月實行。〔註 96〕

表 35：1929 年最高法院東北分院及檢察署主要職官表

最高法院東北分院		最高法院東北分院檢察署	
院長	孔昭燚	檢察長	魏大同
民事第一庭庭長	闞毓澤	書記官長	孫邦彥
民事第二庭庭長	邵勳		
刑事庭庭長	李泰三		
主任書記官	邵萬蘇		

資料來源：《最高法院東北分院、最高法院東北分院檢察署職員錄》，（出版者不詳），1929 年，遼寧省檔案館藏。

〔註 94〕1928 年 6 月國民革命軍佔領北京後，南京國民政府裁撤了北京政府大理院。後由於民眾請願建立最高法院北平分院的呼聲高漲，南京國民政府曾試圖在北平建最高法院第一分院，但後來由於南京方面決議裁撤各地最高法院分院而未能成行。參見《北平最高法院分院》，《大公報》，1928 年 7 月 6 日，第 7 版；《北平最高法院分院定下月成立》，《民國日報》，1928 年 7 月 19 日，第 5 版；《舊大理院改為最高法院分院，司法儲才館繼續辦理》，《京報》，1928 年 7 月 19 日，第 3 版。

〔註 95〕《天津律師公會請解除河北數省訴訟痛苦》，《益世報》，1931 年 3 月 16 日，第 6 版。

〔註 96〕《東北最高法院將移設北平》，《中央日報》，1931 年 4 月 3 日，第 3 版。

圖3：東北易幟後東北地方司法管理體系

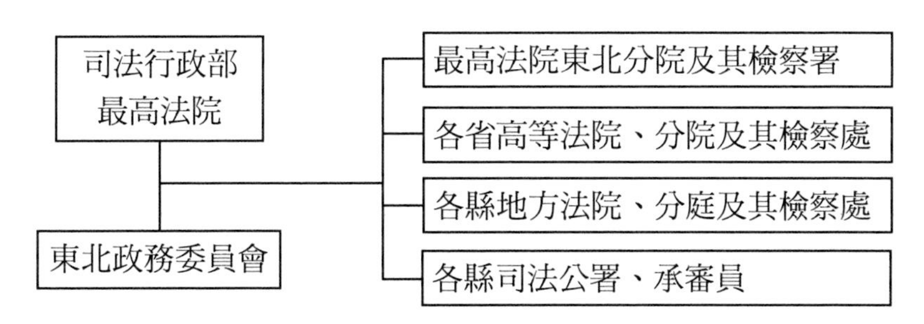

（三）東北高等及地方司法機關組織結構

由於東北易幟後南京國民政府《法院組織法》尚未制定，所以東北地方各級司法機關的組織結構基本維持原狀，即仍參照北京政府時期《法院編制法》等各種法規舊制。地方高等司法機關包括各省高等法院及檢察處，各高等法院分院及分院檢察處。東北設置的高等司法機關主要有：遼寧高等法院及檢察處，遼寧高等法院第一分院及檢察處；吉林高等法院及檢察處，吉林高等法院第一分院及檢察處，吉林高等法院第二分院及檢察處；黑龍江高等法院及檢察處，黑龍江高等法院第一分院及檢察處；熱河高等法院及檢察處和東省特別區高等法院及檢察處。

東北各省於省會各設高等法院及檢察處一所，如遼寧高等法院及檢察處，地點設置於遼寧省城大西門；吉林高等法院及檢察處，地點設置於吉林省城東北隅巴爾虎門內；熱河高等法院及檢察處，地點設置於熱河承德縣南營子大街；東省特別區高等法院及檢察處，地點均設置於哈爾濱南岡大直街。各省高等法院，均設院長 1 人，分設民事庭及刑事庭，每庭置庭長 1 人及推事若干人，分掌民刑訴訟案件，並置書記室，分科辦事，一般置有文牘科、民事記錄科、刑事記錄科、統計科、登記科、會計科等，置書記官長 1 人，各科各置科長 1 人，書記官若干人。同時按照各高等法院事務繁簡，民事庭或刑事庭，少則設一庭，多則設三庭，如遼寧高等法院民事和刑事各設兩庭；吉林高等法院設民事庭三庭，刑事庭兩庭；黑龍江高等法院民事和刑事各設兩庭，熱河及東省特別區高等法院民事和刑事均是各設一庭。各省高等法院檢察處，置主席檢察官 1 人，檢察官若干人，辦理檢察事務，並設書記室，分科辦事，設總務科、會計科、記錄科、監獄科等，置書記官長 1 人，各科各置科長 1 人，書記官若干人。〔註 97〕

〔註 97〕國立東北大學：《東北要覽》，國立東北大學出版組，1944 年，第 236 頁。

各省高等法院分院及檢察處，則設置於距離各該省省城較遠之區域，以方便附近縣區民眾上訴，如遼寧高等法院第一分院及檢察處，地點設置於通化縣城；吉林高等法院第一分院及檢察處，地點設置於依蘭縣城；黑龍江高等法院第一分院及檢察處，地點設置於海倫縣城。高等法院分院之組織與高等法院略同，惟多不分庭，分置院長、首席檢察官、推事、檢察官、書記官等，且其行政事務應該管高等法院監督。

表 36：東北易幟後東北高等司法機關主要職官表

機關名稱	地點	院長或首席檢察官	分庭數目		庭長／書記官長
			民事	刑事	
遼寧高等法院及檢察處	瀋陽	史延程／朱樹聲	2	2	傅聖岩、賈振聲、周伯甲、楊士庸／邵振璿
遼寧高等法院第一分院及檢察處	通化	劉炳藻／汪良模	未分庭		
吉林高等法院及檢察處	永吉	富春田／蕭露華	3	2	郭鼎周、舒柱石、趙芝雲、查貴陽、于作舟／龔文藻
吉林高等法院第一分院及檢察處	依蘭	衾黼章／	未分庭		
吉林高等法院第二分院及檢察處	延吉	曾達／黃治秀	未分庭		／王訪濱、冀景芬
黑龍江高等法院及檢察處	龍江	王宗儒／婁學謙	2	2	楊壽岑、蔡日新、李岳／王錫九
黑龍江高等法院第一分院及檢察處	海倫		未分庭		
熱河高等法院及檢察處	承德	張永德／劉世奇	1	1	周星明、胡登第／吳壽慈
東省特別區高等法院及檢察處	哈爾濱	陳克正／祝冰	1	1	楊繼楷、陳海超／袁鎮藩

資料來源：東北文化社年鑒編印處：《東北年鑒》，瀋陽：東北印刷局，1931 年，第 661～663 頁；國立東北大學：《東北要覽》，國立東北大學出版組，1944 年，第 236～240 頁。

地方法院，均置院長 1 人，庭長推事各若干人，辦理民刑訴訟案件，但未分庭者不置庭長，並置書記官長 1 人，書記官若干人，分掌文牘、記錄、會計、統計事項，各該院均配置首席檢察官 1 人，檢察官及書記官各若干人，辦理檢察事務。

地方分庭之組織與地方法院略同，但不置院長及首席檢察官，其置推事或檢察官二人以上時，以資深之一人為監督推事或監督檢察官，監督分庭行政事務，且地方分庭應受各該本院之監督。此外還有所謂地方分庭，其性質與地方法院無異，特附設於高等法院或高等法院分院內。

各縣司法公署組織之設置，與北京政府舊制相同，設審判官 1 人或 2 人，審判官受高等法院院長之監督，縣知事關於司法檢察事務，受高等法院檢察處首席檢察官之監督；設書記官長 1 人，書記官 2 人或 4 人，掌理訴訟記錄、統計、文牘、會計及庶務。

縣長兼理司法。未設任何地方或初級司法機關的縣份，均由縣長兼理司法，於縣政府設置承審員，掌理民刑訴訟案件，屬於初級管轄案件者，概歸承審員獨自審判並負其責任，以縣政府名義行之；屬於地方管轄案件，由縣長交由承審員審理，但縣長與承審員共同負其責任，而檢察之事項與職權則由縣長執行之。〔註 98〕

遼寧全省 58 個縣，計縣長兼理司法者 25 縣，其餘各縣，論其案件繁簡，分設各級法院，計司法公署已成立者 12 縣，其所在地為開原、遼中、新賓、新民、綏中、莊河、寬甸、本溪、梨樹、懷德、法庫、臨江。地方分庭及檢察處 9 縣，其所在地為東豐、昌圖、蓋平、西豐、義縣、海城、鳳城、岫岩、通化。地方法院及檢察處 12 縣，其所在地為瀋陽、遼陽、營口、復縣、安東、錦縣、鐵嶺、洮南、海龍、遼源、撫順、西安。新式監獄 15 處，舊式監獄 13 處，看守所 45 處。〔註 99〕

吉林全省 41 個縣，計縣長兼理司法者 28 縣，惟額穆縣之蛟河，樺川縣之佳木斯，和龍縣之六道溝，因距離縣政府較遠，為便利人民起見，各增設承審員，與縣承審員相同，仍由各該縣長兼理之。其餘各縣，論其案件繁簡，分設各級法院，計設司法公署 8 縣，其所在地為寧安、農安、榆樹、扶餘、伊通、賓縣、雙城、阿城，其設置與遼寧省相同。地方庭及檢察處 3 縣，所在地為延吉、琿春、六道溝，地方法院及檢察處僅 3 縣，所在地為永吉、長

〔註 98〕國立東北大學：《東北要覽》，國立東北大學出版組，1944 年，第 237～240 頁。

〔註 99〕東北文化社年鑒編印處：《東北年鑒》，瀋陽：東北印刷局，1931 年，第 662 頁。

春、濱江。其新式監獄之建造，只有吉林、長春、濱江、延吉、依蘭五處。〔註 100〕

黑龍江地處邊陲，開化較晚，全省 52 個縣，計縣長兼理司法者 48 縣，均各依照縣知事審理訴訟暫行章程，於縣政府設承審員。無地方分庭之設置，地方法院及檢察處僅 4 縣，所在地為龍江、呼蘭、拜泉、綏化。其新式監獄之設立，只有龍江呼蘭兩處，其餘仍係舊式。熱河原屬特區，地近蒙古，人民稀少，開化較晚。易幟後已改省治，1929 年 7 月間於熱河高等法院內附設地方庭，行使初級第二審管轄權。此外，因地方及財政關係，其他各縣地方法院，均未建立。其初級法院，仍與遼吉黑各縣政府兼理司法之規定相同，共計 14 個縣均設置承審員。監獄則概係舊式監房。〔註 101〕東省特別區，設置地方法院一處，地方法院分庭三處，設監獄兩處，看守所三處。

表 37：東北易幟後東北地方司法機關一覽表

地方法院	地點	院長／首席檢察官或 監督推事／監督檢察官
遼寧地方司法機關		
瀋陽地方法院及檢察處	瀋陽	張啟鴻／孫鴻霖
遼陽地方法院及檢察處	遼陽	程鏡堂／汪廉
瀋陽地方法院海城分庭及檢察處	海城	王雲廷／李樹聲
營口地方法院及檢察處	營口	劉榮嵩／李寶撐
營口地方法院蓋平分庭及檢察處	蓋平	端木棻／李贊隆
營口地方法院岫岩分庭及檢察處	岫岩	高慶棣／岳紹武
復縣地方法院及檢察處	復縣	蔣廉正／曹鵬飛
安東地方法院及檢察處	安東	恒璋／黃闢
安東地方法院鳳城分庭及檢察處	鳳城	張春瀛／崔允恭
錦縣地方法院及檢察處	錦縣	朱慶中／何運衡
錦縣地方法院義縣分庭及檢察處	義縣	李贊襄／孫成熙
鐵嶺地方法院及檢察處	鐵嶺	趙澤昆／錢森

〔註 100〕東北文化社年鑒編印處：《東北年鑒》，瀋陽：東北印刷局，1931 年，第 662 頁。

〔註 101〕國立東北大學：《東北要覽》，國立東北大學出版組，1944 年，第 238～240 頁。

鐵嶺地方法院昌圖分庭及檢察處	昌圖	楊廷秀／富魁煜
鐵嶺地方法院西豐分庭及檢察處	西豐	任廷謨／徐凰
洮南地方法院及檢察處	洮南	朱桌／陳國翰
遼源地方法院及檢察處	遼源	杜日新／王鎮
撫順地方法院及檢察處	撫順	陳繩祖／陳裕奎
西安地方法院及檢察處	西安	孫振魁／陳桂臨
海龍地方法院及檢察處	海龍	劉炳藻／汪良模
海龍地方法院東豐分庭及檢察處	東豐	黃國柱／熊才
遼寧高等法院第一分院通化地方庭及檢察處	通化	許育理／許恩麟
司法公署 12 縣		審判官／各縣長
縣長兼理司法者 25 縣		各縣長及承審員
吉林地方司法機關		
吉林高等法院第二分院延吉地方庭及檢察處	延吉	劉文炳／張鑒和
吉林高等法院第二分院琿春縣地方庭及檢察處	琿春	徐廣仁／吳鍾靈
吉林高等法院第二分院六道溝地方庭及檢察處	六道溝	金家爵／徐立學
永吉地方法院及檢察處	永吉	李文蔚／呂興周
長春地方法院及檢察處	長春	魯同恩／徐良儒
濱江地方法院及檢察處	濱江	郭藝林／馬喜銘
司法公署 8 縣		審判官／各縣長
縣長兼理司法者 28 縣		各縣長及承審員
黑龍江地方司法機關		
龍江地方法院及檢察處	龍江	韓德璧／朱廣文
呼蘭地方法院及檢察處	呼蘭	李曜西／關福森
拜泉地方法院及檢察處	拜泉	郭毓珍／黎培元
綏化地方法院及檢察處	綏化	周錫九／何承焯
縣長兼理司法者 48 縣		各縣長及承審員
熱河地方司法機關		
熱河地方庭及檢察處	承德	張永德／劉世奇
縣長兼理司法者 18 縣		各縣長及承審員

東省特別區地方司法機關		
東省特別區地方法院及檢察處	哈爾濱	劉毅／李葆光
東省特別區地方法院第一分庭及檢察處	橫道河子	唐榮喬／孟澤芳
東省特別區地方法院第二分庭及檢察處	海拉爾	劉毓俊／孫蓉昌
東省特別區地方法院第三分庭及檢察處	滿洲里	常斑／王克舉

資料來源：東北文化社年鑒編印處：《東北年鑒》，瀋陽：東北印刷局，1931 年，第661～664 頁；國立東北大學：《東北要覽》，國立東北大學出版組，1944年，第236～241 頁。

（四）培養司法人才：同澤新民儲才館司法班

民國時期司法人才匱乏，東北尤甚，主要表現為東北司法人才多為外省籍貫，東北籍貫者甚少，這一點與東北各省行政機關職員籍貫反差極大。以最高法院東北分院及檢察署職員為例，東北分院院長孔昭焱，廣東南海人，民一庭庭長闞毓澤，安徽合肥人，民二庭庭長邵勳，浙江東陽人，刑事庭庭長李泰三，河南汜水人，只有檢察長魏大同是東北籍吉林扶餘人。東北分院薦任以上職員共計 47 人，非東北籍職員有 39 人，占比達 83%，即河北 4 人、江蘇 3 人、浙江 11 人、江西 1 人、河南 7 人、山東 2 人、廣東 2 人、福建 4 人、安徽 2 人、貴州 1 人、湖北 1 人、湖南 1 人；東北籍職員僅遼寧 8 人，占比僅為 17%。東北分院檢察署薦任以上職員 14 人，其中東北籍有 10 人，占比達 71%，即吉林 4 人，遼寧 6 人；非東北籍 4 人，占比 29%，即河南 2 人，福建 1 人，山東 1 人。〔註 102〕

總體來看，非東北籍司法人才居多，東北籍人才較少。但具體到東北分院與其檢察署，將之分開考察，我們又能發現這樣一種現象，即在東北分院中，非東北籍審判人才居多，而在東北分院檢察署中，東北籍檢察人才卻居多數。當時這與司法審判需要精通法律的專才有關，檢察方面就無需此種嚴格要求了。但這一差別現象還是會引起誤解的，因為考察司法訴訟程序，任何民刑案件，都要先經檢察官調查取證，而後才能進入審判程序，所以在檢察署內置多數東北籍檢察官等職員，而在居於審判地位的東北分院內卻置多數的非東北籍推事等職員，就值得玩味了。為了司法公正，在審判方面充分利用非東北籍司法人才，而為了讓司法審判權掌握在東北地方當局手中，在

〔註 102〕《最高法院東北分院、最高法院東北分院檢察署職員錄》，（出版者不詳），1929 年，遼寧省檔案館藏。

檢察方面充分利用東北籍的「自己人」，掌控了檢察部門，那麼誰違法誰不違法就不是由法院宣判，而是由東北地方當局或張學良說得算了。

東北司法人才匱乏，東北各地法院懸缺待補者甚多，所以東北政務委員會議決，設立同澤新民儲才館司法班，以最高法院東北分院司法收入充作該班經費，以孔昭焱為教育長，所有辦法悉依司法行政部所訂《法官訓練所章程》辦理，畢業年限定為一年半，並照該章程考試辦法舉行招生考試，於 1929 年 8 月成立。該司法班成立後，迭經教育長孔昭焱與監督張學良向南京中央要求立案，文電往還，磋商許久，於 1930 年 10 月經第 96 次國務會議議決，准予備案，畢業考驗由中央派員舉行。其畢業後待遇，又曾經呈請中央優予任用，經 1931 年 1 月第八次國民政府會議議決，畢業學員以司法官再試及格論，分發各法院以推事和檢察官候補。

《法官訓練所章程》規定，法官訓練所由司法行政部設立，以培養司法人才為宗旨，學員名額暫定為 200 人，凡中國國民黨黨員曾在國內外專門以上學校修習法政學科三年以上畢業得有畢業證書者，得應本所學員資格之試驗。其非中國國民黨黨員，得有前項畢業證書而向無反革命行為志願入黨者，亦得應試。〔註 103〕試驗次第為，甄祿試和復試。甄祿試以筆試行之，科目有黨義黨綱、國文和法學通論。復試分筆試口試兩種，筆試及格者得應口試。復試筆試之科目有，民法、刑法、商法、民事訴訟法、刑事訴訟法、國際公法、國際私法和行政法。復試口試之科目有，民法、刑法、商法、民事訴訟法和刑事訴訟法。筆試口試均以試驗各科目平均滿 75 分以上者為及格。甄祿試及格者得應復試，復試及格者入所修業。該所畢業期限定為一年，每三個月就所授科目舉行學期試驗一次，修習期滿舉行畢業試驗。學期試驗及畢業試驗以平均分數滿 80 分為甲等，滿 70 分以上者為乙等，不滿 70 分者不及格。學員無津貼，但為獎勵學業起見就其學期成績優良者酌給獎金。畢業後學員由司法行政部遴選派充各法院任用。〔註 104〕

法官訓練所，由司法院司法行政部設立，定額 200 人，期限 1 年，為各級法院培養合格司法人才。而同澤新民儲才館司法班則是由東北政務委員會設立，定額 120 人，期限 1 年半，其經入學考驗平均分數在 70 分以上及格學員，計 114 名，另有已取得法官資格者 3 名，免試入班修習。除有兩名於取錄

〔註 103〕《修正法官訓練所章程》，《司法公報》，1929 年第 12 期。

〔註 104〕《法官訓練所章程》，《司法公報》，1929 年第 6 期。

後，未入學外，中途退學，及開除者 4 人，現經參與畢業試驗者計為 111 人。此外該班學習科目、學員待遇等方面也與上述章程略有出入。

該司法班修習之科目，一是上述章程規定的科目：民事審判實務，刑事審判實務，檢察實務，民事擬判，刑事擬判，檢察擬稿，民事法規及判例，刑法及判例，民事訴訟法及判例，刑事訴訟法及判例，證據法學，法醫學，犯罪心理學，公牘；二是自設科目：民事特別法規及判例，破產法規及判例，刑事特別法規及判例，登記法規及實務，強制執行法規及實務，日語日文，假法庭實習。學員之待遇較優，不收學費及講義費，每人每月由該班津貼現大洋 10 元，其學期考試名次在三十名以前者，每月加給獎金，自 20 元起之 40 元不等。其學員考入該班之際，如係現任各法院書記官或承審員等職者，並由該班函請原服務機關，仍酌留原薪俸二成，俾資貼補。

該班遴聘法學專家擔任講師，又延聘名流及東北司法當局和東北大學校長院長教授等為導師。導師有顧維鈞、羅文幹、章士釗、趙欣伯、劉風竹、臧啟芳、顏文海、陳克正、史延程、朱樹聲、張啟鴻、邱昌渭等十七人。講師有邵勳、李棟、郁華、魏大同、吳振源、楊鵬、孫鴻霖、楊玉林、劉恩榮、陳東生、張鳴東等十六人。1931 年 2 月該司法班修習期滿，舉行畢業考驗，由司法考試兩院會同派河北高等法院院長胡祥麟主試，及格者共 109 人，即由該班呈准東北政務委員會諮請司法行政部分發任用。〔註 105〕

第四節　外交管理體系

一、東北地方外交管理體系：東三省交涉總署及各省埠交涉員

民國初期，為了收回地方交涉權，統一對外交涉，北京政府實行了交涉員制度，在各省設置交涉署，各埠設置交涉分署，分別負責全省或全埠的對外交涉事宜。外交部在東北各省設置的外交機關有：(1) 奉天、吉林、黑龍江三個交涉署，(2) 營口、安東、遼源、長春、哈爾濱、璦琿、呼倫貝爾七個交涉分署。〔註 106〕根據《外交部特派各省交涉員及各埠交涉員職務通則》〔註 107〕之規定，各省特派交涉員，稱外交部特派某省交涉員；各商埠分設交

〔註 105〕東北文化社年鑒編印處：《東北年鑒》，瀋陽：東北印刷局，1931 年，第 687 頁。
〔註 106〕陳體強：《中國外交行政》，北京：商務印書館，1945 年，第 104 頁。
〔註 107〕遼寧省檔案館藏奉天省長公署檔，全宗號：JC10-1607。

涉員，稱外交部某省某埠交涉員。特派交涉員之機關，稱外交部某省交涉署；各埠交涉員之機關，稱外交部某省某埠交涉分署。交涉署及分署除以各該交涉員為署長，下設科長、科員等職員。特派交涉員由外交總長經由國務總理簡任，各埠交涉員由外交總長經由國務總理薦任，科長和科員由該署長官呈報外交總長委任。

特派交涉員和各埠交涉員，並無組織上統屬關係，二者均呈外交總長之命，分別辦理全省或各埠外交行政事務，同時均兼受該省行政長官之監督。不過，各埠交涉員於職務上有關事項，除呈報外交部外，還須兼報告於該省特派交涉員，其關於統一全省外交行政事項，須兼商明特派交涉員辦理。特派交涉員及各埠交涉員於職務範圍內，遇有與軍事行政或地方行政相關事項，必須經由都督或民政長者，除呈報外交部外，得隨時商請都督或民政長辦理。民初對交涉員制度的規定，原本設想使交涉員與地方當局處平等地位，以便統一外交職權，不料後來軍閥割據，交涉署與交涉員反倒成了軍閥把持地方外交的工具。

特派交涉員及各埠交涉員的任職資格，該通則規定要符合以下條件：曾任外省交涉事務人員；外交官領事官任用暫行章程第六、七條所列各資格：即現任外交部薦任官；現任外交部有薦任資格之委任官；內外保送於外交上有特別經驗者；兼通一國以上外國語，身體健康，外貌整潔。〔註 108〕交涉署及分署委任官之資格，除科長須兼通外國語之外，均適用現行得任委任文官之資格。

交涉署下設機構，按規制分四科，分掌總務、交際、外政、通商，交涉分署分三科，由該署長將上述職掌分配之交涉署及分署設科，各科設科長 1 人，科員若干，其中科長每署不超過 4 人，分署不超過 3 人，科員每署不超過 8 人，分署不超過 7 人。依據交涉署及分署交涉事務多寡程度，外交部將交涉署及分署編制及經費額數化為四類，交涉署經費最高 36000 元，依次為 20000 元和 14000 元，最低 10000 元，交涉分署經費最高 17000 元，依次為 11000 元和 8000 元，最低 5000 元。比如，奉天交涉署為第一類，署長 1 人，科長 4 人，科員 8 人，雇員 10 人，差役 12 人，經費 36000 元；吉林和黑龍江交涉署為第二類，各設署長 1 人，科長 2 人，科員 5 人，雇員 8 人，差役 10 人，

〔註 108〕《外交部特派各省交涉員及各埠交涉員職務通則》，《政府公報》，1912 年 12 月 11 日第 214 期。

經費 20000 元；營口和哈爾濱交涉分署為第一類，各設署長 1 人，科長 2 人，科員 5 人，雇員 8 人，差役 10 人，經費 17000 元；安東和長春交涉分署為第三類，各設署長 1 人，科長 1 人，科員 3 人，雇員 4 人，差役 6 人，經費 8000 元；瑷琿交涉分署為第四類，署長 1 人，科長 1 人，科員 2 人，雇員 2 人，差役 4 人，經費 5000 元。〔註 109〕交涉署各職員薪俸方面，按等級領取薪資，特派交涉員每月 500 元，交涉員每月 360 元，科長每月 150～200 元，科員則每月 60～120 元。

但實施過程中，因經費緊張，各交涉署機構均進行了精簡，並根據地方交涉實際情況，對組織機構進行了調整。如奉天交涉署，下設三科，第一科掌管機要、會計、庶務、文卷收發等事宜；第二科負責翻譯除日本外各國往來文件，辦理與各國交涉事宜；第三科則專門負責翻譯與日本往來文件，辦理與其交涉事宜。1922 年後，奉天交涉署因處理蘇僑事務逐漸增多，才將此項事務從第二科內移出，另設第四科以專其責。〔註 110〕同樣由於財政困難，經費緊張，各交涉分署則逐步進行裁併，並將分署交涉事務交由地方道尹或海關監督兼任，如營口交涉員，在民初時期就曾有山海關監督兼任，東北易幟後由遼瀋道尹佟兆元兼任。按規定，凡由海關監督兼任交涉員者，其經費除海關監督經費外，僅留交涉員經費四分之一，以資補助。受到經費掣肘，交涉員均為兼任，導致交涉分署難以獨立，這也是民國時期軍閥得以控制地方外交的一個重要原因。

就東北而言，交涉員雖然名義上由中央政府特派或委任，但實際上則是由東北地方當局任免和指揮，外交部不過是事後追認罷了。比如 1921 年 9 月張作霖以奉天省長名義「委佟兆元署理外交部特派奉天交涉員」，1923 年 2 月「任命史記常署理外交部特派奉天交涉員」，各該員均是奉令後便接印視事。〔註 111〕奉系在把持了東三省各省交涉署及各埠交涉分署為己用的同時，還在第一次直奉戰爭後宣布東三省獨立時建立了北京政府定制之外的統轄東三省

〔註 109〕〔日〕川島真著，田建國譯：《中國近代外交的形成》，北京：北京大學出版社，2012 年，第 155 頁。

〔註 110〕秦麗平：《外交部特派奉天交涉署研究（1913～1931）》，遼寧大學碩士學位論文，2014 年，第 12 頁。

〔註 111〕《外交部奉天交涉署為佟兆元任奉天交涉員的訓令》，遼寧省檔案館編：《奉系軍閥檔案史料彙編》③，南京：江蘇古籍出版社，1990 年，第 627 頁；《奉天交涉署為史記常任奉天交涉員訓令》，遼寧省檔案館編：《奉系軍閥檔案史料彙編》④，南京：江蘇古籍出版社，1990 年，第 145 頁。

對外交涉的最高機關，即東三省交涉總署。

東三省交涉總署，1924 年 10 月成立，1930 年 3 月裁撤，先後隸屬於東三省保安總司令、東北邊防軍司令長官公署和東北政務委員會。該總署內設總務、通商、政務、交際四處，職權為掌管東三省對外交涉事宜、居留外人及在外僑民事務，保護在外商業等事宜。凡東三省交涉機關，均歸該總署管轄。總務處職掌機要文電、庶務、文件收發和會計等事宜；政務處職掌政治、土地、華洋訴訟、外人傳教及保護償邮、中外民眾出籍入籍交涉事宜；通商處職掌開埠、設立駐外代表及河道工程交涉、通行船隻關稅外債、路礦郵電交涉事項、保護在外僑民及遊歷、各國工會賽會等事項；交際處職掌對外禮儀、外國官員謁見及接待外賓事宜。〔註 112〕

東三省交涉總署成立後訓令各縣知事，在交涉事宜權限方面，對交涉總署與各交涉員及各縣關係作了說明：「各該縣交涉事向係呈請該管道尹兼交涉員核辦者，仍照舊章辦理，如遇發生重要案件應於呈請該管道尹核辦時，兼呈本總署查核，以期對外一致」。〔註 113〕可見，一般性地方交涉事宜，各縣只需按照舊制呈請各該管交涉員辦理即可，但發生重要外交案件時，則必須同時呈報交涉總署報備查核。這也反映出東三省交涉總署的職權範圍，實際是重在處置事關東北全局利益的重要對外交涉事宜。這一點從東三省交涉總署成立後，便呈請將奉天交涉署第四科裁撤，將一切對蘇俄交涉事務，全部改由東三省交涉總署辦理，〔註 114〕亦可得到證明。

東三省交涉總署是「在奉天交涉署內籌設」建立的，署內各職員也均是由奉天交涉署抽調兼充，所以東三省交涉總署署長歷來由奉天交涉員兼任。東三省總署第一任署長是鍾世銘，直隸天津人，他於 1924 年 3 月任奉天交涉員，10 月兼任東三省交涉總署署長，12 月離任。他在該年對蘇交涉中貪污受賄，使奉系利益受損，而被張作霖趕出東北，「調任」北京財政次長兼鹽務署長兩個有名無實的虛職。在鍾之後繼任奉天交涉員和東三省交涉總署署長的是高清和，奉天錦西人，1924 年 12 月繼任，1928 年 8 月離任，任職前他是

〔註 112〕遼寧省檔案館編：《遼寧省檔案館指南》，北京：中國檔案出版社，1994 年，第 75 頁。

〔註 113〕《東三省交涉總署為鍾世銘任該署署長仍兼奉天交涉署長的訓令》（1924 年 10 月），遼寧省檔案館編：《奉系軍閥檔案史料彙編》④，南京：江蘇古籍出版社，1990 年，第 494 頁。

〔註 114〕遼寧省檔案館藏奉天省長公署檔，全宗號：JC10-1610。

奉天省會商埠局總辦，便經常與外國人打交道。高任職時間最長，終張作霖時期。1928 年 8 月張學良主政東北後，調整高層人事，任命王鏡寰為奉天交涉員和東三省交涉總署署長，王氏遼寧北鎮人，直到 1930 年 3 月交涉署裁撤，而後改任南京國民政府外交部駐遼寧特派員。

東北政務委員會成立後，東北地方行政體制進行改革，但東三省交涉總署、各省交涉署及各埠交涉分署的地方外交管理體系並未立即裁撤，而是保留了下來，隸屬到東北政務委員會管轄。「查奉省外交官制，向係省會設特派員辦理全省外交行政事務，營口、安東、遼源各埠分設交涉員佐理各埠外交行政事務。營口交涉員由遼瀋道尹兼任，安東交涉員由東邊道尹兼任，遼源交涉員由洮昌道尹兼任。按部定章程各埠交涉員均係薦任職。而所以責成道尹兼任者，因道尹為地方長官，地位較崇，又熟悉民情，遇有交涉，對下既不隔閡，對上亦可直接請示辦理，外交易於進行。道尹係簡任職，因此交涉員一職在事實上亦簡任職待遇矣。」〔註 115〕而在實際施行過程中，道尹兼交涉員所負責的外交區域也不再限於商埠，而是擴大到與道尹轄區相同，即道署所轄各縣外交事宜均由道尹兼交涉員負責辦理，所以形成了東北地方當局將各埠交涉員視作省道兼轄的下級機關。因此東北政務委員會成立後，決議行政機關改革時，對於道尹裁撤一節才做出了如下決議：「裁撤道尹，改為市政籌備處處長兼交涉員，無市政者名為某處交涉員，仍按舊區節制各縣外交事宜。」〔註 116〕所以該條名為道署機關改革，實則是東北政務委員會對東北地方外交管理體系的改革與保留。為了使這一改革舉措合法，同時也是進入訓政時期刷新地方政治的需要，1929 年 2 月至 3 月，東北地方當局相繼制定了《各埠交涉員暫行組織大綱》和各埠交涉署辦事細則，如《營口交涉署辦事細則》、《安東交涉署辦事細則》等。

《各埠交涉員暫行組織大綱》的制定，一方面參照舊北京政府外交部部定章程，另一方面則是主要依據交涉員制度在東北地方施行的實際情況。依據該大綱規定，省政府為辦理各埠外交行政事務設各埠交涉員；各埠交涉員於職務上所轄事項，除呈報省政府外，兼須函報本省特派交涉員，其關於全

〔註 115〕《王鏡寰為辦理交涉事件市長與交涉員權限劃分事給奉方省長呈》，遼寧省檔案館編：《奉系軍閥檔案史料彙編》⑧，南京：江蘇古籍出版社，1990 年，第 129 頁。

〔註 116〕《東北政委會議決各機關改組事項及奉天省長公署通令》，遼寧省檔案館編：《奉系軍閥檔案史料彙編》⑧，南京：江蘇古籍出版社，1990 年，第 109 頁。

省外交行政事項亦應商明特派員辦理；各埠交涉員之機關稱某埠交涉署；各埠交涉署設秘書 1 人，分設三科，第一科掌管總務及交際事項，第二科掌管外政事項，第三科掌管通商事項，如各埠交涉署事務較簡者得減為二科；各埠交涉署設科長三人或二人，科員若干，雇員若干；各埠交涉員直轄區域依據東北政務委員會之議決案，按從前道尹管轄區域節制各縣外交事宜；各埠交涉署之經費暫以原有道署及交涉員之經費編列預算呈核。〔註 117〕對於各埠交涉署所轄區域，《營口交涉署辦事細則》有明確說明：「署長承省政府之命，辦理營口、瀋陽、遼陽、海城、蓋平、復縣、鐵嶺、開原、東豐、西豐、西安、黑山、遼中、臺安、北鎮、義縣、錦西、錦縣、綏中、興城、盤山、新民等 22 縣外交行政事務」，〔註 118〕確實是按照舊道尹轄區劃定的交涉署轄區。該大綱明確了各埠交涉員與省政府的關係，即為省政府下轄外交機關，並確認了各埠交涉員的職權管轄範圍仍為舊道尹轄區各縣，首次以法規形式確立了交涉員作為東北地方外交管理體系基石的地位。

就在東北政務委員會對地方外交管理體系進行改革的時候，南京國民政府做出了裁撤舊北京政府時期各省及各埠交涉署的決議，決心將地方外交權收歸中央外交部，統一外交。隨後經過博弈與協商，各交涉署相繼裁撤，另成立了南京國民政府外交部駐東北各省特派員辦事處，承擔起東北地方外交事務。

表 38：東北易幟後東北地方交涉員名單

東三省交涉總署署長	王鏡寰		
奉天交涉署特派交涉員	王鏡寰	營口交涉分署交涉員	史靖寰
安東交涉分署交涉員	陳奉璋	遼源交涉分署交涉員	戰滌塵
吉林交涉署特派交涉員	鍾毓	長春交涉分署交涉員	周玉柄
哈爾濱交涉分署交涉員	蔡運升		
黑龍江交涉署特派交涉員	王玉科	璦琿交涉分署交涉員	張壽增
呼倫貝爾交涉分署交涉員	趙仲仁		

資料來源：佟佳江：《民國職官年表外編》，北京：中華書局，2011 年，第 43、66、90 頁。遼寧省檔案館編：《奉系軍閥檔案史料彙編》⑦⑧，南京：江蘇古籍出版社，1990 年，第 497、510；124、156 頁。

〔註 117〕《各埠交涉員暫行組織大綱》，遼寧省檔案館編：《奉系軍閥檔案史料彙編》⑧，南京：江蘇古籍出版社，1990 年，第 171 頁。

〔註 118〕《史靖寰呈送營口交涉署辦事細則》，遼寧省檔案館編：《奉系軍閥檔案史料彙編》⑧，南京：江蘇古籍出版社，1990 年，第 209 頁。

二、南京外交部駐各省特派員辦事處

1927 年，南京國民政府成立後，為了順利接收各地外交事務，國民政府選擇繼續採取交涉員制度。1927 年 11 月，南京國民政府頒布《國民政府外交部特派各省交涉員及各埠交涉員服務條例》，對各省特派交涉員和各埠交涉員及其機關的稱謂、職權及與各省政府關係的規定，〔註 119〕與北京政府舊制相比，並無差別。1929 年進入訓政時期，南京國民政府形式上統一了全國後，開始積極統一外交權。

1929 年 1 月 16 日，國民黨中政會第 171 次會議通過了統一外交案，規定「所有各省對外交涉應歸中央辦理，由外部通告中外，無論何國凡與各省長官訂立協定，中央不能承認，不能發生效力」。〔註 120〕隨後，1929 年 5 月，南京國民政府外交部提出了分期裁撤各省特派交涉署及各埠交涉署一案，「擬於今年八月底將各埠交涉署一律裁撤，今年年終裁撤各省特派交涉署。」〔註 121〕關於該提案擬裁撤各省及各埠交涉署，廢除交涉員制度的原因，外交部給出的解釋是領事裁判權即將廢除，「各地涉署已成駢枝機關」：

「各國外交事務均由中央政府通籌處理交涉，地方官署不能直接對外。遜清政府因初與外邦互市通商，華洋交涉至為棘手，地方官吏又無外交常識，尤以各國對華有領事裁判權，應付維艱，爰就沿海各省設立洋務局以與各國駐領辦理地方交涉事件，嗣又改為交涉司署。民國成立前，外交部因欲令各省交涉機關統歸中央指揮監督起見，遂定各省特派交涉署及各埠交涉署官制，以此統馭。後以軍閥專權演變成地方割據之局，各地交涉員之任免亦聽各省政府自由處置，外人利用此機逕由各地駐領向交涉員私自交涉，以圖便利，往往局部外交不經中央裁可，喪權辱國流弊滋生，致失設立交涉署之初意。現在正在努力廢除不平等條約之際，關於領事裁判權之裁撤已向各國分頭交涉，逐步進行，以期本年年底辦妥，各地交涉署已成駢枝機關，自應及時裁撤，以一事權，而節靡費。」〔註 122〕

南京國民政府「努力廢除不平等條約」之過程，也僅僅是「領事裁判權

〔註 119〕《國民政府外交部特派各省交涉員及各埠交涉員服務條例》,《外交部公報》，1928 年第 1 卷第 1 期。

〔註 120〕韓信夫、姜克夫主編：《中華民國大事記》第二冊（1923～1929），北京：中國文史出版社，1997 年，第 943 頁。

〔註 121〕《裁撤各省及各埠交涉署案》,《外交部公報》，1929 年第 2 卷第 4 期。

〔註 122〕《裁撤各省及各埠交涉署案》,《外交部公報》，1929 年第 2 卷第 4 期。

之裁撤已向各國分頭交涉」而已，其最終交涉結果如何還未可知，不過是一廂情願地「以期本年年底辦妥」罷了。然而就是在這種領事裁判權還不知能否按時廢除的情況下，外交部就視「各地交涉署已成駢枝機關」，並要求年底前「及時裁撤」，這豈不是自欺欺人。如果南京國民政府真能夠於年底廢除領事裁判權，那麼藉此廢除交涉員制度統一外交權也無不可。但如果領事裁判權無法按時廢除，而地方外交機關卻廢除了，那地方外交事務豈不多添困擾。

而實際情況是南京國民政府廢除領事裁判權的行動並未達到預期效果。當時南京國民政府正在積極進行的改訂新約運動，雖然在廢除領事裁判權方面取得了一些成效。比如比利時、意大利、丹麥、西班牙、葡萄牙等五國雖然同意放棄領事裁判權，但仍有保留意見：中國對該五國公民行使司法權的方式必須經雙方同意，同時必須多數國家同時廢除領事裁判權時才能廢除。當時與中國簽訂條約享有領事裁判權的國家有 16 個，只有超過半數都同意廢除領事裁判權時，南京國民政府與這五國簽訂的新約才能生效。可是 1929 年 4 月，南京國民政府外交部向英美等國公使發出照會，要求各國改訂新約，放棄領事裁判權時，各國均以中國司法制度不完善為由加以拒絕，以致於南京國民政府廢除領事裁判權的數年努力付之東流，此後直到全國抗戰爆發英美法等國仍未放棄領事裁判權。所以很顯然南京國民政府借廢除領事裁判權一說，裁撤交涉員制度的真實目的，不過是其要借訓政改革之機廢除地方外交體系而統一外交權罷了。

無論什麼緣由與目的，外交部的提案已經南京國民政府第二十八次國務會議決議通過，並令行東北各省政府照辦。〔註 123〕對於各省及各埠交涉署裁撤辦法，外交部在提案時草擬了初步辦法，即「所有各該署被裁人員擬由本部斟酌情形，擇優錄用。至嗣後外人在各省通商遊歷各事項諸內政範圍者，均由地方官署妥慎辦理，隨時呈報本部考核。如遇重大交涉事故發生，統應送部處理，以免貽誤。」〔註 124〕裁撤地方交涉機關，屬外交方面重大改革舉措，上述辦法屬於提綱挈領，地方難以實際操作。於是為了順利推進各省及各埠交涉署裁撤，1929 年 7 月外交部又制定了《裁撤各省埠交涉署善後辦法》

〔註 123〕《外交部為奉行政院令分期裁撤各省及各埠交涉署事致遼寧省政府函》(1929 年 5 月)，遼寧省檔案館編：《奉系軍閥檔案史料彙編》⑧，南京：江蘇古籍出版社，1990 年，第 426～427 頁。

〔註 124〕《裁撤各省及各埠交涉署案》，《外交部公報》，1929 年第 2 卷第 4 期。

〔註125〕，並由內政部將該善後辦法轉發給東北各省政府。

該善後辦法以是否涉及外交為準，將「外人事務」分為兩大類，並將不同事宜歸併於不同機關辦理，「凡外交案件，均由中央政府辦理，其不關外交之外人事務應令行各地方領事飭令各僑民直接自向各主管機關陳情辦理」。詳細劃分，第一類是事「關外交之外人事務」，包括發生於地方的外交案件和辦理原本「不關外交之外人事務」時發生的交涉事宜；第二類是「不關外交之外人事務」，包括地方發生的華洋訴訟案件和諸如「通商貿易、租地給契、遊歷護照、入籍以及關於僑寓外人之保護及取締等事項」。該辦法共計九條，具體內容可概況為以下幾個方面：

第一，「交涉署裁撤後，各地方所有外交案件，統歸中央政府處理，地方政府不得直接對外及設立類似交涉署之機關，以免分歧。」另外，各特別市或市縣政府辦理諸如「通商貿易、租地給契、遊歷護照、入籍以及關於僑寓外人之保護及取締等事項」時，「遇有發生交涉時，應即呈送外交部處理。」

第二，「交涉署裁撤後，所有外人一切事件，除法令限制外與中國人民一律辦理。」諸如「通商貿易、租地給契、遊歷護照、入籍以及關於僑寓外人之保護及取締等」「不關外交之外人事務」，「在設有特別市政府地方，由特別市政府辦理，在各省區由各市政府或未設市之縣政府辦理。各該特別市及市縣政府應按照事務之性質分配於其所屬之主管各局科分別辦理。」「關於出國護照，其外交護照一律仍由外交部發給普通護照，由外交部發交各通商口岸之特別市或市縣政府照章發給，仍按月呈報外交部備查。」「各埠交涉署裁撤後，所有未結之華洋上訴案件暫交各該省特派交涉署接辦，特派交涉署裁撤後一律移交相當法院辦理。」同時規定，「外交部對於各特別市或市縣政府辦理關於外人事務認為必要時得直接命令指揮。」

第三，「交涉署裁撤後，所有服務得力人員應酌量錄用。」

對於該善後辦法各條之制定，外交部進行了解釋，如對於第一點：「將來交涉署裁撤後，所有各地外交案件自應統由職部辦理，地方任何機關皆不應直接對外，並不應設立類似交涉署之變相機關。否則名義雖換，積弊仍存，不特事權益形分歧，且恐昔日之交涉員尤受職部之任命，為職部之隸屬，此

〔註125〕《內政部轉發外交部裁撤各省交涉署善後辦法》，遼寧省檔案館編：《奉系軍閥檔案史料彙編》⑧，南京：江蘇古籍出版社，1990年，第548～549頁。

後之變相交涉員既為地方政府所任命完全屬於地方，職部指揮監督益難收效。」

對於第二點：「交涉署裁撤後，所有舊管事務除外交案件應直接由職部辦理外，其餘皆應由地方行政機關辦理」。「各該特別市及市縣政府皆應按照事務之性質分配於其所屬之主管各局科，如關於外人通商貿易，市政府歸社會局辦理，縣政府歸建設局辦理；租地給契歸土地局辦理；遊歷護照、入籍保護取締歸公安局辦理，其餘以此類推。」「嗣後所有陳請事件，皆應直接向各該主管機關辦理，如此一轉移間，外人之僑居各地者，除法令限制外，皆與內國人民一律待遇，不得有所特殊。領事與地方行政機關凡有往來，只能以通商等行政事務為限，其遇有外交雖發生於地方，皆須呈由各本國駐使轉向職部交涉。舉凡以往種種中外人民不平等之地位，以及領事外交之惡習皆將於此一掃而空」。〔註 126〕通過該善後辦法及說明，我們更可以看出南京國民政府裁撤交涉署統一外交權的意圖明顯。而外交部和內政部相繼將該該善後辦法連同說明一併轉發給東北各省政府，目的顯然也是想讓東北集團明瞭國民政府統一外交權的決心。

交涉員及交涉署存廢，關係到東北地方外交管理體系及地方外交權有無，更是關係到作為東北最高行政機關的東北政務委員會在國民黨訓政時期的權力大小與地位高低，所以東北政務委員會必然會與南京國民政府討價還價。按照外交部限期裁撤交涉署步驟，各埠交涉署是於 1929 年 8 月底裁撤，而各省交涉署則是於是年底裁撤。而東北各省收到裁撤交涉署善後辦法已然 7 月末，距離各埠交涉署的裁撤期限已是近在咫尺。所以對於「中央規定限期裁撤各埠交涉署一案」，東北政務委員會以「據各該省電陳窒礙」為由，「特電行政院外交部應否從緩裁撤」。而外交部覆電仍主按期裁撤：「裁撤交涉署即既以無形減少各國領事之權，即為取消領事裁判權之張本。除實有特殊萬不得已之情形須呈請政府從緩辦理外，仍以遵照中央通令依期裁撤為宜。至延吉等處裁撤後，如有特別事件發生，可由各該省特派交涉員隨時派員處理，既於事無礙亦能貫徹中央外交政策，是各埠交涉署自應為期裁撤。」〔註 127〕

〔註 126〕《內政部轉發外交部裁撤各省交涉署善後辦法》(1929 年 7 月)，遼寧省檔案館編：《奉系軍閥檔案史料彙編》⑧，南京：江蘇古籍出版社，1990 年，第 548～549 頁。

〔註 127〕《東北政務委員會為轉發裁撤各埠交涉署善後辦法的訓令》，遼寧省檔案館編：《奉系軍閥檔案史料彙編》⑨，南京：江蘇古籍出版社，1990 年，第 16 頁。

儘管外交部沒有鬆口，但東北政務委員會仍是將部定善後辦法做了「因地制宜」的解釋和修改：「查部定裁撤交涉員善後辦法第三條載，交涉署裁撤後所有不關外交之外人事務，如通商貿易、租地給契、遊歷護照、入籍以及關於僑居外人之保護及取締事項，在各省區由各市政府或未設市之縣政府辦理等語。據此則各埠交涉署裁撤之後，所有不關外交之外人事務應由各埠市政籌備處接續辦理，自不待言。惟東省地位特殊，動與外人接觸，嗣後各埠發生交涉案件當非甚少，若悉由各該省特派交涉員臨時派員處理，非惟往返需時，抑且情形隔閡，諸感不便」，於是東北政務委員會「第六十三次會議議決所有遼吉江三省各埠交涉署如期裁撤，嗣後各埠交涉案件如不能由省交涉員派人往辦，即委託各市政籌備處代為處理，庶於整齊劃一之中仍有因地制宜之意。此不過暫時過渡辦法，以救一時之急」。〔註 128〕

東北易幟前，東北各埠交涉員均由各省道尹兼任，而易幟後東北各省省制改革中，道尹廢除，各埠均成立市政籌備處，籌建市政府，所以各埠交涉員便由市政籌備處處長兼任，即各市政籌備處處長掌握著各埠交涉員的外交權。而此次各埠交涉署裁撤，善後辦法將以前各埠交涉署辦理事務分為外交案件和不關外交的外人事務兩類，並將前者暫歸尚未裁撤的各省特派交涉員辦理，而後者則劃歸市縣政府辦理。就東北而言，也就是將原本兼各埠交涉員的市政籌備處處長的外交職能取消並轉移到了各省特派交涉員手中。而一旦各省特派交涉員在於年底按期裁撤，則東北原本運作多年的地方外交管理體系便會被徹底瓦解，東北集團的外交權也就完全喪失。

而作為應對，東北政務委員會以「東省地位特殊」的現實情況為由，並充分利用外交部在覆電中所做的各埠交涉署裁撤後「如有特別事件發生，可由各該省特派交涉員隨時派員處理」的補充解釋，即遇有交涉案件由各省特派交涉員派員處理，而如果遇有交涉案件時各省特派交涉員不能及時派員有效處理又該如何呢？所以東北政務委員會才作出決議：「嗣後各埠交涉案件如不能由省交涉員派人往辦，即委託各市政籌備處代為處理」。市政籌備處為市政府籌備機關，在尚未實行市政府制度的東北來說自然是與市政府相同，在外交部善後辦法中又是接管各埠交涉署部分職能的規定機關，而裁撤各埠交

〔註 128〕《東北政務委員會為轉發裁撤各埠交涉署善後辦法的訓令》，遼寧省檔案館編：《奉系軍閥檔案史料彙編》⑨，南京：江蘇古籍出版社，1990 年，第 16 頁。

涉署後在各省特派交涉員無法派員處置地方交涉案件時，由其暫代特派交涉員處置，也就是暫代各埠交涉署的原有外交職能，自然也是如外交部所言「既於事無礙亦能貫徹中央外交政策」的辦法了。如此，各埠交涉署僅是名義上按期裁撤了，而各署原有的外交權限仍舊保留在了各市政籌備處，東北地方外交的基層體系也就得以保留。

1929 年 9 月，東北各埠交涉署均按期裁撤，其外交事宜亦均「改由市政籌備處接管」，而各市政籌備處在「代特派交涉員行使職權」的同時，其職權區域也仍暫時按各埠交涉署「舊區」，即舊時各道尹管轄範圍。〔註 129〕這樣，原來各埠交涉署和市政籌備處兩個職能機關一個長官的格局合二為一演變成為市政籌備處一個機關仝時掌管行政與外交兩種職能的格局。

在各埠交涉署善後處理完畢後，各省交涉署的裁撤又提上了日程，為此國奉雙方也進行了鬥爭與妥協。奉方以遼寧交涉署名義，「電商外交部擬核照上海成例設立駐遼辦事處」，而外交部「電覆以外部顧問名義，選派二員分駐沈哈兩處」。該案提經東北政委會討論，認為「以顧問名義辦理外交，名實不符」，因此再次電商外交部「仍請准照前電設立辦事處或改其他名義」。最終由於中東路事件中奉方屢派人員對蘇交涉，國民政府為維護外交權統一而不得不做出讓步，由外交部覆電「准改為外交部特派員分駐沈垣及哈爾濱二處辦事」。〔註 130〕

1929 年 11 月 28 日，國民政府公布《外交部特派員辦事規程》，規程共八條，對外交部特派員權限和辦事流程等做了規定：外交部於遼寧、吉林、雲南、新疆四省設特派員，「秉承外交部部長之命令辦理一切交辦事務」，外交部特派員的辦事機關稱為「外交部駐某省特派員辦事處」，該辦事處設秘書二人、事務員四人，輔助特派員辦理處內一切事務。外交部特派員「於職務上遇有與地方行政或軍事關係事項，除呈報外交部核示外，得隨時商請該省政府或軍事長官辦理」；「於職務上所關事項，得隨時分別函令地方行政、司法

〔註 129〕《蔡運升為將該交涉署裁撤改由市政籌備處接管給遼寧省政府呈及致遼寧省交涉署函》，《營口市政籌備處為交涉署裁撤後舊管各屬外交事宜由本處代理致瀋陽縣政府函》，遼寧省檔案館編：《奉系軍閥檔案史料彙編》⑨，南京：江蘇古籍出版社，1990 年，第 79、361 頁。

〔註 130〕《東北政務委員會為設立外交部特派員分駐瀋陽哈爾濱辦事處給遼寧省政府指令》，遼寧省檔案館編：《奉系軍閥檔案史料彙編》⑨，南京：江蘇古籍出版社，1990 年，第 371 頁。

及軍事各機關辦理，並將辦理情形呈報外交部核奪」。〔註 131〕

「依據規程特派員與地方政府無統屬關係，遇事接洽商辦，或委託地方當局辦理。但事實上此平行關係未能維持，反之，特派員受地方政府的控制。」因為「特派員皆派在中央勢力較弱的省分，可知政府不能不顧慮地方上特殊情形。而特派員之設，目的在適應此種情形。……特派員幾乎成為省政府與外交部共管的機關，與昔之交涉員相差無幾。」〔註 132〕

在瀋陽和哈爾濱分設外交部特派員辦事處的同時，吉林和黑龍江兩省則置外交部特派員辦事處分處，〔註 133〕並規定由駐遼特派員委一主任駐黑龍江，由駐哈特派員委一主任駐吉林。1930 年 3 月，各省交涉署裁撤並改組完畢後，東三省交涉總署由於「不在規定之內」，也一併裁撤，「所有一切文卷器具著由駐遼外交特派員妥為保存」。〔註 134〕所以，最後實際裁撤的僅是東三省交涉總署而已，其他各省交涉署則均改組成為了特派員辦事處和分處。

就東北而言，無論是特派員還是分處主任，均是以前舊交涉員的留任，人事並未更動，如遼寧特派員仍為王鏡寰，哈爾濱特派員仍為蔡運升，吉林分處主任仍為鍾毓，黑龍江分處主任仍為王玉科。唯一的變化，僅是機構名稱發生了變化，甚至特派員的稱呼似乎也更像是昔日特派交涉員的「簡稱」。而且外交部特派員與以前的特派交涉員相比，除了名稱略有不同外，其實際職權與地位並無什麼變化。這也就意味著東北地方外交管理體系實際上得以保存了下來，南京國民政府除了在形式上將東北地方對外交涉機關納入了南京外交部的管理體系外，其意圖將地方外交權收歸中央的成效並不顯著。這一點我們可以從中東路事件交涉和東北鐵路問題交涉中看出端倪，參見第六章相關論述。

〔註 131〕《東北政務委員會為摘轉外交部制定特派員辦事規程給遼寧省政府訓令》，遼寧省檔案館編：《奉系軍閥檔案史料彙編》⑨，南京：江蘇古籍出版社，1990 年，第 469 頁。

〔註 132〕陳體強：《中國外交行政》，北京：商務印書館，1945 年，第 108 頁。

〔註 133〕《東北政委會第一一三次會議議決案通知書》（1930 年 3 月），遼寧省檔案館藏東北政委會會議議決案通知書，全宗號：JC1-2。

〔註 134〕《遼寧省政府三月份紀念週報告》，遼寧省檔案館編：《奉系軍閥檔案史料彙編》⑨，南京：江蘇古籍出版社，1990 年，第 654 頁。

圖 4：民國時期東北地方外交管理體系的演變

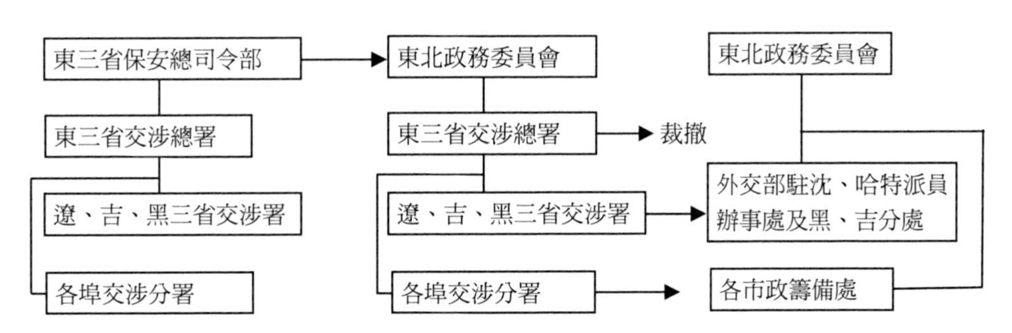

第五節　交通管理體系

一、東北交通最高管理機關：東北交通委員會

東北平原廣闊，河流眾多，海岸線漫長，所以無論是公路、鐵路，還是內河航運、海運都非常便利。但由於深受日俄侵略，東北鐵路幹線南滿鐵路和中東鐵路以及航運權均被日俄控制，造成東北經濟發展的命脈被外人掌握。為此，東北地方當局在商民支持下，歷經十餘年自建鐵路，收回航運權，建立各級交通管理機關，逐漸形成了東北地方交通管理體系。

東北交通最高管理機關，是東北交通委員會，該委員會前身為始建於 1924 年的東三省交通委員會。為謀求關外交通事業的發展，並統一關內外交通事權，時任東三省保安總司令的張作霖下令組建東三省交通委員會。東三省交通委員會設委員長 1 人，由奉天省長兼任，委員 15 人，由吉黑兩省省長及奉天簡任職各官署長官兼任。該委員會內設總務、路政、郵航三部門，每部門各設執行委員 1 人，由委員中互推擔任。執行委員之下，各設文牘員 1 人，事務員若干人。並由下屬的每個路局指定兩人為調查員，分任各路審查工程和購買材料等事項。〔註 135〕張作霖建立軍政府控制北京政權時，曾由東三省交通委員會臨時管轄河北鐵路。

1928 年 8 月，張學良主政東北後，由於東北軍撤回東北，導致東三省交通委員會管轄範圍變更。為了謀求東北交通事業更好發展，決定將原委員會組織擴充，制訂新章程，由時任東三省保安總司令的張學良核准後，將原委

〔註 135〕東北文化社年鑒編印處：《東北年鑒》，瀋陽：東北印刷局，1931 年，第 372 頁。

員會改組為東北交通委員會。東北交通委員會除了設總務、路政、郵傳三處，分科辦事外，還因辦理軍事運輸，增設了軍運和執法兩處，另為辦理郵包稅，還增設了郵稅處。1929 年 3 月，東北易幟之後，軍事結束，軍運執法兩處裁撤，後又郵稅處事宜移交東北政務委員會財務處接辦。為了節省經費，東北交通委員會各科進行了裁併；為了購辦交通材料，慎重審核，由各路選派委員組設了東北交通材料購辦委員會；為了統一交通用品，設立了東北交通用品製造廠。同年 12 月，東北無線電長途電話監督處裁撤，相關電政事宜亦由東北交通委員會接管。1931 年 2 月，為整理電政，在東北交通委員會內設立東北電信管理處，管轄無線電和長途電話事宜。

東北交通委員會歷任委員長，1924 年 4 月至 1928 年 8 月期間為王永江、莫德惠、劉尚清；1928 年 8 月至 1929 年 2 月為鄭謙，以副委員長常蔭槐執行職務；1929 年 3 月至 1930 年 2 月為翟文選，以副委員長高紀毅執行職務；1930 年 2 月翟文選辭職後，委員長空缺，以高紀毅代行委員長職務。該委員會最初隸屬於東三省保安總司令部，自 1928 年 12 月東北易幟後改隸東北政務委員會。〔註 136〕

1929 年東北易幟後，關於東北交通最高管理機關的設置問題，經過東北政務委員會與南京國民政府協商，最終鑒於東北特殊形勢，決定保留東北交通委員會，並於是年 12 月由南京國民政府正式頒布《東北交通委員會暫行組織條例》，將東北交通管理納入南京國民政府交通管理體系內。根據該組織條例之規定，「為行政便利起見」，南京國民政府「設立東北交通委員會，由鐵道部、交通部委託監督遼寧、吉林、黑龍江省路、電、航行政事宜。委員會遵照中央各項法規，並秉承各主管部命令，監督前項事宜，同時受東北最高行政機關之監督」，〔註 137〕即東北交通委員會受南京國民政府鐵道部、交通部以及東北政務委員會的雙重領導。

上述組織條例還對東北交通委員會的組織構成以及職責作了詳細規定。東北交通委員會實行委員制，設委員 5 人至 7 人，共同處理會內一切事務。

〔註 136〕東北文化社年鑒編印處：《東北年鑒》，瀋陽：東北印刷局，1931 年，第 372 頁。

〔註 137〕劉熚元等編：《民國法規集刊》第 14 集，上海：民智書局，1930 年，第 3～6 頁；《行政院為抄發東北交通委員會暫行組織條例給遼寧省政府訓令》（1929 年 12 月 19 日），遼寧省檔案館編：《奉系軍閥檔案史料彙編》⑨，南京：江蘇古籍出版社，1990 年，第 367 頁。

該委員會委員則由中央各主管部及東北政務委員會推薦，並呈由行政院呈請國民政府任用之，並指定一人為委員長。該委員會設置下列各處：總務處、路政處、電航處。總務處下設三科，分別掌管關防、編製章程；經費預算決算；編製表冊和各種報告等各事項。路政處下設三科，分別掌管路款審核；客貨運和軍運；各路工務機務及材料等各事項。電航處也下設三科，分別掌管電航各項營業；考核電航工程等各事項。〔註 138〕

東北交通委員會每處設處長 1 人，各科置科長 1 人，科員 4 人至 6 人，處長得由委員兼領；設秘書 2 人至 4 人，辦理該委員會機要事項；考核工程技術之必要，置技正 4 人，技士 8 人；事務需要得酌用辦事員及雇員各若干人。各處長為簡任職，科長、秘書、技正為薦任職。簡任、薦任各員由該委員會遴請主管部呈由行政院轉陳國民政府分別任命之。

前述組織條例對於中央主管部、東北政務委員會、東北路電航各機關與東北交通委員會的關係也作了明確規定。中央主管各部及東北政務委員會，對於該委員會處分事務，該委員會對於東北區域內之各鐵路局長、電政局長、無線電、電話、航務各機關有所指揮，均以「令」行之；該委員會對於主管部及東北政務委員會之公文均用「呈」。該委員會依照主管部之通行法令規章，督飭區域內路、電、航各機關一致遵行。該委員會對於尋常事務，應依據本條例職掌範圍處理之；關係重要之興革事項，應由全體委員會議決方案，請由主管部及東北政務委員會核准施行；其關係外交事項則由中央直接處理。〔註 139〕

但實際上該組織條例頒布後，東北交通委員會的主要長官與職員仍是東北原班人馬，並未調整，甚至該委員會的組織構成也並未按照該組織條例改組，仍是延續舊組織系統。比如代行委員長職務的仍是高紀毅，條例規定組建電航處，而該委員會實際設置的仍是郵傳處。所以東北交通委員會實際上還是隸屬於東北政務委員會，成為東北政委會領導下的東北交通最高管理機關。

〔註 138〕詳見劉燡元等編：《民國法規集刊》第 14 集，上海：民智書局，1930 年，第 3～6 頁。

〔註 139〕劉燡元等編：《民國法規集刊》第 14 集，上海：民智書局，1930 年，第 3～6 頁；《行政院為抄發東北交通委員會暫行組織條例給遼寧省政府訓令》（1929 年 12 月 19 日），遼寧省檔案館編：《奉系軍閥檔案史料彙編》⑨，南京：江蘇古籍出版社，1990 年，第 367 頁。

表 39：1930 東北交通委員會主要職官表

職　務	姓　名	職　務	姓　名
委員長	翟文選〔註 140〕	副委員長	高紀毅
總務處主任委員	盧景貴	路政處主任委員	鄒致權（代理）
材料購辦委員會主任委員	萬國賓	郵傳處主任委員	蔣斌
電信材料廠廠長	鄭公德	郵傳處副處長	李毓華、李德言
東北交通用品製造廠廠長	蘇上達	聯運核算所所長	金廷璽
秘書	胡長泰、鄧邦造 佟斗樞	顧問	柴士文、李毓華、賈成章 董希成、孫國封
諮議	楊圻		

資料來源：總務處編：《東北交通委員會職員錄》，(無出版者)，1930 年 12 月，遼寧省檔案館藏；東北文化社年鑒編印處：《東北年鑒》，瀋陽：東北印刷局，1931 年，第 373 頁。

北交通委員會下轄各機關：電政方面有東北電信管理處、東北電政管理局；路政方面有北寧鐵路管理局、四洮鐵路管理局、洮昂鐵路工程局、吉長鐵路管理局、吉敦鐵路工程局、吉海鐵路管理局、洮索鐵路工程局、齊克鐵路工程局、瀋海鐵路公司、呼海鐵路公司；教育方面有東北交通職業學校、東北第一及第二交通中學校、吉長路附設中學校、第一至第十一扶輪小學校。〔註 141〕

二、東北鐵路系統

東北政委會時期，東北鐵路分為三大體系，即中系鐵路，是以東北國有和省有鐵路為骨幹的東西兩大鐵路幹線，總計 2700 多公里；日系鐵路，是以南滿鐵路和其支線為主幹，總計 1500 多公里；俄系鐵路，則是以中東鐵路及支線為主幹，總計 1700 多公里。〔註 142〕三大鐵路系統中，除了俄系鐵路為中俄合辦外，日系南滿鐵路及主要支線則為日方投資與控制。東北自有鐵路系統分為東西兩大幹線，西幹線主要包括北寧及大通支線、四洮、洮昂和齊克

〔註 140〕1930 年 2 月翟文選辭職後，委員長一職空缺。

〔註 141〕東北文化社年鑒編印處：《東北年鑒》，瀋陽：東北印刷局，1931 年，第 373 頁。

〔註 142〕《東北鐵路現勢及我國鐵路政策》，《東方雜誌》，第 27 卷第 19 期。

四條鐵路；東幹線主要包括北寧、瀋海、吉海和吉敦四條鐵路。東西兩條幹線將遼寧省會與吉黑兩省省會相連，形成由東北交通委員會所控制的自有鐵路網。

東北鐵路建設，始於清末李鴻章為經營東北和鞏固國防所修建的京奉鐵路。該鐵路由當時的北京至奉天省城，東北易幟前後，北京改為北平，奉天省改為遼寧省，該鐵路亦更名為北寧鐵路。京奉鐵路開工修建於 1896 年，是東北與關內的交通大動脈。同年，在沙俄逼迫下，清政府與之簽訂條約，合辦橫貫東北的中東鐵路。該鐵路從滿洲里至綏芬河，在哈爾濱修建途徑長春、奉天直到大連的支線，幹線和支線總長度超過 2000 公里。1905 年日俄戰爭後，該鐵路長春至大連一段支線，俄國割讓給日本，即為南滿鐵路。京奉鐵路的修建借的英款，中東鐵路中俄合辦，有俄國股份，南滿鐵路則成為日本獨佔。清末時期東北交通權益盡為列強操縱的情況，也促使國人覺醒，自建鐵路的聲音也就越發高漲。

清末民初之際，國家動盪，東北地方當局又財力有限，所以自建鐵路，多借外款，與列強簽訂條約，損失利權甚大，也漸為世人詬病。當時東北國有借款鐵路，除了京奉鐵路外，主要還有吉長鐵路、四洮鐵路、洮昂鐵路和吉敦鐵路。奉系張作霖主政東北時，有鑒於借款築路之弊端，而採用王永江的東北鐵路計劃，籌集省內財力，自建鐵路。此後東北地方當局自建鐵路逐漸增多，並與國有鐵路相互連接，構築成與日本南滿鐵路相競爭的東西兩條鐵路網。東北第一條省有鐵路是奉海鐵路，由奉天省城至朝陽鎮，與吉林省自建吉海鐵路相接，通過永吉與吉敦鐵路和吉長鐵路相連，並通過長春與中東路支線相接，並最終與黑龍江省有呼海鐵路相連。在南滿鐵路東側修建成一條起於奉天省城，經吉林並與黑龍江海倫相連接的鐵路網。在南滿鐵路西側，東北當局以京奉鐵路盈餘修築營通支線，從營口經溝幫子、大虎山至通遼，在通遼與四洮鐵路及其支線鄭通鐵路相連，在洮南又與洮昂鐵路相連，在昂昂溪與中東鐵路幹線相接，同時又與齊克鐵路及其支線昂齊鐵路相連，最終抵達黑龍江克山。〔註 143〕在南滿鐵路西側形成一條起於奉天南部營口，縱貫奉天全省與黑龍江克山相連接的鐵路網。東西兩條鐵路網建成後，東北政委會開始籌劃聯運事宜。1928 年底西四路旅客聯運實現，1929 年 12 月貨物聯運實現；1930 年 10 月東四路旅客聯運實現，1931 年 1 月貨物聯運實現。

〔註 143〕東北文化社年鑒編印處：《東北年鑒》，瀋陽：東北印刷局，1931 年，第 376 頁。

1931年前，東北已建在建的國有省有鐵路共計10條，均歸東北交通委員會管轄。除了洮索鐵路1930年才開始修築尚未通行外，其餘9條鐵路均已通行。東北交通委員會管轄的各條鐵路1930年度收入總計達到6400多萬現大洋。

表40：1930年度東北交通委員會直轄鐵路經營概況一覽表

鐵路	客運收入（萬元）	貨運收入（萬元）	收入總計（萬元）
北寧鐵路	1580.4	2091.2	3671.6
四洮鐵路	205.2	531.6	736.8
洮昂鐵路	72.9	86.7	159.6
齊克鐵路	39.9	115.6	155.5
瀋海鐵路	247.1	490.6	737.7
吉海鐵路	81.7	93.8	175.5
吉敦鐵路	49.2	114	163.2
吉長鐵路	92.7	204	296.7
呼海鐵路	95.3	297	392.3
總計	2464.4	4024.5	6488.9

資料來源：東北文化社年鑒編印處：《東北年鑒》，瀋陽：東北印刷局，1931年，第383頁。

除了上述東北交通委員會所轄各鐵路外，東北還有民辦、中外合辦及日本獨佔多條鐵路。

表41：1931年前東北已成鐵路一覽表

鐵路	性質	路局所在地	開工日期	竣工日期	軌寬（米）	起終點	長度（公里）
北寧鐵路	國有借款	天津	1896	1907	1.435	北平——瀋陽	842.02
營通支線〔註144〕				1927.10	1.435	營口——溝幫子——大虎山——通遼	387.14
錦朝支線			1921.4	1927.12	1.435	錦縣——北票	112.59
葫蘆島支線				1911	1.435	連山——葫蘆島	11.89

〔註144〕營通支線是由溝營支線（溝幫子——營口）和大通支線（大虎山——通遼）合併而來。溝營支線1900年建成，大通支線1925年8月開工修建，1927年10月建成通車。

北陵支線					1.435	瀋陽城——北陵	11.81
四洮鐵路	國有借款	四平	1917.4	1923.11	1.435	四平——洮南	212.11
鄭通支線			1921.4	1921.11	1.435	鄭家屯——通遼	114.13
洮昂鐵路	國有借款	洮南	1925.3	1926.7	1.435	洮南——昂昂溪	224.2
吉長鐵路	國有借款	長春	1910	1911	1.435	長春——吉林	127.1
吉敦鐵路	國有借款	長春	1926.6	1928.10	1.435	吉林——敦化	210.4
瀋海鐵路	省有	瀋陽	1925.7	1927.9	1.435	瀋陽——朝陽鎮	241.2
梅西支線					1.435	沙河——西安	67.8
吉海鐵路	省有	吉林	1927.5	1929.6	1.435	吉林——朝陽鎮	176.6
呼海鐵路	省有	松浦	1925.10	1928.12	1.435	松浦——海倫	213.75
齊克鐵路	省有	洮南	1928.10	未竣工	1.435	昂昂溪——克山	204.6
昂齊支線			1909		1.435	龍江——昂昂溪	
洮索鐵路	省有	洮安	1930.2	未竣工	1.435	洮安——索倫	140.8
雙城鐵路	民有輕便	雙城	1913.2	1913.5	0.66	雙城縣城——雙城車站	6
開豐鐵路	民有輕便	開原	1925	1926.5	1	開原——西豐	63.7
鶴崗鐵路	民有礦運	鶴崗	1926 春	1926 秋	1.524	蓮花泡——鶴崗	55.7
中東鐵路	中俄合辦	哈爾濱	1897.8	1903.7	1.524	滿洲里——綏芬河	1716.31
穆棱鐵路	中俄礦運	哈爾濱	1924.3	1925.3	1.524	小城子——梨樹鎮	62
金福鐵路	中日合辦	大連	1926.5	1927.9	1.435	金州——城子疃	102.1
溪田鐵路	中日合辦	本西湖	1913.10	1914.2	0.762	太子河——牛心裏	24
天圖鐵路	中日合辦	黑井村	1922.8	1924.10	0.762	地坊——老頭溝	111
南滿鐵路	日本自辦	大連	1903	1907	1.435	大連——長春	849.3
安奉支線			1904	1905.12	1.435	蘇家屯——安東	261.1

資料來源：東北文化社年鑒編印處：《東北年鑒》，瀋陽：東北印刷局，1931 年，第378 頁。

東北政務委員會所構建的權力體系，主要表現為前述行政、財稅、司法、外交和鐵路交通等領域。而在諸如工商、教育、文化等領域，東北政務委員會的控制則要相對薄弱的多，比如工商等經濟方面，除了日蘇企業，還有國內民族資本企業，東北政務委員會所能控制者有限，所轄的管理機構主要有前述東北礦務局等；教育方面，中小學既有官立亦有私立，東北政務委員會控制的主要是高等教育，如建立東北大學，張學良自兼校長；文化方面，僅報紙期刊一項，除了日本發行的，還有國人創辦的，東北政務委員會根本做不到操縱，所轄的文化管理機關僅有東北文化社。這既與前述領域權力多與東北集團存亡與錢糧補給有關，也與民國時期東北工商、教育及文化等領域較為落後有關，甚至在教育領域東北政務委員會及吉黑等省還要倒貼錢，這還有東北集團為了統治東北而培養人才的考慮。所以對於難以兼顧又與東北集團存亡關係較少的領域，東北政務委員會自然不會將權力觸角深入其中了。

但具體考察東北政務委員會構建的權力體系，我們又能發現這樣一個現象：在東北司法、外交和鐵路交通方面，東北政務委員會均建立了由其直轄或監督的最高管理機關，即東北最高司法機關——最高法院東北分院，東北最高對外交涉機關——東三省交涉總署，東北最高交通管理機關——東北交通委員會；在東北行政方面，則由東北政務委員會直接統轄東北各省區政府；而在東北財政與金融方面，東北各省則是各自為政，財政稅收由各省財政廳負責，金融則由各省官銀號管理，東北政務委員會則始終未能建立起東北統一的財政與金融機關。這說明東北政務委員會與東北各省尤其吉黑熱三省之間並非單純的統屬關係，而是折射出東北集團內部仍存在著小集團和利益紛爭，這也預示著東北政務委員會推行的東北金融與財政改革計劃難以實現。